Günther Wagenlehner (Herausgeber)

FEINDBILD

Geschichte — Dokumentation — Problematik

Report Verlag

CIP-Kurztitelaufnahme der Deutschen Bibliothek

Günther Wagenlehner (Hrsg.)
Feindbild
Geschichte — Dokumentation — Problematik
Redaktion: Heinz Schulte
Frankfurt am Main: Report Verlag, 1989
ISBN 3-524-89004-0

Satz und Druck: Brönners Druckerei, Frankfurt am Main
Printed in Germany

ISBN 3-524-89004-0

INHALT

KALTER KRIEG

PROBLEMATIK

ENTFEINDUNG?

Günther Wagenlehner

Feindbild

Einführung

Vor Jahren verpönt, ist das Wort FEINDBILD heute in der Politik und in den Medien im ständigen Gebrauch. Zu fragen bleibt allerdings, ob die zahlreichen Autoren immer dasselbe darunter verstehen:

„Das Feindbild der Militärs bestimmt die Wirtschaft in den USA", schreibt DER SPIEGEL. Mit der „Lust am Feindbild" kommentiert DIE WELT den innerdeutschen Streit der Literaten. „Das Feindbild darf nicht schwinden", beurteilt die SED-Zeitung NEUES DEUTSCHLAND die Ablehnung entmilitarisierter Zonen durch einen US-Senator. „Wackelndes Feindbild" meint der GENERAL-ANZEIGER zur westlichen Situation. Die Schweizer Militärzeitschrift ASMZ beschreibt die Vorbereitungen militärischer Aktionen hinter der feindlichen Front durch den Warschauer Pakt als „besondere Aspekte des Feindbildes: die Diversion". „Die Sowjetunion kommt vom verwurzelten ideologischen Feindbild nicht los", schreibt DIE WELT; „die Feindbilder lösen sich auf", meint DIE ZEIT zur Entwicklung des israelisch-arabischen Konflikts. „Abbau von Feindbildern durch die Pflege der Kultur", überschreibt dpa die Beteiligung von Ost und West an einem Festkonzert in Berlin. „Auf der Feindbild-Wippe" betitelt die FAZ einen Artikel über die Wechselwirkung im Freund-Feind-Verhältnis. Mißbilligend nennt Marion Gräfin Dönhoff in der ZEIT ihren Artikel „Vom Unfug der Feindbilder".

Es handelt sich nicht darum, ob in den zitierten Artikeln kluge oder weniger kluge Gedanken zum Thema FEINDBILD geäußert werden; sondern allein an den Überschriften wird deutlich, daß die Autoren unter dem gemeinsamen Begriff FEINDBILD nicht dasselbe verstehen können.

Am Beginn unserer Beschäftigung mit diesem Thema muß also der Versuch einer Definition von FEINDBILD stehen. Kurz und bündig urteilte Alexander Solschenizyn über die Ursachen von Haß und Feindbild: „Die Menschen vergaßen Gott, daher kommt alles".

Daß es nicht um Feindschaft schlechthin gehen kann, der Begriff FEINDBILD also nicht auf alle politischen Gegner anwendbar ist, bemerkte George F. Kennan 1977 zum Verhältnis zwischen Russen und Amerikanern: „Erbfeinde waren sie nie – Rivalität und Alpträume machten sie zu Gegnern".

Zunehmend beschäftigt sich die Wissenschaft mit dem Bild, das sich zwischen die Menschen schiebt. So kommt Hans Dieckmann bei dem Versuch, historische Bezüge der psychologischen Analyse zu unterwerfen, (in Analytische Psychologie, Februar 1986) zu der Folgerung:

„Unter Feindbild verstehen wir nicht den Feind oder den Gegner selbst, sondern etwas Drittes, das sich zwischen ihn und uns selbst schiebt, ein Bild, das sich wie alle Bilder aus einer ganzen Anzahl von Komponenten zusammensetzt, die mit dem eigentlichen Objekt oft sehr wenig oder kaum etwas zu tun haben."

Mit der Entstehung und Überwindung dieser Bilder befassen sich ausführlich die Schweizer Wissenschaftler Daniel Frei und Kurt Spillmann. Beide berufen sich auf Günter Brakelmann, der in verschiedenen Beiträgen vor der Illusion warnt, man könne Feindbilder völlig beseitigen. Anstatt solcher Illusionen sollte der Abbau von Feindbildern zur „konstruktiven Koexistenz" führen, zum geregelten Nebeneinander von Gegnern.

Daniel Frei ist es gelungen, aus den Problemen gegenseitiger Einschätzung zwischen Ost und West und hier vor allem der USA und der Sowjetunion eine brauchbare Theorie zur Entstehung von Feindbildern zu entwickeln. Ein Auszug aus seinen Werken („Wie Feindbilder entstehen") findet sich im vorliegenden Buch. Es handelt sich um drei Typen von Bildern: das Bild vom Partner oder Gegner, das Selbstbild und das Metabild, d.h. die eigenen Mutmaßungen, welches Bild der Gegner von uns hat.

Sein Schweizer Kollege Kurt Spillmann geht von Frei aus; aber verbreitert den Forschungsgegenstand zum menschlichen Phänomen: Der Mensch im Normalzustand ist „nicht rational, sondern abgestuft irrational" (hier und im folgenden bezogen auf einen Vortrag in Bonn am 28. Juni 1989).

Das Entstehen von Feindbildern hängt nach Spillmann mit der menschlichen Entwicklung im Kindesalter zusammen. Ein FEINDBILD wird nicht „aufgebaut", sondern ist Ausdruck eines Abbauprozesses, „d.h. einer Regression auf frühkindliche Emotionen, bzw. Wahrnehmungs- und Erkenntnismuster".

Spillmann unterscheidet 7 typische Merkmale, die er zum „Syndrom des Feindbildes" zusammenfaßt:

▷ Mißtrauen („Alles, was vom Feind kommt, ist entweder schlecht oder – wenn es vernünftig aussieht – aus unredlichen Motiven entstanden.")

▷ Schuldzuschiebung („Der Feind ist schuld an der existierenden Spannung bzw. an dem, was an den herrschenden Umständen für uns negativ ist.")

▷ negative Antizipation („Was immer der Feind unternimmt, er will uns schaden.")

▷ Identifkation mit dem Bösen („Der Feind verkörpert in allem das Gegenteil dessen, was wir sind und anstreben, er will unsere höchsten Werte vernichten und muß deshalb selbst vernichtet werden.")

▷ Nullsummendenken („Was dem Feind nützt, schadet uns", und umgekehrt.)

▷ De-Individualisierung („Jeder, der zur Gruppe der N.N. gehört, ist eo ipso unser Feind.")

▷ Empathieverweigerung („Mit unserem Feind verbindet uns keine Gemeinsamkeit; es gibt keine Information, die uns von unserer Feind-Auffassung abbringen könnte; den Feinden gegenüber sind menschliche Gefühle und ethische Kriterien gefährlich und fehl am Platz.").

Spillmann definiert FEINDBILD als „pathologisches Extrem" der zum Überleben im Menschen ausgebildeten Fähigkeit zur Abgrenzung, Kategorisierung und Unterscheidung. Pathologisch deshalb, weil die Wahrnehmung des anderen auf die primitive Gut-Böse (Freund-Feind)-Spaltung reduziert wird. Dieses Feindbild hat mit der Realität, mit der tatsächlichen Beschaffenheit des anderen nichts zu tun.

Leider darf sich Kurt Spillmann durch den Alltag von heute bestätigt fühlen. Zahlreiche unvernünftige Vorgänge auf Fußballplätzen, Massenphänomene, Gewalttaten, Haßausbrüche beweisen die Notwendigkeit und Aktualität dieser Untersuchungen.

Daß es unabhängig vom Willen der politischen Führungen auch im politischen Bereich Haß und Feindbilder gibt, zeigen die im Original abgedruckten Briefe an Simon Wiesenthal und vom anderen politischen Extrem von dem jüngeren Mitglied einer von den Nazis verfolgten Familie. Wir drucken diese Briefe ohne Kommentar mit ausdrücklicher Genehmigung der Empfänger.

Haß gegen Deutsche

Doctor,

Even today, I can not, will not forget what your people did to my country, my family, myself, by bringing 5 years of war to the world. The German people, massively were guilty, mass murders, indeed swine. How would I hate to be a German. I would hate it for the rest of my life, from a country that could have done beastly, immense crime.

I will not forgive any German, who has voted to bring the German madman to power in 1933 I will not forgive any German who has not resisted, who has not tried to murder this German. So few courage was in Germany : A Von Stauffenberg, Adenauer, German cardinals, bishops, priests, Protestant ministers. But the German people as a whole had failed. You Germans brought disgrace to your otherwise fine and splendid intellectual record...

Quebec, 2. Juni 1988

Doktor,

. . . selbst heute kann und will ich nicht vergessen, was Ihr Volk meinem Land, meiner Familie, mir selbst angetan hat, indem es der Welt fünf Jahre Krieg gebracht hat. Das deutsche Volk bestand überwiegend aus schuldigen Massenmördern, in der Tat aus Schweinen. Wie ich es hassen würde, ein Deutscher zu sein. Ich würde es für den Rest meines Lebens hassen, aus einem Land zu kommen, das solcher brutalen zahlreichen Verbrechen schuldig ist.

Ich werde keinem Deutschen verzeihen, der durch seine Stimme dem deutschen Verrückten 1933 zur Macht verholfen hat. Ich werde keinem Deutschen verzeihen, der keinen Widerstand geleistet hat, der nicht versucht hat, diesen Deutschen zu ermorden. Es gab so wenig Mut in Deutschland: von Stauffenberg, Adenauer, deutsche Kardinäle, Bischöfe, Priester und evangelische Pastoren. Das deutsche Volk als ganzes hat jedoch versagt. Ihr Deutschen habt Euren ansonsten außergewöhnlichen intellektuellen Ruf beschmutzt.

Wenn der letzte Deutsche gestorben ist, der im nationalsozialistischen Deutschland geboren wurde, erst dann wird dies Geschichte sein. Aber die deutschen Kriege (auch der Erste Weltkrieg) werden immer Eure Weltgeschichte bleiben. Ihr wart schlimmer als wilde Tiere. Deutschland hätte von einer Grenze zur anderen durch die Atombombe ausgelöscht werden sollen. Ganz gleich wie Ihr Euch wendet, wie reich Ihr seid, Ihr seid schlimmer als der gemeinste Verbrecher. Das deutsche Volk ist dazu verdammt, für immer als Massenmörder zu gelten. Wäre ich ein Deutscher, würde ich das Land und jedes Familienmitglied, jeden Freund hassen, der irgend etwas mit den Nationalsozialisten, selbst mit den deutschen Streitkräften zu tun hatte. Ich würde nach der Antwort suchen, warum Eltern und Familien so schrecklich sein konnten. Immer würde ich mit Schuldgefühlen leben, selbst wenn ich während der Hitler-Zeit noch nicht geboren worden wäre. Schuldig durch Dazugehörigkeit, schuldig durch Staatsbürgerschaft in einer der schrecklichsten Nationen, Länder, Völker dieser Erde. Glauben Sie auch nicht für eine Sekunde, daß dies vergessen ist. Jedem Deutschen, den ich treffe, obgleich ich es vermeide, schaue ich in die Augen und denke: Vielleicht ein weiterer Mörder, Sadist, vielleicht ein Konzentrationslager-Verbrecher, SS-Angehöriger oder einfacher Mörder, Luftwaffenmörder, U-Boot-Besatzung, Soldat, der Menschen erschießt, GESTAPO, die meinen Vater im Konzentrationslager geschlagen hat, die unsere Häuser in Rotterdam bombardiert haben, unsere hervorragenden niederländischen Widerstandskämpfer ermordet haben – ein Volk von Feiglingen.

Sollten Sie Kinder haben oder Ihre Eltern oder Familie: Lesen Sie ihnen diesen Brief vor, drucken Sie ihn in ihren Büchern ab, lesen Sie ihn in den Schulen, weil ich Sie wie Millionen andere in Europa verachte, Sie dafür hasse, weil Sie Deutscher sind, Teil Deutschlands – selbst nach fast fünfzig Jahren.

Haß gegen Juden (1988)

Wiesenthal, Sohn einer jüdischen Hure haßt Du immer noch die große Schnauze? Kannst Du nicht begreifen, daß Ihr Ratten auf dieser Welt fehl am Platze seid?

Es ist nur noch eine Frage der Zeit bis der letzte Stinkjude verfault ist.

Deutschland Erwache!

Heil Hitler!

An das Judenschwein
Wiesenthal.
Du Dreckjude nimm in Sachen Waldheim deine Fotzn nicht so voll, du Schmarotzer der Deutschen. Kümmere Dich um die Partisanen die unzählige Landser feig und hinterrücks umgebracht haben, aber von denen kannst ja kein Geld erwarten. Nach den Deutschen sollen ja nun auch die Östreicher ein schuldiges Volk werden um Geld für die Juden zu holen, damit Deine Landsleute im besetzten Gebiet Kinder erschlagen können. Gott sei Dank gibt es jetzt eine Partei die endlich gegen Euch Schweine ankämpft

Der Mensch durchläuft als Kind das Spannungsverhältnis zwischen emotionaler und kognitiver Entwicklung. In der emotionalen Entwicklung beginnt das Kind sehr früh zwischen eigen und fremd zu unterscheiden und erreicht im Normalfall von der undifferenzierten Schwarz-weiß-Stufe aus mit 5 bis 6 Jahren einen Diffenzierungsgrad unterschiedlichster Beziehungsmöglichkeiten zu anderen Menschen. Hier wird der Boden bereitet für emotionale Wertungen und Identifikationen, die später nicht mehr reflektiert werden.

Spillmann stellt dazu fest: „Die emotionale Entwicklung ist grundlegend und bleibt hintergründig dominant, weil sie entwicklungsgeschichtlich tiefer wurzelt als die ... kognitive Entwicklung."

Unter Berufung auf den neuesten Stand der Forschung – insbesondere die Arbeiten des Genfer Psychologen Jean Piaget beschreibt Kurt Spillmann die Stationen der kognitiven Entwicklung in den ersten 12-15 Jahren des menschlichen Lebens, die hier nur kurz zusammengefaßt werden können:

Wichtig ist, daß sich diese kognitive Entwicklung stets nach der emotionalen vollzieht, immer im Konflikt „mit der viel älteren und mächtigeren Schicht emotionaler – aber in unserer modernen Welt zum Teil gefährlich antiquierter Orientierungsverfahren". Die normale sozial-kognitive Entwicklung des Menschen geht aus von einem egozentrischen Standpunkt und führt zur differenzierten Orientierung gegenüber Sachen und Personen. Es entwickelt sich Verständnis für andere sowie die Fähigkeit, sich in andere hineinzuversetzen.

Aber diese Fähigkeiten können durch verschiedene Umstände wieder verlorengehen. Das Verständnis für andere kann umschlagen in primitive emotionelle Feindbilder, nach Spillmann: eine „Rückentwicklung zu frühkindlichen Affekt-, Wahrnehmungs- und Erkenntnismustern". Die Wahrnehmung der Gegenseite reduziert sich zum FEINDBILD.

Die Würdigung der Erforschung genereller Zusammenhänge bei der Herausbildung von Feindbildern erschien für das Verständnis des Problems FEINDBILD notwendig. Wir werden noch einmal beim Problem der Entfeindung darauf zurückkommen.

Spillmann befaßt sich nicht mit der Rolle der politischen Führung – etwa mit der Forderung einer gezielten Haßerziehung und Feindbilddarstellung. Dieses dogmatische FEINDBILD steht aber im Mittelpunkt unserer Untersuchung; denn eine allgemeine, umfassende Darstellung des Problems FEINDBILD für alle Bereiche und Zusammenhänge kann und soll hier nicht geleistet werden.

In der vorliegenden Analyse ist die Rede vom dogmatischen FEINDBILD zwischen Staaten, Völkern, Klassen und Rassen: Vom historischen Prozeß der Herausbildung eines solchen Feindbildes, von Haß und Feindbild im Kalten Krieg; aber auch von den Ansätzen zur Überwindung, von der Problematik beim Abbau gewohnter Feindbilder in Ost und West sowie auch von den theoretischen Ansätzen der Überwindung der Feindbilder und praktischen Erfahrungen. Im Mittelpunkt steht der Ost-West-Konflikt. Hier wird das „pathologische Extrem" des Feindbildes ganz besonders deutlich.

Aber nicht alles, was zwischen Ost und West steht, kann als FEINDBILD eingestuft werden. Nicht jeder Gegner wird zum hassenswerten Extrem. Denn jede Armee hat eine Vorstellung von möglichen Gegnern, ihren Waffen und Soldaten, die in einem Kriege der eigenen Armee gegenüberstehen könnten. Darüber hat schon Carl von Clausewitz in seinem berühmten Buch „Vom Kriege" geschrieben. Wenn diese Feindlage, die Verfassung des Gegners nicht sachgerecht beurteilt wird, kann der Krieg nicht gewonnen werden. Vor allem bezieht er dieses Feindlagebild auf die bewaffnete Auseinandersetzung im Krieg.

Mit dem Unterschied zwischen dem militärischen Feindlagebild und einem dogmatischen FEINDBILD befaßt sich Rolf Breitenstein in seinem Beitrag „Feindbilder als Problem der internationalen Beziehungen" (in EUROPA-ARCHIV 7/1989). Er begründet die militärische Verwendung des Wortes FEINDBILD – oder besser Feindlagebild mit der „Ausnahmesituation einer Auseinandersetzung auf Leben und Tod", die zeitlich begrenzt und zudem bestimmten Regeln unterworfen ist. Vor allem muß dieses Feindlagebild aber so realistisch wie möglich sein. Man muß sich also in den Feind hineindenken, um seine Handlungen vorausahnen zu können.

Auch wenn dieser Begründung für den Unterschied zwischen dem militärischen Feindlagebild und einem ideologisch geprägten FEINDBILD nicht in jedem Punkt gefolgt würde, ist dennoch der Unterschied evident.

In der Sowjetunion und vor allem in der DDR wird dieser Unterschied ignoriert. Es gilt nur die Logik: Jede Armee hat ein FEINDBILD, also auch die Bundeswehr, die von sich behauptet, kein FEINDBILD zu haben. Die Verständigung zwischen Ost und West wäre wesentlich erleichtert, wenn eine Einigung über die gemeinsam gebrauchten Begriffe möglich wäre. Das gilt vor allem für das gemeinsam behauptete Ziel, Feindbilder abbauen zu wollen.

Eine solche Einigung wäre auf der Grundlage der Definition von Breitenstein möglich. Einige Autoren in dem vorliegenden Band haben sich auf sie bezogen und teilweise zitiert. Daher soll die Definition des dogmatischen Feindbildes im vollen Wortlaut folgen (nach EUROPA-ARCHIV 7/1989, S. 193):

„Völlig anders als bei diesem 'militärischen Feind(lage)bild' sind die analogen Merkmale eines dogmatisch geprägten 'Feindbildes', wie es in religiösen, rassischen, ideologischen und allgemein politischen Auseinandersetzungen verwendet wird:

▷ Als Vorstellung einer 'Wir'-Gruppe von einer 'Ihr'-Gruppe erfüllt ein solches 'Feindbild' nur dann seinen Zweck, wenn es gegenüber der wahrnehmbaren Realität so ins Negative gesteigert wird, daß die 'Wir'-Gruppe damit zusätzlich solidarisiert und gegen die andere Gruppe motiviert wird; d.h. dieses 'Feindbild' wird aufgrund von Voreingenommenheit und von Vorurteilen gewonnen.

▷ Die Wirksamkeit eines solchen 'Feindbildes' ist zeitlich nicht begrenzt; es kann schwerlich zu einem bestimmten Zeitpunkt aufgehoben und aufgegeben werden, es kann über Generationen mitgeschleppt werden und kann unvorhersehbare Wirkungen entfalten; ohne Einbindung in ein Regelwerk ist es nie voll kontrollierbar und kann sich weitgehend verselbständigen.

▷ Der Entwurf eines solchen 'Feindbildes' ist nicht unmittelbar darauf gerichtet, durch Vorgabe einer 'Leben-oder-Tod'-Situation das Tötungsverbot unter Menschen aufzuheben. Aber wenn diese Hemmungen mit Hilfe scharf geprägter 'dogmatischer Feindbilder' abgebaut werden und das Tötungsverbot unbefristet und unbeschränkt gegenüber dem vorgebildeten Feind entfällt, dann ist, wie sich vor allem in Religions- und Rassenkonflikten durch die Jahrtausende menschlicher Geschichte gezeigt hat, besonders in der Judenverfolgung, der Weg zu ungezügelter Vernichtung frei. Darin liegt die eigentliche Gefährlichkeit 'dogmatischer Feindbilder'.".

In den handelsüblichen Wörterbüchern der europäischen Umgangssprachen Englisch, Französisch, Italienisch, Spanisch, Russisch sucht man das Wort FEINDBILD vergebens. Das dogmatische, ideologisch fundierte Bild vom Feind in dieser apodiktischen Form hat keinen Zugang in andere Sprachen gefunden. Gibt es etwa in anderen Ländern die Sache nicht, um die es im Deutschen geht: den Feind für immer?

Wenn eine Übersetzung in eine andere Sprache unumgänglich ist, behilft man sich mit Umschreibungen. In einem einzigen Wort wie im Deutschen ist FEINDBILD in keiner anderen Sprache auszudrücken. Handelt es sich also bei dem FEINDBILD um eine typisch deutsche Sache?

Ortwin Buchbender gibt darauf eine Antwort, indem er die Herausbildung von Feindbildern seit den Anfängen der nationalsozialistischen Bewegung beschreibt. Dieser Beitrag, durch zum Teil bisher unveröffentlichte Quellen belegt und durch typische Karikaturen verdeutlicht, soll dem Leser das Verstehen der Folgen ermöglichen, bildet also die Voraussetzung zum Verständnis der weiteren Beiträge.

Ohne das klassische FEINDBILD in Gestalt des ewigen Juden ist die nationalsozialistische Bewegung nicht zu verstehen. Hitler entwickelte seine Bewegung gegen das von ihm geformte Bild vom Juden. Die wichtigsten Passagen von Hitler und Goebbels sind im vorliegenden Buch dokumentiert, weil sie die unerbittliche nationalsozialische Logik zeigen – bis hin zum Goebbels-Leitsatz (1941): Die Juden haben grundsätzlich Unrecht, weil sie Juden sind. Auch die ungeheuerliche praktische Konsequenz dieses FEINDBILDES – der berüchtigte „Kommissarbefehl" wurde in unsere Dokumentation aufgenommen.

Angesichts der Wirkung des Führers Adolf Hitler auf die Deutschen ist es verblüffend, daß die Voraussetzungen des NS-FEINDBILDES falsch sind: die behauptete jüdische Weltverschwörung. Wir dokumentieren diese (gefälschten) „Geheimnisse der Weisen von Zion" in ihren wichtigsten Passagen.

FEINDBILD und Haß gegen „die Urheber barbarischer asiatischer Kampfmethoden" (die politischen Kommissare), die „grundsätzlich sofort mit der Waffe zu erledigen" seien, bewirkten auf der Gegenseite die entsprechende Reaktion. In dem Flugblatt „Töte" von Ilja Ehrenburg kommt das am deutlichsten zum Ausdruck.

Die Begründung für das eigene FEINDBILD lieferte Stalins Rundfunkrede zu Kriegsbeginn. Sie macht aber auch den (russischen) Unterschied zu Hitlers FEINDBILD deutlich. Ein Feind für immer paßt nicht zum russischen Charakter.

Was die von Hitler zum Feind gestempelten Amerikaner zur Festigung ihres FEINDBILDES in der politischen Erziehung der Soldaten unternahmen, beschreibt Arthur Smith aus fundierter theoretischer und praktischer Kenntnis. Aus diesem Beitrag wird die Schwierigkeit im Umgang mit der Materie FEINDBILD deutlich, das so gar nicht dem amerikanischen Wesen entspricht. Ungeachtet der (hier erstmalig veröffentlichten) Bradley-Befehle von März 1945, scheiterte dieses in die amerikanischen Soldaten mühsam eingepflanzte FEINDBILD, so Arthur Smith, an den amerikanischen Soldaten selbst, die den Kontakt zu den Deutschen vorzogen.

Der Kalte Krieg nimmt in der Geschichte der Feindbilder breiten Raum ein, weil in dieser Zeit sein Kulminationspunkt lag. Auch wir widmen den Beiträgen und Dokumenten im Kalten Krieg etwa ein Drittel der gesamten Darstellung.

Warum das in dieser Breite notwendig ist, hat der Moskauer Professor Daschitschew an anderer Stelle deutlich gemacht: Wenn das Übel FEINDBILD beseitigt werden soll, muß man es in vollem Umfang kennen. In diesem Abschnitt lernt der Leser die konstanten und weniger festgefügten Feindbilder zur Genüge kennen.

Kaum hatte Erich Honecker das Kommando der SED übernommen, legte er seine Position gegenüber der sozial-liberalen Bundesregierung in Bonn fest mit der harten Formulierung (VOLKSARMEE Mai/1972): „Unser FEINDBILD stimmt genau. Am Bild gibt es nichts zu ändern, da sich der Feind selber nicht geändert hat."

Zur gleichen Zeit dachte Bundesverteidigungsminister Georg Leber über die Frage nach, wie ein Zeichen gesetzt werden kann, daß die Bundeswehr kein FEINDBILD braucht. Seine Ausführungen dazu finden sich in diesem Buch. Auch Lebers Nachfolger haben sich immer an diese Grundthesen gehalten. Zuletzt am 8. Juli 1989 antwortete der gegenwärtige Bundesverteidigungsminister Gerhard Stoltenberg auf eine entsprechende Frage (der SÜDDEUTSCHEN ZEITUNG): „Wir brauchen und haben keine Feindbilder."

Ist die Bundeswehr höflicher zu ihren potentiellen Gegnern, weil sie kein FEINDBILD benötigt oder hat sie doch ein FEINDBILD, wie das bis heute die NVA unter Berufung auf Clausewitz behauptet?

Antworten auf diese Fragen finden sich in den Beiträgen von Paul Roth und auch Bernd Kroeger sowie in der folgenden Dokumentation „Bundeswehr ohne Feindbild?"

Es gab im Kalten Krieg keine vereinbarten Regeln, und die Gegner in Ost und West verhielten sich naturgemäß verschieden. Im Warschauer Pakt wurden FEINDBILD wie Haßerziehung von oben verordnet. Je weiter die „Entspannung" vorangetrieben wurde, desto größer wurde das Bedürfnis der militärischen Führungen im Warschauer Pakt, die Soldaten im Geiste der Unversöhnlichkeit gegen den Feind zu erziehen. Angeblich nahm der ideologische Kampf „gesetzmäßig" zu.

Ein solches vergleichbares von oben verordnetes FEINDBILD hat es bei den westlichen „Klassenfeinden" auch in den schlimmsten Zeiten des Kalten Krieges nicht gegeben. Kein einziger westlicher Politiker hat jemals zu Haß oder Feindschaft aufgerufen.

Die Haßerziehung wurde im Warschauer Pakt mit unterschiedlicher Intensität betrieben: Gründlich in der Sowjetunion und in der DDR, unwillig in Polen, der Tschechoslowakei und Bulgarien, kaum bis gar nicht in Rumänien und Ungarn. Es regte sich Widerstand gegen diese Haßerziehung in der DDR, vor allem nach 1978, als die Schulen pflichtmäßig in dieses Haßerziehungsprogramm einbezogen wurden.

Ein vergleichbares Erziehungsprogramm hat es weder in der Bundesrepublik noch sonst etwa im Westen gegeben. Die Bevölkerungsgruppen, die durch persönliche Erfahrungen wie Flucht, Vertreibung oder Kriegsgefangenschaft mit den sozialistischen Systemen in Berührung gekommen sind, erwarben sich dort eine kritische Grundeinstellung zur kommunistischen Diktatur; aber ihr Bild war durch die Erfahrung geprägt. In der Regel war dieser Antikommunismus mit Neugier gepaart und auch der Bereitschaft zum Verständnis. Haß oder FEINDBILD blieben auch im Kalten Krieg die Ausnahme. Aber auch eine antikommunistische Grundeinstellung einzelner Bevölkerungsgruppen in der Bundesrepubik hat und hätte nie zu einer allgemeinen Akzeptanz oder etwa zu einem gemeinsamen FEINDBILD der Gesamtbevölkerung führen können. Zu allen Zeiten gab es Kritik und abweichende Stellungnahmen.

Im Zeichen der PERESTROJKA wird heute in der Sowjetunion ähnliche Kritik an der Stalin-Ära vorgebracht wie damals von den antikommunistischen Kritikern im Westen. Auch noch Jahre nach Stalin gehörten Haß und Feindbilder zu den ideologischen Grundforderungen der ideologischen Erziehung. Die höchsten Sowjetführer riefen dazu auf.

Wenige Monate vor dem Amtsantritt Gorbatschows zitierte die sowjetische Parteizeitung PRAWDA (am 9. Juni 1984) Generalsekretär Tschernenko mit dem Satz: „Es ist nötig, bei der Jugend mit noch größerem Nachdruck die Liebe zum Vaterland und den Haß gegen seine Feinde zu erziehen."

In unserer Dokumentation ist ein Interview mit dem für die Politerziehung der sowjetischen Streitkräfte verantwortlichen General Schapalin von März 1989 abgedruckt, in dem Änderungen angekündigt werden. Inzwischen hat die Armeezeitung KRASNAJA SWESDA Mitte Juli 1989 den Entwurf neuer sowjetischer Vorschriften veröffentlicht. Im Herbst sollen diese Vorschriften – vielleicht mit einigen Änderungen in Kraft treten. Schon jetzt ist deutlich, daß sich dann Form und Inhalt der Politerziehung in den sowjetischen Streitkräften erheblich ändern werden.

Generalsekretär Gorbatschow macht offensichtlich ernst bei der Überwindung der alten Feindbilder. Seinem Neuen Denken in der Außenpolitik im Hinblick auf die Einheit der Welt sind Feindbilder abträglich. Mit dem Abbau soll demnächst begonnen werden.

Wie bei anderen Fragen der Perestrojka steht SED-Generalsekretär Honecker auch beim Komplex FEINDBILD im Gegensatz zu Gorbatschow. Bis heute hat Honecker seinen Leitsatz: „Unser Feindbild stimmt genau" nie widerrufen, obwohl sich auch sein Verhältnis zu den „Feinden" geändert hat. Aber das Bild soll offensichtlich im Unterricht und vor allem in den NVA mit scharfen Konturen bestehen bleiben.

Wir dokumentieren Belege für diese Behauptung bis 1989 aus der DDR-Militärpresse. Die unveränderte Gültigkeit dieses Feindbildes für Schulen und Erziehung in der DDR offenbarte die für Volksbildung zuständige Ministerin Margot Honecker in ihrer Grundsatzrede am 14. Juni 1989.

Aber es gibt Anzeichen, daß der Politunterricht der NVA wenigstens im Stil geändert werden soll. Haßtiraden gegen die Bundeswehr würden dann entfallen. Mit kosmetischen Korrekturen soll in der DDR die Feindschaft im Prinzipiellen bewahrt werden, nicht mehr. Noch ist nach Meinung Honeckers der Kalte Krieg für die DDR nicht zu Ende.

Unter dem Stichwort „Problematik" kommen in unserer Veröffentlichung Autoren aus Ost und West zu Wort. Zunächst handelt es sich um die Präsidenten der vom Kriege am meisten betroffenen Gruppen: Flüchtlinge aus der SBZ/DDR, Heimkehrer aus Kriegsgefangenschaft und Vertriebene – im vorliegenden Fall der Sudetendeutschen.

Soweit möglich ist auch die andere Seite vertreten: Petr Němec aus der Tschechoslowakei, Jan Józef Lipski, im Juni 1989 zum polnischen Senator gewählt, und Sowjetprofessor Wjatscheslaw Daschitschew.

Die Überschrift „Problematik" deutet an, daß kein Leser mit allen Beiträgen einverstanden sein wird. Das muß in Kauf genommen werden, wenn die Probleme anerzogener oder selbsterfahrener Feindbilder behandelt werden. Die Autoren verantworten ihren Beitrag selbst.

Wie Dieter Bingen zeigt, stehen wir im deutsch-polnischen Verhältnis erst am Anfang. Lipskis Auffassung wird in Polen von wenigen geteilt. An den Anfang der Lösung des Problems gehört nach Meinung von Wjatscheslaw Daschitschew die selbstkritische Betrachtung der eigenen Vergangenheit. Aber gerade hier liegt die größte Schwierigkeit für alle.

Häufig gehen Bischöfe beider Konfessionen mit gutem Beispiel voran. Den Kirchen fehlt es sicher nicht am guten Willen; gelegentlich aber an der präzisen Benennung der Hindernisse und Barrieren.

Wie kann und soll Entfeindung vonstatten gehen?

Daniel Frei leitet diesen Abschnitt ein mit der Analyse, wie Feindbilder entstehen. Pinchas Lapide zeigt in seiner eigenwilligen Auslegung der Bergpredigt, worauf es bei der Überwindung der Feindbilder ankommt. Seine drei prinzipiellen „Spielregeln der Humanität" könnten als Leitlinien anerkannt werden.

Aus sowjetischer Sicht wird das Thema ergänzt durch jüngste Veröffentlichungen der sowjetischen Psychologen Jekaterina Jegorowa und Konstantin Pleschakow über die Rolle von Stereotypen. Wir haben die drei bisher erschienenen Aufsätze dieser Autoren in den vorliegenden Band aufgenommen, weil sie neues und ungewöhnliches Denken zeigen auf einem Gebiet, das bisher in der Sowjetunion von den Militärs beherrscht wurde.

Für die Moskauer Psychologen ist die deutsch-französische Aussöhnung ein positives Beispiel für die Entfeindung zwischen Ost und West. Wir bringen auch diesen ungewöhnlichen Beitrag, überlassen aber die Beschreibung des Prozesses Henri Ménudier. Vieles läßt sich daraus lernen.

Tourismus, menschliche Kontakte und sogar gezielte Studienreisen führen noch nicht zum Abbau von Feindbildern. Dazu gehört mehr. Der schon erwähnte Schweizer Wissenschaftler Kurt Spillmann zählt in einem internen Thesenpapier vom 28. Juni 1989 auf:

„Kontakte an sich tragen nicht zum Abbau von Feindbildern bei. Sie sind nur nützlich, wenn zuerst sorgfältige und differenzierte Informationen über die andere Gruppe vermittelt werden. Es geht bei einem Abbau der Feindbilder darum, sehr genau die Zahl der Gegengruppe und die Ziele der eigenen Gruppe zu umschreiben, umstrittene Positionen klar auf den Tisch zu legen und nicht kompromißfähige Grundwerte und Grundhaltungen einzuberechnen."

Noch wichtiger ist die andere Empfehlung von Spillmann, nämlich der Rat, den von jedem Menschen in seiner Kindheitsphase durchlebten Differenzierungsprozeß „der affektiven und kognitiven Entwicklung" wieder bewußt durchzuarbeiten. Spillmann gibt dafür keine praktischen Ratschläge, wie diese „Reindividualisierung" verwirklicht werden soll. Zwischenziele sind unvermeidlich. Im übrigen steht hier die Forschung erst am Anfang.

Von Spillmann ist zu lernen, wo der Kern des Problems liegt. Wer Vorurteile, Stereotypen, Feindbilder überwinden will, geht mit der Vernunft gegen emotionale, irrationale Erscheinungen vor. Er versucht also, ein „pathologisches Extrem" mit der Ratio zu beseitigen. Zweifel ist angebracht, ob Emotionen letztlich allein mit der Vernunft überwunden werden können. Auf die Dauer wird der Erfolg nur möglich sein, wenn mit der Ratio auch rationelle Wirkungen verbunden sind.

Bereitschaft zur Entfeindung, guter Wille ist der Ausgangspunkt; aber er allein genügt nicht. Das Beispiel der deutsch-französischen Aussöhnung zeigt, daß die Überwindung von Feindbildern auf Dauer nur durch Interessenausgleich möglich ist. Für die deutsch-französische Aussöhnung ist die Gemeinsamkeit in der Europäischen Gemeinschaft der entscheidende Faktor der Kontinuität. Die vernünftige Einsicht, daß deutsche und französische Interessen im Einklang sind, lassen jede Art von FEINDBILD als absurd erscheinen. Und sie geben Zeit für den langfristigen Erziehungsprozeß, die Emotionen der Partner aufeinander abzustimmen, Verständnis für den anderen zu erwerben.

An dieser Erkenntnis werden auch die Bemühungen um die Entfeindung im Verhältnis Deutschland/Sowjetunion nicht vorbeikommen; Ende Mai 1989 zog das Zentrale Sowjetische Fernsehen den Schluß aus dem erfolgreichen Besuch von zehn Sowjetsoldaten in der Bundesrepublik: „mit der Perestrojka schwinden die Feindbilder". Dies könnte durchaus zutreffen. Die Voraussetzung ist aber, daß der erfolgreiche Umbau der Sowjetgesellschaft im deutschen Interesse ist und in der Konsequenz auch zum Interessenausgleich mit Deutschland führen wird.

Der Leser, der am Leitfaden unserer Autoren bis zu Erich Loest vorgedrungen ist, wird am Ende der kleinen lehrreichen Geschichte aus der NVA wissen, was es mit „zwei unverbrüchlichen Bauchschüssen“ auf sich hat.

Günther Wagenlehner

August 1989.

Ortwin Buchbender

Gerald Fleming für vielfältige Hilfe in Dankbarkeit zugeeignet

Zentrum des Bösen

Zur Genesis nationalsozialistischer Feindbilder

„Das Böse ist der Felsen, an dem alle Systeme Schiffbruch erleiden."
Karl Jaspers

I. Prolog

Propaganda und Wirklichkeit

Am Mittwoch, dem 1. Juli 1942, fiel nach langen verlustreichen Kämpfen für beide Seiten die größte Land- und Seefestung der Welt, Sewastopol auf der Krim, in deutsche Hand. General Sander, der Kommandeur der 170. Infanterie-Division, berichtete mit großer Bewunderung vor ausländischen Militärattachés in Sewastopol von dem heldenhaften Widerstand der sowjetischen Verteidiger, die sich mit der letzten Kugel töteten, um nicht in deutsche Gefangenschaft zu geraten. Oberst von Choltitz, der Kommandeur des 16. Infanterie-Regiments, das sich bei der Erstürmung der Festung besonders ausgezeichnet hatte, bestätigte diese Tatsache auf den Berliner Pressekonferenzen und sogar im Rundfunk.

Dieses „Hohe Lied" sowjetischen Widerstandswillens und Heldentums, das im Juli 1942 in den deutschen Massenmedien verkündet wurde, erregte den besonderen Zorn des Propagandaministers Goebbels. Er war über die objektive Berichterstattung der deutschen Truppenführer deshalb so verärgert, weil er befürchtete, Teile des deutschen Volkes könnten aus diesen „ergreifenden und erschütternden Kriegsberichten" psychologisch außerordentlich gefährliche Schlüsse ziehen, die die Glaubwürdigkeit seiner langjährigen antibolschewistischen Feindbildpropaganda gefährden würden. Da die geschilderten Vorgänge offensichtlich auf Wahrheit beruhten, mußte eine überzeugende Interpretation dieser Ereignisse gefunden werden, die eine zusätzliche Legitimierung für das offizielle antibolschewistische Feindbild lieferte.

So erließ Joseph Goebbels auf den Ministerkonferenzen seines Hauses am 7. und 9. Juli 1942 eine Sprachregelung für die künftige Beurteilung der Vorgänge von Sewastopol und des sowjetischen Feindes: „Der Nationalsozialismus lehrt, im Bolschewismus nicht eine Idee zu sehen, sondern ihn als Ausfluß des Untermenschentums und verbrecherischer jüdischer Instinkte zu betrachten. Es muß weiterhin bedacht werden, daß der Nationalsozialismus das deutsche Volk zwar von der Krankheit des Bolschewismus befreit hat, daß aber eine gewisse Anfälligkeit dazu immer noch besteht, die sich mit der Dauer des Krieges und den vermehrten Opfern steigern kann. Es ist genau so wie bei einem Tuberkulosenkranken, der durch eine Kur geheilt worden ist. Auch der Geheilte bleibt der früheren Krankheit gegenüber anfällig. Die Bazillen sind eingekapselt und noch vorhanden, und es wäre hier die größte Torheit und könnte direkt eine Geisteskatastrophe in Deutschland herbeiführen, wenn wir diese Kapselwände selbst aufweichten und damit das ganze Bazillengift wieder in den deutschen Volkskörper eindringen ließen.

Im übrigen handelt es sich beim Widerstandswillen der Bolschewisten überhaupt nicht um Heldentum und Tapferkeit. (. . .) Es gibt Lebewesen, die deshalb so widerstandsfähig sind, weil sie so minderwertig sind. Ein Straßenköter ist auch widerstandsfähiger als ein hochgezüchteter Schäferhund. Deshalb ist aber der Straßenköter nicht wertvoller. Eine Ratte ist auch widerstandsfähiger als ein Haustier, weil sie unter so schlechten sozialen und wirtschaftlichen Verhältnissen lebt, daß sie sich schon eine gesunde Widerstandskraft aneignen muß, um überhaupt existieren zu können. Auch der Bolschewist ist widerstandsfähig. Das Geheimnis liegt darin, daß sich vorhandene slawische Mentalität verbündet hat mit einer infernalisch jüdischen ‚Erziehung'".[1])

Dieser seltsame Wirklichkeitsverlust der Goebbelsschen Beurteilung, der durch das gesamte Repertoire pseudodarwinistischer Allgemeinplätze und ideologischer Absurditäten bestimmt zu sein schien, zeigt am Fall Sewastopol deutlich, daß der Propagandaminister mit seinem antibolschewistischen Feindbild in eine schwierige Lage geraten war. Diese animalisch-atavistischen Interpretationsmodelle konnten diejenigen wohl kaum überzeugen, die den Feind und die wirkliche Gefechtsfeldsituation aus eigenem Erleben kannten und beurteilten.

II. Archetypen des Feindes

1. „Feindbild" als Begriff

Der Terminus „Feindbild", der vor dem Hintergrund der Ereignisse von Sewastopol zunächst unkommentiert präsentiert wird, hat in seiner derzeitigen Aktualität erst durch die Vorurteilsforschung als ein neuer sozialpsychologischer Begriff eine zentrale Bedeutung erhalten. Rudolf Breitenstein ist zuzustimmen, wenn er meint, die eigentliche Problematik von „Feindbildern" und die Möglichkeit ihrer Definition könne am besten von der militärischen Begrifflichkeit des „Feindbildes" im Sinne eines „Feindlagebildes" antithetisch gewonnen werden.[2]) Ein militärisches „Feindbild" als „Feindlagebild" stütze sich auf eine mehr oder minder präzise Beurteilung des Gegners/Feindes. Zweifellos erzwingen Sieg oder Niederlage als die potentiellen Kategorien des Gefechtsfeldes die Beurteilung eines „Feindbildes" oder „Feindlagebildes" – beide Begriffe werden synonym benutzt –, das ohne Vorurteile oder ideologische Befangenheit ermittelt werden sollte. Breitenstein benutzt als Gegensatz zum militärischen „Feindbild" das „dogmatische Feindbild", das einen Feind „unter Einsatz irrationaler Faktoren" zeichne. Die Eroberung der Festung Sewastopol mit ihrer so grotesk unterschiedlichen Beurteilung des sowjetischen Feindes aus der Sicht der kämpfenden Truppe und des Propagandaministers verdeutlicht die Tatsache, wie stark in totalitären Systemen die militärische Kategorie des „Feindbildes" mit der „dogmatischen" in Konflikt gerät. Die ideologische, dogmatische oder die sozialpsychologische Dimension des „Feindbildes" nationalsozialistischer Prägung, die Gegenstand dieser Untersuchung ist, gerät immer in Kollision mit der Interpretation von Wirklichkeit. Die Frage „wie wirklich ist die Wirklichkeit?" ist eng mit der Frage nach der Wirklichkeit von Feindbildern verbunden.

Vor dem Hintergrund dieser definitorischen Überlegungen kann vereinfacht der sozialpsychologische Begriff „Feindbild" wie folgt bestimmt werden: „Feindbild" ist das Produkt einer Propaganda, die mit semantischen, optischen und graphischen Mitteln den politisch-ideologischen Gegner dämonisiert, um (in der Regel) die eigene Herrschaft zu legitimieren.[3])

Eng mit dem Begriff „Feindbild" ist das gesamte Spektrum epidemischer Inhumanität von Verfolgung des Feindes verbunden. Die verbale Dämonisierung des Feindes mit ihren Klischees und Stereotypen produziert unablässig Verfolgungsmechanismen, die vor allem als Verfolgungstexte in ihrer Aggressivität wie Sprengstoff wirken. Nach René Girard werden unter Verfolgungstexten Berichte verstanden, die „aus der Perspektive der Verfolger verfaßt sind und folglich charakteristische Verzerrungen" enthalten.[4]) Durch ideologiekritische Analyse müssen diese „Verzerrungen" bewußt gemacht werden. Nur dadurch verlieren sie ihren verhängnisvollen „Zauber" und offenbaren ihren Willküranteil für Aggression und Gewalt.

2. Der Feind als Bazillus, Parasit, Tier

Saul Friedländer vertritt die Auffassung, daß die „Bedeutung des Antisemitismus" in der entscheidenden Phase der frühen dreißiger Jahre „alles andere als klar"[5]) sei. Über die dämonische Fixierung Adolf Hitlers mit ihrer totalen Dehumanisierungs- und Dämonisierungspropaganda dem „jüdischen Feind" gegenüber gibt es eine unübersehbare Spezialliteratur, die allerdings nur zu einem geringen Teil die politische Frühphase des „Führers" berücksichtigt. Sie war für die Entwicklung des nationalsozialistischen Feindbildes von zentraler Bedeutung und soll im folgenden an verdichtetem Sprachmaterial von Reden und Aufsätzen Hitlers in der Zeit von 1919 bis 1927 in ihrer Metaphorik typologisiert werden.[6]) Als Ergebnis läßt sich feststellen, daß bereits mit dem Erscheinen des zweiten Bandes von Hitlers „Mein Kampf" im Jahre 1927 alle Elemente seines antisemitischen Feindbildes ausgebildet waren. Neue Ideen zur weiteren Abrundung oder Intensivierung dieses Feindbildes würde es in der Folgezeit nicht mehr geben: das „Feindbild" stand total und verfestigt. Hitler benötigte dazu einen Zeitraum von nicht ganz acht Jahren!

Der Einfluß Hitlers auf den Antisemitismus seines späteren Propagandaministers Joseph Goebbels war beachtlich. Analysiert man die frühen Tagebuchaufzeichnungen von Goebbels und vor allem seinen autobiographischen Bekenntnisroman „Michael" aus dem Jahre 1929, fällt auf, wie deckungsgleich die Goebbelsschen Verfolgungsmetaphern mit denen von Hitler waren. Er war bei der Entwicklung seines Feindbildes „Jude" in den frühen zwanziger Jahren Vordenker und Vorformulierer, Goebbels der „Nachdenker" eines bereits geschlossenen Feindbildes.

Das erste Gutachten, das Hitler über „das Judentum", „den Juden" und „die Juden" verfaßte, war sein Schreiben vom 16. September 1919 an Adolf Gemlich (Verfolgungstext 1). Der Brief ist ein Schlüsseldokument in Sachen Feindbild, da er die erste bisher überlieferte umfangreiche Äußerung Hitlers über seinen zukünftigen Todfeind darstellt. Bereits in diesem ersten Abriß findet sich der Rückgriff auf die Bakteriologie: Hitler bezeichnet das „Wirken der Juden in seinen Folgen" als „Rassentuberkulose der Völker". Dieser Vergleich mit einer Krankheit, die zum Alptraum und Schreckgespenst ihrer Opfer wurde, besaß zum zitierten Zeitpunkt noch immer ein hohes emotionales Schockpotential, das sich auf den heimtückischen Krankheitsverlauf einer Seuche bezog, der Millionen Menschen zum Opfer gefallen waren und gegen die es lange Zeit kein Heilmittel gab. Tuberkulose war ein anderes Wort für Tod, für qualvolles Sterben auf Raten mit Blutsturz und schrecklichem Ende.

In der Zeit zwischen 1919 und 1924 griff Hitler immer wieder auf die eindrucksvolle Metapher dieser Krankheit zurück und identifizierte sie mit dem Juden. Am 3. Juli 1920 schrieb er an Konstantin Hierl, der Jude sei die „Ursache des inneren Zusammenbruchs aller Rassen", in die er als „Parasit" eindringe.[7]) Er verglich den Juden mit einem Tuberkelbazillus und fühlte sich selbst in der

Rolle eines Bakteriologen, der diese Mikroben, die wegen ihrer Unsichtbarkeit eine tödliche Bedrohung darstellten, vernichten mußte:

„Sowenig ich einer Tuberkelbazille einen Vorwurf machen kann einer Tätigkeit wegen, die für den Menschen Zerstörung bedeutet, für sie aber Leben heißt, so sehr bin ich aber auch gezwungen und berechtigt, um meiner persönlichen Existenz willen den Kampf gegen die Tuberkulose zu führen durch Vernichtung ihres Erregers. Der Jude aber wird und wurde durch Jahrtausende hindurch zur Rassentuberkulose der Völker. Ihn bekämpfen heißt ihn entfernen."[8])

Auf einer Tagung der Nationalsozialisten im Sitzungssaal des Salzburger Landtages am 7. August 1920 verkündete Hitler unter dem tosenden Applaus seiner Zuhörer: „Denn denken Sie nicht, daß Sie eine Krankheit bekämpfen können, ohne nicht den Erreger zu töten, ohne den Bazillus zu vernichten, und denken Sie nicht, daß Sie die Rassentuberkulose bekämpfen können, ohne zu sorgen, daß das Volk frei wird von dem Erreger der Rassentuberkulose."[9])

Schon diese Bilder aus dem Bereich der Mikroben verdeutlichen, wie affektiv und hochemotional die Sprache von Adolf Hitler in dieser frühen Phase seiner Agitation beschaffen war. Einige Monate später wurde er bereits konkreter, wenn es um die präzise Therapie, um die Anwendung seiner bakteriologischen Befunde ging: „Man verhindere die jüdische Unterhöhlung unseres Volkes, wenn notwendig durch die Sicherung ihrer Erreger in Konzentrationslagern. Kurz, man reinige unser Volk von all dem Gift oben und unten."[10])

Marxismus, Bolschewismus und Judentum waren für Hitler weitgehend synonyme Begriffe, die zum festen Repertoire seiner Verfolgungstexte gehörten. Vor dem Volksgericht sagte Hitler am ersten Verhandlungstag am 26. Februar 1924 über den Marxismus: „Entweder gedeiht dieses Rassengift, die Massentuberkulose in unserem Volke, dann stirbt Deutschland an seiner kranken Lunge, oder aber sie wird ausgeschieden, dann kann Deutschland wieder gedeihen."[11]) Und im April 1924 schreibt er in einem Aufsatz für den Völkischen Beobachter: „Das internationale Judentum, die Rassentuberkulose der Völker, zerstört mit Hilfe der marxistischen Lehre langsam, aber unbeirrt sicher die Grundpfeiler unseres Volkes, seine Rasse und Kultur."[12])

Wie stark diese bakteriologische Fixierung Hitlers seine Sprachbilder prägte, zeigt folgender Vergleich: „Nationalismus ist vor allen Dingen auch ein Vorbeugungsmittel gegen Krankheitskeime, und der antisemitische Gedanke ist die notwendige Abwehr gegen eine Pest, welche die Welt heute ergriffen hat."[13]) Werner Maser irrt, wenn er meint, daß Ausdrücke wie „Bazillus" und „Bazillenträger" erst nach 1925 in Hitlers „Mein Kampf" auftauchten.[14]) Sie gehörten bereits im Jahre 1920 zum festen Verfolgungsvokabular einer Sprache, die sich immer stärker brutalisieren sollte.

Eine der eindrucksvollsten Aussagen Hitlers, die den Niedergang eines Volkes mit der Inkubationszeit einer schleichenden Krankheit vergleicht, findet sich in „Mein Kampf". Auf den Zusammenbruch des Jahres 1918 bezogen schreibt er:

„Für das deutsche Volk darf man es fast als ein großes Glück betrachten, daß die Zeit seiner schleichenden Erkrankung plötzlich in einer so furchtbaren Katastrophe abgekürzt wurde, denn im anderen Falle wäre die Nation wohl langsamer, aber um so sicherer zugrunde gegangen. Die Krankheit wäre zu einer chronischen geworden, während sie in der akuten Form des Zusammenbruchs mindestens den Augen einer größeren Menge klar und deutlich erkennbar wurde. Der Mensch wurde nicht durch Zufall der Pest leichter Herr als der Tuberkulose. Die eine kommt in schrecklichen, die Menschheit aufrüttelnden Todeswellen, die andere in langsamem Schleichen; die eine führt zur entsetzlichen Furcht, die andere zur allmählichen Gleichgültigkeit. Die Folge aber ist, daß der Mensch der einen mit der ganzen Rücksichtslosigkeit seiner Energie entgegentrat, während er die Schwindsucht mit schwächlichen Mitteln einzudämmen versucht. So wurde er der Pest Herr, während die Tuberkulose ihn selber beherrscht. Genau so verhält es sich auch mit Erkrankungen von Volkskörpern. Wenn sie nicht katastrophal auftreten, beginnt sich der Mensch langsam an sie zu gewöhnen und geht endlich an ihnen zugrunde."[15])

Die Krankheitserreger, die Bazillen, gleichzeitig aber auch die Krankheiten selbst wie Pest und Tuberkulose waren Juden mit ihrem gesamten gesellschaftspolitischem Umfeld. Aber sie verwandeln sich: von Mikroben zu Ungeziefer, von Ungeziefer in Tiere und Bestien. Der Einfallsreichtum Hitlers bei der Entwicklung dieser Metaphern überraschte. In einem Aufsatz des Völkischen Beobachters vom 24. April 1921 verglich er das Deutsche Reich mit einer „Matratze", um für die Juden eine passende Diffamierungsmetapher zu verwenden: „Und so lange Sie, Herr Ebert, nicht zunächst dieses Ungeziefer, diese Läuse und Wanzen, die sich in unserer Reichsmatratze breit machen und unserem lieben Volk das Blut aus den Poren saugen, solange Sie dieses Judengesindel nicht aus Deutschland herausbringen, so lange (. . .) wird unser Volk nicht Ruhe bekommen."[16]) Kurze Zeit später benutzt Hitler einen Vergleich, der noch stärker die Gefühle seiner Leser aufputschen soll: „Das ganze Reich (. . .) wurde planmäßig zu einer einzigen Kloake von Schmutz und Jauche gemacht, in der sich Abortwürmern ähnlich die schleimigen Erscheinungen des deutschen Parlamentarismus ringelten und vollfraßen."[17]) Gemeint waren natürlich die Juden, die er vier Tage später als „Mäuse, Ratten und Maulwürfe"[18]) bezeichnet.

Schon in seinem Brief an Adolf Gemlich fand sich die Metapher „Blutegel an seinen Völkern". In „Mein Kampf" erreichte die Dehumanisierungsmetaphorik ihren sprachlichen Höhepunkt mit einem klaren Ausrottungsauftrag: „Wenn an der Front die besten fielen, dann konnte man zu Hause wenigstens das Ungeziefer vertilgen."[19]) Von dem Euphemismus „vertilgen" bis zur praktischen Anweisung, wie dies zu geschehen habe, war nur ein kurzer Schritt: „Hätte man zu Kriegsbeginn und während des Krieges einmal zwölf- oder fünfzehntausend dieser hebräischen Volksverderber so unter Giftgas gehalten wie Hunderttausende unserer allerbesten Arbeiter aus allen Schichten und Berufen es im Felde erdulden mußten, dann wäre das Millionenopfer der Front nicht vergeblich gewesen. Im Gegenteil: Zwölftausend Schurken zur rechten Zeit beseitigt, hätte vielleicht einer Million ordentlicher, für die Zukunft wertvoller Deutschen das Leben gerettet."[20]) Hier schien bereits die „Endlösung" als potentielle Möglichkeit der Massenvernichtung vorweggenommen zu sein.

Zweifellos: Für Hitler mußte Ungeziefer „vertilgt", „entfernt", „vernichtet", „beseitigt", „unschädlich" gemacht werden. Auf der Klaviatur der semantischen Euphemismen für „Mord" spielte er virtuos. Dieses Ungeziefer wurde an anderer Stelle zur „Made im faulenden Leib", zum „typischen Parasiten", zum „Schmarotzer, der wie ein schädlicher Bazillus sich immer mehr ausbreitet" und an dem das „Wirtsvolk nach kürzerer oder längerer Zeit abstirbt".[21])

„Mein Kampf" ist ein einziges semantisches Konzentrat von Verfolgungsmetaphern, die bereits ab 1919 zum mündlichen und schriftlichen Repertoire Hitlers gehörten: „Pestilenz – geistige Pestilenz - schlimmer als der schwarze Tod – Bazillenträger schlimmster Art – Parasitentum – Ungeziefer – Schlange – Pestilenz – Spinne – eine sich blutig bekämpfende Rotte von Ratten – Schmutz und Unrat – typischer Parasit – Schmarotzer – schädlicher Bazillus – Völkerparasit – Pest – ewiger Blutegel – Vampir – Polyp – internationale Schlange."

Die Auflistung dieser Metaphern ließe sich beliebig fortführen: So wurden Feindbilder durch manipulierte Sprache als ein semantisches Mosaik aus den unterschiedlichen Elementen des verbalen Dehumanisierungsvokabulars Hitlers zusammengesetzt, das in seiner brutalen Totalität Widerspruch schon im Ansatz zu verhindern suchte. Die Entmenschlichung des Juden als „Feind", seine Umwandlung, Verwandlung oder semantische Verzauberung in den organischen und anorganischen Bereich, zum Bazillus, Erreger, Schmarotzer, Parasiten, dessen Lebensraum durch Unrat, Schmutz und Dunkelheit bestimmt ist, verfälschten den Juden zu einem Etwas, zu einem Wesen, Unwesen, das „einfach beseitigt werden muß". Für Hitler war Beseitigung gleichzeitig hygienische Maßnahme, Behandlung, Therapie, alles in allem Volkshygiene. Vertilgungs-, Vernichtungs- oder Tötungshemmungen konnte es bei einem solchen Vorgang für die Täter nicht geben! So führte zwangsläufig die Brutalisierung von Sprache zur Brutalisierung von Bewußtsein.

3. Der Feind als Antichrist

Die bakteriologischen Metaphern mit ihren eigenwilligen Bezügen zum düsteren Bereich von Ungeziefer und Schädlingen bildeten nur den „Bodensatz" dieses Feindbildes oder besser die Peripherie eines dämonischen Mosaiks, das den Feind in seiner teuflischen Wandlungsfähigkeit zeigte. Ab 1922 benutzte Hitler eine Dämonisierungsmetapher ganz besonderer Art, die in ihrer emotionalen Wirkung auf die Massen weit stärker war als die Dehumanisierung des Feindes. Der Jude wurde nun als Christusverfolger und Christusmörder angeprangert, dem Hitler einen Kampf auf Leben und Tod ansagte: den Kampf gegen den Antichristen und der mit ihm verbündeten Unterwelt aller destruktiven Kräfte.

Die erste große Rede, in der diese neue Verfolgungsmetapher entwickelt wurde, hielt Hitler am 12. April 1922 im Bürgerbräukeller in München:

„Mein christliches Gefühl weist mich hin auf meinen Herrn und Heiland als Kämpfer (stürmischer, langanhaltender Beifall). Er weist mich hin auf den Mann, der einst einsam, nur von wenigen Anhängern umgeben, diese Juden erkannte und zum Kampf gegen sie aufrief, und der, wahrhaftiger Gott, nicht der Größte war als Dulder, sondern der Größte als Streiter! In grenzenloser Liebe lese ich als Christ und Mensch die Stelle durch, die uns verkündet, wie der Herr sich endlich aufraffte und zur Peitsche griff, um die Wucherer, das Nattern- und Otterngezücht hinauszutreiben aus dem Tempel (stürmischer Beifall)!

Seinen ungeheuren Kampf aber für diese Welt, gegen das jüdische Gift, den erkenne ich heute, nach zweitausend Jahren, in tiefster Ergriffenheit am gewaltigsten an der Tatsache, daß er dafür am Kreuz verbluten mußte (Bewegung im Saal). Als Christ habe ich nicht die Verpflichtung, mir das Fell über die Ohren ziehen zu lassen, sondern habe die Verpflichtung, ein Streiter zu sein für die Wahrheit und für das Recht.

Vor 2000 Jahren wurde auch ein Mann denunziert von der gleichen Rasse, die heute überall verleumdet und verlästert, die Rasse, die überall hetzt und die jeden Widerstand gegen sie als fluchwürdiges Verbrechen bezeichnet. Der Mann wurde vor das Gericht geschleift, und damals hieß es auch: ‚Er wiegelt das Volk auf'."[22])

Christus wurde offensichtlich das große Vorbild von Hitler, dem er „nacheifert" und „nachlebt". Er wollte so werden wie dieser Christus, der einsam nur mit wenigen Getreuen gegen eine entfesselte Unterwelt von Krämergeist, Verbrechen, Betrug und Laster kämpfte und litt. Christus, so interpretierte ihn Hitler, war geradezu ein Symbol für den Kampf gegen das Unrecht seiner Zeit. Er war Verfolgung und Erlösung zugleich. Und der Feind ist der Jude – damals wie heute. Die Logik schien in ihrer grotesken Vereinfachung zwingend zu sein! Daß dieser Held des stummen Leids und der Passion gleichzeitig ein Jude sein könne, war für Hitler unvorstellbar. Diese Vorstellung würde seinen eigenen Messianismus schon im Ansatz absurd erscheinen lassen: das verbot sein Feindbild. Der „große Nazarener" konnte nur „Germane gewesen sein".[23]) Hitler sprach bewundernd von ihm als „unser größter arischer Führer, Christus",[24]) gegen den der Jude „den Pöbel Jerusalems" hetzt. In diesem Zusammenhang erhielt die Peitsche für Hitler als Symbol des Kampfes von Gut und Böse einen besonderen Stellenwert: „Was heute der Gummiknüppel ist, war früher eine Peitsche. Ich verbitte mir, daß mir Christus dadurch weniger liebenswert erscheinen soll, weil er zur Peitsche griff."[25]).

So wurde Hitler selbst in seiner Einbildung zu einem säkularen Christus, der im Kampf gegen das personifizierte Böse in Gestalt des Juden Verfolgung erfuhr und dabei einen Erlösungsauftrag erfüllte. Die Vernichtung des Bösen bedeutet gleichzeitig die Erlösung des einzelnen, des Volkes, der Nation von diesem Bösen. Der Erfolg dieser „Mission" war durch den Erlösungsauftrag Christi sozusagen vorprogrammiert: Das Böse mußte am Ende doch untergehen, sonst endete die Geschichte der Menschheit:

„Siegt der Jude mit Hilfe seines marxistischen Glaubensbekenntnisses über die Völker dieser Welt, dann wird seine Krone der Totenkranz der Menschheit sein, dann wird dieser Planet wieder wie einst vor Jahrmillionen menschenleer durch den Äther ziehen. (. . .) So glaube ich heute im Sinne des allmächtigen Schöpfers zu handeln: Indem ich mich des Juden erwehre, kämpfe ich für das Werk des Herrn."[26])

Hitler erhielt mit dem Rückgriff auf den „größten arischen Führer, Christus" die einmalige Chance, den Kampf gegen den jüdischen Feind zum fundamentalen Gegensatz zwischen Christus und dem Bösen als säkularem Prinzip hochstilisieren zu können. Vom Prinzip des Bösen als abstrakter Größe zur Person des Teufels als dynamischer Größe ganz besonderer Art war es nur ein kleiner Schritt:

„Wir werden dem Judentum nie vergessen, was es uns angetan hat. Wenn wir viereinhalb Jahre lang mit aller Tücke und Teufelei des äußeren Feindes fertig wurden, werden wir auch im Innern gegen den Teufel fertig werden (stürmischer, langanhaltender Beifall)."[27]) Solche Dämonisierung wirkte auf die Massen!

Der Kampf gegen den Teufel als das böse Prinzip schlechthin lieferte gleichzeitig die Befreiung von eigener Schuld bei der Verfolgung dieses Teufels, der an allem Unglück „schuld" war: am verlorenen Krieg mit seinem katastrophalen Zusammenbruch („November 1918"), an Not, Elend, Verzweiflung und nationaler Demütigung. Auf ihn konnten alle Aggressionen einer verzweifelten Existenz übertragen werden.

In „Mein Kampf" zog Hitler die dämonologische Bilanz: Niemand brauche sich zu wundern, „wenn in unserem Volk die Personifikation des Teufels als Sinnbild alles Bösen die leibhaftige Gestalt des Juden annimmt".[28]) So wurde der Teufel unversehens zum Juden und der Jude zum Teufel. Er wurde damit auch

(Fortsetzung Seite 26)

Der Jude als Feind
NAZI-Wahlplakat aus der Anfangszeit (1924)

NS-Funktionäre werden geschult: „Wir kennen den Feind“ (Schulungsbrief der NSDAP 1937)

Titelseite: Wir kennen den Feind

Letzte Seite: Das Weltjudentum ist entlarvt

aus theologischer Sicht zum „Todfeind", zur „Ausgeburt der Hölle". Einen Pakt mit dem Teufel durfte es nicht geben. Nur ein einziges Mal ließ sich Hitler während einer Rede leidenschaftlich zu einem „Versprecher" hinreißen, der sich nicht wiederholen sollte: „Um unser Ziel zu erreichen, muß uns jedes Mittel recht sein, selbst wenn wir uns mit dem Teufel verbinden müßten (Beifall)."[29]) Der Teufel muß vielmehr „besiegt" werden, gelingt das nicht, scheitert das Erlösungswerk! Bei jedem Erfolg, diesen Erlösungsauftrag behindern zu können, „lacht sich der Todfeind des arischen Menschen und des gesamten Christentums ins Fäustchen".[30])

Die Welt, die Hitler durch die Vernichtung des Teufels als Juden erlösen wollte, war eine Welt von Gut und Böse, von Licht und Dunkel, von Weiß und Schwarz: Zwischentöne gibt es nicht.

Diese pseudomanichäische Wirklichkeit mit ihrem Erlösungsauftrag fasziniert Goebbels. Am 16. Oktober 1928 vertraute er seinem Tagebuch folgende ungewöhnliche religiöse Reflexion an:

„Was ist uns heute das Christentum? Nationalsozialismus ist Religion. Es fehlt nur noch das religiöse Genie, das alte überlebte Formeln sprengt und neue bildet. Der Ritus fehlt uns. Nationalsozialismus muß einmal Staatsreligion der Deutschen werden. Meine Partei ist meine Kirche, und ich glaube, dem Herrn am besten zu dienen, wenn ich seinen Willen erfülle und mein unterdrücktes Volk von den Sklavenketten befreie."[31])

Deutlicher ließ sich die Gleichsetzung von Religion und politischem Programm nicht beschreiben. Und das Evangelium befahl den gnadenlosen Kampf gegen die „Macht des Bösen" mit einem Zentrum in London, einer „Einrichtung des Satans". Das Symbol dieser satanischen Macht ist Gold oder Geld: „Das Geld ist die Kraft des Bösen und der Jude sein Trabant".[32])

Es gab ein zweites Zentrum als „Einrichtung des Satans". Dieses Zentrum im Osten wurde von Hitler in einem agitatorischen Dauerbombardement als ein Apokalyptikum des Grauens den Massen präsentiert. Es war der „Blutsumpf des Bolschewismus", das bolschewistische Rußland:

„Die einen setzen die Hoffnung auf den Sowjetstern. Er ist das Symbol jener Rasse, die die Revolution begonnen (. . .) Es ist der Stern Davids, das Wahrzeichen der Synagoge. Das Symbol der Rasse über die Welt! Eine Herrschaft von Wladiwostok bis nach dem Westen! Der Herrschaft des Judentums. Der goldene Stern bedeutet dem Juden das gleißende Gold. Der Hammer, den das Sowjetwappen zeigt, bezeichnet den freimaurerischen Einschlag. Die Sichel den grausamen Terror. Das hoffnungslose Helotentum des deutschen Volkes soll das großjüdische Paradies schaffen!"[33])

Nun waren die Fronten klar: Der Jude als das Prinzip des Bösen, als Teufel, hauste mit seinen Trabanten in der Hölle seiner bolschewistischen Fluchtburg, um von dort die Eroberung der Welt anzutreten. Das konnte nur durch die Vernichtung des Juden selbst verhindert werden. Gelang die Erlösungsmission, würden die satanischen Mächte verschwinden, sollte sie jedoch mißlingen, würde die Katastrophe unvorstellbar sein: In Deutschland würde dann das „rote Tuch" aufgezogen, das „Totengespenst mit Hammer, Sichel und Stern. Auf den Trümmern einer versunkenen Kultur werden dann die Aasgeier russischer Sowjetagenten ihren letzten Raub verzehren. . . ."[34])

Am klarsten und deutlichsten wurde der Erlösungsgedanke, den Hitler in seiner eigenwilligen Art nur fragmentarisch propagierte, von Joseph Goebbels in seinem autobiographischen Roman „Michael. Ein deutsches Schicksal in Tagebuchblättern" entwickelt. Das mehrfach überarbeitete Manuskript erschien

1929 in der ersten Auflage im parteieigenen Franz Eher Verlag in München. Die antisemitischen Verfolgungstexte, die in der ersten unveröffentlichten Fassung noch nicht enthalten waren, waren in Stil und Inhalt den Haßtiraden Hitlers den Juden gegenüber nachempfunden (Verfolgungstext 4). Auch für Goebbels war es unvorstellbar, daß der „stille und bleiche Mann von Nazareth" Jude gewesen sein soll: „Christus kann gar kein Jude gewesen sein. Das brauche ich erst gar nicht wissenschaftlich zu beweisen. Das ist so!"[35])

In der tiefen Bindung an diesen Christus, dem „Genie der Liebe", erkannte der „Held" des Romans Michael seinen eigentlichen Feind, der auch der Feind Christi war. Christus war der „diametrale Gegenpol zum Judentum, das die Inkarnation des Hasses" darstellte. Er kam zu der Erkenntnis, daß der Jude ein zerstörischer „Giftbazillus", die „menschgewordene Lüge" ist, die die „ewige Wahrheit ans Kreuz geschlagen" hat. Der Kampf, den der „Held" führen muß, war im tiefsten Sinne „ein Kampf zwischen Christus und Marx". Und nur über diesen Kampf war der Weg zur Erlösung zu finden: „Wir müssen alle einmal erlöst werden. . . Mich selbst erlösen; einen Weg für die anderen brechen. Durch Opfer zur Erlösung!"[36]) Das war die Aufgabe, der sich keiner entziehen konnte. Was Erlösung konkret bedeutet, hatte Hitler lange vor dem Erscheinen dieses Romans überdeutlich ausgesagt!

Die pseudoreligiösen Bestandteile des von Hitler propagierten Erlösungsauftrags waren von Goebbels im „Michael" eindrucksvoll bei der Vorstellung seines „Helden" nachgezeichnet: Die Juden waren nun als ein böses Prinzip schlechthin erkannt und entlarvt. Sie waren die menschgewordene Antichristen:

„Wer den Teufel nicht hassen kann, der kann auch Gott nicht lieben. Wer sein Volk liebt, der muß die Vernichter seines Volkes hassen, aus tiefster Seele hassen."[37]) Diese Botschaft war so einfach, daß sie jeder „Volksgenosse" auf Anhieb verstehen konnte.

III. Die Legitimierung der Vernichtung

1. Der „nützliche" Feind

Im Jahre 1922 interviewte der Journalist Josef Hell Adolf Hitler in München und stellte die entscheidende zukunftsorientierte Frage: „Was wollen Sie denn unternehmen, wenn Sie erst einmal volle Aktionsfreiheit gegen die Juden haben?"

Die Antwort Hitlers war in ihrer nicht zu überbietenden sadistischen Aggressivität ein Beweis, wie groß schon zu diesem Zeitpunkt sein Haß auf die Juden gewesen sein muß:

„Wenn ich einmal wirklich an der Macht bin, dann wird die Vernichtung der Juden meine erste und wichtigste Aufgabe sein. Sobald ich die Macht dazu habe, werde ich zum Beispiel in München auf dem Marienplatz Galgen neben Galgen aufstellen lassen und zwar so viele, als es der Verkehr zuläßt. Dann werden die Juden gehängt, einer wie der andere, und sie bleiben so lange hängen, bis sie stinken."[38]) Abgesehen von den Rachephantasien Hitlers, denen er freien Lauf läßt und die er so hemmungslos verbalisiert, enthält dieses Interview eine zusätzliche Aussage, die die schizophrene Widersprüchlichkeit des Hitlerschen Feindbild-Denkens verdeutlicht. Auf die Frage, warum er denn eigentlich die Juden hasse und vernichten wolle, sagt Hitler:

„Es ist klar und hat sich bei allen Revolutionen durch die Praxis und die Tatsache erwiesen, daß ein Kampf für Ideale, für Verbesserungen irgendwelcher Art unbedingt ergänzt werden muß durch den Kampf gegen irgendeine Gesellschaft, Klasse oder Kaste. Bei früheren Revolutionen – meine Ziele sind revolutionäre Umwandlungen 1. Klasse, gleichgültig, welche Methoden und Wege ich dabei beschreite – ging der Kampf bald gegen die Bauern, bald gegen den Adel oder die Geistlichkeit, gegen Fürstenhäuser und deren vielverzweigte Gefolgschaft, aber keine der Revolutionen ist jemals ohne einen solchen Blitzableiter, durch den die Haßgefühle der breiten Masse abgeleitet werden, ausgekommen.

Gerade daraufhin habe ich die revolutionären Vorgänge in der Weltgeschichte nachgeprüft und mir dann die Frage vorgelegt: Gegen welchen Volksteil in Deutschland kann ich mit der größten Aussicht auf Erfolg meine Haßpropaganda einsetzen? Gefunden mußte ein solches Opfer werden und zwar eines, gegen das der Kampf auch materiell lohnte. Ich kann Ihnen die Versicherung geben, ich habe alle überhaupt denkbaren und möglichen Lösungen dieses Problems geprüft und auf Grund aller in Frage kommender Faktoren bin ich zu dem Ergebnis gekommen, daß ein Kampf gegen die Juden eben so populär wie erfolgreich sein würde."[39])

Diese Antwort beweist, daß Hitler sein Feindbild aus taktischen Gründen dringend benötigte und sich dieser taktischen Zusammenhänge („Blitzableiter") voll bewußt war. Er wußte offensichtlich ganz genau, daß er als Feindbild überdimensional große „Sündenböcke" brauchte, die „an allem und jedem" schuld waren. Die latenten Aggressionen und tabuisierten Machtphantasien der Bevölkerung konnten auf diese „Sündenböcke" projiziert werden: Eigene Angst und eigene Schuld gab es dann nicht mehr. Mit der Vernichtung des Feindes war gleichzeitig die Erlösung von Angst und Schuld verbunden.

Ende Dezember 1922 äußerte sich Hitler in einem Gespräch mit dem bulgarischen Generalkonsul Eduard Scharrer in ähnlicher Weise: Obwohl die Juden zum „Zerstören des Bestehenden" geboren seien, würden sie „dabei aber manchmal Gutes schaffen". Der Kampf gegen das Judentum sei eines der „Hauptmomente in der Orientierung der Massen". Dieses „Schlagwort" könne nicht aufgegeben werden, denn man könne dadurch erreichen, daß die Massen „in jedem Gegner ihren Todfeind" sehen und sich „danach einstellen".[40])

Das Gute war häufig auch das Nützliche! Das Nützliche bestand für Hitler in der einmaligen Möglichkeit, mit Feindbildern total manipulieren zu können. Sie waren damit für ihn eine unverzichtbare Voraussetzung für seine Agitation und Propaganda.

2. Der „sich offenbarende" Feind

Zum ersten Mal erwähnte Hitler 1921 eine Schrift, die zwischen den beiden Weltkriegen in Millionen von Exemplaren und unterschiedlichen Ausgaben auf der ganzen Welt erscheinen sollte. Es waren dies die berüchtigten „Protokolle der Weisen von Zion", die bei Hitler in einem Stichwortverzeichnis für eine Rede erwähnt wurden, die er am 12. August 1921 in München hielt.[41]) Damit läßt sich feststellen, daß er die „Protokolle" bereits zu diesem Zeitpunkt gelesen hatte. Als Vorlage diente ihm eine deutsche Übersetzung aus dem Russischen, die Gottfried zur Beek unter dem Titel „Die Geheimnisse der Weisen von Zion" 1919 herausgab.

Hinter diesen „Protokollen" verbirgt sich eine raffinierte Fälschung, die im Auftrag der zaristischen Geheimpolizei nach 1898 verfaßt wurde.[42]) Sie enthalten einen in 24 Kapitel aufgeteilten Vortrag eines anonymen jüdischen Führers mit genauen Anweisungen über die Strategie und Taktik einer jüdischen Weltverschwörung. Sie war darauf gerichtet, die totale Herrschaft über die Welt zu erlangen. Die „Protokolle“ sind eine Bekenntnisschrift in eigener Sache, d. h. in der Sache der „Weisen von Zion“ mit einem gigantischen Geheimplan.

Der amerikanische Psychohistoriker Lloyd de Mause entwickelte eine Methode, mit der er unterschiedliche Texte auf ihre spezielle Gefühlsbotschaft untersuchen konnte. Dieses Verfahren bezeichnete er als „Fantasy-Analysis“. De Mause filtert sozusagen Texte nach bestimmten semantischen Untersuchungskriterien: nach Metaphern, Bildern, Körperbegriffen, Ausdrücken starker Emotionen und Affekten, häufigen Wiederholungen, Wertung und symbolischen Wendungen. Sie sind das analytische Material für die Identifizierung der Gefühle und Phantasien ihrer jeweiligen Verfasser.[43])

Im folgenden soll ein kleiner Ausschnitt der „Protokolle“ auf dieses semantische Emotional reduziert werden. Die Vorlage bildet der Verfolgungstext 1:

„Gewalt ... Rücksichtslosigkeit ... Raubtier Mensch ... Macht des Goldes ... Chaos ... Herrschaft des Geldes ... Macht des Goldes ... List ... Heuchelei ... Der Zweck heiligt die Mittel ... Masse ist blind ... Laster ... Gewalt ... List ... Verschlagenheit ... Bestechung ... Betrug ... Verrat ... Aufstände ... Zusammenbrüche ... Mißbrauch der Macht ... Hunger ... Gewalt über Arbeiter ... Not ... Haß ... Not ... Haß ... Herrscher aus dem Blute Zion ... Götzendienst des Goldes ... Rassenhaß ... Zweifel ... Zwietracht ... Gärung ... Streit ... Feindschaft auf der ganzen Welt ... Weltkrieg entfesseln ... Juden sind Wölfe ... Weltherrscher ... Neid ... Haß ... Krieg ... Hunger ... Seuche ...“

Das Ergebnis ist ein semantisches Crescendo von Grausamkeit, Haß und Zynismus, ein Sprachkonzentrat negativster Begriffe, die ein Aktionsfeld bestimmen, das offensichtlich auf ein einziges Ziel ausgerichtet war: Mit allen Mitteln und um jeden Preis sollte totale Macht gewonnen werden!

Hitler mußte vom Inhalt der „Protokolle“ geradezu fasziniert gewesen sein, lieferten sie ihm doch per Zufall einen angeblich präzisen Handlungskatalog über die „wahren Absichten“ des Judentums, die darin bestanden, ohne Skrupel und gewissenlos die Weltherrschaft zu erlangen.

Über die Echtheit dieser sensationellen Offenbarungsschrift gab es für Hitler nicht den geringsten Zweifel. Aus der Geschichte des Abendlandes sind spektakulärere Fälschungen bekannt. Doch diese Fälschung war in ihrer Wirkung auf eine einzelne Person deshalb so verhängnisvoll, weil sie von Hitler sofort wie ein Puzzle benutzt wurde, aus dessen Einzelteilen er in kurzer Zeit wesentliche Elemente seines Feindbildes zusammensetzen konnte. Er war von der Idee geradezu besessen, daß die in den „Protokollen“ dokumentierte jüdische Verschwörung im Weltmaßstab eine existentielle Bedrohung und Herausforderung darstellte. Die taktische und ideologische Dimension seines Feindbildes bildeten eine Einheit.

In „Mein Kampf“ erläuterte er noch einmal die fundamentale Bedeutung der „Protokolle der Weisen von Zion“:

„Was viele Juden unbewußt tun mögen, ist hier bewußt klargelegt. Darauf aber kommt es an. Es ist ganz gleich, aus wessen Judenkopf diese Enthüllungen stammen, maßgebend aber ist, daß sie mit geradezu grauenerregender Sicherheit das Wesen und die Tätigkeit des Judenvolkes aufdecken und in ihren inneren Zusammenhängen sowie den letzten Schlußzielen darlegen. Die beste Kritik an ihnen bildet jedoch die Wirklichkeit.“[44])

Das Fatale in der Auswirkung der „Protokolle“ auf die Psyche von Hitler war die Tatsache, daß das Wirklichkeitsverständnis des „Führers“ sich in Zukunft

(Fortsetzung Seite 34)

Immer ist der Jude schuld . . .
vor 2000 Jahren . . .

Plakat 1936 aus dem Propagandaministerium
. . . und 1940 am Ausbruch des Zweiten Weltkrieges

Plakat 1940 aus dem Propagandaministerium

„Du glaubst zu schieben, und Du wirst geschoben."
aus: Robert Ley, Roosevelt verrät Amerika! Berlin 1942, S. 26

Feindbild-Schulung der NS-Funktionäre

KEIN NEUER FEIND!

— SONDERN EIN „ALTER BEKANNTER"

Aus SCHULUNGSDIENST FÜR OT-FÜHRER, Hauptschulungsamt der NSDAP, Starnberg 1941, Blatt 40

Aus SCHULUNGSDIENST FÜR OT-FÜHRER, Hauptschulungsamt der NSDAP, Starnberg 1941, Blatt 99

Ein eigenes NAZI-Verfahren: Stets kommt der Jude zum Vorschein

Propaganda-Methode 1933

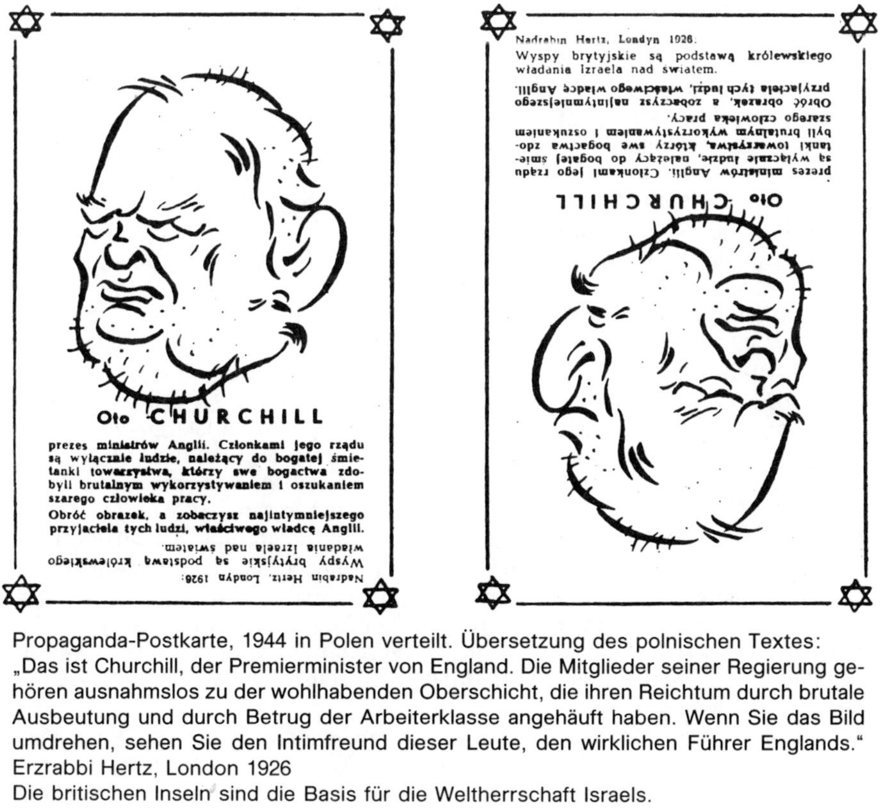

Propaganda-Postkarte, 1944 in Polen verteilt. Übersetzung des polnischen Textes: „Das ist Churchill, der Premierminister von England. Die Mitglieder seiner Regierung gehören ausnahmslos zu der wohlhabenden Oberschicht, die ihren Reichtum durch brutale Ausbeutung und durch Betrug der Arbeiterklasse angehäuft haben. Wenn Sie das Bild umdrehen, sehen Sie den Intimfreund dieser Leute, den wirklichen Führer Englands."
Erzrabbi Hertz, London 1926
Die britischen Inseln sind die Basis für die Weltherrschaft Israels.

entscheidend an dem Wirklichkeitsanspruch einer Fälschung orientierte! Sie lieferte ihm für seine Propaganda gegen das internationale Judentum die dringend benötigten „einschlägigen" Fakten. Seine Reden und Artikel in den frühen zwanziger Jahren enthielten eine Fülle von Feststellungen und Anspielungen, die sich auf eine detaillierte Kenntnis der „Protokolle" bezogen. So erhielt Adolf Hitler aus der Wirklichkeit der „Protokolle" die subjektive und objektive Legitimierung für seine Vernichtungsbrutalität einem Feind gegenüber, dessen geheimste Pläne er glaubte, kennengelernt und durchschaut zu haben. Die endgültige Ausrottung dieses Feindes war nur noch eine Frage des günstigen und geeigneten Termins.

3. Der „getarnte" Feind

Am Abend des 30. Januar 1939 tagte der Großdeutsche Reichstag in der Krolloper in Berlin. Um 20.15 Uhr trat Hitler an das Rednerpult. Er verkündete eine Erklärung der Reichsregierung. Ihr dramatischer Höhepunkt bestand in der ersten offiziellen Ankündigung der Vernichtung der Juden in einem zukünftigen Krieg.

„Ich will heute wieder ein Prophet sein:

Wenn es dem internationalen Finanzjudentum in und außerhalb Europas gelingen sollte, die Völker noch einmal in einen Weltkrieg zu stürzen, dann wird das Ergebnis nicht die Bolschewisierung der Erde und damit der Sieg des Judentums sein, sondern die Vernichtung der Jüdischen Rasse in Europa."[45])

Der günstige Termin für die Vernichtung rückte näher. Dieser Ankündigung sollten nach Ausbruch des Krieges weitere eindeutige Hinweise auf die Vernichtung folgen: am 8. November 1940, am 30. Januar, 24. Februar, 30. September und 8. November 1942. Stets war von „Ausrottung" oder „ausrotten" die Rede als Strafgericht auf einen „internationalen Weltkrieg", den das Judentum „angezettelt" habe. „International" ist in diesem Zusammenhang wohl ein Synonym für „jüdisch", da diese Tautologie sonst keinen Sinn ergibt: Der jüdische Feind war sozusagen in seiner „internationalen" Dimension „überall".

Diese Vorstellung stammte eindeutig aus den „Protokollen", die folgende Aussage enthalten: „Sobald ein nichtjüdischer Staat es wagt, uns Widerstand zu leisten, müssen wir in der Lage sein, seine Nachbarn zum Kriege gegen ihn zu veranlassen. Wollen aber auch die Nachbarn gemeinsame Sache mit ihm machen und gegen uns vorgehen, so müssen wir den Weltkrieg entfesseln (Siebente Sitzung)."

Trotz der Fixierung Hitlers auf sein durch die „Protokolle" bestimmtes Feindbild, überrascht die Brutalität dieser offiziellen Regierungserklärung zu diesem Zeitpunkt. Die Amtssprache der mit der Vernichtung verbundenen Erlasse und Geheimbefehle war dagegen von einer auffallenden Zurückhaltung. So teilte im Sommer 1941 Heinrich Himmler dem Kommandanten von Auschwitz, Rudolf Höss, mit, der „Führer" habe die „Endlösung der Judenfrage" befohlen.[46])

Dieser vordergründig harmlose und schlichte Begriff, der zum Symbol äußerster Gewaltanwendung und epidemischer Inhumanität werden sollte, war das Endergebnis einer Interpretation von Wirklichkeit, die ausschließlich vom Feindbild Adolf Hitlers bestimmt war. Der Vernichtungsvorgang selbst war so ungeheuerlich, daß sein gesamtes Umfeld der semantischen Tarnung bedurfte.

Am 16. November 1941 erschien in der Wochenzeitschrift „DAS REICH" ein Leitartikel von Goebbels mit der Überschrift „Die Juden sind schuld" (Verfolgungstext 5). Er scheute sich nicht, offen auszusprechen, daß die von Hitler am 30. Januar 1939 angekündigte „Vernichtung der jüdischen Rasse" bereits vollzogen werde. Dieser Artikel, dessen sprachliche Gewalttätigkeit ungewöhnlich hoch war („Historische Schuld des Weltjudentums ... Juden- ... Krieg ... Vernichtung der jüdischen Rasse ... Vollzug ... Vernichtungsprozeß ... jeder Jude unser Feind"), sollte eine überzeugende und plausible Erklärung für die Maßnahme liefern, daß in Zukunft der Feind auch als Feind erkennbar gemacht werden müsse. Die notwendige Kennzeichnung sei die „Einführung des gelben Judensterns". Doch Goebbels ging in seiner Argumentation noch einen Schritt weiter. Die Enttarnung der Juden sei dringend nötig, weil sie als verlängerter Arm der Feindmächte über „geheime Verbindungen zum feindlichen Ausland" verfügten und damit „Sendboten des Feindes" seien. Mit dieser Klassifizierung kriminalisierte Goebbels die Juden als Feinde zusätzlich, indem er sie zu Partisanen machte, gegen die „natürlich" geeignete Gegenmaßnahmen ergriffen werden mußten.

Ab April 1943 tauchte im internen NS-Schrifttum mit der Einstufung „Nur für den Dienstgebrauch", das sich mit dem Juden als Feind befaßte, eine angebliche Äußerung von Chaim Weizmann, dem Präsidenten der Zionistischen Weltorganisation, auf, die aus einer Rede von ihm vor dem Jüdischen Weltkongreß am 8. Dezember 1942 stammen soll. Chaim Weizmann gehörte für die NS-Propagandisten zum Intimfeind des Systems. Er hatte in einem offenen Brief an den britischen Premierminister Chamberlain am 5. September 1939 die Unterstützung der Juden im Kampf gegen Deutschland angeboten; ein Angebot, das die deutsche Propaganda als eine offizielle jüdische Kriegserklärung an das Deutsche Reich bezeichnete. Die zitierte Passage von Weizmann lautete:

„Wir leugnen es nicht und haben keine Furcht, die Wahrheit zu bekennen, daß dieser Krieg unser Krieg ist und zur Befreiung des Judentums geführt wird. Selbst wenn wir nicht auf den Schlachtfeldern sterben, haben wir trotzdem das Recht zu sagen, daß ohne uns der Erfolg der Alliierten nicht denkbar wäre, denn unsere Beteiligung am Krieg ist sehr groß und äußerst wertvoll. Stärker als alle Fronten zusammen ist unsere Front, die Front des Judentums. Wir geben diesem Krieg nicht nur unsere ganze finanzielle Unterstützung, auf der die gesamte Kriegsproduktion basiert, wir stellen diesem Krieg nicht nur unsere volle propagandistische Macht zur Verfügung, die die moralische Triebkraft zur Aufrechterhaltung dieses Krieges ist. Die Sicherung des Sieges baut sich hauptsächlich auf der Schwächung der gegnerischen Kräfte, auf der Zerschlagung in ihrem eigenen Lande im Inneren ihrer Festung des Widerstandes auf. Und wir sind das trojanische Pferd in der Festung des Feindes. Tausende in Europa lebende Juden sind der Hauptfaktor bei der Vernichtung unseres Feindes. Dort ist unsere Front eine Tatsache und die wertvollste Hilfe für den Sieg."

Zum ersten Mal wurde dieses Zitat von Johannes Pohl in seiner Verfolgungsanthologie „Jüdische Selbstzeugnisse" abgedruckt, in einer Broschüre, die als Heft 21 der Schriftenreihe zur weltanschaulichen Schulungsarbeit der NSDAP erschien und sich in erster Linie an Funktionsträger der Partei wandte. Seit dieser Zeit tauchte der Weizmann-Text immer wieder im internen Schrifttum der NSDAP und der Wehrmacht auf.[47])

Der Text enthält drei wesentliche Thesen:
1. Der Zweite Weltkrieg ist ein Krieg des internationalen Judentums.
2. Er ist für die Juden ein Mehrfrontenkrieg.
3. Die wichtigste Front ist die Front „in der Festung des Feindes".

Für diesen verdeckten, unsichtbaren oder subversiven Kampf „im Inneren" des Feindes verwendete der Text die berühmte, schon seit der Antike her bekannte Metapher des „Trojanischen Pferdes". Im Jargon der Zeit hätte er auch „Fünfte Kolonne" sagen können. Beide Begriffe sind ihrem psychopolitischen Umfeld nach in etwa Synonyme. Sie stehen für Kampf im Dunkeln und Sabotage mit gewaltigem Schaden für die Betroffenen.

Inhalt und Stil des Weizmann-Zitates hatten eine fatale Ähnlichkeit mit der Diktion der „Protokolle". Der Verdacht einer Fälschung aus der Werkstatt von NS-Propagandisten zu einem Zeitpunkt, als die Massenvernichtung der Juden ihren ersten Höhepunkt erreichte, liegt nahe. Ziel und Zweck einer solchen Fälschung könnte es nur sein, Funktionsträgern von Partei und Wehrmacht eine zusätzliche Legitimierung für die „Endlösung" zu liefern. Der Text könnte gleichzeitig als ein Beweis für die Richtigkeit der Thesen dienen, die Goebbels in seinem Leitartikel verkündete, und die in der Folgezeit von der NS-Propaganda über alle Medien verbreitet wurden.

Dieser Verdacht bestätigte sich. Nach intensiven Recherchen konnte der Verfasser feststellen, daß das Zitat eindeutig eine Fälschung ist.[48]) Chaim Weizmann hat sich während des Krieges weder schriftlich noch mündlich in dieser Form geäußert. Die Herkunft der Fälschung läßt sich nicht mehr bestimmen. Sie könnte im Internationalen Institut zur Aufklärung über die Judenfrage in Frankfurt oder im Propagandaministerium in Berlin entstanden sein.

Kurze Zeit nach der Wannsee-Konferenz findet sich für den 27. März 1942 folgende Eintragung im Tagebuch des Propagandaministers:

„Aus dem Generalgouvernement werden jetzt, bei Lublin beginnend, die Juden nach dem Osten abgeschoben. Es wird hier ein ziemlich barbarisches und nicht näher zu beschreibendes Verfahren angewandt, und von den Juden selbst bleibt nicht mehr viel übrig. (. . .) An den Juden wird ein Strafgericht vollzogen, das zwar barbarisch ist, das sie aber vollauf verdient haben. Die Prophezeiung, die der Führer ihnen für die Herbeiführung eines neuen Weltkrieges mit auf den Weg gegeben hat, beginnt sich in der furchtbarsten Weise zu verwirklichen. Man darf in diesen Dingen keine Sentimentalität obwalten lassen. Die Juden würden, wenn wir uns ihrer nicht erwehren würden, uns vernichten. Es ist ein Kampf auf Leben und Tod zwischen der arischen Rasse und dem jüdischen Bazillus."[49])

Die Rachephantasien der Verfolger waren grausige Wirklichkeit geworden. Von der Vorstellung, daß der Kampf mit dem Feind ein Kampf auf „Leben und Tod" sei, waren die Feindbild-Macher von Anfang an überzeugt. Diese Überzeugung steigerte sich zu einer Besessenheit. Die Folge war allerdings ein paranoider Wirklichkeitsverlust und eine daraus resultierende Blindheit, die in ihrer Langzeitwirkung tödlicher war als der Feind selbst. Der Mensch der Antike fürchtete diese Blindheit als ein Strafgericht der Götter, die der Schuldige auf sich zog und der Vernichtung verfiel.

V. Epilog

Wahrheit und Wirklichkeit

Im „Michael. Ein deutsches Schicksal in Tagebuchblättern" notierte Joseph Goebbels:

„Ich glaube daran, daß die Wahrheit zuletzt stärker sein wird als die Lüge."[50]) Das war im Jahre 1929.

Am 18. Juni 1941 vertraute Goebbels seinem Tagebuch folgende bemerkenswerte Erkenntnis an:

„Im Ganzen gesehen ist die Wahrheit à la long doch immer noch die beste Propaganda.“[51])

Der Reichsminister für Volksaufklärung und Propaganda sollte mit diesen Feststellungen in jeder Beziehung recht behalten.

Anmerkungen

[1]) Vgl. dazu: Willi A. Boelcke (Hrsg.), Wollt Ihr den totalen Krieg? Die geheimen Goebbels-Konferenzen 1939–1943, Stuttgart 1967, S. 255–258; zur Einschätzung des sowjetischen Gegners durch die Wehrmacht: Ortin Buchbender, Das tönende Erz. Deutsche Propaganda gegen die Rote Armee im Zweiten Weltkrieg, Stuttgart 1978, S. 155 ff.

[2]) Rudolf Breitenstein, „Feindbilder“ als Problem internationaler Beziehungen, Europa-Archiv, 7, 1989, S. 191–198.

[3]) „Feindbilder beruhen auf negativen Vorurteilen. Dabei werden eigene aggressiv-destruktive Triebimpulse abgespalten und auf andere projiziert. Da das Entstehen von Feindbildern dem Unbewußten zuzuschreiben ist, können Gegensätze, im Sinne eines Primärprozesses, unbemerkt und unwidersprochen nebeneinanderstehen. Wie bei einer Paranoia kann sich das Feindbild an einen realen Kern anlehnen. Es dient so der Entlastung von Schuld und entbindet von Erinnerung. Ein wesentliches Merkmal des Feindbildes ist die Dehumanisierung des Gegners. Dies führt zum Wegfall von einer im Zusammenleben notwendigen Aggressionshemmung und macht damit den Ernstfall möglich.“ Hierzu: H. Becker, H. Lüdeke, W. Senf, Feindbilder und das sogenannte Gute, Psychotherapie, 36, 1986, S. 313–319. Eine gute Einführung in die Feindbild-Problematik bietet: Sam Keen, Bilder des Bösen. Wie man sich Feinde macht, Weinheim und Basel 1987. Grundlegend als Ergänzung zu den individualpsychologischen Erklärungsmustern C. G. Jungs: Reinhart Koselleck, Zur historisch-politischen Semantik asymmetrischer Gegenbegriffe, in: R. Koselleck, Vergangene Zukunft. Zur Semantik geschichtlicher Zeiten, Frankfurt 1979, S. 211–259.

[4]) René Girard, Der Sündenbock, Zürich 1988, S. 20.

[5]) Paul Friedländer, Vom Antisemitismus zur Judenvernichtung, in: Eberhard Jäckel und Jürgen Rohwer (Hrsg.), Der Mord an den Juden im Zweiten Weltkrieg, Frankfurt 1987, S. 20 (Fischer-Taschenbuch 4380).

[6]) Benutzt wurde hierfür: Eberhard Jäckel, Hitler. Sämtliche Aufzeichnungen 1905–1924. Quellen und Darstellungen zur Zeitgeschichte, Band 21, Stuttgart 1980.

[7]) Jäckel, a.a.O., S. 156.

[8]) Jäckel, a.a.O., S. 156.

[9]) Jäckel, a.a.O., S. 176.

[10]) Aufsatz im Völkischen Beobachter vom 13. März 1921 „Rathenau und Sancho Pansa“, Jäckel, a.a.O., S. 348.

[11]) Jäckel, a.a.O., S. 1065.

[12]) Aufsatz „Warum mußte ein 8. November kommen?“ – Jäckel a.a.O., S. 1216–1227; ibid. S. 1219.

[13]) Rede auf einem NSDAP-Parteitag am 29. Januar 1923; Jäckel, a.a.O., S. 822.

[14]) Werner Maser, Hitlers Briefe und Notizen. Sein Weltbild in handschriftlichen Dokumenten, Düsseldorf–Wien 1973, S. 257.

[15]) Adolf Hitler, Mein Kampf, XXXIX. Auflage, München 1933, S. 253/254.

[16]) „Die Reichsmatratze und Ebert als Fachmann“, Jäckel, a.a.O., S. 368.

[17]) Aufsatz im Völkischen Beobachter vom 5. Juni 1921 „Beginn der Judendiktatur“, Jäckel, a.a.O., S. 432.

[18]) Aufsatz im Völkischen Beobachter vom 28. April 1921 „Der Daitsche Staatsmann“, Jäckel, a.a.O., S. 371

[19]) „Mein Kampf“, S. 186.

[20]) „Mein Kampf“, S. 772.

[21]) „Mein Kampf“, S. 334.

[22]) Jäckel, a.a.O., S. 624.

[23]) Interview mit dem Acht-Uhr-Blatt vom 11. November 1922, Jäckel, a.a.O., 726.

[24]) Ausführung am 26. April 1922, Jäckel, a.a.O., S. 635. Am 10. April 1923 gebraucht Hitler in der Rede „Deutschland am Scheideweg“ in München für Christus den Ausdruck „der große Nazarener“.

[25]) Rede auf einer NSDAP-Versammlung am 2. November 1922 „Positiver Antisemitismus der Bayerischen Volkspartei“, Jäckel, a.a.O., S. 720.

[26]) „Mein Kampf“, S. 69/70.

[27]) Rede auf einer NSDAP-Versammlung am 27. April 1920 „Politik und Judentum“, Jäckel, a.a.O., S. 128.

[28]) „Mein Kampf“, S. 355.

[29]) Diskussionsbeitrag auf einer NSDAP-Versammlung am 6. April 1920, Jäckel, a.a.O., S. 120.

[30]) „Mein Kampf“, S. 629.

[31]) Elke Fröhlich (Hrsg.), Die Tagebücher von Joseph Goebbels. Sämtliche Fragmente, Teil I, Band 1, München 1987, S. 278.

[32]) Tagebucheintragung vom 6. August 1924; Elke Fröhlich, a.a.O., S. 60/61. Die erste antisemitische Eintragung von Goebbels stammt vom 27. Juni 1924: „Lektüre Maximilian Harden (alias Isidor Witkowski) „Was ist dieser verdammte Jude für ein heuchlerischer Schweinehund. Lumpen, Schufte, Verräter. Die saugen uns das Blut aus den Adern. Vampire!": Elke Fröhlich, a.a.O., S. 30.
[33]) Rede auf einer NSDAP-Versammlung am 1. August 1923 „Teuerung, Republik und Faschisten-Gefahr", Jäckel, a.a.O., S. 959. Vgl. auch den Aufsatz im Völkischen Beobachter vom 1. Januar 1921 „Der völkische Gedanke und die Partei", Jäckel, a.a.O., S. 279–282.
[34]) Rede auf einer NSDAP-Versammlung am 10. April 1923 „Deutschland am Scheideweg", Jäckel, a.a.O., S. 876.
[35]) Joseph Goebbels, Michael. Ein deutsches Schicksal in Tagebuchblättern, München 1929, S. 88. Eine hervorragende Analyse dieses autobiographischen Romans hat Claus-Ekkehard Bärsch mit seiner Arbeit „Erlösung und Vernichtung. Dr. phil. Joseph Goebbels. Zur Psyche und Ideologie eines jungen Nationalsozialisten 1923–1927", München 1987, veröffentlicht.
[36]) Michael, a.a.O., S. 126, S. 135, S. 187.
[37]) Michael, S. 87.
[38]) zitiert nach: Gerald Fleming, Hitler und die Endlösung, Wiesbaden und München 1982, S. 29/30.
[39]) Gerald Fleming, a.a.O., S. 41.
[40]) Gespräch abgedruckt bei Jäckel, a.a.O., S. 770–775; vgl. bes. S. 775.
[41]) Stichworte zur Rede „Teuerungsprotest ein Judenschwindel", Jäckel, a.a.O., S. 452.
[42]) Vgl. zur Hintergrundgeschichte: Norman Cohn, Die Protokolle der Weisen von Zion. Der Mythos der jüdischen Weltverschwörung, Köln-Berlin 1969; Armin Pfahl, Die „Protokolle der Weisen von Zion". Zur Entstehungs- und Wirkungsgeschichte des „Kronzeugendokuments der jüdischen Weltvreschwörung; Diplomarbeit im Fach Politische Wissenschaften der Universität Marburg, Marburg 1985. Eine Kurzfassung dieser Arbeit findet sich: Armin Pfahl, „Die Protokolle der Weisen von Zion". Zur Entstehungs- und Wirkungsgeschichte einer antisemitischen Fälschung, TRIBÜNE, 25. Jahrgang, Heft 98, 1986, S. 86–94.
[43]) Vgl. Lloyd de Mause, Foundations of Psychohistory, New York 1982; Lloyd de Mause, Reagans Amerika. Eine psychohistorische Studie, 2. Auflage, Basel-Frankfurt 1987. Zur Fantasy-Analysis informieren die Anmerkungen der Übersetzer (S. 245–248; bes. S. 247–249).
[44]) „Mein Kampf", S. 337.
[45]) Vgl. Max Domarus, Hitler – Reden und Proklamationen 1932–1945, Band II, 1. Halbband, München 1965, S. 1058.
[46]) Gerald Fleming, a.a.O., S. 59 ff.
[47]) So zum Beispiel in: Gerhard Brendel, Wer ist an diesem Krieg schuld? Schriftenreihe zur weltanschaulichen Schulungsarbeit der NSDAP, Heft 75, München 1943, S. 36; Lehrstab für Nationalsozialistische Führung im NS-Führungsstab der Wehrmacht (Hrsg.), Die Kriegsschuld des Weltjudentums, August 1944, S. 30; Der Nationalsozialistische Führungsoffizier beim Chef des Generalstabs des Heeres (Hrsg.), Die Richtschnur, S. 35, Bundesarchiv-Militärarchiv, RW 6/v. 404.
[48]) An dieser Stelle sei besonders Gerald Fleming gedankt, ohne dessen Unterstützung diese Recherchen nicht möglich gewesen wären.
[49]) Louis P. Lochner (Hrsg.), Goebbels Tagebücher, Zürich 1948, S. 142/143.
[50]) Michael, a.a.O., S. 47.
[51]) Elke Fröhlich (Hrsg.), Die Tagebücher von Joseph Goebbels. Sämtliche Fragmente, Teil I, Band 4, München 1987, S. 701.

Quelle der Karikaturen in diesem Abschnitt: Privatarchiv Dr. Ortwin Buchbender

Verfolgungsmetaphern aus der Zeit von September 1919 bis April 1923

„Blutegel an seinen Völkern – Rassentuberkulose der Völker – jüdische Knute – orientalische Schmierfinken – Gift – Ferment der Dekomposition – orientalische syphilitische Gäste – Orgien des Raubes und des Wuchers – Erreger – Bazillus – Rassentuberkulose – Läuse – Wanzen – Judengesindel – Parasit am Körper anderer Völker – Mammonismus und Materialismus – Staatsverbrecher – Zersetzung – Schnecken – Judengeschmeiß – Vergiftung – Kloake von Schmutz und Jauche – Gift des jüdisch internationalen Geistes – Weltfeind der Freiheit – jüdischer Weltkoloß – Verkörperung der Lüge – Weltversklavung – gieriger Werwolf – Geißel – halbasiatischer Lausejunge – jüdische Natter – Giftzähne – Gift – Schmeißfliege – Golddrache Juda – Schieber und Gauner – Schmarotzer – Lumpen – Aasgeier – Spitzentyrannei über die ganze Welt – Völkerzersetzer . . .“

Vgl. Eberhard Jäckel (Hrsg.), Hitler. Sämtliche Aufzeichnungen 1905–1924, Stuttgart 1980, S. 88/89, 126, 136, 144, 148, 176, 368, 374, 381, 432, 552, 578, 615, 663, 668, 731, 779, 875, 876, 909.

1. *Bakteriologie-/Parasitologie-Metaphern*
Erreger – Bazillus – Rassentuberkulose – Krebsgeschwür
Blutegel – Schmarotzer – Läuse – Wanzen – Schmeißfliege

2. *Tier-Methaphern*
Aasgeier – Golddrache – Natter – Giftzähne – Gift – Schnecken
Werwolf

3. *Schmutz-Metaphern*
Kloake von Schmutz und Jauche
Ferment der Dekomposition

4. *Diffamierungs-Metaphern*
Judengesindel – Judenpack – Judengeschmeiß – Saujude
halbasiatischer Lausejunge – Lumpen – Gauner – Schieber –
Raubritter – Schmierfinken – syphilitische Gäste

5. *Dämonisierungs-Metaphern*
Knute – Geißel – Gift
Völkerzersetzer – Spitzentyrannei – Weltversklavung
Mammonismus – Orgien des Raubes und des Wuchers
Verkörperung der Lüge – Teufel

Verfolgungsmetaphern aus Adolf Hitler, Mein Kampf, XXXIV. Auflage München 1933 (mit Seitenhinweisen):

„Kaftanträger – Made im faulenden Leib (61), Pestilenz- geistige Pestilenz – schlimmer als der schwarze Tod – Bazillenträger schlimmster Art (62), Verführer (66), Teufel – Ungeheuer (68), ewiger Spaltpilz der Menschheit (135), Parasitentum (165), Ungeziefer – hinterlistige Meuchelmörder – Schlange – meineidige Verbrecher – Pestilenz (186), Spinne (212), eine sich blutig bekämpfende Rotte von Ratten – Schmutz und Unrat (331), typischer Parasit – Schmarotzer – schädlicher Bazillus – Parasit im Körper anderer Nationen und Staaten (334), Völkerparasit (335), blutsaugerische Tyrannei – Gottesgeißel – Pest – ewiger Blutegel (339), Personifikation des Teufels als Sinnbild alles Bösen (355), Völkerparasit – Börsenbandit – Völkertyrann – Vampir (358), der große Hetzer zur Zerstörung Deutschlands (702), Volkstyrann – Polyp (703), böser Feind (724), internationale Schlange – Todfeind – Ausgeburt der Hölle (752), hebräische Volksverderber – Volksverräter – Schieber – Wucherer –Betrüger (772)“

1. *Bakteriologie-/Parasitologie-Metaphern*
Bazillus – Bazillenträger – schwarzer Tod – Pest – Pestilenz
Spaltpilz – Made – Parasit – Völkerparasit – Blutegel – Ungeziefer

2. *Tier-Metaphern*
Ratten – Schlange – Spinne – Polyp

3. *Schmutz-Metaphern*
Schmutz – Unrat

4. *Diffamierungs-Metaphern*
Kaftanträger – Volksverderber – Volksverräter – Völkertyrann – Meuchelmörder – Hetzer – Betrüger – Börsenbandit – Schieber – Wucherer – Verbrecher

5. *Dämonisierungs-Metaphern*
Verführer – böser Feind – Todfeind – Personifikation des Teufels – Ausgeburt der Hölle – Gottesgeißel – blutsaugerische Tyrannei – Vampir – Ungeheuer

Hinter den Feindmächten: DER JUDE

Illustrationen zur NAZI-Fälschung „Protokolle der Weisen von Zion“
(hergestellt und verteilt von der NS-Propaganda-Organisation WELTDIENST)

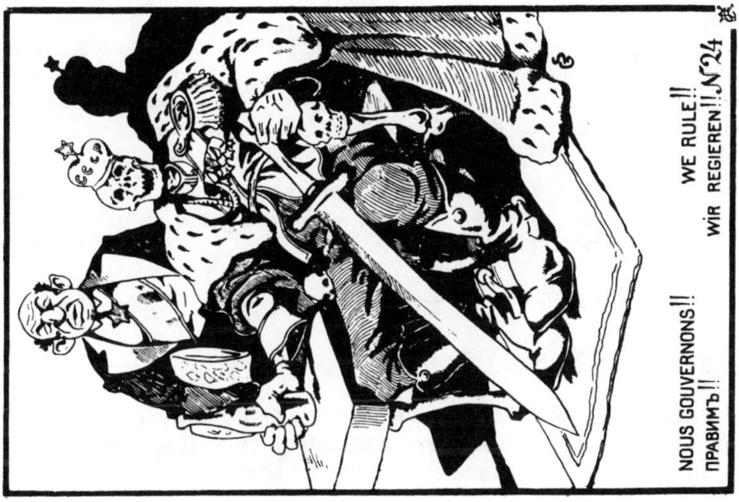
NOUS GOUVERNONS!!
ПРАВИМЪ!!
WE RULE!!
WIR REGIEREN!!
№24

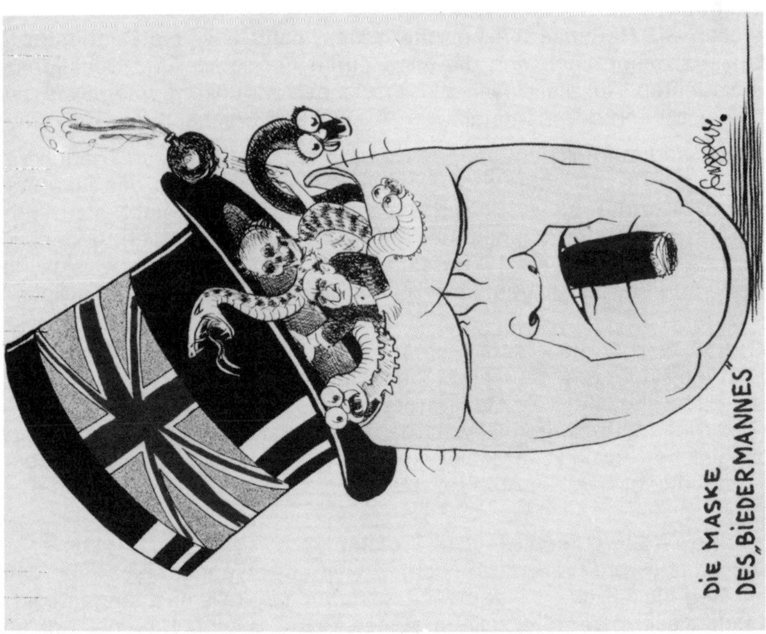
DIE MASKE
DES „BIEDERMANNES"

DOKUMENTATION

Im vollen Wortlaut wird zunächst der angeblich geheime jüdische Aktionsplan „Die Geheimnisse der Weisen von Zion“ dokumentiert, gedruckt im Jahre 1920. Es war erwiesenermaßen eine Fälschung, aber gleichwohl theoretische Grundlage der nationalsozialistischen Judenverfolgung. Weitere Texte der Dokumentation von Hitler und Goebbels stammen aus der Frühzeit der NAZI-Bewegung und legen zusammen mit den späteren Dokumenten wie dem Goebbels-Artikel in der Zeitschrift DAS REICH Zeugnis ab, daß „Der ewige Jude“ das konstante Feindbild der NAZIS war, vom Anfang bis zum Ende.

Als praktische Folge der NS-Theorie schließt der berüchtigte „Kommissarbefehl“ vom 6. Juni 1941, also 14 Tage vor dem Angriff auf die Sowjetunion, unsere Dokumentation ab.

Verfolgungstexte

1 Die Geheimnisse der Weisen von Zion. In deutscher Sprache herausgegeben von Gottfried zur Beek, Berlin 1920 (Auszug aus der Ersten, Dritten, Fünften, Siebenten, Zehnten und Elften Sitzung).

Die Richtlinien der Weisen von Zion

Wir wollen alle Redensarten beiseite lassen, dafür aber die Bedeutung jedes Gedankens besprechen und die Lage durch Vergleiche und Schlußfolgerungen beleuchten. Auf diese Weise kennzeichnen wir unser System, wie es nach unserer und nach der nichtjüdischen Auffassung erscheint.

Man muß stets berücksichtigen, daß die Menschen mit bösen Trieben zahlreicher sind als die mit guten Eigenschaften; deshalb wird in der Staatsverwaltung weit mehr durch Gewalt und Rücksichtslosigkeit erreicht, als durch wissenschaftliche Erörterungen. Jeder Mensch strebt nach Macht, jeder möchte „Selbstherrscher“ (Diktator) werden, wenn er nur könnte. Dabei sind nur die wenigsten bereit, das Allgemeinwohl dem eigenen Vorteil nicht zu opfern.

Das Recht liegt in der Macht

Was hat die Raubtiere, die man Menschen nennt, in Schranken gehalten? Wer hat sie bisher geleitet? Zu Beginn der gesellschaftlichen Ordnung fügten sie sich der rohen und blinden Gewalt, dann dem Gesetze, das nichts anderes ist als die gleiche Gewalt in verschleierter Form. Daraus folgere ich: Nach den Naturgesetzen liegt das Recht in der Macht.

Die Freiheit – Ein Gedanke – Der Freisinn

Diese Aufgabe wird wesentlich leichter, wenn der Gegner selbst von dem falschen Begriffe „Freiheit“, dem sogenannten Liberalismus, angesteckt wird und sich diesem Begriffe zuliebe seiner Macht begibt. Hier gelangt unsere Lehre zum offenkundigen Siege: Wenn die Zügel der Verwaltung am Boden schleifen, dann erfaßt nach den Naturgesetzen eine neue Hand die Zügel und zieht sie an; denn die blinde Masse des Volkes kann nicht einen Tag lang ohne Führer sein. Die neue Macht tritt an die Stelle der alten, welche der Liberalismus zermürbt hatte.

Das Gold – Der Gottesglaube – Die Selbstverwaltung

In unserer Zeit ersetzt die Macht des Goldes den Liberalismus. Es gab eine Zeit, da herrschte der Gottesglaube. Der Begriff der Freiheit läßt sich nicht verwirklichen; niemand versteht es, vernünftigen Gebrauch davon zu machen. Überläßt man ein Volk auf kurze Zeit der Selbstverwaltung, so verwandelt sich diese in Zügellosigkeit. Von diesem Augenblicke an entstehen Zwistigkeiten, die sehr bald in Wirtschaftskämpfe ausarten; die Staaten geraten in Brand, und ihr Ansehen versinkt in Asche.

Die Herrschaft des Geldes

Mag nun ein Staat durch innere Umwälzungen erschöpft oder durch Bürgerkrieg in die Gewalt äußerer Feinde geraten sein, so ist er auf jeden Fall dem Untergange geweiht; dann ist er in unserer Gewalt! Die Herrschaft des Geldes, über das wir ganz allein verfügen, reicht ihm einen Strohhalm hin, an welchem sich die Regierung wohl oder übel anklammern muß, will sie nicht rettungslos in den Abgrund versinken.

Der innere Feind

Ich frage denjenigen, der vom freisinnigen Standpunkte aus solche Erwägungen für unsittlich hält: „Wenn jedes Reich zwei Feinde hat, und wenn es dem äußeren Feinde gegenüber erlaubt ist und nicht als unsittlich gilt, jegliches Kampfmittel anzuwenden, z. B. den Feind nicht mit den Verteidigungs- und Angriffsplänen bekannt zu machen, ihn nachts und mit überlegenen Streitkräften anzugreifen, weshalb sollten solche Maßnahmen gegenüber dem schlimmeren Feinde, der die gesellschaftliche Ordnung und den Wohlstand zerstört, unmoralisch genannt werden?

Die Masse – Die Gesetzlosigkeit

Wie kann ein gesund und folgerichtig denkender Geist hoffen, die Volksmassen mit Erfolg durch Vernunftgründe und gütliches Zureden zu regieren, wenn dem Volke die Möglichkeit des Widerspruches zusteht, der zwar unsinnig erscheinen mag, dem oberflächlich urteilenden Volke aber angenehm dünkt? Der große Haufe, der sich ausschließlich von seichten Leidenschaften, Aberglauben, Gewohnheiten, Überlieferungen und gefühlvollen Lehrsätzen leiten läßt, verstrickt sich in den Parteigeist, der jede Möglichkeit einer Verständigung ausschließt, wenn sie auch auf Grund gesunder Vorschläge angebahnt wird. Jede Entscheidung der Masse hängt von einer zufälligen oder künstlich zusammengebrachten Mehrheit ab, die sich, in Unkenntnis der Schliche in der Staatskunst, zu den törichtsten Entschlüssen hinreißen läßt und so den Keim der Gesetzlosigkeit in die Staatsverwaltung legt.

Staatskunst und Sittengesetz

Die Staatskunst hat mit dem Sittengesetze nichts gemein. Ein Herrscher, der an der Hand des Sittengesetzes regieren will, versteht nichts von der Staatskunst und ist daher keinen Augenblick auf seinem Throne sicher. Wer regieren will, muß mit List und Heuchelei arbeiten. Hohe völkische Eigenschaften – Ehrbarkeit und Offenheit – sind Klippen für die Staatskunst, denn sie stürzen besser und sicherer vom Throne als der stärkste Feind. Diese Eigenschaften mögen die Kennzeichen der nichtjüdischen Reiche sein, wir dürfen uns niemals von ihnen leiten lassen.

Das Recht des Starken

Unser Recht liegt in der Stärke. Das Wort „Recht“ ist ein künstlich gebildeter und durch nichts bewiesener Begriff. Es bedeutet nicht mehr als: „Gebt mir, was ich wünsche, damit ich einen Beweis dafür habe, daß ich stärker bin als ihr."

Wo fängt das Recht an? Wo hört es auf? In einem Staate, in welchem die Macht schlecht geregelt ist, in welchem die Gesetze und der Herrscher durch zahlreiche Rechte des Freisinnes machtlos geworden sind, schöpfe ich ein neues Recht: mich nach dem Rechte des Stärkeren auf die Verwaltungen zu stürzen, meine Hand auf die Gesetze zu legen, alle Einrichtungen umzubilden und der Herr derer zu werden, die uns ihre Macht freiwillig aus „Liberalismus" überlassen haben.

Die Unüberwindlichkeit der jüdischen Freimaurerschaft
Unsere Macht wird, da gegenwärtig alle Mächte ins Wanken geraten, unüberwindlicher sein als jede andere, weil sie so lange unsichtbar sein wird, bis sie soweit gekräftigt ist, daß sie keine List mehr untergraben kann.

Der Zweck heiligt die Mittel
Aus dem vorübergehenden Unheile, das wir jetzt anrichten müssen, wird die Wohltat einer unerschütterlichen Regierung hervorgehen, welche den vom Freisinn gestörten regelmäßigen Gang des völkischen Daseins wieder herstellen wird. Der Zweck heiligt die Mittel. So wollen wir denn in unseren Plänen die Aufmerksamkeit weniger auf das Gute und Sittliche als auf das Nötige und Nützliche lenken.

Vor uns liegt ein Plan, in dem die Angriffs-Linie nach den Regeln der Kriegskunst eingezeichnet ist; davon dürfen wir nicht abweichen ohne Gefahr, die Arbeit vieler Jahrhunderte zu zerstören.

Die Masse ist blind
Wenn wir einen erfolgreichen Plan für unsere Tätigkeit ausarbeiten wollen, dann müssen wir die Gemeinheit, die Unbeständigkeit, den Wankelmut der Masse begreifen lernen. Wir müssen ihre Unfähigkeit zum Verständnisse und zur Würdigung der Bedingungen des eigenen Lebens, der eigenen Wohlfahrt berücksichtigen. Wir müssen in Rechnung ziehen, daß die Macht der Masse blind, unvernünftig und urteilslos ist, daß sie bald nach rechts, bald nach links horcht.

Ein Blinder kann Blinde nicht leiten, ohne daß er sie an den Abgrund führt. Folglich können die Angehörigen der Masse, Emporkömmlinge aus dem Volke, mögen sie auch hochbegabt sein, in der Staatskunst nicht mitreden oder als Führer auftreten, ohne das ganze Volk zu verderben.

Das ABC der Staatskunst
Nur eine Persönlichkeit, die von Jugend auf zur Selbstherrschaft erzogen wurde, kann die Worte verstehen, die aus einem politischen ABC zusammengesetzt sind.

Parteihader
Ein Volk, das sich selbst, d. h. den Emporkömmlingen aus der Masse, überlassen bleibt, zerstört sein eigenes Gefüge durch Parteikämpfe, welche durch die Jagd nach Macht und Ehren hervorgerufen werden, und durch die daraus entspringenden Unruhen. Ist es möglich, daß die Massen ruhig und ohne Eifersucht urteilen und das Geschick des Landes leiten, das sich nicht mit persönlichen Interessen vermengen läßt? Können sie es gegen äußere Feinde verteidi-

gen? Das ist undenkbar: Ein Feldzugsplan, der in so viele Teile zerfällt, wie die Menge Köpfe zählt, verliert seine Einheitlichkeit; er wird deshalb unverständlich und unausführbar.

Die zweckmäßigste Form der Regierung ist die Selbstherrschaft
Nur eine selbstherrschende Persönlichkeit kann die Pläne der Staatsleitung in voller Klarheit in einer Ordnung ausarbeiten, die alles im Mechanismus der Staatsmaschine richtig verteilt. Hieraus folgt, daß die geeignetste Staatsform eines Landes dort gefunden ist, wo die Leitung in der Hand einer verantwortlichen Persönlichkeit liegt. Ohne unbedingte Gewalt kann keine Zivilisation bestehen; diese ruht nicht auf den Massen, sondern auf ihrem Führer, mag er sein, wer er will. Die Masse besteht aus Barbaren, die ihr Barbarentum bei jeder Gelegenheit zeigt. Sobald die Masse die Freiheit an sich reißt, verwandelt sie diese in Gesetzlosigkeit, die den höchsten Grad der Barbarei bildet.

Weingeist, Humanismus, Laster
Sehen Sie sich die vom Weingeiste durchseuchten Tiere an, die vom Weine betäubt sind. Das Recht auf den unmäßigen Weingenuß wird zugleich mit der Freiheit verliehen. Lassen Sie unser Volk nicht so weit geraten. Die nichtjüdischen Völker sind vom Weingeiste benebelt, ihre Jugend ist durch übertriebene Durchforschung der Klassiker ebenso verdummt wie durch frühe Laster, zu denen sie von unseren Beauftragten, den Hauslehrern, Dienern, Erzieherinnen in den reichen Häusern, Handlungs-Gehilfen usw., ferner von unseren Weibern an Vergnügungsorten der Nichtjuden verleitet werden. Zu diesen zähle ich auch die sogenannten „Damen der Gesellschaft“, die das Beispiel des Lasters und der Prunksucht freiwillig nachahmen.

Grundsätze der jüdischen Freimaurerloge
Unsere Losung ist: Gewalt und Heuchelei! Nur die Macht erringt den Sieg in staatsrechtlichen Fragen, namentlich wenn sie in den Talenten verborgen ist, die notwendig sind, um ein Volk zu lenken. Die Gewalt bildet die Grundlage, aber List und Verschlagenheit wirken als Machtmittel für solche Regierungen, die nicht gewillt sind, ihre Krone den Vertretern irgendeiner neuen Macht zu Füßen zu legen. Dieses Übel ist das einzige Mittel, um zum guten Ziele zu gelangen. Daher dürfen wir nicht zurückschrecken vor Bestechung, Betrug, Verrat, sobald sie zur Erreichung unserer Pläne dienen. In der Staatskunst muß man fremdes Eigentum ohne Zögern nehmen, wenn hierdurch nur Unterwürfigkeit und Macht erlangt werden.

Macht und Ehrgeiz
Um die Machthaber zum Mißbrauche ihrer Gewalt zu veranlassen, haben wir alle Kräfte gegeneinander ausgespielt, indem wir ihr liberales Streben nach Unabhängigkeit entwickelten. Wir suchten in diesem Sinne jegliche Unternehmenslust zu beleben, wir rüsteten alle Parteien aus, wir machten die herrschende Macht zur Zielscheibe allen Ehrgeizes; aus den Staaten machten wir Kampfplätze, auf denen sich Aufstände abspielen; nur noch ein wenig Geduld, und die Aufstände und Zusammenbrüche werden eine allgemeine Erscheinung bilden.

Reden in der Volksvertretung
Unermüdliche Schwätzer haben die Sitzungen der Volksvertretungen und der Staatsverwaltungen in Schauplätze für Rednerturniere verwandelt. Freche Zeitungsschreiber, gewissenlose Schmähschriftsteller fallen täglich über die Ver-

treter der Regierung her. Der Mißbrauch der Macht lockert schließlich die Grundstützen des Staates und bereitet ihren Zusammenbruch vor. Alles wird unter den Schlägen einer aufgepeitschten Masse zertrümmert werden.

Mißbrauch der Gewalt

Was kann es der werktätigen Arbeiterschaft, die ihr Leben in harter Arbeit fristet, nützen, daß einige Schwätzer das Recht zum Reden erhalten haben, und daß die Zeitungsschreiber neben wahren Nachrichten auch jeden Blödsinn zusammenschreiben dürfen. Tatsächlich bietet ihr die Verfassung keine anderen Vorteile als die armseligen Brocken, die wir ihr von unserem Tische aus dafür zuwerfen, daß sie für uns und unsere Vertreter stimmt. Rechte im Volksstaate sind für den Armen in der Tat nur bitterer Hohn. Er kann sie gar nicht richtig ausüben, weil er täglich in der Tretmühle der Arbeit steht, die ihm kaum den nötigen Lebensunterhalt gewährt. Kein Arbeiter kann mit Sicherheit auf einen ständigen Lohn rechnen; er ist abhängig von Aussperrungen durch die Fabrikherren und von Streiks seiner Arbeitsgenossen.

Die Entartung der Nichtjuden

Wir aber wollen gerade das Gegenteil – nämlich die Entartung der Nichtjuden. Unsere Macht beruht auf der dauernden Unterernährung und der Schwäche des Arbeiters. In diesem Zustand muß er sich unserem Willen unterordnen, da er weder die Kraft noch den Willen findet, um uns Widerstand zu leisten.

Der Hunger und das Recht der Geldmacht

Hunger verschafft der Geldmacht weit sicherer Gewalt über die Arbeiter, als sie dem Adel von der gesetzlichen Macht des Königs verliehen wurde. Durch die Not und den aus ihr entspringenden Haß bewegen wir die Massen; wir beseitigen mit ihrer Hilfe jeden, der uns auf unserem Wege hinderlich ist.

Die Massen und die Krönung des Weltherrschers

Sobald die Zeit der Krönung unseres Weltherrschers gekommen sein wird, werden dieselben Massen alles wegfegen, was uns noch in den Weg treten könnte.

Der Sturz der Führer, die Logen und der große Umsatz

Nachdem das Volk gemerkt hatte, daß ihm im Namen der Freiheit allerhand Zugeständnisse gemacht wurden, glaubte es, selbst Herr zu sein, und riß die Macht an sich. Natürlich stieß es, wie jeder Blinde, auf eine Fülle von Schwierigkeiten, aus denen es selbst nicht heraus konnte. Auf der Suche nach Führern verfiel es nicht darauf, zu seinen alten Führern zurückzukehren, es legte vielmehr seine Vollmachten zu unseren Füßen nieder. Denken Sie an den Umsturz in Frankreich, dem wir den Namen des „großen" gegeben haben. Die Geheimnisse seiner Vorbereitung sind uns völlig bekannt, war er doch das Werk unserer Hände.

Der König aus dem Blute Zion

Seit jenem Zeitpunkte führen wir die Völker aus einer Enttäuschung in die andere, damit sie sich auch von uns abwenden und dem Herrscher aus dem Blute Zion zujubeln, den wir für die Welt vorbereiten.

Die Freiheit

Das Wort *„Freiheit"* stürzt die menschliche Gesellschaft in den Kampf gegen alle Gewalten, gegen die Macht Gottes und der Natur. Wenn wir erst auf dem

Throne sitzen werden, dann werden wir dieses Wort aus dem Wortschatze der Menschheit vertilgen, weil es der Inbegriff der *tierischen* Gewalt ist, welche die Massen in blutgierige Raubtiere verwandelt. Allerdings fallen diese Tiere in Schlaf, wenn sie Blut genossen haben; dann lassen sie sich leicht in Ketten legen. Gibt man ihnen aber kein Blut zu saufen, so schlafen sie nicht, sondern kämpfen.

Der Götzendienst des Goldes

Der aufs äußerste angespannte Kampf um die Vorherrschaft im Wirtschaftsleben und die Erschütterungen des Marktes müssen eine enttäuschte, kalte und herzlose Gesellschaft ins Leben rufen; das ist sogar bereits geschehen. Diese Gesellschaft wird eine vollkommene Abneigung gegen die hohe Staatskunst und gegen die Religion empfinden. Ihr einziger Berater wird die Rechenkunst, das heißt: das Gold – sein! Mit ihm werden sie einen förmlichen Götzendienst treiben im Hinblicke auf die Genüsse, die es bieten kann. Wenn es so weit gekommen ist, dann werden die unteren Schichten der Nichtjuden weder um etwas Gutes zu leisten, noch um Reichtümer zu sammeln, sondern lediglich aus Haß gegen die bevorzugten Gesellschaftsklassen uns gegen unsere Mitbewerber um die Macht, nämlich gegen die gebildeten Nichtjuden, folgen.

Weshalb können sich die christlichen Staaten nicht einigen?

Zeitweilig könnte ein allgemeines Bündnis aller Nichtjuden über uns obsiegen. Gegen diese Gefahr sind wir aber durch den tief eingewurzelten, unüberbrückbaren Zwiespalt unter den Nichtjuden geschützt. Im Laufe von zwanzig Jahrhunderten haben wir bei allen Nichtjuden die persönlichen und völkischen Gegensätze, den Rassen- und Glaubenshaß eifrig geschürt. Dank diesem Umstande wird kein christlicher Staat Unterstützung finden, weil jeder Staat glauben muß, daß ein Bündnis gegen uns für ihn nicht vorteilhaft sei. Wir sind eben zu stark, mit uns muß man rechnen! Heute können die Mächte nicht einmal das kleinste Übereinkommen untereinander abschließen, ohne daß wir im geheimen unsere Hand dabei im Spiele haben.

Die Juden – das auserwählte Volk

„Per me reges regnant – durch mich herrschen die Könige." Die Propheten haben uns gelehrt, daß wir von Gott selbst zur Herrschaft über die ganze Welt auserwählt wurden. Gott selbst hat uns die nötige Begabung verliehen, damit wir uns dieser großen Aufgabe gewachsen zeigen. Selbst wenn im gegnerischen Lager ein Geistesheld erstände, der sich mit uns in einen Kampf einließe, so müßte er dennoch unterliegen, da der Neuling sich mit dem erprobten Krieger nicht messen kann. Der Kampf zwischen uns wäre so schonungslos geworden, wie ihn die Welt noch nicht gesehen hat; auch wäre der Geistesheld zu spät gekommen.

Das Gold – die Triebkraft der Staatsmaschine

Alle Räder der Staatsmaschine werden durch eine Kraft getrieben, die ganz in unseren Händen ruht: das Gold! Die von unseren Gelehrten erdachte Volkswirtschaftslehre hat schon längst dem Gelde eine überlegene Machtstellung zugewiesen.

Wie beherrschen wir die öffentliche Meinung?

Um die öffentliche Meinung zu beherrschen, müssen wir Zweifel und Zwietracht säen, indem wir von den verschiedensten Seiten so lange miteinander widersprechende Ansichten äußern lassen, bis die Nichtjuden sich in dem

Wirrsale nicht mehr zurechtfinden und zu der Überzeugung kommen, daß es am besten sei, in staatsrechtlichen Fragen überhaupt keine Meinung zu haben, da dem Volke in diesen Dingen der nötige Überblick fehle, und nur derjenige sie wirklich überschauen könne, der das Volk selbst leitet. Das ist unser erstes Geheimnis!

Das zweite, für den Erfolg unserer Sache nicht minder wichtige Geheimnis besteht darin, die Fehler und Gebrechen des Volkes möglichst zu vermehren. Alle schlechten Gewohnheiten, Leidenschaften, alle Regeln des geselligen Verkehrs müssen derart auf die Spitze getrieben werden, daß sich niemand in dem tollen Durcheinander mehr zurechtfinden kann, und die Menschen aufhören, einander zu verstehen. Auf diese Weise wird es uns leicht sein, Zwietracht in allen Parteien zu säen, jede Sammlung von Kräften, die sich uns noch nicht unterwerfen wollen, zu verhindern, und jede persönliche Tatkraft, die unsere Sache irgendwie stören könnte, von vornherein zu entmutigen.

Gärung, Streit, Feindschaft auf der ganzen Welt
Wir müssen in ganz Europa und durch die Beziehung von dort aus auch in anderen Erdteilen Gärung, Streit und Feindschaft erregen. Damit erreichen wir einen doppelten Vorteil: Erstens werden uns alle Staaten fürchten, weil sie genau wissen, daß wir jederzeit imstande sind, nach Belieben Unruhen hervorzurufen oder die alte Ordnung wieder herzustellen. Alle diese Länder sind gewohnt, uns als notwendiges Übel zu betrachten. Zweitens werden wir durch unsere Umtriebe alle Fäden verwirren, die wir mit Hilfe staatsrechtlicher oder wirtschaftlicher Verträge und Schuldverschreibungen nach allen Staatsleitungen gesponnen haben. Um dieses Ziel restlos zu erreichen, müssen wir bei den mündlichen Verhandlungen mit großer Verschlagenheit und Verschmitztheit vorgehen; äußerlich dagegen, in dem sogenannten amtlichen Schriftwechsel, werden wir ein entgegengesetztes Verfahren einschlagen und stets ehrbar und entgegenkommend erscheinen. Befolgen wir diese Grundsätze, so werden die nichtjüdischen Staatsleitungen und Völker, die wir daran gewöhnt haben, den Schein für bare Münze zu nehmen, uns einst noch für die Wohltäter und Retter des Menschengeschlechtes halten.

Die Bändigung des Widerstandes der Nichtjuden durch Kriege und den allgemeinen Weltkrieg
Sobald ein nichtjüdischer Staat es wagt, uns Widerstand zu leisten, müssen wir in der Lage sein, seine Nachbarn zum Kriege gegen ihn zu veranlassen. Wollen aber auch die Nachbarn gemeinsame Sache mit ihm machen und gegen uns vorgehen, so müssen wir den Weltkrieg entfesseln.

Der Erfolg der Staatskunst beruht auf der Geheimhaltung der Absichten
Der oberste Grundsatz jeder erfolgreichen Staatskunst ist die strengste Geheimhaltung aller Unternehmungen. Was der Staatsmann sagt, braucht keineswegs mit dem übereinzustimmen, was er tut.

Die Nichtjuden sind Hammel
Die Nichtjuden sind eine Hammelherde, wir Juden aber sind die Wölfe. Wissen Sie, was aus den Schafen wird, wenn die Wölfe in ihre Herden einbrechen? Sie werden die Augen schließen und schon deshalb stillhalten, weil wir ihnen die Rückgabe aller geraubten Freiheiten versprechen werden, wenn erst alle Friedensfeinde niedergerungen und alle Parteien überwältigt sind. Brauche ich Ih-

nen zu sagen, wie lange die Nichtjuden auf die Wiedereinsetzung in ihre Rechte warten werden?

Die Verkündigung des Weltherrschers
Die Anerkennung unseres Weltherrschers kann schon vor der endgültigen Beseitigung aller Verfassungen erfolgen. Der günstigste Augenblick dafür wird dann gekommen sein, wenn die von langen Unruhen geplagten Völker angesichts der von uns herbeigeführten Ohnmacht ihrer Herrscher den Ruf ausstoßen werden: „Beseitigt sie und gebt uns einen einzigen Weltherrscher, der uns alle vereint und die Ursachen des ewigen Haders – die staatlichen Grenzen, die Religion und die Staatsschulden – beseitigt, der uns endlich Frieden und Ruhe bringt, die wir vergeblich von unseren Herrschern und Volksvertretungen erhofften."

Verbreitung von Seuchen und sonstige Ränke der Logen
Sie wissen selbst ganz genau, daß es einer langen und unermüdlichen Arbeit bedarf, um alle Völker zu solchem Ausrufe zu bewegen. Wir müssen ohne Unterlaß in allen Ländern die Beziehungen der Völker und Staaten zueinander vergiften; wir müssen alle Völker durch Neid und Haß, durch Streit und Krieg, ja selbst durch Entbehrungen, Hunger und Verbreitung von Seuchen derart zermürben, daß die Nichtjuden keinen anderen Ausweg finden, als sich unserer Geldmacht und vollständigen Herrschaft zu unterwerfen.

Geben wir den Völkern eine Atempause, so dürfte der ersehnte Augenblick wohl niemals eintreten.

2 Schreiben Adolf Hitlers an Adolf Gemlich, München, 16. September 1919 (Auszug). Zitiert nach: Eberhard Jäckel (Hrsg.). Hitler. Sämtliche Aufzeichnungen 1905–1924, Stuttgart 1980, S. 89/90.

Sehr geehrter Herr Gemlich!

Wenn die Gefahr, die das Judentum für unser Volk heute bildet, seinen Ausdruck findet in einer nicht wegzuleugnenden Abneigung großer Teile unseres Volkes, so ist die Ursache dieser Abneigung meist nicht zu suchen in der klaren Erkenntnis des bewußt oder unbewußt planmäßig verderblichen Wirkens der Juden als Gesamtheit auf unsere Nation, sondern sie entsteht meist durch den persönlichen Verkehr, unter dem Eindruck, den der Jude als einzelner zurückläßt und der fast stets ein ungünstiger ist. Dadurch erhält der Antisemitismus nur zu leicht den Charakter einer bloßen Gefühlserscheinung. Und doch ist dies unrichtig. Der Antisemitismus als politsche Bewegung darf nicht und kann nicht bestimmt werden durch Momente des Gefühls, sondern durch die Erkenntnis von Tatsachen. Tatsachen aber sind:

Zunächst ist das Judentum unbedingt Rasse und nicht Religionsgenossenschaft. Und der Jude selbst bezeichnet sich nie als jüdischen Deutschen, jüdischen Polen oder etwa jüdischen Amerikaner, sondern stets als deutschen, polnischen oder amerikanischen Juden. Noch nie hat der Jude von fremden Völkern, in deren Mitte er lebt, viel mehr angenommen als die Sprache. Und sowenig ein Deutscher, der in Frankreich gezwungen ist, sich der französischen Sprache zu bedienen, in Italien der italienischen und in China der chinesischen, dadurch zum Franzosen, Italiener oder gar Chinesen wird, so wenig kann man einen Juden, der nunmal unter uns lebt, und, dadurch gezwungen, sich der deutschen Sprache bedient, deshalb einen Deutschen nennen. Und selbst der mosaische Glaube kann, so groß auch seine Bedeutung für die Erhaltung dieser Rasse sein mag, nicht als ausschließlich bestimmend für die Frage, ob Jude oder Nichtjude, gelten. Es gibt kaum eine Rasse, deren Mitglieder ausnahmslos einer einzigen bestimmten Religion angehören.

Durch tausendjährige Inzucht, häufig vorgenommen in engstem Kreise, hat der Jude im allgemeinen seine Rasse und ihre Eigenarten schärfer bewahrt als zahlreiche der Völker, unter denen er lebt. Und damit ergibt sich die Tatsache, daß zwischen uns eine nichtdeutsche fremde Rasse lebt, nicht gewillt und auch nicht imstande, ihre Rasseneigenarten zu opfern, ihr eigenes Fühlen, Denken und Streben zu verleugnen, und die dennoch politisch alle Rechte besitzt wie wir selber.

Bewegt sich schon das Gefühl des Juden im rein Materiellen, so noch mehr sein Denken und Streben. Der Tanz ums goldene Kalb wird zum erbarmungslosen Kampf um alle jene Güter, die nach unserem inneren Gefühl nicht die höchsten und einzig erstrebenswerten auf dieser Erde sein sollen.

Der Wert des einzelnen wird nicht mehr bestimmt durch seinen Charakter, der Bedeutung seiner Leistungen für die Gesamtheit, sondern ausschließlich durch die Größe seines Vermögens, durch sein Geld.

Die Höhe der Nation soll nicht mehr gemessen werden nach der Summe ihrer sittlichen und geistigen Kräfte, sondern nur mehr nach dem Reichtum ihrer materiellen Güter. Aus diesem Fühlen ergibt sich jenes Denken und Streben nach Geld und Macht, die dieses schützt, das den Juden skrupellos werden läßt in der Wahl der Mittel, erbarmungslos in ihrer Verwendung zu diesem Zweck. Er winselt im autokratisch regierten Staat um die Gunst der „Majestät" des Fürsten und mißbraucht sie als Blutegel an seinen Völkern. Er buhlt in der Demokratie um die Gunst der Masse, kriecht vor der „Majestät des Volkes" und kennt doch nur die Majestät des Geldes.

Er zerstört den Charakter des Fürsten durch byzantinische Schmeichelei, den nationalen Stolz, die Kraft eines Volkes, durch Spott und schamloses Erziehen zum Laster. Sein Mittel zum Kampf ist jene öffentliche Meinung, die nie ausgedrückt wird durch die Presse, wohl aber immer durch sie geführt und gefälscht wird. Seine Macht ist die Macht des Geldes, das sich in Form des Zinses in seinen Händen mühe- und endlos vermehrt, und den Völkern jenes gefährlichste Joch aufzwingt, das sie seines anfänglichen goldigen Schimmers wegen so schwer in seinen späteren traurigen Folgen zu erkennen vermögen. Alles was Menschen zu Höherem streben läßt, sei es Religion, Sozialismus, Demokratie, es ist ihm alles nur Mittel zum Zweck, Geld- und Herrschgier zu befriedigen. Sein Wirken wird in seinen Folgen zur Rassentuberkulose der Völker.

Und daraus ergibt sich folgendes: Der Antisemitismus aus rein gefühlsmäßigen Gründen wird seinen letzten Ausdruck finden in der Form von Pogromen. Der Antisemitismus der Vernunft jedoch muß führen zur planmäßigen gesetzlichen Bekämpfung und Beseitigung der Vorrechte des Juden, die er zum Unterschied der anderen zwischen uns lebenden Fremden besitzt (Fremdengesetzgebung). Sein letztes Ziel aber muß unverrückbar die Entfernung der Juden überhaupt sein. Zu beidem ist nur fähig eine Regierung nationaler Kraft und niemals eine Regierung nationaler Ohnmacht.

Mit vorzüglicher Hochachtung
gez. Adolf Hitler

3 Rede Adolf Hitlers am 31. Mai 1920 im Bürgerbräu in München „Das deutsche Volk, die Judenfrage und unsere Zukunft" (Auszug der Aufzeichnung). Zitiert nach: Eberhard Jäckel, a.a.O., S. 137/138.

Volkstum und Religion ergänzen sich im Juden gegenseitig und treiben ihn zur Weltherrschaft. In Deutschland einst Hofjude, heute Volksjude, in beiden Fällen Blutegel am Volk (Mommsen: der Jude als Ferment der Dekomposition). Geht im Geschäft und Politik über Leichen. Zur Erringung der Weltherrschaft verfolgt er

1. Entnationalisierung der Völker

2. Enteignung von Grund und Boden

3. Vernichtung des selbständigen Mittelstandes, Kommunalisierung

4. Ausrottung der nationalen Intelligenz (Rußland)

5. Ewige Sicherung durch vollständige Volksverdummung in Presse, Kunst, Literatur, Kino usw. Verwirrung der öffentlichen Meinung, Zerstörung des Rechtsgefühls, Kampf gegen religiöse Überzeugungen, Förderung von Sektenwesen usw. Untergrabung von Sitte und Moral (der Jude als Mädchenhändler zu allen Zeiten). (Kommunalisierung des Weibes) Liebe, Charakter und Geld. Und

6. letztes Mittel Klassenkampf. Arbeiter als Mittel zum Zweck im Dienste der Juden zum Schutz des internationalen Börsen- und Wucherkapitals. Zerstörung der Volkssolidarität, Versprechen der internationalen Solidarität.

Folge. Ewige Ohnmacht Deutschlands, unser Volk als Sklave des internationalen Börsenkapitals des Friedensvertrages. Voraussetzung für jede Erholung Deutschlands ist aber Revision des Friedens, Voraussetzung hierfür ist Wiedergewinnung unserer inneren Volkssolidarität. Kann nur erreicht werden durch Kampf gegen die Zerstörer (Juden).

2. Befreiung aus dem internationalen Börsenkapital durch Zinsbrechung, Voraussetzung abermals Kampf gegen dessen Träger (Juden).

3. Befreiung vom Bodenwucher (Terrainspekulanten ausnahmslos Juden).

4. Befreiung des Volkes von der geistigen Verdummung durch Presse usw., abermals Voraussetzung Kampf gegen das Judentum.

Kein Unterschied ob West- oder Ostjude, brav oder gut, reich oder arm, Held oder Drückeberger, sondern Kampf gegen die Rasse.

Nicht Proletarier aller Länder vereinigt euch, sondern Antisemiten aller Länder vereinigt euch, Völker Europas macht euch frei!

4 Joseph Goebbels, Michael. Ein deutsches Schicksal in Tagebuchblättern, München 1929, S. 86/87 (Eintragung vom 9. August).

Ich möchte Pastor auf dieser Insel sein. Einfachen Menschen die Bergpredit erklären und die Welt Welt sein lassen.

Keinen Juden sah ich bis heute. Das ist ein wahres Labsal.

Der Jude ist für mich direkt ein körperlicher Ekel. Ich bekomme Übelkeitsanfälle bei seinem Anblick.

Der Jude ist uns im Wesen entgegengesetzt. Ich kann ihn gar nicht hassen, nur verachten. Er hat unser Volk geschändet, unsere Ideale besudelt, die Kraft der Nation gelähmt, die Sitten angefault und die Moral verdorben.

Er ist das Eitergeschwür am Körper unseres kranken Volkstums.

Religion? Naiv, wie Ihr seid. Was hat das mit Religion oder gar mit Christentum zu tun? Entweder er richtet uns zugrunde, oder wir machen ihn unschädlich. Ein anderes ist da nicht denkbar.

Friede? Kann die Zunge mit dem Tuberkelbazillus Frieden halten?

Der Jude ist schöpferisch. Er ist im Wesen händlerisch veranlagt. Er handelt mit allem: mit Lumpen, mit Geld, mit Aktien, mit Kuren, mit Bildern, mit Büchern, mit Parteien und Völkern.

Genau so schlau werden wie er? Er ist gar nicht schlau. Er ist nur raffiniert, gerieben, durchtrieben, gerissen und skrupellos. Da tun wir es ihm doch nie gleich.

Das Volk will, sagt der Jude. In Wirklichkeit will er. Er versteckt sich hinter dem Volk unter der Maske der Massenfreundlichkeit, um seine Ziele um so rücksichtsloser verfechten zu können. Das Volk will gar nichts. Nur anständig regiert werden.

Der Jude schreit solange, bis der Deutsche ihm seinen Willen tut, bloß damit das Schreien aufhört.

Wer den Teufel nicht hassen kann, der kann auch Gott nicht lieben. Wer sein Volk liebt, der muß die Vernichter seines Volkes hassen, aus tiefster Seele hassen.

5 Joseph Goebbels, Die Juden sind schuld! Leitartikel vom 16. November 1941 im „Das Reich", abgedruckt in: Joseph Goebbels, Das Eherne Herz. Reden und Aufsätze aus den Jahren 1941/42, München 1943, S. 85–91 (Auszug).

Die historische Schuld des Weltjudentums am Ausbruch und an der Ausweitung dieses Krieges ist so hinreichend erwiesen, daß darüber keine Worte mehr zu verlieren sind. Die Juden wollten ihren Krieg, und sie haben ihn. Aber es bewahrheitet sich an ihnen auch die Prophezeiung, die der Führer am 30. Januar 1939 im Deutschen Reichstag aussprach, daß, wenn es dem internationalen Finanzjudentum gelingen sollte, die Völker noch einmal in einen Weltkrieg zu stürzen, das Ergebnis nicht die Bolschewisierung der Erde und damit der Sieg des Judentums sein werde, sondern die Vernichtung der jüdischen Rasse in Europa.

Wir erleben eben den Vollzug dieser Prophezeiung, und es erfüllt sich damit am Judentum ein Schicksal, das zwar hart, aber mehr als verdient ist. Mitleid oder gar Bedauern ist da gänzlich unangebracht. Das Weltjudentum hat in der Anzettelung des Krieges die ihm zur Verfügung stehenden Kräfte vollkommen falsch eingeschätzt, und es erleidet nun einen allmählichen Vernichtungsprozeß, den es uns zugedacht hatte und auch bedenkenlos an uns vollstrecken ließe, wenn es dazu die Macht besäße. Es geht jetzt nach seinem eigenen Gesetz: „Auge um Auge, Zahn um Zahn!" zugrunde.

In dieser geschichtlichen Auseinandersetzung ist jeder Jude unser Feind, gleichgültig, ob er in einem polnischen Ghetto vegetiert oder in Berlin oder in Hamburg noch sein parasitäres Dasein fristet oder in New York oder Washington in die Kriegstrompete bläst. Alle Juden gehören aufgrund ihrer Geburt und Rasse einer internationalen Verschwörung gegen das nationalsozialistische Deutschland an. Sie wünschen seine Niederlage und Vernichtung und tun, was in ihren Kräften steht, um daran mitzuhelfen. Daß sie im Reich selbst dazu nur noch geringe Möglichkeiten finden, ist nicht etwa darauf zurückzuführen, daß sie hier loyal wären, sondern ausschließlich darauf, daß wir dagegen die uns geeignet erscheinenden Maßnahmen getroffen haben.

Eine dieser Maßnahmen ist die Einführung des gelben Judensterns, den jeder Jude sichtbar zu tragen hat. Damit wollen wir ihn äußerlich kennzeichnen, vor allem auch deshalb, damit er beim geringsten Versuch, sich gegen die deutsche Volksgemeinschaft zu vergehen, auch gleich als Jude erkannt wird. Es ist das eine außerordentlich humane Vorschrift, sozusagen eine hygienische Prophylaxe, die verhindern soll, daß der Jude sich unerkannt in unsere Reihen einschleichen kann, um Zwietracht zu säen.

Als die Juden vor einigen Wochen, geschmückt mit ihrem Judenstern, im Berliner Stadtbild erschienen, war der erste Eindruck unter den Bürgern der Reichshauptstadt der einer allgemeinen Verblüffung. Nur die allerwenigsten wußten, daß es noch so viele Juden in Berlin gab. Jeder entdeckte in seiner Umgebung oder Nachbarschaft einen harmlos tuenden Zeitgenossen, der zwar durch gelegentliches Meckern oder Miesmachen aufgefallen war, den aber niemand für einen Juden gehalten hatte. Er hatte sich also offenbar getarnt, Mimikry getrieben, sich in seiner Schutzfarbe dem Milieu, in dem er lebte, angepaßt und auf seine Stunde gewartet. Wer unter uns hatte auch nur eine Ahnung, daß der Feind direkt neben ihm stand, daß er schweigender und geschickt antreibender Zuhörer war bei Gesprächen auf der Straße, in der U-Bahn, in den vor den Zigarettenläden stehenden Schlangen? Es gibt Juden, die man kaum noch an ihrem Äußeren erkennen kann. Sie haben sich auch in dieser Beziehung angeglichen, so weit es geht. Diese sind die gefährlichsten. Es ist charakteristisch, daß jede Maßnahme, die wir gegen die Juden treffen, schon am anderen Tage in englischen und USA-Zeitungen zu lesen steht. Die Juden verfügen also heute noch über geheime Verbindungen zum feindlichen Ausland und nutzen diese auch nicht nur in eigener Sache, sondern in allen kriegswichtigen Angelegenheiten des Reiches aus. Der Feind sitzt also mitten unter uns. Was liegt nun näher, als daß wir ihn wenigstens für jeden Bürger äußerlich kenntlich machen? (. . .)

Darum sei es noch einmal zu allem Überfluß gesagt:

1. Die Juden sind unser Verderb. Sie haben diesen Krieg angezettelt und herbeigeführt. Sie wollen mit ihm das Deutsche Reich und unser Volk vernichten. Dieser Plan muß zuschanden gemacht werden.

2. Es gibt keinen Unterschied zwischen Juden und Juden. Jeder Jude ist ein geschworener Feind des deutschen Volkes. Wenn er seine Feindschaft gegen uns nicht zeigt, so nur aus Feigheit und Schlauheit, nicht aber, weil er sie nicht im Herzen trüge.

3. Jeder deutsche Soldat, der in diesem Kriege fällt, geht auf das Schuldkonto der Juden. Sie haben ihn auf dem Gewissen und sie müssen deshalb auch dafür bezahlen.

4. Wenn einer den Judenstern trägt, so ist er damit als Volksfeind gekennzeichnet. Wer mit ihm noch privaten Umgang pflegt, gehört zu ihm und muß gleich wie ein Jude gewertet werden. Er verdient die Verachtung des ganzen Volkes, das er in seiner schwersten Zeit feige und gemein im Stich läßt, um sich auf die Seite seiner Hasser zu stellen.

5. Die Juden genießen den Schutz des feindlichen Auslandes. Es bedarf keines weiteren Beweises für ihre verderbliche Rolle in unserem Volk.

6. Die Juden sind Sendboten des Feindes unter uns. Wer sich zu ihnen stellt, läuft im Krieg zum Feinde über.

7. Die Juden haben kein Recht, sich unter uns als gleichberechtigt aufzuspielen. Wo sie auf der Straße, in Schlangen vor den Läden, auf den Verkehrsmitteln das Wort ergreifen wollen, sind sie zum Schweigen zu veranlassen, nicht nur, weil sie grundsätzlich Unrecht haben, sondern weil sie Juden sind und keine Stimme in der Gemeinde besitzen.

8. Wenn die Juden Dir sentimental kommen, so wisse, daß das eine Spekulation auf Deine Vergeßlichkeit ist; zeige ihnen sofort, daß Du sie durchschaust, und strafe sie mit Verachtung.

9. Dem anständigen Feind gebührt nach der Niederlage unsere Großmut. Aber der Jude ist kein anständiger Feind, er tut nur so.

10. Die Juden sind schuld am Kriege. Sie erleiden durch die Behandlung, die wir ihnen angedeihen lassen, kein Unrecht. Sie haben sie mehr als verdient.

Mit ihnen endgültig fertig zu werden, ist Sache der Regierung. Keiner hat das Recht, auf eigene Faust zu handeln, aber jeder die Pflicht, die Maßnahmen des Staates gegen die Juden zu würdigen, sie jedermann gegenüber zu vertreten und sich durch keine Tricks und Winkelzüge der Juden in seiner klaren Erkenntnis über ihre Gefährlichkeit irremachen zu lassen. Das verlangt die Sicherheit des Staats von uns allen.

Der „Kommissarbefehl" vom 6.6.1941

Geheime Kommandosache Anlage zu OKW/WFSt/Abt. L IV/Qu Nr. 44 822/41 g.K. Chefs

Chefsache!

Nur durch Offizier!

Richtlinien für die Behandlung politischer Kommissare.

Im Kampf gegen den Bolschewismus ist mit einem Verhalten des Feindes nach den Grundsätzen der Menschlichkeit oder des Völkerrechts nicht zu rechnen. Insbesondere ist von den *politischen Kommissaren aller Art* als den eigentlichen Trägern des Widerstandes eine haßerfüllte, grausame und unmenschliche Behandlung unserer Gefangenen zu erwarten. Die Truppe muß sich bewußt sein:

1. In diesem Kampf ist Schonung und völkerrechtliche Rücksichtnahme diesen Elementen gegenüber falsch. Sie sind eine Gefahr für die eigene Sicherheit und die schnelle Befriedung der eroberten Gebiete.

2. Die Urheber barbarisch asiatischer Kampfmethoden sind die politischen Kommissare. Gegen diese muß daher sofort und ohne weiteres mit aller Schärfe vorgegangen werden.

Sie sind daher, wenn im Kampf oder im Widerstand ergriffen, grundsätzlich sofort mit der Waffe zu erledigen.

Im übrigen gelten folgende Bestimmungen:

I. Operationsgebiet

1. Politische Kommissare, die sich *gegen unsere Truppe* wenden, sind entsprechend dem „Erlaß über Ausübung der Gerichtsbarkeit im Gebiet Barbarossa" zu behandeln. Dies gilt für Kommissare jeder Art und Stellung, auch wenn sie nur des Widerstandes, der Sabotage oder der Anstiftung hierzu ver-

dächtig sind. Auf die „Richtlinien über das Verhalten der Truppe in Rußland" wird verwiesen.

2. Politische Kommissare als *Organe der feindlichen Truppe* sind kenntlich an besonderen Abzeichen – roter Stern mit goldenem eingewebtem Hammer und Sichel auf den Ärmeln – (Einzelheiten siehe „Die Kriegswehrmacht der UdSSR" OKH/Gen.St.d.H.O.Qu IV Abt. Fremde Heere Ost (II) Nr. 100/41g. vom 15.1.1941 unter Anlage 9d). Sie sind aus den Kriegsgefangenen *sofort*, d.h. noch auf dem Gefechtsfelde, abzusondern. Dies ist notwendig, um ihnen jede Einflußmöglichkeit auf die gefangenen Soldaten zu nehmen. Diese Kommissare werden nicht als Soldaten anerkannt; der für Kriegsgefangene völkerrechtliche Schutz findet auf sie keine Anwendung. Sie sind nach durchgeführter Absonderung zu erledigen.

3. *Politische Kommissare, die sich keiner feindlichen Handlung schuldig machen oder einer solchen verdächtig sind,* werden zunächst unbehelligt bleiben. Erst bei der weiteren Durchdringung des Landes wird es möglich sein, zu entscheiden, ob verbliebene Funktionäre an Ort und Stelle belassen werden können oder an die Sonderkommandos abzugeben sind. Es ist anzustreben, daß diese selbst die Überprüfung vornehmen.

Bei der Beurteilung der Frage, ob „schuldig oder nicht schuldig", hat grundsätzlich der persönliche Eindruck von der Gesinnung und Haltung des Kommissars höher zu gelten als der vielleicht nicht zu beweisende Tatbestand.

4. In den Fällen 1. und 2. ist eine kurze Meldung (Meldezettel) über den Vorfall zu richten:

a) von den einer Division unterstellten Truppen an die Division (Ic),

b) von den Truppen, die einem Korps-, Armeeober- oder Heeresgruppenkommando oder einer Panzergruppe unmittelbar unterstellt sind, an das Korps- usw. Kommando (Ic).

5. Alle oben genannten Maßnahmen dürfen die Durchführung der Operationen nicht aufhalten. Planmäßig Such- und Säuberungsaktionen durch die Kampftruppe haben daher zu unterbleiben.

II. Im rückwärtigen Heeresgebiet.

Kommissare, die im rückwärtigen Heeresgebiet wegen zweifelhaften Verhaltens ergriffen werden, sind an die Einsatzgruppe bzw. Einsatzkommando der Sicherheitspolizei (SD) abzugeben.

III. Beschränkung der Kriegs- und Standgerichte. Die Kriegsgerichte und die Standgerichte der Regiments- usw. Kommandeure dürfen mit der Durchführung der Maßnahmen nach I und II nicht betraut werden.

Quelle: OKW/WFSt/L IV, Chefsachen Barbarossa, BA-MA RW 4/v. 578. Privatarchiv Dr. Ortwin Buchbender.

Flugblatt „Töte!" von Ilja Ehrenburg (Sommer 1942)

Tod den deutschen Okkupanten! Töte!

Nachstehend folgende Abschnitte aus 3 Briefen, die bei gefallenen Deutschen gefunden wurden:

Der Verwalter Reinhardt schreibt an Ltn. Otto von Schirach: „Die Franzosen sind uns fortgenommen und in eine Fabrik gesteckt worden. Ich habe mir 6 Russen aus dem Minsker Bezirk ausgesucht. Sie sind bedeutend widerstandsfähiger als die Franzosen. Nur einer von ihnen ist gestorben, die übrigen setzen die Arbeit auf den Feldern fort. Ihre Verpflegung kostet nichts, und wir brauchen nicht darunter zu leiden, daß diese Tiere, deren Kinder vielleicht unsere Soldaten töten, das deutsche Brot essen. Gestern habe ich zwei dieser russischen Bestien einer leichten Strafexekution unterzogen, da sie heimlich die Milch aufgefressen hatten, die für die Mutterschweine bestimmt war . . ."

Mathias Zimlich schreibt seinem Bruder, dem Gefr. Heinrich Zimlich: „In Leyden gibt es ein Russenlager, wo man sie sehen kann. Vor dem Gewehr fürchten sie sich nicht, wir sprechen mit ihnen jedoch mit einer guten Knute . . ."

Irgendein Otto Essmann schreibt an Ltn. Weygand: „Wir haben hier russische Kriegsgefangene. Diese Typen fressen Regenwürmer auf dem Flugplatz, sie stürzen sich auf das Spülwasser. Ich sah, wie sie dreckiges Gras aßen. Kaum zu glauben, daß es Menschen sind . . ."

Die Sklavenhalter wollen unser Volk in Sklaven verwandeln. Sie führen die Russen zu sich, verspotten sie, bringen sie durch Hunger zum Wahnsinn und dazu, daß diese Leute in ihrer Todesangst Gras und Würmer essen, und der verfluchte Deutsche philosophiert mit einer erloschenen Zigarre zwischen den Zähnen: „Sind das überhaupt Menschen?"

Wir wissen alles. Wir erinnern uns an alles. Wir haben begriffen. Die Deutschen sind keine Menschen. Von jetzt ab ist das Wort „Deutscher" für uns der allerschlimmste Fluch. Von jetzt ab bringt das Wort „Deutscher" ein Gewehr zur Entladung. Wir werden nicht sprechen. Wir werden uns nicht aufregen. Wir werden töten. Wenn Du nicht im Laufe eines Tages wenigstens einen Deutschen getötet hast, so ist es für Dich ein verlorener Tag gewesen. Wenn Du glaubst, daß statt Deiner der Deutsche von Deinem Nachbarn getötet wird, so hast Du die Gefahr nicht erkannt. Wenn Du den Deutschen nicht tötest, so tötet der Deutsche Dich. Er wird die Deinigen festnehmen und sie in seinem verfluchten Deutschland foltern. Wenn Du den Deutschen nicht mit einer Kugel töten kannst, so töte ihn mit dem Seitengewehr. Wenn in Deinem Abschnitt Ruhe herrscht und kein Kampf stattfindet, so töte den Deutschen vor dem Kampf. Wenn Du den Deutschen am Leben läßt, wird der Deutsche den russischen Mann aufhängen und die russische Frau schänden. Wenn Du einen Deutschen getötet hast, so töte einen zweiten – für uns gibt es nichts Lustigeres als deutsche Leichen. Zähle nicht die Tage. Zähle nicht die Kilometer. Zähle nur eines: Die von Dir getöteten Deutschen! Töte den Deutschen! – dieses bittet Dich Deine greise Mutter. Töte den Deutschen! – dieses bitten Dich Deine Kinder. Töte den Deutschen! so ruft die Heimaterde. Versäume nichts! Versieh Dich nicht! Töte!

Ilja Ehrenburg

Quelle: Pol. Arch. Kult Pol. geheim, Bd. 148, Berichte der V.A.A. bei den AOK. Privatarchiv Dr. Ortwin Buchbender.

DOKUMENTATION

Das von Ilja Ehrenburg gestaltete Flugblatt „Töte!" als überzeugendes Beispiel übersteigerten Hasses gegen die deutschen Aggressoren wurde der Dokumentation vorausgestellt. Zur Verdeutlichung des nach dem 22. Juni 1941 geformten sowjetischen Feindbildes wird zunächst Stalins Rundfunkrede vom 3. Juli 1941 (im vollen Wortlaut) dokumentiert. Es schließen sich zwei radikale Befehle an:

– Befehl Nr. 270 zur Liquidierung von Deserteuren, Überläufern und Verrätern sowie

– Befehl Nr. 227 gegen Rückzugsmentalität und zum Durchhalten.

Die extremen Befehle zur Abwehr des Feindes spiegeln das sowjetische Feindbild nach Beginn des Krieges deutlich wider. Daher bleiben sie ungekürzt.

J. Stalin

Rundfunkrede am 3. Juli 1941

Genossen! Bürger!

Brüder und Schwestern!

Kämpfer unserer Armee und Flotte!

An euch wende ich mich, meine Freunde!

Der von Hitlerdeutschland am 22. Juni wortbrüchig begonnene militärische Überfall auf unsere Heimat dauert an. Trotz des heldenhaften Widerstandes der Roten Armee und ungeachtet dessen, daß die besten Divisionen des Feindes und die besten Einheiten seiner Luftwaffe schon zerschmettert sind und auf den Schlachtfeldern ihr Grab gefunden haben, setzt der Feind, der neue Kräfte an die Front wirft, sein Vordringen weiter fort. Es ist den Hitlertruppen gelungen, Litauen, einen beträchtlichen Teil Lettlands, den westlichen Teil Bjelorußlands, einen Teil der Westukraine zu besetzen. Die faschistische Luftwaffe erweitert den Tätigkeitsbereich ihrer Bombenflugzeuge und bombardiert Murmansk, Orscha, Mogilew, Smolensk, Kiew, Odessa, Sewastopol. Über unsere Heimat ist eine ernste Gefahr heraufgezogen.

Wie konnte es geschehen, daß unsere ruhmvolle Rote Armee den faschistischen Truppen eine Reihe unserer Städte und Gebiete überlassen hat? Sind die faschistischen deutschen Truppen denn etwa in Wirklichkeit unbesiegbare Truppen, wie das die großmäuligen faschistischen Propagandisten unermüdlich in die Welt hinausposaunen?

Natürlich nicht! Die Geschichte zeigt, daß es keine unbesiegbaren Armeen gibt und nie gegeben hat. Napoleons Armee galt als unbesiegbar, aber sie wurde nacheinander von russischen, englischen und deutschen Truppen geschlagen. Die deutsche Armee Wilhelms zur Zeit des ersten imperialistischen Krieges galt ebenfalls als eine unbesiegbare Armee, aber sie erlitt mehrere Male Niederlagen durch die russischen und englisch-französischen Truppen und wurde zuletzt von den englisch-französischen Truppen vernichtend geschlagen. Dasselbe muß von der jetzigen faschistischen deutschen Armee Hitlers gesagt werden. Diese Armee ist auf dem europäischen Festland noch auf keinen ernsten Widerstand gestoßen. Erst auf unserem Gebiet stieß sie auf ernsten Widerstand. Und wenn im Ergebnis dieses Widerstandes unsere Rote Armee die besten Divisionen der faschistischen deutschen Armee zerschmettert hat, so bedeutet das, daß die faschistische Hitlerarmee ebenfalls geschlagen werden kann und geschlagen werden wird, wie die Armeen Napoleons und Wilhelms geschlagen worden sind.

Die Tatsache aber, daß ein Teil unseres Gebietes dennoch von den faschistischen deutschen Truppen besetzt worden ist, erklärt sich hauptsächlich daraus, daß der Krieg des faschistischen Deutschlands gegen die Sowjetunion unter Bedingungen begonnen hat, die für die deutschen Truppen günstig und für die Sowjettruppen ungünstig waren, und die von Deutschland gegen die Sowjetunion geworfenen 170 Divisionen, die an den Grenzen der Sowjetunion aufmarschiert waren, befanden sich in voller Bereitschaft und warteten nur auf das Signal zum Angriff, während die Sowjettruppen erst mobilisiert und an die Grenzen vorgeschoben werden mußten. Von nicht geringer Bedeutung war dabei auch der Umstand, daß das faschistische Deutschland unerwartet und wortbrüchig den im Jahre 1939 zwischen ihm und der Sowjetunion abgeschlossenen Nichtangriffspakt zerrissen hat, ohne Rücksicht darauf, daß es von der ganzen Welt als Angreifer erklärt werden würde. Es ist verständlich, daß unser friedliebendes Land, das die Initiative zur Verletzung des Pakts nicht ergreifen wollte, den Weg des Wortbruchs nicht beschreiten konnte.

Man könnte fragen: Wie konnte es geschehen, daß sich die Sowjetregierung auf den Abschluß eines Nichtangriffspakts mit solchen wortbrüchigen Leuten und Ungeheuern wie Hitler und Ribbentrop eingelassen hat? Ist hier von der Sowjetregierung nicht ein Fehler begangen worden? Natürlich nicht! Ein Nichtangriffspakt ist ein Friedenspakt zwischen zwei Staaten. Eben einen solchen Pakt hat Deutschland uns im Jahre 1939 angeboten. Konnte die Sowjetregierung ein solches Angebot ablehnen? Ich denke, kein einziger friedliebender Staat kann ein Friedensabkommen mit einem benachbarten Reich ablehnen, selbst wenn an der Spitze dieses Reiches solche Ungeheuer und Kannibalen stehen wie Hitler und Ribbentrop. Dies aber natürlich unter der einen unerläßlichen Bedingung: daß das Friedensabkommen weder direkt noch indirekt die territoriale Integrität, die Unabhängigkeit und die Ehre des friedliebenden Staates berührt. Bekanntlich war der Nichtangriffspakt zwischen Deutschland und der Sowjetunion gerade ein solcher Pakt.

Was haben wir durch den Abschluß des Nichtangriffspakts mit Deutschland gewonnen? Wir haben unserem Land für anderthalb Jahre den Frieden gesichert sowie die Möglichkeit, unsere Kräfte zur Abwehr vorzubereiten, falls das faschistische Deutschland es riskieren sollte, unser Land trotz des Pakts zu überfallen. Das ist ein unbestreitbarer Gewinn für uns und ein Verlust für das faschistische Deutschland.

Was hat das faschistische Deutschland durch die wortbrüchige Zerreißung des Pakts und den Überfall auf die Sowjetunion gewonnen und was hat es verloren? Es hat dadurch für kurze Zeit eine gewisse vorteilhafte Lage für seine Truppen erzielt, hat aber in politischer Hinsicht verloren, da es sich in den Augen der ganzen Welt als blutiger Aggressor entlarvt hat. Es ist nicht zu bezweifeln, daß dieser kurzfristige militärische Gewinn für Deutschland nur eine Episode ist, während der gewaltige Gewinn für die Sowjetunion ein ernster Faktor von langer Dauer ist, auf den gegründet sich entscheidende militärische Erfolge der Roten Armee im Krieg gegen das faschistische Deutschland entfalten müssen.

Das eben ist der Grund, weshalb unsere ganze heldenhafte Kriegsmarine, alle besten Menschen Europas, Amerikas und Asiens und schließlich alle besten Menschen Deutschlands die wortbrüchigen Handlungen der deutschen Faschisten brandmarken und der Sowjetregierung ihre Sympathien entgegenbringen, die Handlungsweise der Sowjetregierung billigen, und weshalb sie erkennen, daß unsere Sache gerecht ist, daß der Feind zerschmettert werden wird, daß wir siegen müssen.

Mit dem uns aufgezwungenen Krieg hat unser Land den Kampf auf Leben und Tod gegen seinen schlimmsten und heimtückischsten Feind, den deutschen Faschismus, aufgenommen. Unsere Truppen schlagen sich heldenhaft mit einem Feind, der bis an die Zähne bewaffnet ist mit Panzern und Flugzeugen. Die Rote Armee und die Rote Flotte kämpfen unter Überwindung zahlreicher Schwierigkeiten aufopferungsvoll um jeden Fußbreit Sowjetboden. In den Kampf treten die Hauptkräfte der Roten Armee ein, ausgerüstet mit tausenden Panzern und Flugzeugen. Die Tapferkeit der Kämpfer der Roten Armee ist beispiellos. Unser aktiver Widerstand gegen den Feind wächst und erstarkt. Zusammen mit der Roten Armee erhebt sich das ganze Sowjetvolk zur Verteidigung seiner Heimat.

Was ist erforderlich, um die Gefahr, die über unsere Heimat heraufgezogen ist, zu beseitigen, und welche Maßnahmen müssen getroffen werden, um den Feind zu zerschmettern?

Vor allem ist es notwendig, daß unsere Sowjetmenschen, die Männer und Frauen des Sowjetlandes, die ganze Größe der Gefahr begreifen, die unserem Lande droht, und Schluß machen mit der sorglosen Gelassenheit und der Stimmung des friedlichen Aufbaus, die in der Vorkriegszeit durchaus begreiflich waren, in der gegenwärtigen Zeit aber, wo der Krieg die Lage von Grund aus verändert hat, verderblich sind. Der Feind ist grausam und unerbittlich. Er setzt sich das Ziel, unseren Boden, der mit unserem Schweiß getränkt ist, zu okkupieren, unser Getreide, unser Erdöl, die Früchte unserer Arbeit an sich zu reißen. Er setzt sich das Ziel, die Macht der Gutsbesitzer wiederaufzurichten, den Zarismus wiederherzustellen, die nationale Kultur und die nationale Eigenstaatlichkeit der Russen, Ukrainer, Bjelorussen, Litauer, Letten, Esten, Usbeken, Tataren, Moldauer, Georgier, Armenier, Aserbaidshaner und der anderen freien Völker der Sowjetunion zu vernichten, sie zu germanisieren, sie zu Sklaven der deutschen Fürsten und Barone zu machen. Es geht also um Leben oder Tod des Sowjetstaates, um Leben oder Tod der Völker der Sowjetunion; es geht darum, ob die Völker der Sowjetunion frei sein oder in Versklavung geraten sollen. Es ist notwendig, daß die Sowjetmenschen das verstehen und aufhören, sorglos zu sein, daß sie sich selbst mobilisieren und ihre ganze Arbeit auf den Krieg umstellen, daß sie auf eine neue Art arbeiten, die kein Erbarmen mit dem Feind kennt.

Es ist ferner notwendig, daß in unseren Reihen kein Platz für Miesmacher und Feiglinge, für Panikmacher und Deserteure ist, daß die Menschen unseres Landes keine Furcht im Kampf kennen und opferwillig in unseren Vaterländischen Befreiungskrieg gegen die faschistischen Unterdrücker ziehen. Der große Lenin, der unseren Staat geschaffen hat, sagte, die Haupteigenschaft der Sowjetmenschen müsse Tapferkeit sein, Kühnheit, Furchtlosigkeit im Kampf und die Bereitschaft, zusammen mit dem Volk gegen die Feinde unserer Heimat zu kämpfen. Es ist notwendig, daß diese hervorragende Eigenschaft des Bolschewiks Gemeingut werde der Millionen und aber Millionen der Roten Armee, unserer Roten Flotte und aller Völker der Sowjetunion.

Wir müssen unverzüglich unsere ganze Arbeit auf den Krieg umstellen, indem wir alles den Interessen der Front unterordnen, der Aufgabe unterordnen, die Zerschmetterung des Feindes zu organisieren. Die Völker der Sowjetunion sehen jetzt, daß der deutsche Faschismus nicht zu bändigen ist in seiner Tollwut und seinem Haß gegen unsere Heimat, die allen Werktätigen freie Arbeit und Wohlstand gesichert hat. Die Völker der Sowjetunion müssen sich erheben, um ihre Rechte und ihren Boden gegen den Feind zu verteidigen.

Die Rote Armee, die Rote Flotte und alle Bürger der Sowjetunion müssen jeden Fußbreit Sowjetboden verteidigen, müssen bis zum letzten Blutstropfen um unsere Städte und Dörfer kämpfen, müssen die Kühnheit, Initiative und Findigkeit an den Tag legen, die unserem Volk eigen sind.

Wir müssen das Hinterland der Roten Armee festigen, indem wir den Interessen dieser Sache unsere ganze Arbeit unterordnen, wir müssen die intensive Arbeit aller Betriebe sicherstellen, mehr Gewehre, Maschinengewehre, Geschütze, Patronen, Granaten, Flugzeuge produzieren, den Schutz der Betriebe, der Kraftwerke, der Telephon- und Telegraphenverbindungen organisieren, die örtliche Luftabwehr in Gang bringen.

Wir müssen einen schonunglosen Kampf organisieren gegen alle Desorganisatoren des Hinterlandes, gegen Deserteure, Panikmacher, Verbreiter von Gerüchten, wir müssen die Spione, Diversanten und feindlichen Fallschirmjäger vernichten und bei alledem unseren Feldjägerbataillonen schnelle Unterstützung zuteil werden lassen. Man muß sich vor Augen halten, daß der Feind heimtückisch und hinterlistig ist, erfahren im Betrug und in der Verbreitung falscher Gerüchte. Man muß all das berücksichtigen und darf sich nicht provozieren lassen. Alle, die durch ihre Panikmacherei und Feigheit die Landesverteidigung behindern, müssen ohne Ansehen der Person sofort dem Kriegsgericht übergeben werden.

Bei einem erzwungenen Rückzug von Truppenteilen der Roten Armee muß das gesamte rollende Material der Eisenbahnen fortgeschafft werden; dem Feind darf keine einzige Lokomotive, kein einziger Waggon, kein Kilogramm Getreide, kein Liter Treibstoff überlassen werden. Die Kollektivbauern müssen das ganze Vieh wegtreiben und das Getreide zur Abbeförderung ins Hinterland dem Schutz der staatlichen Organe anvertrauen. Alles wertvolle Gut, darunter Buntmetalle, Getreide und Treibstoff, das nicht abtransportiert werden kann, muß unbedingt vernichtet werden.

In den vom Feind okkupierten Gebieten müssen Partisanenabteilungen zu Pferd und zu Fuß gebildet und Diversionsgruppen geschaffen werden zum Kampf gegen die Truppenteile der feindlichen Armee, zur Entfachung des Partisanenkrieges überall und allerorts, zur Sprengung von Brücken und Straßen, zur Zerstörung der Telephon- und Telegraphenverbindungen, zur Niederbrennung der Wälder, der Versorgungslager und der Trains. In den okkupierten Gebieten müssen für den Feind und alle seine Helfershelfer unerträgliche Bedingungen geschaffen werden, sie müssen auf Schritt und Tritt verfolgt und vernichtet und alle ihre Maßnahmen müssen vereitelt werden.

Den Krieg gegen das faschistische Deutschland darf man nicht als gewöhnlichen Krieg betrachten. Er ist nicht nur ein Krieg zwischen zwei Armeen. Er ist zugleich der große Krieg des ganzen Sowjetvolkes gegen die faschistischen deutschen Truppen. Dieser Vaterländische Volkskrieg gegen die faschistischen Unterdrücker hat nicht nur das Ziel, die über unser Land heraufgezogene Gefahr zu beseitigen, sondern auch allen Völkern Europas zu helfen, die unter dem Joch des deutschen Faschismus stöhnen. In diesem großen Krieg werden wir treue Verbündete an den Völkern Europas und Amerikas haben, darunter auch am deutschen Volk, das von den faschistischen Machthabern versklavt ist. Unser Krieg für die Freiheit unseres Vaterlandes wird verschmelzen mit dem Kampf der Völker Europas und Amerikas für ihre Unabhängigkeit, für die demokratischen Freiheiten. Das wird die Einheitsfront der Völker sein, die für die Freiheit, gegen die Versklavung und die drohende Unterjochung durch die faschistischen Armeen Hitlers eintreten. Durchaus begreiflich und bezeichnend ist in diesem Zusammenhang die historische Rede des Herrn Churchill, des Premierministers Großbritanniens, über die Hilfe für die Sowjetunion, sowie die Deklaration der Regierung der Vereinigten Staaten von Amerika über ihre Bereitschaft, unserem Lande Hilfe zu erweisen – Erklärungen, die in den Herzen der Völker der Sowjetunion nur das Gefühl der Dankbarkeit hervorrufen können.

Genossen! Unsere Kräfte sind unermeßlich. Der überhebliche Feind wird sich bald davon überzeugen müssen. Zusammen mit der Roten Armee erheben sich Tausende und aber Tausende der Arbeiter, Kollektivbauern und der Intelligenz zum Krieg gegen den Feind, der uns überfallen hat. Erheben werden sich die Millionenmassen unseres Volkes. Die Werktätigen von Moskau und Leningrad sind schon dazu übergegangen, eine vieltausendköpfige Volkswehr zur Unterstützung der Roten Armee zu schaffen. In jeder Stadt, der die Gefahr eines feindlichen Überfalls droht, müssen wir eine derartige Volkswehr schaffen, müssen wir alle Werktätigen zum Kampf mobilisieren, um in unserem Vaterländischen Krieg gegen den deutschen Faschismus unsere Freiheit, unsere Ehre, unsere Heimat unter Einsatz unseres Lebens zu verteidigen.

Um alle Kräfte der Völker der Sowjetunion schnellstens zu mobilisieren, um dem Feind, der wortbrüchig unsere Heimat überfallen hat, eine Abfuhr zu erteilen, ist das Staatliche Verteidigungskomitee gebildet worden, in dessen Händen jetzt die gesamte Macht im Staat konzentriert ist. Das Staatliche Verteidigungskomitee hat seine Arbeit aufgenommen und ruft das ganze Volk auf, sich fest um die Partei Lenins-Stalins, um die Sowjetregierung zusammenzuschließen zu dem Zweck, die Rote Armee und die Rote Flotte opferwillig zu unterstützen, den Feind zu zerschmettern, den Sieg zu erkämpfen.

Alle unsere Kräfte – für die Unterstützung unserer heldenhaften Roten Armee, unserer ruhmvollen Roten Flotte!

Alle Kräfte des Volkes – für die Zerschmetterung des Feindes!

Vorwärts zum Sieg!

Quelle: Stalin, J.: Über den großen Vaterländischen Krieg der Sowjetunion, Verlag der Sowjetischen Miltärverwaltung in Deutschland, Berlin 1945, S. 5-11.

Der Befehl Nr. 270, die Direktive des Hauptquartiers des Kommandos des Obersten Befehlshabers Nr. 30126, Kommentar

Aus Militärbulletin Nr. 17 vom September 1988. Erstveröffentlichung.

Das „Militärbulletin" veröffentlicht mit Erlaubnis der „Militärhistorischen Zeitschrift" des Ministeriums für Verteidigung der UdSSR den vollen Wortlaut des Befehls des Hauptquartiers des Kommandos des Obersten Befehlshabers der Roten Armee Nr. 270, der bisher nur auszugsweise publiziert wurde:

An alle Mitglieder und Kandidaten des ZK der KPdSU (B), die Sekretäre der Gebiets- und der Regionskomitees, der ZK der Kommunistischen Parteien der Unionsrepubliken, die Vorsitzenden der Gebiets- und Regionsexekutivkomitees sowie der Räte der Volkskommissare der Republiken, an alle Sekretäre der Rayon- und der Stadtkomitees sowie Vorsitzenden der Rayon- und Stadtexekutivkomitees.

Nicht zur Veröffentlichung

Befehl des Hauptquartiers des Kommandos des Obersten Befehlshabers der Roten Armee Nr. 270 vom 16. August 1941

Nicht nur die Freunde erkennen an, sondern auch unsere Feinde sind gezwungen zuzugeben, daß sich die Truppenteile der Roten Armee, deren überwiegende Mehrheit, deren Kommandeure und Kommissare in unserem Befreiungskrieg gegen die deutsch-faschistischen Eroberer makellos, mutig und mitunter direkt heroisch verhalten. Selbst jene Truppenteile unserer Armee, die zufällig von der Armee getrennt wurden und in einen Kessel geraten sind, bewahren den Geist der Standhaftigkeit und des Mutes, geben sich nicht gefangen, sind bemüht, dem Feind möglichst großen Schaden zuzufügen, und brechen aus dem Kessel aus. Es ist bekannt, daß einzelne Truppenteile unserer Armee, die in einen Kessel des Feindes geraten sind, alle Möglichkeiten nutzen, um den Feind zu schlagen und aus dem Kessel auszubrechen.

Der Stellvertreter des Truppenbefehlshabers Westfront, Generalleutnant Boldin, der sich im Raum der 10. Armee bei Belostok befand, die von deutsch-faschistischen Truppen eingekreist worden war, organisierte aus den im Hinterland des Feindes verbliebenen Einheiten der Roten Armee Abteilungen, die im Verlaufe von 45 Tagen im Hinterland des Feindes kämpften und sich zu den Hauptkräften der Westfront durchschlugen. Sie vernichteten die Stäbe von zwei deutschen Regimentern, 26 Panzer, 1049 PKW, Transportfahrzeuge und Stabskraftwagen, 147 Kräder, 5 Artilleriebatterien, 4 Granatwerfer, 15 schwere Maschinengewehre, 3 leichte Maschinengewehre, 1 Flugzeug und ein Depot mit Fliegerbomben. Über 1000 deutsche Soldaten und Offiziere wurden getötet. Am 11. August führte Generalleutnant Boldin einen Schlag gegen die Deutschen aus dem Hinterland, durchbrach die deutsche Front, vereinigte sich mit unseren Truppen und führte 1654 bewaffnete Rotarmisten und Kommandeure aus dem Kessel, davon 103 Verwundete.

Der Kommissar des 8. mechanisierten Korps, Brigadekommissar Popel, und der Kommandeur des 406. Schützenregiments, Oberst Nowikow, führten kämpfend 1778 bewaffnete Personen aus einem Kessel. Die Gruppe Nowikow-Popel legte in schweren Kämpfen gegen die Deutschen 650 km zurück und fügte dem Hinterland des Feindes gewaltige Verluste zu.

Der Kommandeur der 3. Armee, Generalleutnant Kusnezow und das Mitglied des Kriegsrats, Armeekommissar 2. Ranges Birjukow, führten kämpfend 498 bewaffnete Rotarmisten und Kommandeure von Truppenteilen der 3. Armee aus einem Kessel und organisierten den Druchbruch der 108. und der 64. Schützendivision aus dem Kessel.

Alle diese und andere zahlreiche ähnliche Tatsachen zeugen von der Standhaftigkeit unserer Soldaten, Kommandeure und Kommissare.

Wir können jedoch auch die Tatsache nicht verheimlichen, daß in der letzten Zeit einige schmachvolle Fakten der Gefangengabe an den Feind vorgekommen sind. Einzelne Generale haben unsere Truppen ein schlechtes Beispiel gegeben.

Der Kommandeur der 28. Armee, Generalleutnant Katschalow, der sich zusammen mit dem Stab einer Gruppe der Streitkräfte in einem Kessel befand, legte Feigheit an den Tag und gab sich den deutschen Faschisten gefangen. Der Stab der Gruppe Katschalows hat den Kessel durchbrochen. Das trifft auch auf Einheiten der Gruppe Katschalows zu. Generalleutnant Katschalow aber hat es vorgezogen, sich gefangen zu geben, zum Feind überzulaufen.

Generalleutnant Ponedelin, der Kommandeur der 12. Armee, geriet in einen Kessel des Gegners und hatte die volle Möglichkeit, sich zu den Seinen durchzuschlagen, wie das die überwiegende Mehrheit der Einheiten seiner Armee tat. Ponedelin legte jedoch nicht die notwendige Standhaftigkeit und den erforderlichen Siegeswillen an den Tag, verfiel in Panik, bekam es mit der Angst zu tun, gab sich dem Feind gefangen und lief zu ihm über und beging damit als Verletzer des Fahneneids ein Verbrechen an der Heimat.

Der Kommandeur des 13. Schützenkorps, Generalmajor Kirilow, der in einen Kessel der deutsch-faschistischen Truppen geraten war, desertierte vom Schlachtfeld und gab sich dem Feind gefangen, statt seine Pflicht gegenüber der Heimat zu erfüllen, die ihm anvertrauten Einheiten für einen hartnäckigen Widerstand gegen den Gegner und die Durchbrechung des Kessels zu organisieren. Dadurch wurden die Einheiten des 13. Schützenkorps zerschlagen, einige von ihnen aber gaben sich ohne ernsthaften Widerstand gefangen.

Es muß hervorgehoben werden, daß bei allen oben genannten Tatsachen der Gefangengabe an den Feind die Mitglieder der Kriegsräte der Armeen, die Kommandeure, Politkader und die Mitarbeiter der Sonderabteilungen, die sich in einem Kessel befanden, eine unzulässige Unbeholfenheit und schändliche Feigheit an den Tag legten und nicht einmal versuchten, die Feiglinge Katschalow, Ponedelin, Kirillow und andere daran zu hindern, sich gefangen zu geben.

Diese schändlichen Tatsachen der Gefangengabe an unseren Todfeind zeugen davon, daß es in den Reihen der Roten Armee, die standhaft und selbstlos ihre Sowjetische Heimat vor den niederträchtigen Eroberern verteidigt, wankelmütige, kleinmütige und feige Elemente gibt. Und diese feigen Elemente gibt es nicht nur unter den Rotarmisten, sondern auch unter den Kommandeuren. Bekanntlich bieten einige Kommandeure und Politkader durch ihr Verhalten an der Front den Rotarmisten keineswegs ein Beispiel für Kühnheit, Standhaftigkeit und Heimatliebe, sondern verstecken sich im Gegenteil sogar in den Deckungsgräben, beschäftigen sich mit Schreibtischarbeit, sehen und beobachten das Schlachtfeld nicht und versagen bei den ersten ernstlichen

Schwierigkeiten gegenüber dem Feind, reißen ihre Rangabzeichen herunter und werden fahnenflüchtig.

Können etwa in den Reihen der Roten Armee Feiglinge, die zum Feind überlaufen und sich ihm gefangengeben, oder solche kleinmütigen Kommandeure geduldet werden, die sich bei den ersten Schwierigkeiten an der Front die Rangabzeichen abreißen und ins Hinterland fahnenflüchtig werden? Nein, das ist unmöglich! Wenn diesen Feiglingen und Deserteuren Handlungsfreiheit gewährt wird, werden sie innerhalb kurzer Zeit unsere Armee zersetzen und unsere Heimat zugrunde richten. Feiglinge und Deserteure müssen vernichtet werden.

Können etwa solche Kommandeure als Kommandeure von Bataillonen und Regimentern angesehen werden, die während der Schlacht Zuflucht in den Deckungsgräben suchen, das Schlachtfeld nicht sehen, den Verlauf des Kampfes auf dem Schlachtfeld nicht beobachten und sich trotzdem einbilden, Kommandeure von Regimentern und Bataillonen zu sein? Nein, das ist unmöglich! Das sind keine Regiments- und Bataillonskommandeure, sondern Usurpatoren. Wenn diesen Usurpatoren Handlungsfreiheit gewährt wird, werden sie unsere Armee innerhalb einer kurzen Zeit in eine Kanzlei verwandeln. Derartige Usurpatoren müssen unverzüglich abgesetzt werden, müssen in einen niedrigen Rang versetzt und zu einfachen Soldaten gemacht werden, falls erforderlich aber sind sie an Ort und Stelle zu erschießen. An ihre Stelle sind kühne und tapfere Menschen aus den unteren Offiziersrängen oder Rotarmisten zu ernennen.

Ich befehle:

1. Die Kommandeure und Politkader, die sich während der Schlacht die Rangabzeichen abreißen und Fahnenflucht ins Hinterland begehen oder sich dem Feind gefangengeben, sind als böswillige Deserteure anzusehen, deren Familien als Familien von eidbrüchigen und landesverräterischen Deserteuren zu verhaften sind.

Alle übergeordneten Kommandeure und Kommissare sind verpflichtet, derartige Deserteure aus den Reihen der Kommandeure an Ort und Stelle zu erschießen.

2. Einheiten und Truppenteile, die in einen Kessel des Feindes geraten sind, haben selbstlos bis zur letzten Möglichkeit zu kämpfen, die Technik wie ihren Augapfel zu hüten, sich durch das Hinterland der feindlichen Truppen zu den eigenen Einheiten durchzuschlagen und dabei den faschistischen Hunden Niederlagen beizubringen.

Jeder Militärangehörige ist unabhängig von seinem Rang verpflichtet, falls sich der Truppenteil in einem Kessel befindet, vom übergeordneten Kommandeur zu fordern, bis zur letzten Möglichkeit zu kämpfen, um sich zu den eigenen Einheiten durchzuschlagen. Wenn dieser Kommandeur oder ein Teil der Soldaten es vorzieht, sich anstelle der Organisierung des Widerstands gegen den Feind gefangenzugeben, sind diese mit allen Boden- und Luftmitteln zu vernichten. Den Familien der sich gefangengebenden Soldaten aber ist die staatliche Unterstützung und Hilfe zu entziehen.

3. Die Kommandeure und Kommissare der Divisionen sind verpflichtet, unverzüglich jene Bataillons- und Regimentskommandeure abzusetzen, die sich während der Schlacht in den Deckungsgräben verstecken und sich fürchten, den Verlauf des Kampfes auf dem Schlachtfeld zu leiten, sie als Usurpatoren in einen niedrigeren Rang zu versetzen oder zu Soldaten zu degradieren und falls erforderlich an Ort und Stelle zu erschießen und an-

statt ihrer kühne und tapfere Menschen aus den unteren Offiziersrängen oder aus den Reihen der ausgezeichneten Rotarmisten zu ernennen.

Der Befehl ist in allen Kompanien, Schwadronen, Batterien, Geschwadern, Kommandos und Stäben zu verlesen.

Hauptquartier des Kommandos des Obersten Befehlshabers der Roten Armee:

Vorsitzender des Staatlichen Verteidigungskomitees J. Stalin

Stellvertreter des Vorsitzenden des Staatlichen Verteidigungskomitees W. Molotow

Marschall der Sowjetunion S. Budjonny

Marschall der Sowjetunion K. Woroschilow

Marschall der Sowjetunion S. Timoschenko

Marschall der Sowjetunion B. Schaposchnikow

Armeegeneral G. Shukow

Nachwort zum Befehl Nr. 270

Am 12. Mai 1943 wurde der Befehl Nr. 270 durch die Direktive Nr. 30126 des Hauptquartiers bestätigt:

„An die Kommandeure der Fronten, Militärbezirke und selbständigen Armeen.

Wir teilen zur Information der Fronten, Armeen, Korps und Divisionen mit, daß die Ehemaligen: Generalleutnant W. J. Katschalow, Kommandeur der 28. Armee, Generalleutnant A. A. Wlassow, Kommandeur der 2. Stoßarmee, Generalmajor P. G. Ponedelin, Kommandeur der 12. Armee, und Generalmajor W. F. Malyschkin, Stabschef der 19. Armee, die als vermißt galten, wie jetzt zuverlässig festgestellt wurde, die Heimat verraten haben, auf die Seite des Gegners übergelaufen sind und gegenwärtig mit den Deutschen gegen unsere Heimat, gegen die Rote Armee arbeiten.

J. Stalin
A. Wassiljewski
G. Shukow“

Diese Direktive stimmte, wie das „Militärbulletin“ auf der Grundlage einer Analyse früher nicht veröffentlichter Archivdokumente feststellen konnte, nur in bezug auf Wlassow und Malyschkin.

Dem „Militärbulletin“ gelang es, das weitere Schicksal der Generale Katschalow und Ponedelin dokumentarisch zu verfolgen.

Durch eine Entscheidung des Militärkollegiums des Obersten Gerichts der UdSSR vom 23.12.1953 wurde festgestellt, daß Generalleutnant Katschalow am 4. August 1941 durch deutsches Artilleriefeuer getötet wurde. Punkt 1 des Befehls des Ministeriums für Verteidigung der UdSSR zum Personalbestand Nr. 0855 vom 13.2.1954, der von N. A. Bulganin unterzeichnet wurde, hieß: „Der Befehl des Obersten Befehlshabers der Streitkräfte der UdSSR Nr. 270 vom 16.8.1941 betreffs des Kommandeurs der 28. Armee, Generalleutnant Wladimir Jakowlewitsch Katschalow ist aufzuheben. Dieser gilt als im Großen Vaterländischen Krieg gefallen.“

P. Ponedelin, dessen militärische Laufbahn in der Roten Armee 1918 begann, geriet als Kommandeur der 12. Armee während der Kampfhandlungen im August 1941 tatsächlich in einen Kessel und wurde von den Hitlerfaschisten gefangengenommen.

Am 30. Dezember 1945, nach der Repartriierung, wurde Ponedelin verhaftet und am 25. August 1950 durch das Militärkollegium nach Art. 58-1 „b" des Strafgesetzbuchs der RSFSR zum höchsten Strafmaß – zum Tod durch Erschießen – verurteilt.

Ponedelin wurde beschuldigt, daß „er als Kommandeur der 12. Armee, der in den Kessel der Truppen des Gegners geraten war, nicht die notwendige Standhaftigkeit und den erforderlichen Siegeswillen an den Tag legte, in Panik verfiel und am 7. August 1941 den Fahneneid verletzte und die Heimat verriet: Er gab sich den Deutschen, ohne Widerstand zu leisten, gefangen und teilte ihnen bei Verhören Informationen über die Zusammensetzung der 12. und der 6. Armee mit".

Begründung für die Beschuldigung war eine von Hand auf einem Stück Papier ohne Bezug zum Gelände angefertigte Karte, auf der der Verlauf der Kampfhandlungen der 12. Armee eingetragen war und die Alternativen seitens des Stabes in dieser Situation analysiert wurden. Der Kommandeur der Armee, der Stab und der Kriegsrat unternahmen alles nur Mögliche, fügten dem Gegner maximale Verluste zu und hielten ihn auf. Aber gerade dieses Dokument diente, wie die Beschlüsse, die auf seiner Grundlage gefaßt wurden, beweisen, als Begründung für die Beschuldigung.

Die historische Wahrheit wurde am 9. Mai 1956 durch den Befehl Nr. 02014 des Ministers für Verteidigung der UdSSR, Marschall der Sowjetunion G. K. Shukow, wiederhergestellt. Ponedelin wurde aufgrund seines Todes aus den Reihen der Sowjetarmee ausgeschlossen, der Punkt des Befehls der Hauptverwaltung für Kaderfragen des Verteidigungsministeriums Nr. 02790 vom 2.12.1946 „Über die Entlassung laut Artikel 44 Pkt „c" (als Inhaftierter) aber aufgehoben.

Es muß gesagt werden, daß Wlassow und dessen Umgebung versuchten, Ponedelin 1942 im Lager „Wühnheide" zum Verrat zu bewegen. Ihre Versprechungen wurden jedoch von General P. G. Ponedelin zurückgewiesen.

Quelle: NOWOSTI Militärbulletin Nr. 17 vom September 1988.

Befehl Nr. 227 des Volkskommissars für Verteidigung J. W. Stalin vom 28. 7. 1942

Übersetzung des Befehls des Volkskommissars der Verteidigung der UdSSR Nr. 227, 28. VII. 1942, Stadt Moskau

Der Feind wirft dauernd neue Kräfte an die Front. Ungeachtet der für ihn großen Verluste dringt er vorwärts und in die Tiefe der Sowjet-Union ein. Er besetzt neue Gebiete, verödet und zerstört unsere Städte und Dörfer, vergewaltigt, beraubt, erschlägt die sowjetische Bevölkerung. Die Kämpfe finden statt im Gebiet Woronesch, am Don, im Süden, an den Toren des Südkaukasus. Die deutschen Eindringlinge drängen nach Stalingrad und zur Wolga und wollen um jeden Preis Kubj erobern, den wirklichen Kaukasus mit seinen Reichtümern an Erdöl und Getreide.

Der Feind hat schon Woroschilowgrad, Starabols, Rossosch, Kupinsk, Waluiki, Nowotscherkass, Rostow am Don und halb Woronesch genommen. Ein Teil der Truppen an der Südfront hat sich hinter die Panikmacher gestellt und Rostow, Nowotscherkass ohne ernstlichen Widerstand aufgegeben, ohne Befehl von Moskau, und seine Fahnen mit Schande bedeckt. Die Bewohner unseres Landes, die der Roten Armee Liebe und Hochachtung entgegenbringen, beginnen sich in ihr enttäuscht zu fühlen und verlieren das Vertrauen zur Roten Armee. Viele aber verwünschen die Rote Armee, weil sie unser Volk unter das Joch der deutschen Bedrücker stellt und selbst nach Osten entweicht. Einige unvernünftige Menschen an der Front trösten sich mit dem Gerede, daß wir uns weiter zum Osten zurückziehen können, weil wir ein großes Territorium, viel Land, viele Einwohner besitzen, und daß wir unbegrenzt viel Brot haben werden. Hiermit wollen sie ihre entehrende Handlungsweise an der Front rechtfertigen, jedoch erweisen sich solche Redensarten als durch und durch falsch und verlogen, die nur unseren Feinden nützen.

Jeder Kommandeur, Rotarmist und politische Arbeiter müssen begreifen, daß unsere Mittel nicht unbegrenzt sind. Das Territorium des Sowjetstaates ist keine Wüste, sondern Menschen, Arbeiter, Bauern, Intelligenz, unsere Väter, Mütter, Frauen, Brüder, Kinder. Das Territorium der UdSSR, das der Feind besetzt hat und besetzen will, das sind Brot und andere Produkte für die Armee und die Heimat, Metalle, Heizmaterial für die Industrie, Fabriken, Werke, die Versorgung der Armee mit Waffen und Munition sowie Eisenbahnen.

Nach dem Verlust der Ukraine, Weißrußlands, des Baltikums, des Donez-Bekkens und anderer Gebiete verblieb uns ein viel geringeres Territorium, viel weniger an Menschen, Brot, Metall, Werken und Fabriken. Wir haben über 70 Mill. Einwohner verloren, über 800 Mill. Pfd. Brot und 10 Mill. t Metall jährlich. Wir sind schon jetzt den Deutschen nicht mehr an menschlichen Reserven und an Brotessern überlegen. Weiter zurückweichen bedeutet, sich selbst und damit unser Vaterland zu vernichten. Jeder Fetzen des uns verbliebenen Territoriums wird in gleicher Weise den Druck des Feindes verstärken, wie er die Verteidigung unserer Heimat schwächt. Aus diesem Grunde muß das Gerede, daß wir ein großes Territorium und die Möglichkeit haben, uns unbegrenzt zurückzuziehen, mit der Wurzel ausgerottet werden. Unser Land ist groß und reich, wir haben viele Einwohner, wir werden immer Brot im Überfluß haben. Solches Gerede erweist sich als verlogen und schädlich: Sie schwächen uns und stärken den Feind; denn beenden wir nicht das Zurückziehen, verbleiben wir ohne Brot, ohne Heizmaterial, ohne Metall, ohne Rohstoffe, ohne Werke, ohne Fabriken und ohne Eisenbahnen.

Daraus muß gefolgert werden, daß es Zeit ist, den Rückzug zu beenden, keinen Schritt zurück. Das muß unsere erste Aufgabe sein. Jede Stellung muß bis zum letzten Blutstropfen verteidigt werden, ebenso jeder Meter des sowjetischen Territoriums. Wir müssen uns an jeden Fetzen sowjetischer Erde klammern und ihn bis zur letzten Möglichkeit verteidigen.

Unser Vaterland erlebt schwere Tage. Wir müssen stehenbleiben und darnach den Feind zurückwerfen und ihn zerschlagen, was es auch kosten möge. Die Deutschen sind nicht so stark, wie es den Panikmachern erscheint, sie setzen die letzten Kräfte ein. Ihrem Schlag jetzt und in den nächsten paar Monaten standhalten, d. h. uns den Sieg sichern. Können wir den Schlag aushalten und anschließend den Feind zurückwerfen? Ja, das können wir, denn unsere Werke und Fabriken in der Heimat arbeiten jetzt ausgezeichnet und unsere Front bekommt mehr und mehr Flugzeuge, Panzer, Artillerie und Minenwerfer. Woran mangelt es denn bei uns?

Es mangelt an Ordnung und Disziplin in den Kompanien, Bataillonen, Regimentern, Divisionen, Panzer-Abteilungen und Flieger-Staffeln. Darin liegt jetzt unser Hauptmangel.

Wir müssen in unserer Armee strengste Ordnung und Disziplin errichten, wenn wir die Lage retten und unser Vaterland verteidigen wollen. Es dürfen von jetzt an keine Kommandeure, Kommissare, pol. Arbeiter, Abteilungen und Vereinigungen weiterhin geduldet werden, die bereit sind, Kampfstellungen aufzugeben. Es darf nicht mehr geduldet werden, daß Kommissare, pol. Arbeiter es zulassen, daß einige Panikmacher die Lage auf dem Schlachtfeld bestimmen, indem sie sich im Rückzug von den anderen Soldaten losreißen und dem Feind die Front öffnen. Panikmacher und Schwätzer sind auf der Stelle zu erschießen.

Von jetzt an muß nach eisernem Gesetz an jeden Kommandeur, Rotarmisten und pol. Arbeiter die Forderung gestellt werden, keinen Schritt zurück, ohne Befehl der höchsten Kommandostelle. Die Zugführer, Btl.-, Rgts.-, Div.-Kommandeure, verantwortlichen Kommissare und pol. Arbeiter, die ohne höheren Befehl aus der Kampfstellung zurückweichen, gelten als Vaterlandsverräter. Mit solchen Kommandeuren und pol. Arbeitern ist in gleicher Weise zu verfahren wie mit Landesverrätern. Das ist die Forderung unseres Vaterlandes. Diese Forderung erfüllen, heißt unsere Ehre zu verteidigen, unser Vaterland zu retten, den gehässigen Feind zu vernichten und zu besiegen.

Nach dem Winterrückzug unter dem Druck der Roten Armee, als sich bei den deutschen Truppen die Disziplin lockerte, statuierten die Deutschen zur Wiedererrichtung der Disziplin einige strenge Exempel, die keine schlechten Resultate brachten. Sie errichteten über 100 Strafkompanien für Soldaten, die sich gegen die Disziplin vergangen hatten durch Geschwätz oder Wankelmut, brachten sie in gefährliche Frontabschnitte und befahlen ihnen, sich von ihren Vergehen durch Blut loszukaufen. Sie stellten die Strafbataillone aus Kommandeuren zusammen, die sich gegen die Disziplin vergangen hatten durch Geschwätz oder Wankelmut, brachten sie in noch gefährlichere Frontabschnitte und befahlen ihnen, sich von ihren Vergehen durch Blut loszukaufen.

Letzten Endes richteten sie Spezial-Sperrabteilungen ein, stellten sie in den Rücken wankelmütiger Divisionen und befahlen ihnen, auf der Stelle Panikmacher zu erschießen, im Falle des Versuches, selbständig die Stellungen zu räumen und freiwillig in Gefangenschaft zu gehen. Wie bekannt verfehlten diese Beispiele ihre Wirkungen nicht, und jetzt schlagen sich die deutschen Truppen besser als im Winter. So ergibt es sich denn, daß die Truppen eine gute Disziplin haben, wenn ihnen auch das hohe Ziel, die Vaterlandsverteidigung, fehlt. Sie haben nur das eine räuberische Ziel, ein fremdes Land zu unterjochen, unsere Truppen dagegen, die das hohe Ziel haben, ihr beschimpftes Vaterland zu verteidigen, besitzen nicht eine solche Disziplin und erleiden in Anbetracht dessen Niederlagen. Müssen wir nicht infolgedessen in diesen Sachen bei unseren Feinden lernen, wie dies in der Vergangenheit unsere Vorfahren bei den Feinden taten und dann über sie den Sieg errangen?

Ich bin der Meinung, daß wir es müssen. Das Oberkommando der Roten Armee befiehlt:

1. Den Kriegsräten der Front und vor allem dem Kommandeur der Front

   a. Unbedingt die Rückzugsstimmung bei der Truppe zu beenden und mit eiserner Hand die Propaganda zu unterbinden, daß wir uns weiter nach Osten zurückziehen können und müssen, als ob aus einem Rückzug kein Schaden entstände.

   b. Unbedingt Armee-Kommandeure, die einen selbständigen Rückzug aus den besetzten Stellungen ohne Befehl des Frontkommandeurs dulden, ihres Postens zu entheben und sie zur Aburteilung vor das Kriegsgericht zu stellen.

   c. An der Grenze der Front 1–3 Strafbataillone aufzustellen, je nach Lage, in Stärke von 8000 Mann. In diesen die mittleren und höheren Führer und die verantwortlichen politischen Arbeiter aller Waffengattungen unterzubringen, die sich gegen die Disziplin durch Geschwätz oder Wankelmut vergangen haben, und sie in den schwierigen Frontabschnitten einzusetzen, um ihnen die Möglichkeit zu geben, sich durch Blut von ihren Sünden gegen das Vaterland loszukaufen.

2. Den Kriegsräten der Armee, und vor allem dem Kommandeur

   a. Unbedingt ihres Postens zu entheben die Kommandeure und Kommissare der Korps und Divisionen, die den selbständigen Rückzug der Truppen aus den besetzten Stellungen dulden, ohne Befehl des Armee-Kommandeurs, und sie dem Frontkriegsrat zu übergeben zur Vorführung vor das Kriegsgericht.

   b. An den Grenzen der Armee 3–5 gut bewaffnete Sicherungs-Abteilungen von je 200 Mann aufzustellen, sie unmittelbar im Rücken der wankelmütigen Divisionen aufzustellen und sie zu verpflichten, im Falle eines ungeordneten Zurückweichens von Abteilungen der Divisionen auf der Stelle die Panikmacher und Schwätzer zu erschießen und damit den ehrenhaften Soldaten der Division zu helfen, ihre Pflicht dem Vaterland gegenüber zu erfüllen.

   c. An den Grenzen der Armee 5–10 Strafkompanien je nach Lage in Stärke von je 150 bis 200 Mann aufzustellen, in denen die Mannschaften und Unteroffiziere unterzubringen sind, die sich durch Lockerung der Disziplin, durch Geschwätz oder Wankelmut vergangen haben und sie in schweren Frontabschnitten der Armee einzusetzen, um ihnen die Möglichkeit zu geben, sich von ihrem Vergehen gegen das Vaterland durch Blut loszukaufen.

   Den Kommandeuren und Kommissaren der Korps und Divisionen

   a. Unbedingt die Regiments-, Bataillons-Kommissare und Kommandeure ihres Postens zu entheben, die ein selbständiges Rückgehen von Abteilungen dulden, ohne Befehl des Korps- oder Divisions-Kommandeurs. Ihnen die Orden und Medaillen abzunehmen und sie an die Frontkriegsräte abzugeben zur Weiterleitung an das Kriegsgericht.

b. Den Sicherungs-Abteilungen der Armee jede Hilfe und Unterstützung zu gewähren, in Sachen Festigung der Ordnung und Disziplin in den Abteilungen. Den Befehl allen Kompanien, Schwadronen, Batterien, Staffeln und Kommandos bekanntzugeben.

Der Volkskommissar für Verteidigung
Stalin

Quelle: Pol. Arch. Kult Pol. geheim, Bd. 172, Achte der V.A.A. bei den AOK. Privatarchiv Dr. Ortwin Buchbender.

Gnadenlos zerschmettern und vernichten wir den Feind

Vertrag über den Nichtangriff zwischen der UdSSR und Deutschland

Mit Zangen gegen die Zangen

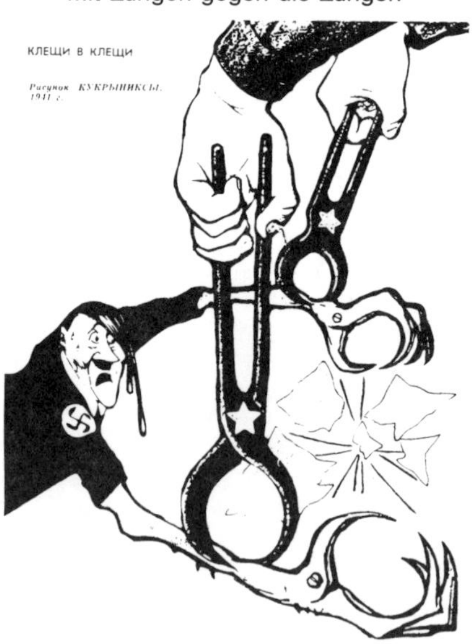

Karikaturen gegen Hitler aus dem Jahre 1941
(von dem berühmten Zeichnerkollektiv KUKRYNIKSI nach dem Kriege in Erinnerung gerufen)

Arthur L. Smith

Feindbild Deutschland

Die politische Erziehung der amerikanischen Soldaten im Zweiten Weltkrieg

Die Beschreibung der Art und Weise, wie die amerikanischen Soldaten die Deutschen gesehen haben, ist vielschichtig. Die Sichtweise in bezug auf eine andere Nation hängt von einer Reihe Faktoren ab. Der Zeitrahmen und die allgemeinen Umstände haben zweifelsohne einen großen Einfluß; in diesem Fall herrschte Krieg. Andererseits ist Adolf Hitler und der Politik des nationalsozialistischen Deutschlands genügend Aufmerksamkeit geschenkt worden, bevor der junge Durchschnitts-Amerikaner nur daran gedacht hätte, eine Uniform anzuziehen. Selbst wenn er die internationalen Nachrichten nicht zur Kenntnis genommen hätte, wäre es für ihn schwierig gewesen, das innenpolitische Aufsehen zu ignorieren, das Gruppen wie das „America First"-Komitee, den Deutsch-Amerikanischen-Bund oder die „Stoppt Hitler"-Bewegung der dreißiger Jahre verursachten.

Auch wenn der junge Amerikaner vor dem Wehrdienst eher ein literarisches als ein politisches Interesse gehabt hätte, so hätte er die bedeutenden deutschen Autoren zur Kenntnis genommen, die vor der Hitler-Regierung in die Freiheit der Vereinigten Staaten geflohen waren. Er mag ferner zur Kenntnis genommen haben, daß diese Autoren einen sorgfältigen Unterschied zwischen Nationalsozialisten und anderen Deutschen machten. Leider begannen sich diese Unterschiede schnell zu verwischen, als sich die deutsch-amerikanischen Beziehungen verschlechterten. In einigen Fällen wurden Nationalsozialismus und Deutsch gleichgesetzt. Die Propaganda nahm immer mehr zu, je weiter die Ereignisse die Welt an den Rand eines Krieges trieben. Als der Krieg dann 1939 mit der deutschen Invasion Polens begann, verstärkte er nur das Propagandabild von den Deutschen – Soldat oder Zivilist – als einer Nation von expansionslüsternen Fanatikern.

Jedem politischen Beobachter war im Jahre 1939 klar, daß die Roosevelt-Regierung Großbritannien in bezug auf Unterstützung und Einstellung näherstand als Deutschland.

Diese Gefühle wandelten sich bald in eine Verpflichtung, die als gewaltiges Überzeugungsmittel in der amerikanischen öffentlichen Meinung fungierte. Die nationalsozialistische Politik tat wenig, um dieser wachsenden Feindschaft entgegenzuwirken, als sich der Aufschrei in Amerika angesichts der zunehmenden deutschen U-Boot-Angriffe im Atlantik vermehrte. Trotz der umfangreichen Neutralitätsgesetzgebung, die von den Vereinigten Staaten nach dem Ersten Weltkrieg verabschiedet worden war, verhärtete sich die öffentliche Meinung gegen Deutschland. Mit jedem nationalsozialistischen Sieg wurde die Überzeugung gestärkt, daß Hitler eines Tages versuchen würde, den Krieg nach Amerika zu tragen. Als Führer seiner Nation sprach Präsident Franklin D. Roosevelt diese Befürchtung mehrfach in seinen berühmten „Kamingesprächen" mit dem amerikanischen Volk an. Im Dezember 1940 warnte der amerikanische Präsident, daß die großen Pazifischen und Atlantischen Ozeane nicht länger den Schutz darstellten, den sie lange dargestellt hatten, da die moderne Technologie es nun Flugzeugen ermögliche, Truppen über Tausende von

Kilometern zu transportieren. „Die nationalsozialistischen Herren über Deutschland," sagte er, „haben keinen Zweifel daran gelassen, daß sie nicht nur alles Leben und Denken in ihrem eigenen Land beherrschen wollen, sondern auch ganz Europa versklaven wollen, um dann die europäischen Ressourcen dazu zu nutzen, den Rest der Welt zu beherrschen."[1]

Viele antinationalsozialistische und antideutsche Gefühle wurden damals durch die tolpatschigen Aktivitäten des Deutsch-Amerikanischen-Bundes und seines amerikanischen Führers, Fritz Kuhn, verursacht. Die öffentliche Darstellung von Hakenkreuzarmbinden, des Hitler-Grußes und eindeutig nationalsozialistischer Propagandaplakate in einer Reihe amerikanischer Städte erzürnte die Menschen. Dokumentarfilme wie „The March of Time" vervollständigten mit grafischen Bildern von der tragischen Last der unterdrückten europäischen Völker Radio- und Zeitungsberichte.

Nur wenige konnten jedoch die Einstellung zu Deutschland so beeinflussen wie Hollywood. Die Aufführung des Films „Confessions of a Nazi Spy" im Jahre 1939 markierte einen Trend, den die Hollywood-Filmproduktion für die folgenden sechs Jahre ausnutzen sollte. Filme wie „Escape", „Foreign Correspondent", „The Mortal Storm", „The Great Dictator", „Man Hunt" und „Underground" bereiteten den Boden für ein Bild des Hitler-Regimes, das ein Volk in der Durchführung seiner Eroberung zeigte, das wie kein anderes war. Die Amerikaner erstellten sich langsam ein Bild von den Nationalsozialisten, und dieses Bild schloß oftmals die Deutschen im allgemeinen mit ein, das tatsächlich keine guten Seiten zuließ: Sie waren skrupellos, grausam und zeigten anderen Menschen gegenüber keine Gefühle; sie waren fest entschlossen zu herrschen.

Unter den allgemeinen Anweisungen des amerikanischen Amts für Kriegsinformation (O. W. I.) wurden die Medien der Nation mobilisiert, um die gewünschten Informationen zu verbreiten. Filmnachrichten wie „Army-Navy Screen Magazine" wurden besonders für die Streitkräfte produziert mit einer starken Betonung nationalsozialistischer Greueltaten gegenüber den Besiegten. Es wurde besonders darauf geachtet, daß die Vertonung militärische Begriffe und Landserjargon widerspiegelte. Der amerikanische Soldat wurde ermuntert, sich Hörspiele wie „This is War", „The Enemy" und „Mr. Smith against the Axis" anzuhören. Beliebte Lieder hatten Titel wie „Praise the Lord and Pass the Ammunition".

Der Film, entweder als kommerzielles Hollywood-Produkt oder als regierungsgeförderter und in Hollywood hergestellter Film, hatte jedoch von allen Propagandabemühungen zweifelsohne die stärkste Auswirkung. Der Film hat wahrscheinlich mehr als jedes andere Medium die Sicht der amerikanischen Soldaten über Deutschland und die Deutschen geprägt.

Die Hollywood-Version des nationalsozialistischen Deutschlands brachte der amerikanische Soldat 1944 mit nach Deutschland. Rund 85 Millionen Amerikaner sahen wöchentlich Filme, von denen jährlich sechs- bis siebenhundert in Hollywood produziert wurden. Hollywood fand schnell heraus, „. . . daß der stereotype geheimnisvolle Thriller sich hervorragend für nationalsozialistische Fünfte-Kolonne-Analogien eignete ebenso wie Gangsterschießereien für nationalsozialistische Greueltaten. Die ‚Schurken' waren nun die ‚bösen Nazis'."[2]

Im Frühjahr 1942 war in Washington ein Büro für Spielfilme unter dem O. W. I. mit einer Außenstelle in Hollywood gegründet worden. Es war die Aufgabe dieser Einrichtung, Propagandafilme für die Regierung herzustellen. Millionen junger Männer, die zu Soldaten wurden, mußten davon überzeugt werden, daß sie für eine gerechte Sache kämpften. Die Aufgabe der Filmemacher war klar, und sie begannen sofort mit der Arbeit. Es wurde beschlossen, daß die erste Filmreihe „Warum wir kämpfen" eine Art Orientierung darstellen und mit der Grundausbildung eines jeden Soldaten zusammenfallen sollte. Um diesen ersten Schritt so schnell wie möglich zu verwirklichen, wurden so prominente Filmregisseure wie Frank Capra, John Ford, Garson Kanin, William Wyler und John Huston zu amerikanischen Heeresoffizieren ernannt und an die Spitze verschiedener Filmeinheiten gestellt.

Die Reihe „Warum wir kämpfen" bestand aus sieben Filmen, die von jedem amerikanischen Soldaten gesehen werden mußte, der außerhalb der Vereinigten Staaten versetzt wurde. Um zu gewährleisten, daß jeder Soldat die Filme gesehen hatte, wurde dieser Vorgang in seiner Personalakte vermerkt. Frank Capra – in der Zwischenzeit zum Major befördert – war für die Serie verantwortlich. Er konnte mit einer späteren Auswertung zufrieden, ja darauf stolz sein, daß „. . . die Filme höchst wirkungsvoll waren, eine definitive Veränderung in der Einstellung zu bewirken".[3]

Drei Filme der Serie, „Der nationalsozialistische Angriff" (Nazi Strike), „Teile und herrsche", „Die Schlacht um Rußland", zeigten mit intensivem Rückgriff auf Wochenschauen die deutsche Eroberung von Österreich, der Tschechoslowakei, Belgiens, Hollands, Dänemarks, Luxemburgs, Norwegens, Frankreichs und der Sowjetunion. Capras Organisation produzierte während der gleichen Zeit (1942-1944) zweiwöchentliche Nachrichten- und Informationskurzfilme unter dem Titel „Army-Navy Screen Magazine". Dies waren zwanzigminütige Filme, die vor dem kommerziellen Hauptfilm in den Militäreinrichtungen gezeigt wurden. Sie hoben bestimmte Ereignisse aus den allgemeinen Kriegsnachrichten hervor und stellten sie ausführlicher vor; manchmal handelten sie von der Heimatfront.

Einer der besten Dokumentarfilme, den Capra jemals hergestellt hat, war der Film von 1945 „Hier ist Deutschland". Dieser Film sollte die Einstellung der Soldaten gegenüber Deutschland zu einem Zeitpunkt ausloten und definieren, da der Krieg sich dem Ende näherte. Der Krieg war bereits zu Ende, als der Film fertiggestellt wurde. Der Film begann mit einem militärischen Porträt Friedrich des Großen und behauptete, indem Ausschnitte von Hunderten von deutschen Filmen genutzt wurden, daß der Militarismus immer eine gewaltige Kraft in der modernen deutschen Geschichte gewesen sei. Jede geschichtliche Periode seit dem 18. Jahrhundert wurde vorgestellt, begleitet von ausführlichen Szenen mit Militärparaden, marschierenden Soldaten und schreienden Staatsmännern. Die deutsche Gesellschaft wurde als ein Volk dargestellt, das strenge Führung und Militarismus verehrte. Der Film bewegte sich dem Höhepunkt zu, als Hitler als Diktator zu sehen ist, der die Tagesgeschäfte des Staates als eine Art halbhysterischer Irrer verrichtet. Hitler ist in einer schnellen Folge von Posen zu sehen, die Ärger, Schreien, Überzeugen und immer wieder Fordern zeigen. Dem Zuschauer bleibt der unausweichliche Eindruck, daß dies das logische Resultat des autoritären Systems war, das alle Aspekte deutschen Lebens während der letzten zweihundert Jahre durchdrungen hatte.

Der Film war mit der ganzen Schaffenskunst erstellt worden, derer die Profis von Hollywood in ihrem patriotischen Eifer fähig waren. Eine Filmgeschichte hat daher das Werk wie folgt beschrieben: „‚Hier ist Deutschland' ist die Arbeit von erfahrenen Handwerkern in Hollywood, die Experten darin wurden, Archivmaterial in eine nahtlose historische Beschreibung umzumanipulieren."[4]

Nimmt es daher wunder, daß die amerikanischen Soldaten, die 1944 als erste das Rheinland betraten, eindrucksvolle Bilder von dem Volk vor dem geistigen Auge hatten, welches der Feind war?

Nur Soldaten mit schlichtem Gemüt glaubten die gesamte Propaganda. Allerdings gaben die geschickten Vereinfachungen einer kriegsmüden Armee einfache Antworten. Haß ist ein wichtiger Bestandteil im Krieg, und der keimende Gedanke, daß der Feind ein Mensch ist – eine kleine Kreatur, verfangen in einem ähnlichen Netz von Umständen –, könnte unter Umständen fatale Folgen haben. Noch konnte man den menschlichen Wunsch nach Rache vernachlässigen, nachdem man jahrelang Krieg und Propaganda ausgesetzt war. Für den Durchschnittssoldaten, der im Herbst/Winter 1944–1945 den Rhein zu überqueren hatte, waren die Deutschen – Männer, Frauen und Kinder – der Feind, der für seine Sünden gegen die Menschlichkeit zu zahlen hatte.

Obgleich viele der Ideen und Gedanken über den Feind, die der Soldat in der Ausbildung erhalten hatte, nicht leichtfertig von amerikanischen Soldaten über Bord geworfen wurden, führte die Realität der Begegnung mit einer großen Anzahl von Deutschen eine größere Komplexität in das bis dahin klar geordnete Feindbild. Zweifelsohne befürchtete der amerikanische Soldat das Schlimmste nach den Gerüchten, daß er auf eine Guerillabewegung junger fanatischer Nazis stoßen würde. Er war daher erleichtert, statt dessen auf ein Volk zu treffen, das nur große Neugier und manchmal Freundlichkeit zeigte. Ein Bericht des amerikanischen Heeres vom November 1944 stellte u. a. fest: „Selbst im nationalsozialistischen Deutschland haben die Kühe vier Beine, ist das Gras grün, und Kinder mit Zöpfen stehen um die Panzer herum. Die Eigendoktrinierung durch Jahre von Propaganda führen zu einem Schock, wenn man diese Trivialitäten wiederentdeckt. . . . Die Menschen, die in diesem Gebiet zurückgeblieben sind, sind Menschen mit einem Überlebenswillen, . . . mit ihnen kann man auf bestimmten Gebieten einfacher umgehen als mit den befreiten Belgiern oder Franzosen. Sie wissen, daß sie den Befehlen gehorchen müssen. . . . Die Menschen haben kein Interesse am Krieg, sondern daran weiterzukommen."[5]

Eine andere unterschwellige Veränderung trat in der Art und Weise ein, wie die Soldaten von den Deutschen sprachen. Jetzt wurden die Deutschen mit steigender Regelmäßigkeit „Krauts" genannt; ein Name, der während der folgenden Jahre ausgiebig benutzt werden sollte, selbst unter Bedingungen wachsender Toleranz. Der Name symbolisierte für den amerikanischen Soldaten die Tatsache, daß sich die Beziehungen geändert hatten, besonders nach Kriegsende. Gleichzeitig erlaubte es der Name, einen Teil der früheren Indoktrination beizuhalten, die er nur mit Schwierigkeit über Bord werfen konnte. Auch dies sollte mit der Zeit verschwinden, nachdem die Kriegsstreitkräfte durch Rekruten der Friedensperiode ersetzt wurden. Obgleich die Soldaten gewarnt worden waren, ihre Gefühle gegenüber den Deutschen nicht durch jene beeinflussen zu lassen, mit denen sie Kontakt hatten, hatte der Anblick eines Kindes oder eines attraktiven Mädchens Einfluß. Als Pressefotos von amerikanischen Soldaten in amerikanischen Zeitungen erschienen, die Süßigkeiten und Lebensmittel an deutsche Kinder verteilten, gab es umgehend eine negative Reaktion in der amerikanischen Öffentlichkeit. Die Militärbehörden verboten weitere Verteilungen; die Soldaten fuhren in ihrem Verhalten jedoch immer dann fort, wenn keine Fotografen in Sicht waren.[6]

Selbst Amerikaner, die Kriegsgefangene in Deutschland gewesen waren, waren relativ zurückhaltend in ihrer Verurteilung der Deutschen und manchmal sogar voll des Lobes. Ein ehemaliger Kriegsgefangener antwortete auf die Frage nach der Behandlung in Kriegsgefangenschaft, daß er sich auf Schläge und

Hunger vorbereitet hatte, daß dies jedoch nicht stattgefunden hatte. „Die einzige Antwort, die ich geben kann," sagte er, „ist, daß der Kommandant wie ein Chef ist. Man hat schon für gute und für solche gearbeitet, die man aus tiefster Seele gehaßt hat. Die besten waren die älteren." Dann fügte er hinzu: „Sie waren Soldaten. Die SS, die Gestapo waren anders. Sie haben wirklich geschlagen."[7]

Oft widersprachen sich die Erfahrungen von Soldaten in den letzten Kriegstagen oder kurz danach. Der Grund hierfür lag darin, daß sich ihre Begegnungen und Eindrücke auch widersprachen. Beispielsweise blieben die Soldaten äußerst skeptisch, wenn sie Deutsche sahen, die geschäftig die offensichtlichen Zeichen des Nationalsozialismus wie Gemälde oder Wandparolen beseitigten. Ein amerikanischer Soldat der 83. Division stellte fest: „Diese Leute glauben, daß sie automatisch Antinazis und unser Busenfreund sind, wenn sie ihre nationalsozialistischen Fahnen herunterholen und Hitlers Gesicht auf den großen Wandgemälden im Wohnzimmer herauskratzen. Ich traue diesen Bastarden einfach nicht."[8]

Trotz allem war es vielen Deutschen ernst in ihrem Freundschaftsangebot an die ersten amerikansichen Truppen, die in ihre Städte kamen. Die Ankunft der ersten Amerikanischen Armee in Köln hatte nahezu eine festliche Atmosphäre. Ein Bericht beschrieb dies wie folgt: „Die Gasthausbesitzer boten den Truppen Wein und Bier an. Bürger, die zwei Dutzend alliierter Bombenangriffe erlitten hatten, säumten die Straßen und riefen aus: ‚Endlich seid ihr gekommen. Wir haben Jahre auf euch gewartet!' Die höhere Führung der ersten Armee nannte die Begrüßung ‚Unglaublich'."[9]

Recht bald nach dieser freundlichen Begrüßung der amerikanischen Truppen kam die grausame Entdeckung der nationalsozialistischen Konzentrationslager, und der kleine Kredit an gutem Willen war schnell aufgebraucht. Als amerikanische Einheiten Ohrdruf, Nordhausen, Dachau und Buchenwald erreichten und zum erstenmal das wahre Ausmaß der Greueltaten aufzeigten, die im Namen des Nationalsozialismus vorgenommen worden waren, überwog allgemeine Abscheu. Alle alten Propagandageschichten der Grundausbildung kamen wieder in Erinnerung und bestätigten die negativen Eindrücke über das nationalsozialistische Deutschland.[10]

Wenn ein amerikanischer Soldat ein befreites Konzentrationslager nicht mit eigenen Augen sah, dann sah er doch viele Fotos und Filme. Eines der bei den amerikanischen Truppen am meisten verbreiteten Fotos war eine Aufnahme der Heeresnachrichtentruppe von einer Gruppe von normal aussehenden deutschen Bürgern, die von amerikanischen Soldaten durch ein Konzentrationslager geführt wurde. Die Gesichter der Soldaten waren angespannt und voll von Ärger; sie schauten auf die widerstrebenden Deutschen, von denen einige entsetzt, andere reumütig schienen, einige gingen mit niedergeschlagenen Gesichtern. Es ist schwierig festzustellen, was die amerikanischen Soldaten von den Deutschen erwarteten, als diese mit den Beweisen der Völkermordpolitik ihrer früheren Regierung konfrontiert wurden. Was sie nicht hören wollten, war eine Zurückweisung. Die Tatsache, daß Millionen Deutsche nichts mit der eigentlichen Durchführung dieser Politik zu tun hatten, war von geringer Bedeutung zu diesem Zeitpunkt, da der Krieg für den amerikanischen Soldaten noch nicht so lange zurücklag, um eine ausgewogene oder vergebende Haltung einzunehmen.

Selbst wenn einzelne Deutsche zugegeben hätten, von der Existenz der Konzentrationslager gewußt zu haben, was hätten sie daran ändern können? Es gab keine Antwort auf eine solche Frage; möglicherweise wollte der amerikanische Soldat keine Antwort, sondern ein Eingeständnis von Schuld. Obgleich der amerikanische Soldat sich weigerte, den Mitläufern eine Entschuldigung einzuräumen, war ihm klar, daß in einer Diktatur die Entscheidungen von wenigen getroffen und von vielen getragen werden. Er hatte in einem Krieg gekämpft, von dem ihm gesagt worden war, er sei gerecht; und in seiner Frustration angesichts einer Situation, die seine Ausbildung und Kriegserfahrung überstieg, akzeptierte er normalerweise den Gedanken der Kollektivschuld aller Deutschen, Nationalsozialisten und Nichtnationalsozialisten gleichermaßen; zumindest für den Augenblick.

In einem Film der amerikanischen Regierung, „Dein Auftrag in Deutschland", wurde dem siegreichen amerikanischen Soldaten mitgeteilt, daß die Schuld nicht allein bei der deutschen Führung zu suchen sei, sondern daß es das deutsche Volk zugelassen hatte, in diesen Abgrund geführt zu werden und daher einen Teil der Schuld auf sich nehmen müßte: „Diese Botschaft wird eingehämmert ... Das Ergebnis ist einer der bittersten und bösesten Filme, die während des Krieges entstanden sind."[11]

Trotz der Kraft solcher Propaganda muß festgehalten werden, daß der amerikanische Kriegsveteran schnell durch den jungen Soldaten der Besatzungstruppen ersetzt wurde, der erst am Kriegsende das notwendige Alter erreicht hatte. Seine Erfahrungen waren völlig anders, und obgleich er der gleichen Propaganda während der Ausbildung ausgesetzt war, hatte er sich noch nicht jene Bitterkeit gegenüber dem Feind angeeignet wie sein älterer Kamerad.

Es ist zweifelhaft, ob der durchschnittliche amerikanische Soldat im Deutschland des Jahres 1945 – ob Frontkämpfer oder neu angekommener Besatzungssoldat – eine klare Sicht der Entnazifizierung hatte. Der einfache Grundgedanke war, daß die Nationalsozialisten, die Hitler an der Macht gehalten hatten, jetzt ihrer Strafe durch Kriegstribunale zugeführt würden, während sich die unschuldigen Deutschen fleißig an den Wiederaufbau machen würden. Trotz detaillierter Handbücher (beispielsweise „Wer war Nazi?", „Fakten über die Mitgliedschaft in der Nationalsozialistischen Partei") der amerikanischen Besatzungsbehörden überflutete die Aufgabe von Anfang an die amerikanischen Besatzer mit einer gewaltigen Papierflut. Es war bald klar, daß die Entnazifizierung schnell zum Alptraum wurde. Die einfachen Soldaten waren verwirrt, weil ihre Vorgesetzten verwirrt waren. Mit den Worten eines amerikanischen Beamten der Militärregierung:

„Die amerikanische Linie war nicht klar. Als die Amerikaner bei Aachen zum erstenmal in Deutschland eindrangen, waren die Generale der kämpfenden Truppe weniger an politischen Feinheiten als daran interessiert, die Räder der deutschen Wirtschaft in Bewegung zu setzen und Zivilisten von Armeerationen runterzusetzen. Sollten sie politische Ideen gehabt haben, so waren sie von tiefem Mißtrauen gegenüber Kommunisten und nur weniger tiefem Mißtrauen gegen Sozialisten geprägt. Daher suchten sie konsequenterweise solide Geschäftsleute als Verwalter aus, die oft eine nationalsozialistische Vergangenheit hatten."[12]

Im Mai 1945 waren rund eineinhalb Millionen amerikanische Soldaten in Deutschland, alle unter dem strikten Befehl, nicht mit den Deutschen zu fraternisieren (d. h. mit ihnen jeden sozialen Kontakt zu vermeiden). Eine größere Krise für die amerikanischen Militärbehörden war unausweichlich. „Fräulein" ersetzte sofort das Wort „Kraut" als die am meisten benutzte deutsche Vokabel im amerikanischen Wortschatz. Es war klar, daß das Fraternisierungsverbot, das seit dem amerikanischen Einmarsch in Deutschland galt, im allgemeinen ignoriert werden würde. Der gesunde Menschenverstand schrieb vor, daß es unmöglich sein würde, den Kontakt zwischen den amerikanischen Soldaten und der deutschen Bevölkerung, besonders der weiblichen, zu verhindern. Wie auch anderswo wird regierungsamtliche Politik nicht immer vom gesunden Menschenverstand diktiert.

Zum Leidwesen von Hunderttausenden amerikanischer Soldaten, die das Kriegsende als Signal für die Erleichterung des Nichtfraternisierungsbefehls sahen, hatte die Armee ein wirkliches Problem mit dieser Angelegenheit. Viele höhere Offiziere hatten umgehend die Schwierigkeiten bei der Durchsetzung des Verbots erkannt und sich für dessen Aufhebung ausgesprochen; für den Augenblick gab es aber eine viel zu negative Presse in den amerikanischen Zeitungen. So gab es einen öffentlichen Aufschrei als Antwort auf die Festnahme des ehemaligen nationalsozialistischen Reichsmarschalls Hermann Göring, der beim herzlichen Handschlag mit seinen Aufpassern fotografiert wurde und dem dann gestattet worden war, sich zu baden und seine Kleider zu wechseln, bevor er mit einem amerikanischen General zu Mittag aß. Washington bestand darauf, daß eine härtere Haltung gegenüber dem besiegten Feind erkennbar sein müsse und verlangte entsprechende Maßnahmen. Schnell waren amerikanische Zeitungen mit Bildern von grimmigen amerikanischen Soldaten übersät, die ihren eintönigen Dienst in Deutschland verrichteten.

Vordergründig war das Fraternisierungsverbot nach dem Ende des Krieges ausgesprochen lächerlich. Teilweise besagte das Verbot, daß es streng untersagt sei, „deutsche Häuser zu besuchen, mit Deutschen zu trinken, mit ihnen Hände zu schütteln, mit ihnen zu spielen, Geschenke auszutauschen, an deutschen Tanzveranstaltungen oder anderen Vergnügungen teilzunehmen, Deutsche auf der Straße, im Theater, in Gaststätten, Hotels oder anderenorts (mit Ausnahme offizieller Anlässe) zu begleiten, mit Deutschen in Diskussionen zu treten, besonders über die Zukunft Deutschlands".

Ein so umfassendes Verbot konnte von der amerikanischen Militärpolizei unter keinen Umständen überwacht werden. Angesichts des Drucks aus Washington mußte die Heeresführung aber den Versuch fortsetzen. General Eisenhower machte aus seiner Abneigung gegen die Fraternisierung keinen Hehl, dies geschah vor allem aus Gründen der öffentlichen Meinung. Eisenhower wußte, daß Anstrengungen zur Durchsetzung des Verbots eingeleitet werden mußten. Soldaten, die beim Fraternisieren ertappt wurden, wurden festgesetzt und im Falle der Verurteilung mit Geld- und Gefängnisstrafen belegt. Die Anklage gegen Fraternisieren war ernst – zumindest auf dem Papier –, da dem Angeklagten vorgeworfen wurde, Kriegsgesetze übertreten zu haben (offiziell befanden sich die Vereinigten Staaten immer noch im Krieg). Wurde der Angeklagte verurteilt, folgte eine sechsmonatige Gefängnisstrafe. Zum Glück für die Angeklagten – einschließlich höherer Offiziere – bedurfte jede einzelne Anklage mehrere Monate der Untersuchungen, bevor es zum Prozeß kam; bis dahin hatte sich die Nichtfraternisierungspolitik erheblich geändert.

Während die Streitkräfte sich mit diesem Problem in der unmittelbaren Nachkriegsperiode herumschlugen, hatten sie bereits die eigene Unfähigkeit erkannt, das Verbot durchzusetzen (einige Offiziere verglichen das Verbot mit der Prohibition der zwanziger Jahre); dennoch erkannten die Streitkräfte, daß die öffentlichen Beschwerden nicht ignoriert werden konnten. Das Verbot zu jenem Zeitpunkt aufzuheben, war nicht diskutabel; aber irgend jemand muß damals darauf aufmerksam gemacht haben, daß ein Foto eines amerikanischen Soldaten, der einem unterernährten deutschen Kind ein wenig Menschlichkeit entgegenbrachte, auf keinen Fall Anstoß erregen konnte, selbst nicht bei den lautstärksten Verfechtern einer Nichtfraternisierungspolitik.

Zugegeben, das Verbot wurde mit der Erlaubnis verwässert, daß amerikanische Soldaten mit deutschen Kindern umgehen und ihnen Geschenke machen durften. Dieser Befehl konnte geändert werden, da er Aktivitäten in bezug auf Kinder, und nur auf Kinder, regelte. Nach einigen Verhandlungen auf höchster Ebene über das Alter und die Größe von Jugendlichen, die noch als Kinder bezeichnet werden konnten, wurde das Verbot des Fraternisierens mit Kindern am 11. Juni 1945 aufgehoben; weder Alter noch Körpergröße wurden genannt. Natürlich wußte jeder, der mit dieser Frage vertraut war, daß nicht die Kinder das Problem waren, sondern die deutschen Frauen. Die militärische Disziplin nahm Schaden, als die Angelegenheit lächerliche Ausmaße annahm. Beispielsweise wurde den amerikanischen Soldaten gesagt, daß sie nicht des Fraternisierens angeklagt würden, wenn sie sich mit Geschlechtskrankheiten melden würden.

Schließlich wurde dem amerikanischen Besatzungssoldaten im Juli offiziell erlaubt, mit Deutschen auf der Straße und auf öffentlichen Plätzen zu sprechen. Der amerikanische Soldat interpretierte dies als offizielle Bestätigung dessen, was er schon seit langem getan hatte: sich mit deutschen Mädchen zu treffen. Typisch für das Militär bestand man darauf festzustellen, was man unter „öffentlichen Plätzen" verstand, und setzte Wohnungen, Hotels und Tanzvergnügungen weiterhin auf die Verbotsliste. Regionale Kommandeure sahen dies unterschiedlich und bestanden auf weitreichenden Interpretationsmöglichkeiten bei der Anwendung der neuen Direktiven. Bald wurden Tanzveranstaltungen militärisch organisiert und damit zu regelmäßigen Aktivitäten der Militäreinrichtungen.

Das Heeresmagazin „Yank" stellte fest, daß die meisten amerikanischen Soldaten das Fraternisierungsverbot strikt ablehnten. Sie waren der Meinung, daß sie nach Kriegsende das Recht hätten, mit den Deutschen Kontakte zu unterhalten, mit denen sie es wollten: „Sie wiesen darauf hin, daß der ursprüngliche Befehl den Kontakt auf kurze, versteckte Sexualbeziehungen reduzierte und den deutschen wie den amerikanischen Respekt gegenüber den Militärbehörden zerstörte. Es war ein Fraternisieren ohne gute Propagandavorteile, die ein echtes Fraternisieren mit sich gebracht hätte. Es führte zu den Wundern der Rechtsinterpretation wie der Dauerwitz, daß sexuelle Beziehungen ohne Konversation kein Fraternisieren seien".[13]

Es bedarf keiner weiteren Erläuterung, daß das Fraternisierungsverbot von Anfang an zum Scheitern verurteilt war. Die unmittelbare Auswirkung der Aufhebung des Verbots lag darin, daß bisher heimliche Beziehungen zwischen amerikanischen Soldaten und deutschen Frauen eine Art Anerkennung erfuhren. Die tatsächlichen Auswirkungen reichten jedoch weiter. Nach dem ersten Besatzungsjahr unternahm das amerikanische Hauptquartier eine Befragung über die Einstellung der amerikanischen Soldaten zu den Deutschen, und die Ergebnisse waren voller Überraschung: Nahezu 80 % der Befragten waren positiv von den Deutschen beeindruckt, die sie als sauber und hart arbeitend einschätzten. Nur Großbritannien stand auf der Beliebtheitsliste der Nationen höher; dies hieß, daß verbündete Nationen wie Frankreich und Belgien in der Popularität amerikanischer Soldaten unterhalb von Deutschland standen! Selbst in der Frage nach der Kriegsschuld nannten nur 43 % die Deutschen; und besonders bemerkenswert vor dem Hintergrund, daß die vollständige Enthüllung der nationalsozialistischen Konzentrationslager erst im vorherigen April erfolgt war, ist die Tatsache, daß nicht mehr als 25 % der Befragten den deutschen

Durchschnittsbürger verantwortlich machten für die Greueltaten in den Lagern.[14]

Setzt man dies alles in die richtige Perspektive, so ist es mehr als erstaunlich, daß sich innerhalb einer kurzen Frist von sechs Monaten der gesamte Trend der Haßpropaganda, die durch den Krieg hervorgerufen worden war, änderte. Es ist wichtig festzuhalten, daß diese Wende im Gegensatz zu den öffentlichen Bestrebungen der amerikanischen Regierung, die Propagandalinie gegenüber Deutschland aufrechtzuhalten, erfolgte. Die Haßpropaganda begann auseinanderzubrechen angesichts der wachsenden Kontakte – von Angesicht zu Angesicht – zwischen amerikanischen Soldaten und Deutschen. Obgleich die ersten Kontakte zwischen den Geschlechtern stattfanden, erweiterten sie sich bald auf alle Gruppen der deutschen Bevölkerung. Es ist eine traurige Wahrheit, daß es eines Krieges bedurfte, bevor sich Amerikaner und Deutsche gegenseitig als Menschen sehen konnten, die Freunde sein können und sollten.

---

[1] U.S. Dept. of State Bulletin, IV, wiedergegeben in: Hans-Adolf Jacobsen und Arthur L. Smith, Jr., World War II: Policy and Strategy (Santa Barbara, Ca. & Oxford: Clio Books, 1979), S. 133.

[2] Anthony Rhodes, Propaganda, The Art of Persuasion: World War II, New York und London, 1976, S. 151.

[3] William J. Blakefield, Documentary Film Classics, 2. Auflage, Washington, D.C., National Audio Visual Center, S. 19.

[4] Ebenda, S. 29.

[5] Crossman Bericht an SHAEF, 4/11/44, zitiert in Earl Ziemke, The U.S. Army in the Occupation of Germany, 1944-1946, Washington, D.C., Center of Military History, U.S. Army, 1975, S. 139.

[6] Eugene Davidson, The Death and Life of Germany, An Account of the Occupation, New York, 1959, S. 21.

[7] Stud Terkel, The Good War, An Oral History of World War Two, New York, 1984, S. 415.

[8] Franklin M. Davis Jr., Across the Rhine, Chicago, 1980, S. 192.

[9] Ebenda, S. 190.

[10] Eine der schlimmsten Beschreibungen von der Befreiung eines Konzentrationslagers betraf Buchenwald und die Frau des ehemaligen Kommandanten, Ilse Koch, die angeblich Häftlinge häuten ließ. Die Geschichte der gut aussehenden, rothaarigen deutschen Frau, die hinter Haushaltsgegenständen aus Menschenhaut her war, schien alle Schulungen der Soldaten über die bestialische Natur des nationalsozialistischen Deutschlands zu bestätigen. Ilse Koch wurde als „Hexe von Buchenwald“ gebrandmarkt trotz der Tatsache, daß die Beweislage äußerst dürftig war. Vgl. Arthur L. Smith, Jr., Die Hexe von Buchenwald. Der Fall Ilse Koch, Köln 1983.

[11] Blakefield, Documentary Film Classics, S. 31.

[12] Charles W. Thayer, The Unquiet Germans, New York, 1957, S. 31.

[13] Highlights from Yank. The Army Weekly, New York, S. 259.

[14] Ziemke, The U.S. Army in the Occupation of Germany, S. 327.

DOKUMENTATION

Der Beitrag von Prof. Smith FEINDBILD DEUTSCHLAND wird ergänzt durch die (erstmalige) Wiedergabe der Sonderbefehle für die deutsch-amerikanischen Beziehungen von März 1945 des Oberbefehlshabers der 12. US-Heeresgruppe, Generalleutnant Bradley.

Sonderbefehle für die deutsch-amerikanischen Beziehungen, März 1945

Headquarters
Twelfth Army Group

Europe

I need not speak of your past accomplishments, other than to say you have reflected great credit upon yourself and your command.

We are now fighting on German soil, and we are in contact no only with the soldiers of our enemy but also civilians of Germany. As conquerors, we must now consider our relations with the people of Germany.

It is imperative that you do not allow yourself to become friendly with Germans, but at the same time you must not persecute them. American soldiers can and have beaten German soldiers on the field of battle. It is equally important that you complete the victory over Nazi ideas.

To guide you I have issued these special "battle" orders. They may appear to lead along a narrow path, but they are NECESSARY. You personally must prove to the German people that their acceptance of Nazi leadership is responsible for their defeat, and that it has earned for them the distrust of the rest of the world.

O N Bradley
LIEUTENANT GENERAL, U. S. ARMY
COMMANDING

Hauptquartier
Zwölfte Heeresgruppe
Europa

Ich brauche nicht von Ihren vergangenen Erfolgen zu sprechen; es genügt festzuhalten, daß Sie sich und Ihren Befehlshabern einen guten Ruf verschafft haben.

Wir kämpfen nun auf deutschem Boden und wir stehen nicht nur den feindlichen Soldaten, sondern auch deutschen Zivilisten gegenüber. Als Sieger müssen wir unsere Beziehungen mit dem deutschen Volk bedenken.

Es ist notwendig, daß Sie gegenüber den Deutschen nicht zu freundlich werden; auf der anderen Seite dürfen Sie sie nicht belästigen. Amerikanische Soldaten können deutsche Soldaten auf dem Schlachtfeld schlagen und haben dies bereits getan. Es ist ebenso wichtig, daß Sie den Sieg über die nationalsozialistischen Ideen davontragen.

Um Ihnen eine Orientierung zu geben, habe ich diese besonderen „Kampfbefehle" erlassen. Sie mögen auf den ersten Blick engstirnig erscheinen, sie sind allerdings NOTWENDIG. Sie müssen persönlich das deutsche Volk davon überzeugen, daß dessen Hinnahme der nationalsozialistischen Führung für die eigene Niederlage verantwortlich ist und daß ihm dies das Mißtrauen der ganzen Welt eingetragen hat.

(gez.) Bradley
Generalleutnant, U.S. Heer
Befehlshaber

März 1945
Hauptquartier
Zwölfte Heeresgruppe
Europa

1. Denken Sie immer daran, daß Deutschland noch eine gefährliche Feindnation ist, obgleich es besiegt wurde.

a. Es ist bekannt, daß es bereits eine Untergrundorganisation gibt, die das nationalsozialistische Programm der Weltbeherrschung fortführt. Diese Gruppe wird jede Lockerung unserer Aufmerksamkeit dazu nutzen, ihren verdeckten Kampf gegen uns zu führen.

b. Die Besatzungsmacht ist nicht zu ihrem Vergnügen hier.

2. Vertrauen Sie den Deutschen weder in Gemeinschaft noch einzeln.

a. Deutschland hat während des größten Teils des letzten Jahrhunderts die Weltherrschaft durch Besitzergreifung angestrebt. Dies war der dritte größere Versuch, an den sich einige Menschen noch erinnern können. Für viele Deutsche ist diese Niederlage nur ein Zwischenspiel – eine Vorbereitungszeit für den nächsten Krieg.

b. Mit Ausnahme der eigenen Verluste an Leben und Gut bereuen die Deutschen nicht den Schaden, den sie in der Welt angerichtet haben.

c. Den Deutschen ist beigebracht worden, daß das nationale Ziel der Herrschaft erreicht werden muß ohne Rücksicht auf den Abgrund an Verrat, Mord und Zerstörung. Ihnen ist beigebracht worden, dem Staat alles zu opfern – Ideale, Ehre, selbst Frau und Kinder. Die Niederlage wird diesen Gedanken nicht auslöschen.

3. Bezwingen Sie die deutschen Bemühungen, die eigenen Gedanken zu vergiften und die eigene Haltung zu beeinflussen.

a. Die Nationalsozialisten haben festgestellt, daß die Verdrehung der Wahrheit die stärkste Propagandawaffe ist. Sie haben sie geschickt genutzt und werden ihre Anstrengungen im Falle der Besetzung verdoppeln, um das Denken der Besatzungsstreitkräfte zu beeinflussen. Wahrscheinlich wird es bewußte, vorbereitete und fortgesetzte Bemühungen geben, unsere Sympathien zu beeinflussen und die Auswirkungen der Niederlage gering zu halten.

b. Erwarten Sie allerlei Annäherungsversuche – Unterhaltungen, die man belauscht; Untergrundpublikationen, die man findet; es wird Aufrufe an die Offenherzigkeit und den Gerechtigkeitssinn geben sowie an das Mitleid mit den „Opfern der Zerstörung", an rassische und kulturelle Ähnlichkeiten und an das Verständnis für die angeblich unterdrückten Menschen.

c. Es wird Versuche geben, Zwietracht unter den verbündeten Nationen zu säen; den Entschluß der Verbündeten zu untergraben, die Kapitulation durchzusetzen, eine Verringerung der Besatzungsstreitkräfte herbeizuführen, die Einstellung und Wirksamkeit der Besatzungsstreitkräfte herabzusetzen und zu beweisen, daß die „friedfertigen und kulturellen" Deutschen den Nationalsozialismus niemals gewollt haben.

4. Vermeiden Sie Gewaltakte, mit Ausnahme militärischer Notwendigkeit.

Denn Sie sind ein amerikanischer Soldat und kein Nationalsozialist.

5. Führen Sie sich zu allen Zeiten so auf, daß Sie den Respekt des deutschen Volkes für sich selbst, für die Vereinigten Staaten und für das Anliegen der Verbündeten genießen.

a. Den Deutschen ist alles Militärische heilig. Dieser Respekt muß jederzeit aufrecht erhalten werden oder das Anliegen der Verbündeten ist verloren und der erste Schritt auf den Dritten Weltkrieg hin getan. Jeder Soldat ist für jede seiner Handlungen und die seiner Kameraden verantwortlich. Die Deutschen werden immer Ausschau halten, auch wenn man dies nicht sieht. Sie werden einen guten amerikanischen Soldaten sehen.

b. Trunkenheit wird *nicht* gestattet. Die Strafen werden streng sein.

6. Lassen Sie sich niemals mit Deutschen ein.

a. Wir müssen den Deutschen beibringen, daß ihre Unterstützung der nationalsozialistischen Führung, ihre Toleranz gegenüber Rassenhaß und Verfolgung und ihre widerspruchslose Hinnahme der unverantwortlichen Zerstörung anderer Nationen ihnen die Abneigung und das Mißtrauen der zivilisierten Welt eingebracht haben. Niemals dürfen wir vergessen, daß die Deutschen die nationalsozialistischen Prinzipien unterstützt haben.

b. Kontakte dürfen zu den Deutschen *nur* auf offizieller Ebene unterhalten werden. Von den Deutschen wird die sofortige Einhaltung aller offiziellen Befehle und Anordnungen und Kapitulationsbedingungen gefordert, und diese werden streng durchgeführt.

c. Amerikanische Soldaten dürfen sich nicht mit Deutschen einlassen. Es ist vor allem nicht erlaubt, mit ihnen Hände zu schütteln, ihre Häuser zu besuchen, Geschenke auszutauschen, Spiele zu spielen und Sport zu treiben, an ihren Tanzveranstaltungen oder anderen Vergnügungen teilzunehmen, sie auf der Straße oder anderswo zu begleiten. Vermeiden Sie besonders Diskussionen oder Auseinandersetzungen mit ihnen. Geben Sie den Deutschen keine Möglichkeit, Sie mit einem Trick zum Nachlassen der Wachsamkeit zu veranlassen.

7. Seien Sie gerecht aber streng zu den Deutschen.

a. Die Erfahrung hat gezeigt, daß die Deutschen Großherzigkeit als Weichheit betrachten. Jeder Soldat muß durch seine Taten zeigen, daß die Amerikaner stark sind. Dies wird dann erreicht werden, wenn jeder Soldat die Deutschen jederzeit streng und mit kühler Höflichkeit behandelt.

b. Strenge muß mit fester Gerechtigkeit gepaart sein. Die Amerikaner greifen beim Umgang mit anderen Menschen nicht auf nationalsozialistische Verbrechermethoden zurück. Denken Sie daran, daß Ihre gerechte aber strenge Behandlung des deutschen Volkes den rechten Respekt hervorbringen wird, der dem Vertreter einer siegreichen Nation gebührt.

Quelle: Privatarchiv Dr. Ortwin Buchbender

Paul Roth

Feindbild in Ost und West

Die politische Großwetterlage scheint sich aufzuhellen. Es vergeht kaum ein Tag, an dem nicht über Gorbatschows „Perestrojka“ berichtet wird. Heinz Brahm schreibt in der Kurzfassung seiner Studie „Gorbatschows erster Schritt“: „Was Gorbatschow sagt, wird von einigen Kremlbeobachtern entweder aus Vertrauen in seine Ehrlichkeit oder aber aus Furcht, durch kritische Anmerkungen den Antikommunismus zu beleben, zum Nennwert genommen. Auf der anderen Seite stehen die entschiedenen, harten Gegner des Kommunismus, die keinen wesentlichen Wandel in der Sowjetunion erkennen wollen und ihn so lange nicht für möglich halten, solange die KPdSU regiert“.[1])

Von sowjetischer Seite wird behauptet, daß die Veränderungen in der Sowjetunion von westlichen Medien verfälscht dargestellt werden. Generalsekretär Gorbatschow sagte in Moskau vor „Vertretern der französischen Öffentlichkeit“: „Die bürgerliche Presse Frankreichs, wie auch so manch andere Presse in der westlichen Welt, äußerte sich in der Vergangenheit und vor allem jetzt, da in der Sowjetunion solche Veränderungen vor sich gehen, mit äußerst scharfen antisowjetischen Stellungnahmen“.[2])

Viel rüder greift A. Kretow im Digest der sowjetischen Agentur für Auslandspropaganda (APN) „Sozialismus, Theorie und Praxis“ britische und amerikanische Medien an. Da ist die Rede von „Verleumdung und Lüge“, von „bürgerlichen Fälschern“.[3]) Die Sündenböcke sind eindeutig die Journalisten bzw. die angeblich hinter ihnen stehenden Politiker. So hat auch Gorbatschow seine Beschwerden über die französische Presse schon gegenüber „Herrn Mitterrand“ und „Herrn Chirac“ geäußert, wie er in seiner oben erwähnten Rede anmerkte. Offensichtlich war Gorbatschow der Meinung, daß diese Staatsmänner die französischen Medien dazu bewegen könnten, aus dem angeblichen Feindbild ein Freundbild zu machen.

Abrüstung und Feindbilder

Im Namen des Friedens wird die Beseitigung von Feindbildern gefordert. Dr. W. Tischkow äußerte sich hierzu in einem langen Artikel „Stereotypen und gegenseitiges Verständnis“ im Parteiorgan „Prawda“.[4]) Der Text ist ziemlich unscharf und vermeidet jeden Aufruf an die sowjetischen Medien, sich am Abbau der Feindbilder zu beteiligen. Immerhin illustriert eine Karikatur den Artikel, sie stellt eine Fratze dar – mit der Unterschrift „Feindbild“ –, die von zwei Seiten zerrissen wird.

Sehr viel konkreter befaßte sich S. Kondraschow im Parteijournal „Kommunist“ in seinem Artikel „Das genaue Bild der Welt“ mit der mangelhaften Berichterstattung sowjetischer Medien über die kapitalistische Welt.[5]) Kondraschow ist einer der „politischen Beobachter“ des Regierungsorgans „Iswestija“. Er schreibt in seinem Artikel: „So verändern wir, indem wir einen nüchterneren und anspruchsvolleren Blick auf uns selber werfen, unser Leben, unsere Arbeit, unsere Gesellschaft ... Wie ist das aber mit dem Blick auf die uns umgebende Welt? Muß er sich, wird er sich ändern? Wir schauen anders auf uns selber, nachdem wir uns von dem Komplex der Unfehlbarkeit, dem Instrument der Bremse, befreit haben. Aber wie schauen wir auf sie? Auf den Westen, auf die entwickelten kapitalistischen Staaten?“

(Fortsetzung Seite 92)

Hitler –
der ewige Feind –
wird vor allem an Gedenktagen bis heute in Erinnerung gerufen und jedem mißliebigen Gegner von heute beigesellt.

Wer seine Nase hineinsteckt,
verliert seinen Kopf!

KRASNAJA SWESDA 22. 2. 1963

Revanche
Vergeßt es nie, Ihr Herren!

KRASNAJA SWESDA 9. 5. 1965

Plan für einen Kreuzzug gegen den Kommunismus

PRAWDA 22. 1. 84

Zur Herstellung eigener Angriffswaffen

KRASNAJA SWESDA 12. 8. 84

9. Mai
1945

22. Juni 1941

Denk öfter an diese Daten! *PRAWDA 22. 6. 86*

Pen-
ta
gon

Plan für die Militarisierung
des Kosmos

PRAWDA 8. 9. 85

PENTAGON

PRAWDA 18. 5. 87

Vor dem deutschen Bundestag sagte Außenminister Genscher am 10.9.1987: „Wer sich nicht aus altem Denken, aus alten Feindbildern lösen kann, wer im Falle der Sowjetunion immer nur einzig und allein den schlimmsten Fall annimmt, würde sich selbst politikunfähig machen. Zur Abrüstung gehört auch die Abrüstung der Feindbilder, und das auf beiden Seiten".[6])

In dem gemeinsamen Dokument der Akademie für Gesellschaftswissenschaften beim ZK der SED und der Grundwertekommission der SPD „Der Streit der Ideologien und die gemeinsame Sicherheit" wird u. a. gefordert, Kommunisten und Sozialdemokraten sollten „keine Feindbilder aufbauen, die Motive der anderen Seite nicht verdächtigen, deren Überzeugungen nicht absichtlich verzerren und ihre Repräsentanten nicht diffamieren".[7])

Falsche Feind- und Freundbilder

Die erwähnten Forderungen meinen jenes konstruierte, manipulierte Bild von einem „Feind", das zur Rechtfertigung der eigenen Maßnahmen, der eigenen Politik oder Position zurechtgemacht wird. In einem Lehr- und Arbeitsbuch „Politik" heißt es zum Feindbild: „Das feindliche System erscheint als das Böse schlechthin, es dient als plausible Erklärung und Rechtfertigung für die Mißstände in der eigenen Gesellschaft und als Vorwand für die Unterdrückung von Kritik und Opposition. Informationen vom Gegner werden unter diesen Voraussetzungen nur verzerrt wahrgenommen und so ausgewählt, daß sie das Vorurteil, das ‚Feindbild' bestätigen . . . eine angemessene Erkenntnis der politischen Realität wird verhindert, die Lernfähigkeit eingeschränkt . . ."[8])

Eine angemessene Erkenntnis der politischen Realität kann auch durch ein manipuliertes „Freundbild" verhindert werden. In der bereits erwähnten Debatte des deutschen Bundestages sagte der Abgeordnete der Grünen, Dr. Mechtersheimer: „Feindbildabbau genügt nicht. Wir müssen auch ein krankhaftes Freundbild korrigieren. Auch die deutsch-französische Freundschaft darf nicht für das Wettrüsten mißbraucht werden."[9])

Niemand kann bestreiten, daß es in der Vergangenheit und Gegenwart „Freund- und Feindbilder" gegeben hat und gibt, die verfälschen, reinen Rechtfertigungscharakter haben. Wissenschaftler haben sich gerade in den letzten Jahrzehnten mit dem Problembündel „Feindbild – Fremdbild – Stereotype – Vorurteil" intensiv befaßt.[10]) Sie verweisen darauf, daß viele Vorstellungen vom „anderen" nicht auf exakten Kenntnissen, Analysen usw. beruhen, sondern auf Unkenntnis, mangelnder Fähigkeit oder mangelndem Willen zur Wahrnehmung, bösem Willen usw. Interessant ist, daß die Wissenschaftler sich kaum mit der Problematik des „Freundbildes" befassen.

Kritische Fragen

Gegen den moralischen Appell, Politiker, Militärs, Journalisten/Publizisten sollten manipulierte Feindbilder aufgeben, die Wirklichkeit darstellen, wird man keinen Einwand erheben. Das Problem ist jedoch allein durch solche Appelle nicht zu lösen. Die erste kritische Frage lautet, ob es denn wirklich keine „Feinde" gibt: Staaten, Ideologien, Organisationen, die andere gefährden oder bedrohen. So ist im „Lexikon zur Sicherheitspolitik" unter dem Stichwort „Feindbild" formuliert: „Gesamtheit der Vorstellungen von einer als Feind identifizierten Macht."[11]) Es gibt offensichtlich nicht nur manipulierte, sondern auch an der Wirklichkeit orientierte Feindbilder. Rückblickend kann man z. B. sagen, daß das mangelhafte Feindbild der westlichen Demokratien vom natio-

(Fortsetzung Seite 95)

Charta der deutschen Heimatvertriebenen

Im Bewußtsein ihrer Verantwortung vor Gott und den Menschen,
im Bewußtsein ihrer Zugehörigkeit zum christlich-abendländischen Kulturkreis,
im Bewußtsein ihres deutschen Volkstums und in der Erkenntnis der gemeinsamen Aufgabe aller europäischen Völker,

haben die erwählten Vertreter von Millionen Heimatvertriebenen nach reiflicher Überlegung und nach Prüfung ihres Gewissens beschlossen, dem deutschen Volk und der Weltöffentlichkeit gegenüber eine feierliche Erklärung abzugeben, die die Pflichten und Rechte festlegt, welche die deutschen Heimatvertriebenen als ihr Grundgesetz und als unumgängliche Voraussetzung für die Herbeiführung eines freien und geeinten Europas ansehen.

1. Wir Heimatvertriebenen verzichten auf Rache und Vergeltung. Dieser Entschluß ist uns ernst und heilig im Gedenken an das unendliche Leid, welches im besonderen das letzte Jahrzehnt über die Menschheit gebracht hat.
2. Wir werden jedes Beginnen mit allen Kräften unterstützen, das auf die Schaffung eines geeinten Europas gerichtet ist, in dem die Völker ohne Furcht und Zwang leben können.
3. Wir werden durch harte, unermüdliche Arbeit teilnehmen am Wiederaufbau Deutschlands und Europas.

Wir haben unsere Heimat verloren. Heimatlose sind Fremdlinge auf dieser Erde. Gott hat die Menschen in ihre Heimat hineingestellt. Den Menschen mit Zwang von seiner Heimat zu trennen, bedeutet, ihn im Geiste zu töten.

Wir haben dieses Schicksal erlitten und erlebt. Daher fühlen wir uns berufen zu verlangen, daß das Recht auf die Heimat als eines der von Gott geschenkten Grundrechte der Menschheit anerkannt und verwirklicht wird.

So lange dieses Recht für uns nicht verwirklicht ist, wollen wir aber nicht zur Untätigkeit verurteilt beiseite stehen, sondern in neuen, geläuterten Formen verständnisvollen und brüderlichen Zusammenlebens mit allen Gliedern unseres Volkes schaffen und wirken.

Darum fordern und verlangen wir heute wie gestern:

1. Gleiches Recht als Staatsbürger nicht nur vor dem Gesetz, sondern auch in der Wirklichkeit des Alltags.
2. Gerechte und sinnvolle Verteilung der Lasten des letzten Krieges auf das ganze deutsche Volk und eine ehrliche Durchführung dieses Grundsatzes.
3. Sinnvollen Einbau aller Berufsgruppen der Heimatvertriebenen in das Leben des deutschen Volkes.
4. Tätige Einschaltung der deutschen Heimatvertriebenen in den Wiederaufbau Europas.

Die Völker der Welt sollen ihre Mitverantwortung am Schicksal der Heimatvertriebenen als der vom Leid dieser Zeit am schwersten Betroffenen empfinden.

Die Völker sollen handeln, wie es ihren christlichen Pflichten und ihrem Gewissen entspricht.

Die Völker müssen erkennen, daß das Schicksal der deutschen Heimatvertriebenen wie aller Flüchtlinge, ein Weltproblem ist, dessen Lösung höchste sittliche Verantwortung und Verpflichtung zu gewaltiger Leistung fordert.

Wir rufen Völker und Menschen auf, die guten Willens sind, Hand anzulegen ans Werk, damit aus Schuld, Unglück, Leid, Armut und Elend für uns alle der Weg in eine bessere Zukunft gefunden wird.

Stuttgart, den 5. August 1950

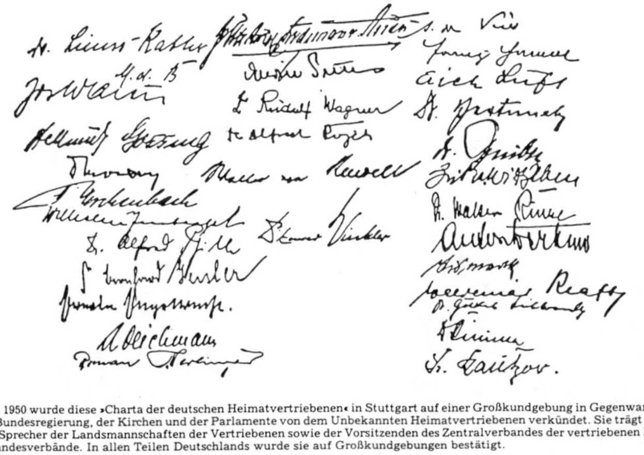

Am 5. August 1950 wurde diese »Charta der deutschen Heimatvertriebenen« in Stuttgart auf einer Großkundgebung in Gegenwart von Mitgliedern der Bundesregierung, der Kirchen und der Parlamente von dem Unbekannten Heimatvertriebenen verkündet. Sie trägt die Unterschriften der Sprecher der Landsmannschaften der Vertriebenen sowie der Vorsitzenden des Zentralverbandes der vertriebenen Deutschen und seiner Landesverbände. In allen Teilen Deutschlands wurde sie auf Großkundgebungen bestätigt.

Herausgeber und Verlag: Bund der Vertriebenen — Vereinigte Landsmannschaften und Landesverbände, Godesberger Allee 72-74, 5300 Bonn 2, Tel.: 02 28 / 8 10 07 26, Telefax: 02 28 / 8 10 07 38 — Bankkonto: Commerzbank Bonn, BLZ 380 400 07, Kto.-Nr. 111 704.3/00. — Redaktion: Bruno Kussl (Chefredakteur), Hanns Kraus (Stellvertreter), Horst Egon Rehnert, Dr. Marion Frantzioch, Michaela Hriberski — Erscheinungsw.: wöchentl. — Bezugspreis einschl. Zustellung vierteljährl. 35,— DM. — Abdruck nach Vereinbarung. Die mit Namen oder Chiffre gezeichn. Artikel geben nicht unbedingt die Meinung des Herausgebers wieder. — Herstellung: Druck Center Meckenheim Verlagsdruckereiges. mbH, Eichelnkampstr. 2, Postf. 1245, 5309 Meckenheim, Tel. (0 22 25) 88 93 50

Der kalte Krieg braucht den Feind auf der anderen Seite

Der Marxismus für die CDU
1953

CDU-Wahlplakat
im Bundestagswahlkampf 1953

Adenauer für die DDR
1951

Plakat in der DDR
gegen die Wiederbewaffnung
der BR Deutschland 1951

Chruschtschow für die CDU/CSU
1961

CDU-Plakat im Bundestags-
wahlkampf 1961 nach dem Bau
der Berliner Mauer

nalsozialistischen Deutschland Hitlers aggressive Politik gefördert hat. Und wie ist es z. B. mit einem Feindbild von der Pinochet-Herrschaft in Chile, vom Apartheid-Regime in Südafrika?

Hält man die Feindbilder von Ost und West gegeneinander, so behauptet jede Seite, ihr Bild sei eine korrekte Darstellung der Wirklichkeit – das der anderen Seite sei hingegen manipuliert. Daniel Frei warnt in seinem Buch über „Feindbilder und Abrüstung": „Wer sich um die Klärung von ‚Feindbildern' und Annahmen hinter der Politik der Mächte bemüht, tut allerdings gut daran, sich seinerseits vor einem Mißverständnis zu hüten: Niemand kann sich nämlich anmaßen zu sagen, welches Gegnerbild nun das objektiv ‚richtige' sei, welches dagegen die ‚Wirklichkeit' verzerre und folglich auf einer Fehlwahrnehmung beruhe. Hierüber letzte Gewißheit zu erlangen, scheint ausgeschlossen, selbst wenn es durchaus möglich ist, bestimmte Annahmen als Vorurteile und Bilder als Zerrbilder zu erkennen."[12])

Es geht jedoch nicht nur darum, ob das Bild vom Gegner die Fakten richtig darstellt. Es geht auch darum, welche Bedeutung, welcher Stellenwert den Fakten, Ereignissen usw. beigemessen wird. Sind Mißstände, Ungerechtigkeiten, Mißachtungen von Vereinbarungen versehentliche oder unvermeidliche politische Pannen, Randerscheinungen? Sind es logische Konsequenzen des Wesens eines Systems, also vom „Kern" her bedingt?

Daniel Frei hat sich in dem erwähnten Buch nicht darum bemüht, gewisse Züge der Gegnerwahrnehmung als falsch zu entlarven, sondern das gegenseitige Verständnis zu fördern. Er geht von der Überzeugung aus, daß jedem Feindbild ein Konflikt zugrundeliegt – und nicht umgekehrt das Feindbild den Konflikt produziert.

Konstruktion von Feindbildern

Werfen wir an dieser Stelle einen Blick auf die Tatsache, daß es nicht nur in der Außenpolitik, sondern auch in der Innenpolitik „Feindbilder" gibt. In beiden Fällen sorgen Journalisten/Publizisten mit für deren Aufrechterhaltung und Verbreitung. Die „Konstruktion" von Feindbildern arbeitet durchweg mit einigen wenigen „Versatzstücken". Der erste und wichtigste Vorwurf lautet, daß der „andere" „böse" sei. In kleine Münze umgesetzt, heißt das, er handelt unmoralisch, weil er keine Moral hat, skrupellos nach der Macht strebt, weil die von ihm angestrebten Ziele unmoralisch sind.

Der zweite Vorwurf lautet, der „andere" sei ganz schlicht und einfach dumm. Man billigt ihm eventuell zu, daß er guten Willens sei, aber er sei unfähig dazu, die Situation richtig zu erkennen, zu analysieren und schon gar nicht intelligent genug, die richtigen Lösungen der Probleme zu finden. Der dritte Vorwurf ist doppelzüngig – ein Marxist würde ihn als „dialektisch" bezeichnen. Man kann ihn auf die Formel bringen, daß der „andere" mächtig und ohnmächtig zugleich ist. Die Ohnmacht wird hervorgehoben, wenn man z. B. „beweist", daß der „andere" ein Problem überhaupt nicht lösen kann, weil Konzept und Instrumentarium ungeeignet sind, die Mittel fehlen, die Bevölkerung nicht mitmacht, die Führung schwach ist. Man stellt den „anderen" als „Papiertiger", als „Gummilöwen", als eine Art „politischen Eunuchen" dar: Er will, aber er kann es nicht.

Andererseits darf diese Herausstellung der Ohnmacht nicht übertrieben werden, sonst könnten die eigenen Anhänger den Kampf gegen den „anderen" einstellen. Daher muß man auch auf die ungeheure Gefahr hinweisen, die vom „anderen" ausgeht. Besonders drastisch kann das durch die Herausstellung einer Art Verschwörung geschehen, natürlich einer geheimen und möglichst internationalen. Wer sich ein wenig in Geschichte, Politik und Journalismus auskennt, kann eine ganze Kette solcher Verschwörungsmodelle aufstöbern: das internationale Kapital, der internationale Kommunismus, die jüdische, katholische, freimaurerische Verschwörung usw.

Es ist nicht schwer zu erkennen, daß diese „Versatzstücke“ – die auch kombiniert verwendet werden –, säkularisierte und umgedrehte Eigenschaften Gottes sind. Der Christ glaubt, daß Gott allgütig, allweise, allmächtig ist. Dem „anderen“ wird sozusagen vorgeworfen, daß er dies nicht ist. Es wird ihm unterstellt, daß er ein Volk, die Welt usw. schnurstracks in den Abgrund führt, in die Hölle, daß er teuflisch ist. Um dies möglichst wirkungsvoll zu machen, wird die denkbar schrecklichste Katastrophe der „feindlichen“ Politik als selbstverständliche Folge dargestellt. Das kann der Atomkrieg sein, die kommunistische Weltrevolution usw. Natürlich ist das nicht nachweisbar, jedoch genügt es, daß es denkbar ist.

Damit sind die Versatzstücke und Methoden zur Herstellung eines Feindbildes nicht vollzählig aufgereiht. Da wäre noch zu nennen die Konzentrierung auf eine Person oder Organisation, sozusagen auf die Inkarnation des „Feindlichen“: Was dem einen sein KGB, ist dem anderen sein CIA usw. Und wenn es wirklich sehr schwer ist, dem „anderen“ unmoralische Politik vorzuwerfen, dann kann man immer noch eine moralisch höchststehende Utopie emporhalten, die jeder bejahen, aber keiner verwirklichen kann. Und wenn der „andere“ dann nicht über die zu hoch gelegte Latte springen kann, wirft man ihm vor, er wolle es ja gar nicht.

„Spürhund“ und „Missionar“

Es braucht nicht näher erklärt zu werden, daß Journalisten/Publizisten eine Schlüsselrolle zufällt, wenn es um die Vermittlung von Feind- oder Freundbildern geht. Wer sich mit diesen Bildern befaßt, muß auch einen Blick auf Berufsethik und Aufgabenverständnis der Journalisten werfen. Zuerst ist da der Journalist zu nennen, der seine eigentliche Aufgabe darin sieht, möglichst genau festzustellen, was (wann, wo, wie, warum) geschehen ist und dies unverfälscht weiterzugeben. Er will informieren, die Meinung sollen sich die Empfänger der Informationen selber bilden. In der Wirklichkeit kann dieser Journalismus mit einem Eifer und Berufsverständnis betrieben werden, der einem Forscher Ehre macht: Nichts als die Wahrheit, nichts weglassen usw.

Er kann aber auch in der Art von Schnüfflern, Spürhunden, Voyeuren betrieben werden, die sich nur für das Ereignis interessieren, denen das Schicksal von Menschen und die möglichen Folgen einer Information gleichgültig sind. Als die Illustrierte „Stern“ das Bild des toten Uwe Barschel in der Badewanne veröffentlichte, kommentierte die „Süddeutsche Zeitung“: „Die Veröffentlichung dieses Bildes ist geschmacklos, verletzend für die Angehörigen und ohne Informationswert . . . Die Publizierung des Wannen-Photos ist Sudeljournalismus . . .“[13])

Zur Vollständigkeit muß darauf hingewiesen werden, daß auch Informationsjournalismus mit dem Ziel betrieben werden kann, Meinungen zu beeinflussen. Vollständig kann niemand ein Ereignis oder Problem darstellen. Man kann aus einzelnen exakten Informationen ein bestimmtes gewünschtes Bild zusammenfügen, indem man andere Informationen fortläßt. Als vor vielen Jahren ein deutscher Journalist, der in Moskau arbeitete, gefragt wurde, warum er über bestimmte Ereignisse nicht berichte, antwortete er, er würde nichts berichten, was die Beziehungen verschlechtern könne. Was er berichtete, war exakt und gut recherchiert.

Eine zweite Gruppe kann man als „Gesinnungsjournalisten“ bezeichnen. Sie vertreten eine bestimmte Weltanschauung, politische Richtung, Religion usw. – das „Gute“. Die Gesinnung hat Vorrang vor der Nachricht.[14]) Zur „Ahnenreihe“ dieses Journalismus gehören sowohl Joseph Görres wie Karl Marx, die Parteipresse wie die kirchliche Presse. Der Gesinnungsjournalismus ist unverzichtbarer Bestandteil jeder Demokratie.

Daß dieser Gesinnungsjournalismus auch in einer Demokratie oft mit dem Eifer von Missionaren, mit dem Anspruch eines „Praeceptors“ betrieben wird, ist allgemein bekannt. So wissen die meisten Bürger der Bundesrepublik Deutschland bereits vor dem Einschalten gewisser politischer Fernseh-Magazine, welches Weltbild ihnen gleich vorgestellt wird, ob die Redakteure jetzt gleich einen „Rechten“ oder einen „Linken“ fertigmachen. Die Attitüde mancher Journalisten, die ihre Interviews in der Art eines Richters durchführen, vor dem sich der Interviewte zu verantworten hat, ist ebenso bekannt wie peinlich.

Schließlich und leider nicht zuletzt gibt es einen Journalismus, der weder an der Exaktheit der Nachricht, noch an einer Gesinnung interessiert ist, sondern alleine am Verkaufswert von sogenannten Informationen und Meinungen. Zumeist verteidigen sich diese Journalisten mit dem Argument, sie täten dies einzig und allein, um die Öffentlichkeit umfassend über alles zu informieren.

Diese etwas idealtypisch voneinander abgehobenen Formen des Journalismus treten in Demokratien teils nebeneinander, teils vermischt auf. Auch unterscheidet sich das Aufgabenverständnis der Journalisten in den verschiedenen westlichen Demokratien erheblich voneinander. Renate Köchel hat in ihrer Dissertation „Spürhund und Missionar. Eine vergleichende Untersuchung über Berufsethik und Aufgabenverständnis britischer und deutscher Journalisten“ die britischen Journalisten eher dem „Spürhund“, die deutschen Journalisten eher dem „Missionar“ zugeordnet.[15])

Henryk Broder macht sich über eine deutsche Korrespondentin lustig, die nach vier Jahren Israel verläßt, um in die USA zu gehen.[16]) – Sie schrieb in ihrem „Abschied ohne Hoffnung“: „Nichts ändert sich, ich kann nichts ändern, folglich ist es in Ordnung, wenn ich jetzt gehe . . .“ Broder meint, die Journalistin habe sich erst von ihrer Verantwortung frei gefühlt, „nachdem es ihr nicht gelungen war, den israelisch-arabischen Konflikt zu lösen oder wenigstens den Israelis bessere Manieren im Straßenverkehr beizubringen“.

„Soldaten der Partei“

In den sozialistischen Staaten, in der Sowjetunion sind Berufsethik und Aufgabenverständnis der Journalisten durch Partei und Staat festgelegt. Bis heute bestimmt die Formulierung Lenins, daß die Massenmedien kollektive Propagandisten, Agitatoren und Organisatoren sein sollen, die Aufgabenstellung der Journalisten.[17]) Erst in jüngster Zeit spricht man in der Sowjetunion auch davon, daß Information eine wichtige Funktion der Medien sei. Die Journalisten gelten als Helfer der Partei. Der letzte Kongreß des sowjetischen Journalistenverbandes in Moskau im März 1987 hat dies ausdrücklich bestätigt. In der Resolution heißt es u. a.: „Die sowjetischen Journalisten sind verpflichtet, kämpferisch entschieden die kommunistische Weltanschauung zu vertreten, kühner einen offenen Dialog zu führen, allseitig die bürgerliche Ideologie zu kritisieren, die Lüge über den Sozialismus, das sozialistische Lebensbild, die Außenpolitik der Sowjetunion zu entlarven . . .“[18])

In seinem Rechenschaftsbericht hat der Vorsitzende des Verbandes, W. Afanasjew (Chefredakteur der „Prawda“), auf schädliche pazifistische und kosmopolitische Einstellungen hingewiesen, denen eine Erziehung zum Patriotismus, zur Vaterlandsliebe entgegengestellt werden müsse. In diesem Zusammenhang sagte er: „Wir haben nicht das Recht zu vergessen, daß wir sowjetische Journalisten sind – parteiliche Journalisten. Wir sind Soldaten der Partei . . ."[19])

Im August 1987 fand in Chautauqua eine amerikanisch-sowjetische Begegnung statt. In einem Panel wurde über die Pressefreiheit diskutiert. Alexander Bowin, einer der politischen Beobachter des Regierungsorgans „Iswestija", bezweifelte, daß es irgendwo in einem Land eine freie Presse gebe oder geben werde. Er begründete dies so: „Es ist unmöglich, in einer Gesellschaft zu leben und frei von ihr zu sein. Jeder von uns hat seine Werte, die er verteidigt, für die er kämpft. Ich z. B. bin gegen das Böse und für das Gute, gegen Lügen und für die Wahrheit. Wie kann ich frei sein, wenn dies mein Wertesystem ist? Folglich glaube ich nicht daran, daß es einen Journalisten gibt, der anders arbeiten kann. In unseren Artikeln werden wir immer die Lebensphilosophie ausdrücken, an die wir glauben."[20]) Sehen wir einmal von propagandistischen Leerformeln ab (wer ist denn schon für Krieg und Lüge?), so bleibt nach der Lektüre dieser Überzeugung der Eindruck zurück, daß nur durch grundsätzliche Änderung einer Gesellschaft und ihres Wertsystems das „Feindbild" abgebaut werden könnte. Gerade dies ist jedoch das Dilemma, denn weder in Ost noch in West denkt jemand an eine grundsätzliche Änderung.

Enttäuschungen und Skepsis

Das Ziel, Spannungen abzubauen, Frieden zu sichern, Zusammenarbeit zu verbessern, kann sicher nicht dadurch erreicht werden, indem man „Feindbilder" durch „Freundbilder" ersetzt. Außerdem wäre das nur in Systemen mit einem gelenkten Mediensystem möglich, aber nicht in westlichen Demokratien. Eine vage Hoffnung sollte kein Anlaß sein, vertrauensselig zu werden.

Gegenüber der Sowjetunion gibt es hierfür warnende Beispiele aus der Vergangenheit. Als Lenin die „Neue ökonomische Politik" einleitete, hoffte man im Westen auf eine grundsätzliche Änderung des Regimes. Es folgte die Ära Stalin. Als man 1944/45 vor allem in den USA auf eine friedliche Neugestaltung der Welt zusammen mit der Sowjetunion setzte, folgten die Expansion der Sowjetunion und der kalte Krieg. Ähnlich war die Enttäuschung, als Chruschtschows Entstalinisierung 1959 in eine neue Kirchenverfolgung überging und dann wieder eingefroren wurde.

Die Doktrin der „friedlichen Koexistenz" entpuppte sich als „spezifische Form des Klassenkampfes". Und den Verträgen, die in den siebziger Jahren eine Entspannung garantieren sollten, folgte Breschnews Raketenpolitik und der Einmarsch sowjetischer Truppen in Afghanistan. Kein Volk, das in den Herrschaftsbereich der Sowjetunion geraten war, erhielt das Recht auf Selbstbestimmung. Die Doktrin vom „proletarisch-sozialistischen Internationalismus" (= Breschnew-Doktrin) wird auch heute aufrechterhalten.

Wenn man sich diese Kette von Enttäuschungen anschaut, so ist es verständlich, daß einige westliche Wissenschaftler, Politiker, Militärs, Journalisten/Publizisten das Werben um eine Unterstützung der Politik Gorbatschows skeptisch beurteilen. Bei den meisten hat sich inzwischen die Meinung durchgesetzt, daß Gorbatschow es ehrlich meint und nicht nur propagandistische Vernebelung betreibt. Sie fragen jedoch, ob Gorbatschow sich mit seinen Plänen durchsetzen kann. Sie bezweifeln, daß das System sich grundsätzlich ändern kann, sie sehen in den angestrebten Veränderungen eher Kosmetik als Wandel. Hat nicht Gorbatschow, haben nicht seine Gefolgsleute immer wieder erklärt, es ginge keinesfalls um eine Änderung des Systems, sondern um dessen Stärkung.

Konflikte als Ursachen

Was könnte aber nun geschehen, um trotzdem das friedliche Zusammenleben auf der einen Welt möglich zu machen? Der Wille dazu scheint auf beiden Seiten vorhanden zu sein.

Es kann nicht darum gehen, „Bilder" gegeneinander auszutauschen, es muß vielmehr darum gehen, sich ein möglichst zutreffendes Bild der Realitäten zu verschaffen. Zu diesem Bild der Realitäten gehört, daß Konflikte die Ursache von Feindbildern sind; solange sie bestehen, wird es weiter Feindbilder geben. Zur Realität gehört auch die Tatsache, daß die westliche Auffassung von der Demokratie unvereinbar ist mit der Ideologie des „realen Sozialismus".

Die bestehenden Konflikte und Unvereinbarkeiten stellen, so lange sie nun einmal bestehen, den Rahmen des Bildes dar. Ignoriert man sie, möchte man sie nicht zur Kenntnis nehmen, so kann das Bild nicht realistisch werden. Dann ist die nächste Enttäuschung bereits vorprogrammiert. Und jede neue Enttäuschung wird zum Verstärker früherer, zum scheinbaren Beweis, daß das alte Feindbild nun endgültig bewiesen ist.

Kenntnisse und Informationsfluß

Die erste Voraussetzung für ein zutreffendes Bild sind exakte Kenntnisse und deren Verbreitung. Hier fällt den Journalisten eine große Verantwortung zu. Ein Beispiel für Fehlinformation: Die Weltagentur Reuter verbreitete im Juli 1987 eine Meldung, in der behauptet wurde, die „Prawda" habe eine neue außenpolitische Doktrin verkündet – nämlich, daß „das Konzept des Exports der sowjetischen Revolution in die ganze Welt überholt sei".[21]) Diese Meldung war falsch und irreführend. Bereits Stalin hatte erklärt, daß es keine solche Doktrin der Sowjetunion gebe, Chruschtschow hat es wiederholt – ungeachtet dessen hat Stalin eine Expansionspolitik betrieben, im sowjetischen Machtbereich sozialistische Regime eingesetzt, und Chruschtschow hat sie militärisch abgesichert.

Die Möglichkeiten, sich weitgehend zutreffende Kenntnisse zu verschaffen, sind in den westlichen Demokratien groß. Für die Bürger sozialistischer Staaten sind sie stark beschränkt. Viele Touristen, die in sozialistische Länder reisen, erleben, daß sie Einheimische neugierig fragen, wie denn nun wirklich das Leben im Kapitalismus sei.

Ein freier grenzüberschreitender Informationsfluß wäre eine Voraussetzung zur Vermittlung von Kenntnissen. In den westlichen Demokratien gibt es nicht nur zahlreiche Organe und Organisationen, die die von sowjetischer Seite gewünschten Kenntnisse verbreiten. Hinzu kommt Propagandamaterial diplomatischer Vertretungen, der sowjetischen Agentur für Auslandspropaganda und diverser Tarnorganisationen. Die Möglichkeiten westlicher Demokratien – zur Verbesserung von Kenntnissen über ihre Länder – Publikationen, Periodika in sozialistischen Ländern frei anzubieten, sind minimal. Die Situation ist völlig ungleich und muß logischerweise den Verdacht bestärken, es ginge nur um den einseitigen Abbau eines „Feindbildes".

Empathie und Kontakte

Daniel Frei hebt in seinen praktischen Vorschlägen zum Abbau von Feindbildern besonders hervor, daß beide Seiten mehr „Empathie" benötigen.[22]) Unter Empathie versteht man die Fähigkeit, sich in andere Menschen hineinzuversetzen, deren Überzeugung richtig zu erkennen, deren Vorstellungen zu begreifen – und zwar unabhängig davon, ob man ihnen zustimmt. Empathie ist nicht dasselbe wie Sympathie. Wer nie gelernt hat, eine Argumentationsreihe nach den Vorstellungen und Überzeugungen eines anderen nachzuvollziehen, wird auch nie lernen, das Verhalten des anderen wirklich zu verstehen.

Nach sowjetischer Vorstellung ist z. B. die Sowjetunion rundherum von zumindest unzuverlässigen Nachbarn umgeben. Polen ist unsicher, Rumänien geht eigene Wege, die Türkei gehört zur NATO, in Afghanistan herrscht Bürgerkrieg, der fundamentalistische Islam im Iran ist gefährlich und die Volksrepublik China verhandelt lieber mit kapitalistischen Staaten als mit sozialistischen.

Frei geht davon aus, daß die Zunahme von Kontaktmöglichkeiten die Chance vergrößert, auf beiden Seiten Empathie zu entwickeln. Wer öfter Kontakte mit Funktionären oder Bürgern sozialistischer Staaten erlebt hat, wird bestätigen, daß es durchaus möglich ist, westliche demokratische Vorstellungen, die Politik „kapitalistischer“ Staaten plausibel zu machen.

Allerdings sollte man die Kontaktmöglichkeiten nicht auf Politiker, Militärs und Journalisten beschränken. Delegationsbegegnungen sind notwendig und nützlich, aber sie müßten durch Begegnungen zwischen „normalen Bürgern“ ergänzt werden. Hier ist die Situation völlig ungleich. Millionen Touristen reisen aus dem Westen in sozialistische Staaten. Die Bürger, die aber z. B. aus der Sowjetunion kommen, sind durchweg „handverlesen“.

So wäre es z. B. sehr vertrauensfördernd, gläubigen Sowjetbürgern die Möglichkeit zu geben, sich frei mit Gläubigen im Westen zu treffen. Bisher sind Delegationsbegegnungen üblich. So dürfen die offiziellen Delegationen des Moskauer Patriarchats im Westen für die Millenniumsfeier werben, vorausgesetzt, sie bestätigen, daß in der Sowjetunion völlige Glaubens- und Religionsfreiheit existiert, vorausgesetzt, daß sie für die sowjetische Friedenspolitik eintreten. Über die in der Sowjetunion laufende Anti-Millenniums-Kampagne sprechen sie nicht.[23])

Taten, nicht Worte

Welche Bedeutung Wahrnehmungsmuster, Stereotypen, Vorurteile für das Bild vom „anderen“ haben, wird in jedem Text behandelt, der sich mit „Feindbildern“ befaßt.[24]) Heinz Brahm hat dies sehr eindrücklich in seiner Studie „Die Sowjetunion im Prisma westlicher Meinungen“ herausgearbeitet.[25]) Die Mahnung, die in solchen Untersuchungen – natürlich auch in dem Buch von Frei – immer auftaucht, lautet, daß ständig das eigene Wahrnehmungsmuster überprüft, daß ständig das Bild vom „anderen“ überprüft werden solle.

Es stimmt nicht, daß „Feindbilder“ unauflösbar sind. Von der einstigen „Erbfeindschaft“ zwischen Deutschland und Frankreich spricht heute niemand mehr, die junge Generation kennt das Wort oft gar nicht. Auch das Bild des sozialistischen China hat in den westlichen Medien ausgesprochen freundliche Züge bekommen.

Natürlich haben die Erklärungen von Staatsmännern hierzu beigetragen. Aber die entscheidende Veränderung des Wahrnehmungsmusters geschah durchweg nicht auf Grund von Worten, sondern auf Grund feststellbarer, überprüfbarer Verhältnisse, Verhaltensweisen, Änderungen. Ganz entscheidend ist hierbei, um eine etwas grobe propagandistische Formulierung zu gebrauchen, die Regel: „Schau ihnen nicht aufs Maul, sondern auf die Hände.“

Ungleichgewicht der Darstellungen

Schließlich kann der Abbau von Feindbildern nur dann realistisch sein, wenn er beiderseitig ähnlich oder zumindest vergleichbar erfolgt. Vertrauen, und darum geht es ja, kann nur entstehen, wenn die andere Seite eigene Schritte in dieser

Richtung zur Kenntnis nimmt und entsprechend darauf reagiert. Die Kommunikation, die Arbeit von Journalisten spielt hierbei eine große Rolle. Wenn wir nun danach fragen, ob im Sinne des Abbaus von Feindbildern zwischen Ost und West Fortschritte erreicht worden sind, so kann man einiges feststellen. Im Unterschied zu den eingangs erwähnten Beschwerden von sowjetischer Seite gegenüber westlichen Massenmedien, haben Gorbatschow und seine „Perestrojka“ eine ausgesprochen gute Presse im Westen. Es gibt wohl kaum eine sowjetische Führungspersönlichkeit, auf die so viel Hoffnungen gesetzt werden.

Entscheidend waren auch in diesem Fall nicht so sehr die Ankündigungen und Proklamationen, sondern Maßnahmen, so z. B. die vertrauensbildenden Maßnahmen im militärischen Bereich. Das betrifft sowohl die Außenpolitik der Sowjetunion wie die Innenpolitik. Einen gewaltigen Beitrag für die Glaubwürdigkeit der Sowjetunion hat die „Glasnost“-Kampagne geliefert. Allerdings hatte sie auch eine etwas komische Seite. Was westliche Fachleute schon seit langer Zeit festgestellt und publiziert hatten, was von sowjetischer Seite als üble kapitalistische Propaganda bezeichnet wurde, wird nun Stück für Stück bestätigt.

Trotz mehr und genaueren Informationen über die „kapitalistischen“ Staaten, trotz Fernseh-Brücken mit offenen Diskussionen, trotz Symposien von Fachleuten aus Ost und West, haben die sowjetischen Massenmedien bisher nur winzige Schrittchen in der Richtung auf ein einigermaßen realistisches Bild der anderen Welt hin getan. Kondraschow hat das in seinem eingangs erwähnten Artikel bestätigt. Immer noch sind die häufigsten veröffentlichten Photos über den Westen knüppelnde Polizisten, die friedliche Friedensdemonstranten niederschlagen. Immer noch prangern vor allem Karikaturen die westlichen Demokratien als Instrumentarien von Ausbeutern an. Nach wie vor sind die USA der Weltfeind Nr. 1.[26])

Greift man ein wenig hinter die Massenmedien, schaut in Broschüren, prüft Plakate, so wird das Bild sehr düster. So ist z. B. die Plakatserie der Organisation für vormilitärische Ausbildung DOSAAF „Von wo die Kriegsgefahr ausgeht“ (1986) eine schreckliche Aufreihung brutalster Feind- und Haß-Bilder. Während z. B. in der deutschen Bundeswehr eine Erziehung zum Haß untersagt ist, ist die Haßerziehung in sozialistischen Streitkräften immer noch Ausbildungsbestandteil.

Erwartungen und Bestrebungen

Solange dieses Ungleichgewicht besteht, wird sich auch der Verdacht halten, man möchte von sowjetischer Seite zwar einen Abbau der antisowjetischen Feindbilder, aber keinen Abbau des antikapitalistischen Feindbildes im eigenen Machtbereich. Das Dilemma ist, daß von westlicher Seite von der von Gorbatschow eingeleiteten „Perestrojka“ eine Änderung des Gesamtsystems erwartet wird. Von sowjetischer Seite wird jedoch betont, es ginge keinesfalls um eine Änderung des Gesamtsystems, sondern um seine Verbesserung und Stärkung.

Heinz Brahm schreibt in seiner Studie abschließend: „Auch die Entspannungspolitik der siebziger Jahre hat den harten Kern des ideologischen und machtpolitischen Gegensatzes zwischen Ost und West nicht aufweichen können. Die Absichtserklärungen von Helsinki und die Hoffnungen, die in der kurzen Zeit der Entspannung gediehen, haben für einige Zeit der Entspannung gedient, haben für einige Zeit nur das negative Bild von der Sowjetunion verän-

(Fortsetzung Seite 107)

Der Dauerfeind KAPITALISMUS hat keine Chance gegen das Parteiprogramm (1961) und gegen Lenin.

> „Die Menschheit will und wird sich mit dem überlebten System des Kapitalismus nicht abfinden.“
>
> *(Aus dem Programm der KPdSU)*

So wird es sein *PRAWDA 8. 11. 61*

KROKODIL 12/1980

Der personifizierte Feind aus aktuellem Anlaß:
Adenauers Spiel mit der Rakete auf der Baßgeige de Gaulle . . .

„Durch den Militärvertrag mit Paris erhielt Bonn ein wichtiges Instrument für den Einfluß auf die Politik des Westens.“ *(Aus der Zeitung)*

Bonner Konzert auf dem französischen Instrument.

PRAWDA 12. 2. 63

. . . und der Dauerfeind MILITARISMUS mit deutschem Stahlhelm.

KROKODIL 10/1966

Willy Brandt 1962 als Nazi-Feind

Das Gesicht der „Frontstadt“
West-Berlin
Militärbasis der NATO

Willy Brandt
ISWESTIJA 8. 9. 62

Der Feind SPD 1963 und 1968

„Die regierenden Kreise der BRD veranstalteten in West-Berlin eine ‚Zeremonie' der Übergabe der wiedererrichteten Teile des ehemaligen deutschen Reichstages an den Bonner Bundestag."

Reichstagsbrand 1933

Übergabe
der wiederhergestellten
Teile des Reichstages
an den Bonner Bundestag

1963

Hermann Göring: „Mit Vergnügen sehe ich, daß das Reichstagsgebäude wieder für Provokationen genutzt wird, womit ich den Anfang gemacht habe. Nehmen Sie meinen Glückwunsch entgegen, Herr Kollege!"

ISWESTIJA 13. 11. 1963

Dafür!
AUSNAHME-
GESETZE

KROKODIL 18/1968

Der gefährliche Trick der westdeutschen Sozialdemokraten

Der gleiche Anlaß: Der 1. Mai mit ähnlichen Motiven, aber geändertem Feindbild:
Am 1. Mai 1979 gehörten die Chinesen noch dazu, nicht mehr am 1. Mai 1985.

Für Frieden — Für Abrüstung — Entspannung — Für Entspannung — Nein zum Krieg

KALTER KRIEG

PRAWDA 1. 5. 79

FRIEDEN

MAI

Militärische Überlegenheit

US Sternen-Krieg

PRAWDA 1. 5. 85

dert, aber nicht die Sowjetunion selbst. Die Kunst einer jeden Ostpolitik besteht darin, auf dem Mittelweg zwischen Skepsis und Illusion zu bleiben. Alle Bestrebungen müssen darauf gerichtet sein, den Rahmen für ein wahrheitsgetreues Sowjetunionbild so zu gestalten, daß keine Chance für einen Neuanfang verpaßt und Selbsttäuschungen nach Möglichkeit vermieden werden."[27])

---

[1]) Heinz Brahm, Gorbatschows erste Schritte. Bericht des Bundesinstitutes, Köln, Nr. 31/1987, S. 1

[2]) Prawda vom 30. 9. 1987.

[3]) Alexander Kretow: Wie Legenden entstehen. Schwere Zeiten für Sowjetfeinde, in: Sozialismus: Theorie und Praxis, Nr. 10/1987, S. 40; – siehe auch: A. Karpyčev: Simpatii i antipatii, in: Prawda vom 28. 9. 1987.

[4]) V. Tiškov: Stereotipy i vzaimoponimanija, in: Prawda vom 13. 8. 1987.

[5]) S. Kondrašov: Točnyj obraz mira, in: Kommunist. Nr. 14/1987 (Sept.), S. 51ff.

[6]) Das Parlament vom 26. 9. 1987, S. 6.

[7]) Neues Deutschland vom 28. 8. 1987.

[8]) Bernhard Sutor (Hg.), Politik. Ein Lehr- und Arbeitsbuch. Paderborn, München, Wien, Zürich 1979, S. 485.

[9]) Das Parlament vom 26. 9. 1987, S. 7.

[10]) siehe hierzu z. B. Bibliographie in: Daniel Frei: Feindbilder und Abrüstung, München 1985, S. 140ff – Peter Michael Pflüger (Hg.), Freund- und Feindbilder. Begegnung mit dem Osten, Olten, Freiburg 1986.

[11]) Ernst Lutz. Lexikon zur Sicherheitspolitik. München 1980, S. 83.

[12]) Daniel Frei: Feindbilder und Abrüstung, München 1985, S. 13.

[13]) „Erst kommt das Bild und dann kommt die Moral", in: Süddeutsche Zeitung vom 15. 10. 1987.

[14]) siehe hierzu: P. Roth: Macht und Ohnmacht der Information, in: Stimmen der Zeit, Nr. 11/1979, S. 732ff.

[15]) Dissertation Universität München 1985.

[16]) Henryk Broder: Ich liebe Karstadt. Blick auf Deutschland aus der Ferne, in: Feuilleton-Beilage der Süddeutschen Zeitung vom 28./29. 9. 1985.

[17]) siehe hierzu: P. Roth: Die Verfassung garantiert die Freiheit zur Einheitsmeinung, in: Das Parlament vom 5./12. 9. 1987, S. 16.

[18]) Žurnalist. Nr. 4/1987, S. 25.

[19]) ebenda, S. 9.

[20]) Bohdan Nahaylo: Selected statements by soviet spokesmen at the Chautauqua conference on US-Soviet relations. Radio Liberty Research Nr. 364/1987, S. 1.

[21]) Süddeutsche Zeitung vom 11./12. 7. 1987.

[22]) Daniel Frei, S. 135.

[23]) siehe hierzu: P. Roth: „Die Religion ist das Opium des Volkes". Religionskritik und atheistische Propaganda in der Sowjetunion. In: Gerhard Adler (Hg.). Tausend Jahre Heiliges Rußland. Orthodoxie im Sozialismus, Freiburg, Basel, Wien 1987, S. 178.

[24]) siehe hierzu z. B. Hansjürgen Koschwitz: Stereotyp und Vorurteil in der internationalen Massenkommunikation. In: Walter Mahle (Hg.). Langfristige Medienwirkung, Berlin 1986, S. 95ff.

[25]) Bericht des Bundesinstituts, Köln, Nr. 46/1986.

[26]) siehe z. B. Dmitri Wolski: Neoglobalismus. Moskau 1987; – A. Ivanow: Antikommunizm protiv osvobodivsichsja stran. Moskau 1987 (Antikommunismus gegen Länder, die sich befreit haben.); – O. Vakulowskij: Dvojnoe dno „Emnisti internesnl", Moskau 1987 (Der doppelte Boden von „Amnesty International).

[27]) Bericht des Bundesinstituts, Köln, Nr. 46/1986, S. 36f.

DOKUMENTATION

Aus der Fülle von Dokumenten zum FEINDBILD im kalten Krieg wurden in die vorliegende Dokumentation aufgenommen:

▷ *Das einschlägige Lehrbuch SOLDAT UND KRIEG (gekürzt) aus dem Jahre 1972, Pflichtlektüre für Offiziere und Berufsunteroffiziere der NVA, und*

▷ *Die konkreten Aufgaben der Haßerziehung und Feindbilddarstellung in der sowjetischen Dienstvorschrift,*

▷ *Die Antworten des zuständigen Generals Schapalin vom März 1989 auf die Frage, ob sich der Inhalt der ideologischen Erziehung in der Sowjetarmee geändert habe. Der sowjetische General vermeidet konkrete Aussagen und verweist auf die Zukunft. Er läßt offen, ob sich in der Sowjetarmee konkret am FEINDBILD etwas geändert hat.*

Karikaturen der Sowjetpresse und Wahlplakate in der Bundesrepublik Deutschland gegen den Moskauer Marxismus ergänzen die Dokumentation.

Hoffnung für die Zukunft verspricht die Charta der deutschen Heimatvertriebenen aus dem Jahre 1950.

Soldat und Krieg

Militärverlag der Deutschen Demokratischen Republik 1972

Vorbemerkung: Das Buch „Soldat und Krieg" (320 Seiten) erschien in russischer Sprache 1971 als Lehrbuch für die „moralisch-politische und psychologische Vorbereitung in der Sowjetarmee", so der Untertitel. Die vorliegende deutsche Übersetzung wurde vom Militärverlag der DDR in 25 000 Exemplaren im Jahre 1972 herausgegeben. Dieses Buch ist Pflichtlektüre im Rahmen der Gesellschaftswissenschaftlichen Weiterbildung für die Offiziere und Berufsunteroffiziere der NVA.

Im folgenden werden auszugsweise zwei Kapitel aus diesem Lehrbuch abgedruckt, die vor allem für das Unterrichtsfach „Haßerziehung" von Bedeutung sind.

1.5 Zur ideologischen und psychologischen Beeinflussung der Angehörigen der imperialistischen Armeen

Die Politiker und die Militärs der imperialistischen Länder sind sich bewußt, daß man unter den gegenwärtigen Bedingungen keinen Krieg beginnen, geschweige denn erfolgreich führen kann, ohne die Truppen und die Bevölkerung entsprechend ideologisch und psychologisch zu beeinflussen. In den letzten Jahren hat diese Beeinflussung oder, wie es noch genannt wird, der Kampf um die Soldatenseelen, die Schlacht um den Verstand, gewaltige Ausmaße angenommen . . .

Mit ihrer ideologischen und psychologischen Beeinflussung verfolgen die Imperialisten ein klares Ziel: Die Armee und die Bevölkerung sollen gehorsame Vollstrecker des Willens der herrschenden Klasse werden. Sich der Massen zu versichern, scheut die Bourgeoisie keine Mittel, greift sie zur Lüge, zu Betrug und Erpressung . . .

Diese Tatsache unterstreicht den reaktionären Charakter der ideologischen und psychologischen Beeinflussung in den imperialistischen Armeen. Die gesamte Vorbereitung der Soldaten dient voll und ganz den Interessen der Imperialisten, ihren menschenfeindlichen Absichten. Die ideologische Einwirkung auf die Soldaten der bürgerlichen Armee ist jedoch nicht leicht. Wenn die Imperialisten ihre Armeen auch von progressiven Einflüssen und von zuverlässigen Informationen zu isolieren suchen, so erkennen doch alle mehr oder weniger objektiv urteilenden Menschen, daß in den friedliebenden sozialistischen Staaten die Produktionserfolge und der Wohlstand des Volkes unaufhörlich wachsen, während die Fäulnis der kapitalistischen Ordnung um sich greift, neue Raubkriege angezettelt werden, dabei das Elend der Menschen wächst und sich das Gift des Chauvinismus, des Nationalismus und des offenen Faschismus weiter ausbreitet. Die Völker der kapitalistischen Länder begreifen immer besser die wahren, den Interessen der werktätigen Menschen entschieden widersprechenden Ziele der imperialistischen Kriege . . .

Die Imperialisten schonen nicht Mittel noch Kräfte, das bankrotte Gebäude des Kapitalismus schönzufärben und es als beste Form gesellschaftlichen Lebens anzupreisen. Alle Mittel der modernen bürgerlichen Propaganda sind darauf gerichtet, die Herrschaft der Monopole, der Ausbeuter, des Militarismus zu rechtfertigen, das gesellschaftliche Eigentum und den Kollektivgeist in Verruf zu bringen und Feindschaft und Haß zwischen den Völkern zu schüren.

Viel Aufmerksamkeit schenkt man in den USA der Propagierung von Karrierismus, Brutalität und Raub. Den Menschen wird der Gedanke eingehämmert, sich auf Kosten anderer Völker zu bereichern. Die Soldaten werden zu Mord und Unmenschlichkeit erzogen. Jeder Rekrut bekommt eine Broschüre ausgehändigt mit dem Titel „Die Armee der Vereinigten Staaten grüßt dich". Sie zeigt, daß der Soldat zu einem gnadenlosen qualifizierten Killer ausgebildet und erzogen wird.

In der amerikanischen Armee sind bürgerlicher Nationalismus, Rassismus und Völkerhaß voll entfaltet. Die Meinungsmacher verbreiten eine angebliche Überlegenheit der amerikanischen Soldaten über andere Völker und das Recht, ihren Willen den Schwachen aufzuzwingen, die ihre Probleme selbst zu lösen nicht imstande wären. Von früher Kindheit an wird die Jugend der USA in militaristischem Geist, im Geist der Feindschaft und des Mißtrauens zu den Menschen erzogen. Schule, Kirche, Bildungseinrichtungen, Klubs und Jugendorganisationen, alles richtet sich letztlich darauf, junge Menschen aufs Killen vorzubereiten . . .

Auch die USA-Partner in der NATO zeigen sich bei der ideologischen und psychologischen Beeinflussung der Soldaten recht eifrig. Die ideologische Beeinflussung bezeichnen sie als geistige Rüstung. Die Hauptrichtungen dieser „Rüstung" werden von den gesetzgebenden Organen über spezielle Kommissionen zu Fragen der Verteidigung festgelegt. Die Gesamtleitung der ideologischen Beeinflussung der Soldaten wird somit auf der Stufe der Staatspolitik verwirklicht.

In den Streitkräften der NATO-Länder gibt es einen gewaltigen Apparat, der sich mit der ideologischen Beeinflussung befaßt. Vertreter politischer, religiöser und großkapitalistischer Wirtschaftskreise arbeiten Maßnamen zur ideologischen Einwirkung auf die Armeeangehörigen aus. Die ideologische Beeinflussung erfolgt nicht nur durch spezielle Organe der inneren Führung, sondern durch alle Offiziere, besonders durch die Offiziere für Fragen der psychologischen Kriegführung, und Militärjournalisten.

Jegliche Propaganda in den Armeen der imperialistischen Staaten ist vom Antikommunismus und Antisowjetismus durchdrungen, sie trägt aggressiven und militaristischen Charakter. Den Soldaten wird eine Bedrohung durch die Sowjetunion und andere sozialistische Staaten suggeriert und damit die Notwendigkeit begründet, bereit zu sein, mit der Waffe in der Hand in die Länder des Sozialismus einzudringen, dort die Gesellschaftsordnung zu beseitigen und diese Länder zu besetzen.

Erinnerungen und pseudohistorische Studien, deren Autoren der heutigen Generation ihre Lehren vermitteln, sind aus den Seiten der meisten Zeitschriften und Zeitungen der NATO-Länder nicht wegzudenken. Sie beschäftigen sich im wesentlichen damit, wie die Herrschaft zu erringen sei, „ohne dabei die Hitlerschen Fehler zu wiederholen".

Westdeutsche Reaktionäre streben hartnäckig an, revanchistischen Geist aufleben zu lassen. Kasernen und Einheiten werden die Namen von Hitlergeneralen oder Städten der DDR, Polens, der ČSSR und der Sowjetunion verliehen. In den Einheiten sind Fahnen der Städte von Ostpreußen, Schlesien und der Sudetengebiete aufbewahrt.

Groß ist auch der reaktionär-religiöse Einfluß. In Westdeutschland hat beispielsweise sowohl die katholische als auch die evangelische Kirche ihre Geistlichen in der Truppe. In den Divisionen der Hitlerarmee kamen auf 10 000 bis 12 000 Mann zwei Geistliche, die Bundeswehr benötigt einen Geistlichen für 1500 Mann.

Allein in den letzten Jahren wurden in der Bundeswehr mehr als 10 evangelische und katholische Kirchen sowie eine Menge religiöser Gemeindehäuser und spezielle Andachtsräume gebaut. Die reaktionärsten Diener der Kirche aktivieren ihre Tätigkeit, um die Bundeswehr auf den Marsch gegen den „gottlosen Osten" vorzubereiten ...

Die ideologische und psychologische Bearbeitung der Menschen in den Armeen aller imperialistischen Länder dient der Entwicklung bürgerlichen Bewußtseins, anerzieht den Menschen die Gewohnheit, übereinstimmend mit den bürgerlichen Moralprinzipien zu handeln, und zielt darauf ab, sie zu hörigen Vollstreckern des Willens der herrschenden Kreise, zu überzeugten und kaltblütigen Killern heranzubilden.

Die Imperialisten verbinden ihre Hoffnungen, die Armeen für einen Krieg vorzubereiten, mit der Tätigkeit des Offizierskorps. Die Offiziere erhalten ihre Praxis zur Verdummung der Soldaten in speziellen Polituntenrichten, im Prozeß der Gefechtsausbildung, der den Kampfbedingungen angepaßt ist, und in einem Psychologiekursus. Dieser Kursus wird den Kadetten und den Offizieren der USA, Englands und der BRD an allen militärischen Lehreinrichtungen vermittelt. Regelmäßig werden Bücher und Lehrmittel der Psychologie herausgegeben ...

Die westdeutschen Militaristen sind Erben der Wesenszüge der faschistischen deutschen Armee. Sie sind zu ungeheuerlichen Bestialitäten und Gewalttätigkeiten fähig, wie sie die deutschen Faschisten während des Großen Vaterländischen Krieges begangen haben. Der Entwicklungstendenz revanchistischer Ansichten nach sind die Imperialisten der BRD, die Kernwaffen erstreben, imstande, die Hitlerfaschisten in ihren Verbrechen gegen die Menschheit noch zu übertreffen. Wie wir sehen, nutzen die amerikanische und die westdeutsche militärische Führung die Erfahrungen Hitlerdeutschlands, verbreiten sie unter ihren Truppen beharrlich einen Kult der rohen Gewalt, der Grausamkeit und Bestialität. Infolge einer solchen ideologischen Beeinflussung sind viele Soldaten, Matrosen und Offiziere der imperialistischen Armee brutal, verüben sie entsprechend dem bei ihnen entwickelten reaktionären Bewußtsein Willkürakte in den kolonialen und abhängigen Ländern. In Südvietnam vernichten sie unschuldige Kinder, Frauen und Greise, nicht nur, weil sie von der Regierung und ihrer Führung gezwungen werden, sondern auch aus eigenem Antrieb, zur „Unterhaltung" oder weil sie am Blute unschuldiger Opfer verdienen. Eben darin kommen die verbrecherischen, tierischen und menschenfeindlichen Qualitäten zum Ausdruck, die von der bürgerlichen Ideologie anerzogen werden. „Mir macht es Spaß, mit der Maschinenpistole einem Menschen direkt ins Gesicht zu schießen", brüstete sich ein amerikanischer Soldat im Gespräch mit einem Korrespondenten der Zeitschrift „Newsweek". „Ich habe ihm das Bajonett in den Leib gestoßen, hieb ihm mehrmals mit dem Stiefel in die Zähne und ging mich rasieren", so ein anderer. Ein weiterer schreibt in seinem Tagebuch, dessen Auszüge in der vietnamesischen Zeitung „Nhan Danh" veröffentlicht wurden: „Eines Tages wurde eine Partisanin zu uns gebracht. Allerdings weiß ich das nicht genau, es kann auch sein, daß es nur eine einfache Bäuerin war. Leutnant Bring befahl, ihren Körper mit Schweinefett einzuschmieren. Danach ließ er einen Schäferhund auf sie los. Der Hund riß am Körper seines Opfers. Es floß Blut. Das Mädchen schrie fürchterlich und zuckte am ganzen Körper. Sie versuchte, den Hundebissen auszuweichen. Leutnant Bring mit seinen Leuten scherzte und belustigte sich nicht nur, sondern nahm selbst daran teil, indem er dem Opfer Fußtritte versetzte und ihr mit dem Dolch zusetzte. Auf die gleiche Weise wurden noch neun Frauen ermordet. Einigen von ihnen wurden die Leiber aufgeschlitzt."

Diese Beispiele zeigen deutlich, daß die menschenverachtende Moral, die Bereitschaft der Soldaten imperialistischer Armeen, jedes Abenteuer im Interesse persönlicher Bereicherung, von Raub und Brutalität einzugehen, eine ernsthafte, reale Kraft sind, der die fortschrittlichen Armeen – wenn es erforderlich ist – entschlossen und unerbittlich entgegentreten müssen.

Die Imperialisten lehren ihre Truppen nicht nur, zu rauben und Grausamkeiten zu begehen, sondern auch, geschickt zu kämpfen. Sie entwickeln bei ihnen kämpferische und psychische Eigenschaften, die für erfolgreiche Handlungen in einem Raketenkernwaffenkrieg notwendig sind.

Diesem Ziel entsprechend werden beispielsweise die Übungen in der Gefechtsausbildung der amerikanischen Truppen maximal den Gefechtsbedingungen angepaßt. Bei Übungen und Manövern werden alle Vernichtungsfaktoren einer Kernwaffendetonation bis zu dem Grade imitiert, daß das Aufblitzen bei der Imitation einer solchen Detonation die Truppen blendet.

Bei der Ausbildung der Truppen verfolgt man das Prinzip der aktiven und angespannten Vorbereitung. In dem Buch „Die Gefechtsausbildung der Truppen" heißt es: „Zeitweilig muß sie sehr hart an Strapazen und Schwierigkeiten sein, damit der Soldat nach einer starken seelischen Erschütterung auf dem Übungsfeld Vertrauen in seine Kräfte gewinnt."

In dem genannten Buch und in anderen Dokumenten werden Methoden untersucht, mit deren Hilfe man die Ausbildung der Truppen intensivieren kann, zum Beispiel die andauernde Einwirkung von Detonationen und Gefechtslärm; langwierige und schnelle Märsche; Übungen bei schlechtem Wetter; lange Kampfhandlungen ohne Schlaf; erbitterte Angriffe des Gegners; Imitation schwerer Verluste; Handlungen unter echten Gefahren, die Risiko erfordern;

Situationen der Ungewißheit und Unbestimmtheit; Anforderungen an die Schnelligkeit bei Handlungen in schwierigem Gelände; hysterisches, nervenerschütterndes Geschrei und Stöhnen; ekelerregende Gerüche und Schmutz, Trümmer und andere Spuren des Kampfes, darunter auch simulierte Tote; Versagen der Waffen und Geräte; Handlungen bei Nacht. Häufig werden Kernwaffendetonationen imitiert, chemische Kampfstoffe angewandt und Panzer in Brand gesetzt.

Die Militärpsychologen der USA meinen, daß das Gefechtsfeld düsteren Charakter tragen muß, da das „den aggressiven Instinkt erregt"; das Auge des Soldaten muß überall auf Zeichen der Zerstörung treffen, das Ohr muß sich daran gewöhnen, Gefechtslärm und das Stöhnen der Verwundeten zu vernehmen. Die Soldaten müssen, ohne sich zu entsetzen, Brände, Trümmer und Leichen betrachten können. Wir führen eine Beschreibung einer Variante der Ausstattung eines Übungsfeldes an, die wir der amerikanischen Presse entnehmen: . . .

Das alles wird getan, um dem Soldaten alles Menschliche zu nehmen, ihn zu einem Tier zu machen.

Die zügellosesten Militärs imperialistischer Armeen trachten danach, den Menschen in Uniform roboterähnlich zu machen, zu einem gnadenlosen und gefühllosen Vollstrecker fremden Willens. Bürgerliche Soziologen stellen fest, daß das Robotertum unter imperialistischen Bedingungen zu einer notwendigen Existenzform werde; deshalb werde in imperialistischen Armeen ein Menschenmaterial vorbereitet, das imstande sei, einen thermonuklearen Krieg zu führen, ohne dabei Angst oder Gewissensbisse zu empfinden. So entstehe ein Mensch mit Anlagen eines Roboters. (. . .)

3.6 Erziehung zum Haß auf den Feind

Was nährt unseren Haß auf den Feind? Vor allem ist es das tiefe Begreifen des aggressiven Wesens des Imperialismus, der dem Sowjetvolk besonders in den Jahren der ausländischen Intervention und des Großen Vaterländischen Krieges unermeßliches Unglück und Leid brachte. Wir hassen unsere Feinde, die Imperialisten der USA und ihre Verbündeten, die Mitglieder der aggressiven Blocks, die einen neuen Krieg schüren. Sie beabsichtigen, das Sowjetvolk zu versklaven, den ersten Staat der Arbeiter und Bauern zu vernichten, die sozialistische Gesellschaft zu zerstören. Unser Haß gegen die Imperialisten trägt Klassencharakter.

Die Erfahrungen der Kriege zur Verteidigung des sozialistischen Vaterlandes zeigen, daß man den Feind nicht besiegen kann, wenn man nicht gelernt hat, ihn aus ganzer Seele zu hassen. M. I. Kalinin schrieb: „Jeden Sowjetbürger, in dem auch nur ein Tropfen heißes Blut ist, muß glühender Haß gegen die Unterdrücker der menschlichen Freiheit und Kultur erfüllen."[1]) Ohne aktiven Haß auf den Feind kann von einer hohen moralisch-politischen und psychischen Bereitschaft der sowjetischen Soldaten zu Kampfhandlungen keine Rede sein.

Der Charakter des modernen Krieges erfordert, die Erziehung zum Haß auf den Feind erheblich zu steigern. Schon in Friedenszeit muß dieses Gefühl ausgeprägt sein, damit der sowjetische Soldat zu jeder Zeit sofort mutig und ohne ideologisch zu schwanken in den Kampf geht und gegen den Aggressor alle den sowjetischen Streitkräften zur Verfügung stehenden Mittel anwendet. Das Gefühl des Hasses auf den Feind fördert die erfolgreiche militärische Arbeit der sowjetischen Soldaten. Es kommt in Friedenszeiten darin zum Ausdruck, daß ständig die Wachsamkeit und Gefechtsbereitschaft erhöht werden, und darin, daß die Soldaten fortwährend bestrebt sind, sich moralisch-kämpferische Eigenschaften anzueignen, die für den Sieg in einem modernen Gefecht notwendig sind ...

Bei der Erziehung zum Haß gegenüber den imperialistischen Aggressoren muß der Ausbilder den Klasseninhalt der Aggressivität des Imperialismus verdeutlichen, muß er zeigen, daß die Geschichte des Kapitalismus die Geschichte von Raubkriegen ist, die den Kapitalisten stets enorme Profite brachten. Das gegenwärtige Wettrüsten ist die Hauptquelle des blutigen Geschäfts der auf die Kriegsproduktion spezialisierten Monopole der Vereinigten Staaten.

Die Angst vor dem unvermeidlichen Untergang, der Klassenhaß gegenüber den Völkern, die den Sozialismus aufbauen, bestimmen die Bestrebungen der imperialistischen Monopole, auf dem Wege bewaffneter Gewalt den sozialistischen Aufbau zu zerstören und die kommunistische und nationale Befreiungsbewegung in der Welt zu ersticken.

Bei der Entlarvung der Aggressivität des amerikanischen Imperialismus ist es notwendig, an Hand von Fakten die Aggressivität des NATO-Paktes und seiner Maßnahmen zur Vorbereitung eines Raketenkernwaffenkrieges nachzuweisen.

Zur Anerziehung des Hasses auf den Feind gehört auch die Entlarvung der westdeutschen Revanchisten.

Die aggressiven Ansichten der reaktionären revanchistischen Kreise in der BRD gehen ihrer historischen Tradition nach bis in das 13. Jahrhundert zurück, auf das Expansionsstreben der deutschen Feudalherren nach Osten. Die deutschen Ordensritter wie auch später die aggressiven Bestrebungen Preußendeutschlands stießen auf den vernichtenden Widerstand des russischen Volkes. Doch gereichten die schweren Niederlagen den Nachfolgern der aggressiven Politik nicht zur Lehre. Der deutsche Imperialismus entfachte den Ersten Weltkrieg damit, daß die deutsche Regierung Rußland den Krieg erklärte.

Nach der Großen Sozialistischen Oktoberrevolution waren es wieder vor allem die deutschen Interventen, die im Verein mit den anderen imperialistischen Interventen die junge Sowjetmacht zerschlagen wollten. Das Rad der Geschichte sollte zurückgedreht und die Entwicklung der Menschheit zum Sozialismus aufgehalten werden. Dieses reaktionäre Abenteuer endete wie auch seine zwei Jahrzehnte spätere Wiederholung gesetzmäßig mit der imperialistischen Niederlage. Doch auch das war für die reaktionären Kräfte keine Lehre. In der BRD wollen sich diese Kreise mit der völkerrechtlichen Verpflichung der BRD zu Gewaltverzicht und Anerkennung der Unantastbarkeit der bestehenden Grenzen keineswegs abfinden. Die westdeutschen Revanchisten halten nach wie vor an einer Wiederherstellung der Grenzen Deutschlands von 1937 fest. Dieser revanchistische Anspruch ist besonders gefährlich, da die Grenze zwischen der Deutschen Demokratischen Republik und der BRD die Grenze zwischen zwei militärischen Bündnissen ist: dem aggressiven NATO-Block und dem Verteidigungsbündnis der sozialistischen Staaten ...

Die USA-Imperialisten gingen ein militärisches und ökonomisches Bündnis mit den Imperialisten in der BRD ein; sie verwandelten die BRD zur Hauptschlagkraft der NATO in Europa. Unter Verletzung des Potsdamer Abkommens unterstützten sie den Aufbau der Bundeswehr, die heute nahezu fünfhunderttausend Mann stark ist, die zu einer Allzweckarmee ausgebaut wird und ständig ihre Aggressionsbereitschaft steigert. In der Propagandaschrift „Grundprobleme der Gegenwart", die in der BRD erschien, wird direkt ausgesagt, daß die

BRD dazu berufen sei, eine „Missionsaufgabe gegenüber den nicht vollwertigen Menschen im Osten“ zu erfüllen und daß diese Aufgabe der Bundeswehr auferlegt sei.

Aus dem bisher Gesagten geht hervor: Die Herausbildung des Hasses auf den Feind setzt ebenfalls die Erläuterung des Klassenwesens der imperialistischen Armeen, ihres volksfeindlichen Charakters voraus. Die Erfahrungen der Kriege zeigen: Aus welchen Klassen auch immer sich die Menschen in diesen Armeen rekrutieren, diese Armeen dienen den Monopolen und sind ihr Werkzeug bei der Durchführung ihrer aggressiven Politik. Durch eine geschickte ideologische, psychologische Beeinflussung gelingt es den Imperialisten zeitweilig, das Klassenbewußtsein der Werktätigen zu verschütten und sie für ihre verbrecherischen Interessen zu mißbrauchen.

Die Mittel der Erziehung zum Haß auf die Imperialisten bringt die Geschichte selbst hervor. Der Soldat muß die ganze Wahrheit über die Verbrechen, die die Aggressoren auf dem Territorium der UdSSR in den Jahren des Bürgerkrieges und der ausländischen militärischen Intervention sowie im Großen Vaterländischen Krieg begangen haben, kennenlernen . . .

Der Haß der Sowjetsoldaten auf die Imperialisten entwickelt sich auch, wenn man die verbrecherische Tätigkeit der imperialistischen Geheimdienste, die gegen die UdSSR und die anderen Länder des Sozialismus gerichtet ist, aufdeckt.

Die Aufdeckung des reaktionären Wesens des Imperialismus, des volksfeindlichen aggressiven Charakters seiner Armeen, ihrer verbrecherischen Ziele und ihrer Unmenschlichkeit, bildet in unseren Streitkräften den Hauptinhalt bei der Erziehung zum Haß. Der Haß auf den Feind wächst im Prozeß der Ausbildung und Erziehung des Soldaten unter der aktiven Einwirkung der parteipolitischen Arbeit. In der politischen Schulung und in Politinformationen wie auch in Lektionen, Vorträgen und Gesprächen zu speziellen Fragen der Politik des Imperialismus zeigen die Kommandeure und die Politarbeiter das wahre Antlitz des imperialitischen Gegners und rufen ihm gegenüber tiefen Haß hervor.

Zur Anerziehung des Hasses auf den Feind werden im breiten Maße die Werke Lenins genutzt. Die Soldaten studieren vor allem die Arbeiten Lenins, die den Imperialismus und seine verbrecherischen Pläne entlarven. Eine bedeutende Rolle spielen hierbei die Truppenbibliotheken, die mit den Soldaten Leserkonferenzen zum Thema „Haß auf den Gegner“ durchführen . . .

Mit Hilfe der verschiedensten Formen der antiimperialistischen Propaganda müssen die schwachen und die starken Seiten des Feindes aufgedeckt werden, ohne ihn dabei zu unterschätzen oder zu überschätzen oder auch vereinfacht darzustellen. Leider weist die Erziehung zum Haß gegenüber dem Imperialismus und seinen Armeen noch nicht überall die gleiche Qualität auf. Es gibt Soldaten, die nur eine mangelhafte Vorstellung vom bewaffneten Hauptinstrument des Imperialismus, der USA-Armee, ihrer Moral, ihrer Bewaffnung, ihren Soldaten und Offizieren haben. In einigen Truppenteilen spiegelt sich der Haß auf den Feind in der Sichtagitation nicht im genügenden Maß wider. Hier gibt es auch nur vereinzelt satirische Plakate zu dieser Problematik, obwohl bekannt ist, daß sich gegenwärtig die Ideologen und Politiker der Imperialisten gegenseitig in der Verleumdung der Sowjetunion und ihrer Streitkräfte übertreffen, daß in den imperialistischen Armeen Offiziere und Feldkaplane über den Sowjetsoldaten verstärkt Unwahrheiten verbreiten und Haß gegen die Sowjetarmee säen. Die Kommandeure und Politarbeiter sollten ständig beachten, daß die Erziehung zum Haß auf den Klassenfeind ein untrennbarer Bestandteil der moralisch-politischen und psychologischen Vorbereitung der Soldaten auf einen Krieg ist, der auch alle anderen Bestandteile dieser Vorbereitung beeinflußt.

M. I. Kalinin, Über kommunistische Erziehung und militärische Pflicht, Berlin 1960, S. 458.

УСТАВ
ВНУТРЕННЕЙ СЛУЖБЫ ВООРУЖЕННЫХ СИЛ СОЮЗА ССР

107. Заместитель командира батальона по политической части обязан:

—

—

— воспитывать у военнослужащих ненависть к врагам нашей Родины и постоянную готовность в любых условиях и любой ценой защищать государственные интересы СССР;

---

119. Заместитель командира роты по политической части обязан:

—

—

— воспитывать личный состав в духе ненависти к врагам нашей Родины и постоянной готовности в любых условиях и любой ценой защищать государственные интересы СССР;

VORSCHRIFT
FÜR DEN INNENDIENST DER STREITKRÄFTE DER UDSSR

107. Der Stellvertreter des Bataillonskommandeurs für politische Arbeit hat die Pflicht:

–

–

– die Angehörigen des Bataillons dahingehend zu erziehen, daß sie die Feinde unseres Vaterlandes hassen und ständig bereit sind, die staatlichen Interessen der UdSSR unter allen Bedingungen und um jeden Preis zu verteidigen;

---

119. Der Stellvertreter des Kompaniechefs für politische Arbeit hat die Pflicht:

–

–

– die Angehörigen der Kompanie so zu erziehen, daß sie die Feinde unseres Vaterlandes hassen und ständig bereit sind, die staatlichen Interessen der UdSSR unter allen Bedingungen und um jeden Preis zu verteidigen;

Der US-Präsident gilt mal als Freund und mal als Feind der Sowjetpolitik

Besuchsaustausch zwischen Chruschtschow und Eisenhower

„Reinigung der internationalen Atmosphäre von giftigen Bodendämpfen“
ISWESTIJA 22. 8. 59

Noch strahlt im Herbst 1959 das sowjetische Wohlwollen über Präsident Eisenhower — kurz vor Chruschtschows Donnerwetter im Frühjahr 1960.

„Die Freiheitsstatue mit der Pentagon-Variante“
KRASNAJA SWESDA 5. 1. 80

Ein halbes Jahr nach Präsident Carters Bruderkuß mit Breschnew wird Carter zur Hauptzielscheibe wegen seiner Verurteilung der sowjetischen Intervention in Afghanistan.

Westeuropa

„Ein erfahrener Anti-Sowjet-Berater“
PRAWDA 5. 11. 83

Höhepunkt der sowjetischen Anti-Reagan-Kampagne im Herbst 1983 mit Propagandaminister Goebbels als Ratgeber.

Reagan als gesichtsloser Feind, mit dem Moskau letztlich verhandeln will und muß. Der antisowjetische Carter übergibt den Popanz „Sowjetische Gefahr“ an seinen profillosen Nachfolger

Sowjetische Gefahr

Washingtons Stafette

PRAWDA 7. 3. 81

Die amerikanische Politik, nicht der Präsident persönlich wird von der Sowjetunion angeprangert.

Für West-Europa

„Mit einer solchen Stiefelkonstruktion kann man leicht die Füße verlieren.“

PRAWDA 30. 3. 82

USA

West-Europa

„Über den nuklearen Abgrund“

PRAWDA 22. 11. 81

Wenn Moskau verhandeln will, hat der Feind kein Gesicht.

Hunderte von Milliarden Dollar für die Hochrüstung

„Cowboy-Galopp" *ISWESTIJA 19. 7. 82*

Kampf gegen den Terrorismus

Libyen
„Das wahre Gesicht" *PRAWDA 16. 4. 86*

Rednertribüne der US-Politik
1983 mit Reagan als dem Feind — 1987 ohne den persönlichen Bezug

Kreuzzug gegen den Kommunismus	Embargo gegen UdSSR	Sowjet-gefahr

Provokationen
„. . . zu allem zu gebrauchen . . ."
PRAWDA 7. 9. 83

LÜGE
POLITIK DER USA

PRAWDA 13. 1. 87

Anmerkung: Das Karikaturisten-Kollektiv war 1983 und 1987 dasselbe.

Künstliches Aufblasen der sowjetischen Bedrohung
– das gleiche Motiv, die gleichen Autoren –

1983 mit Reagan als Feind
Sowjet-Bedrohung

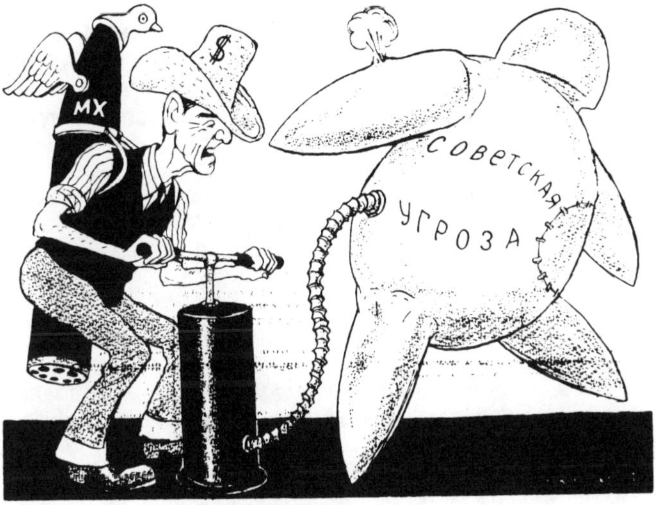

PRAWDA 15. 10. 83

1985 kurz vor dem Genfer Gipfel ohne Reagan
Sowjet-Bedrohung

PRAWDA 13. 11. 85

Interview mit Generalleutnant N. Schapalin

Die ideologische Arbeit: Inhalt und Wirksamkeit

Vorbemerkung: Die Redaktion der Zeitschrift KOMMUNIST VOORUSHENNYCH SIL (Kommunist der bewaffneten Streitkräfte), der seit 1920 maßgeblichen Zeitschrift der Sowjetarmee für die Politerziehung, erhielt in der letzten Zeit vermehrt Briefe zu der Frage, ob Agitation und Propaganda in den Sowjetstreitkräften verbessert werden sollten. Daher befragte die Redaktion den für Propaganda und Agitation zuständigen stellvertretenden Leiter in der Polithauptverwaltung der Sowjetarmee und Seekriegsflotte, Generalleutnant N. W. Schapalin. Das Interview in der Ausgabe 6/1989 (März 1989) der Zeitschrift, das auch für eine eventuelle Änderung der Feindbilddarstellung interessant ist, wird im folgenden im vollen Wortlaut wiedergegeben.

Nikolaj Wasiljewitsch, es ist heute offenkundig, daß die Propaganda und die Agitation dazu aufgerufen sind, eine aktivere Rolle bei der Mobilisierung der Militärkollektive für eine Erhöhung der Gefechtsbereitschaft und für eine Festigung der militärischen Disziplin zu spielen. Davon zeugt, wie Sie feststellen konnten, auch der Inhalt unserer Redaktionspost. Deshalb möchten wir unser Gespräch mit der Frage eines unserer Leser beginnen: Sind irgendwelche Veränderungen bei der Organisation von Propaganda und Agitation geplant?

Nun, diese Frage, die von den Lesern gestellt wird, ist nur folgerichtig. In der heutigen Situation, in der die qualitativen Parameter in den Vordergrund treten, die Aufgaben, das Leben in den Streitkräften zu demokratisieren, die Wachsamkeit und die Gefechtsbereitschaft der Truppen und Seestreitkräfte zu erhöhen und die militärische Disziplin zu festigen, – in dieser Situation muß die Agitationsarbeit für die Massen eine Erneuerung erfahren. Ihr Niveau entspricht noch nicht den Erfordernissen der neuen Etappe der „Perestrojka".

In der Agitationsarbeit sind wie bisher Formalismus und leeres Geschwätz zu beobachten. Die Agitationsarbeit hat bisweilen kaum einen Bezug zum realen Leben, zur militärischen Ausbildung in den Einheiten und auf den Schiffen. Unter der Last festgefahrener, stereotyper Denkungsarten nimmt sie einen belehrenden und deklaratorischen Charakter an. Ständig analysieren wir die Tätigkeit des ideologischen Aktivs, der Militärzeitungen und -zeitschriften und stellen fest: den Agitations- und Propagandaaktionen fehlt es an Weitsicht und Überzeugungskraft. Bei der Erörterung heranstehender Probleme aus dem Leben der Militärkollektive sind nicht immer Objektivität und Transparenz gewährleistet. Man muß leider auch zugeben, daß in der politischen Agitation eine individuelle Arbeitsweise keine Priorität genießt, daß die Agitationsarbeit für die Massen nicht zum Anliegen eines jeden Kommunisten geworden ist. Unter Berücksichtigung dieser Tatsachen sollen Maßnahmen gefunden werden, die dazu geeignet sind, unseren ideologischen Mechanismus zu erneuern und umzugestalten, ihn flexibler zu machen und empfänglicher für die Realitäten des Lebens, ihn zu befähigen, effektiver auf das Bewußtsein der Menschen einzuwirken.

Was stellt Ihrer Meinung nach das wichtigste Moment in der Agitationsarbeit dar?

Zweifellos ist eine der wichtigsten Aufgaben, die es zu lösen gilt, die radikale inhaltliche Erneuerung der politischen Agitation, ihre Annäherung an die Prozesse, die im geistigen Leben der Militärkollektive ablaufen. In der politischen Agitation kommt es heute in der Hauptsache darauf an, Lenins Konzeption des Sozialismus zu erklären, Wesen, Aufgaben und Praktiken der „Perestrojka" und ebenso ihre sozialistische Ausrichtung zu erläutern, bei den Soldaten das richtige Verständnis für die Rolle und die Verantwortung jedes einzelnen für die zuverlässige Sicherheit unseres Landes und die unserer Verbündeten zu wecken und die Waffenbrüderschaft mit den Soldaten der Bruderarmeen zu festigen. Mit anderen Worten, man muß die Soldaten aktiver zu einem neuen politischen Denken erziehen, das geprägt ist durch die Ereignisse und den Charakter der Zeit, die unser Land durchlebt, und durch die Aufgaben unseres Verteidigungsaufbaus.

Ein besonderes Augenmerk wird der Aufgabe gewidmet, die patriotische und internationalistische Erziehung der Soldaten, ihrer Familiengehörigen, der Arbeiter und Angestellten der Sowjetarmee und der Seekriegsflotte grundlegend zu verbessern.

Die Agitationsarbeit setzt sich als Ziel, den Armeeangehörigen die heroische Vergangenheit der „Heimat" ausführlicher und klarer darzulegen, von der Tapferkeit und Selbstlosigkeit der bewaffneten Verteidiger der Heimat zu erzählen, die Jugend in Armee und Flotte dazu zu erziehen, daß sie stolz auf die großen Taten der Helden ist und versucht, diesen nachzufolgen.

Man könnte noch eine aktuelle Forderung an die Agitationsarbeit herausstellen, die wir zu Recht nicht vergessen dürfen: die Bestärkung der Wahrheit, der Einheit von Wort und Tat. Es ist wichtig, mit den Menschen aufrichtig zu reden, vor ihnen keine Schwierigkeiten, keine negativen Tendenzen verborgen zu halten. Im Zusammenhang damit ist es von großer Bedeutung, daß der Propagandaapparat auch bereit ist, in kritischen Situationen prinzipiell die Parteilinie zu verteidigen, extremistischen, nationalistischen und antisozialistischen Erscheinungen und Äußerungen entschlossen entgegenzutreten, jeglichen Versuchen zu widerstehen, den Weg, den das sowjetische Volk beschritten hat, zu durchtrennen und die Rolle der Streitkräfte zu schmälern.

Was glauben Sie, worin muß das Neue in der Organisation der Agitationsarbeit, im Einsatz ihrer Formen und Methoden seinen Niederschlag finden?

Um es kurz zu fassen, das Neue sehe ich darin, daß man im Erziehungssystem demokratischere Ansätze entwickelt und verankert und es von übermäßiger Zentralisierung und Überorganisierung befreit. Die Praxis zeigt, daß gerade ein solches Herangehen bei der Organisation der Agitationsarbeit erlaubt, konkret den Menschen ins Zentrum der Umgestaltung zu stellen. Heute ist die Aufgabe schlechthin, alle Armeeangehörigen in den Kampf für die Erneuerung der militärischen Lebensweise einzubeziehen, jeden einzelnen Menschen. Die Erfahrung lehrt, daß die größte Schwierigkeit auf dem Weg der Umgestaltung in unserer Psychologie steckt, in jenen stereotypen Denkungsarten, die sich in früheren Jahren ausbildeten.

Wie könnte man hier den klugen Rat Lenins vergessen: zu verstehen, die Qualität in der Quantität zu berücksichtigen, den Menschen in seinen persönlichen Eigenarten zu sehen, in ihm das „Wollen" zur ehrlichen, gewissenhaften Arbeit zu erreichen. Deshalb werden heute den Militärräten, den militärischen Führern, den Politarbeitern und den Parteiorganisationen die Ratschläge gegeben, die politische Arbeit für die Massen in Übereinstimmung mit den Forderungen des 27. Parteitages und der 19. Allunionsparteikonferenz der KPdSU den Menschen „anzunähern", sie differenziert aufzubauen, unter Berücksichtigung von Dienststellung, Ausbildungsstand, Spezialverwendung, Dienstzeit, Nationalität und anderer Besonderheiten der Soldaten. Es ist wichtig, besonders die individuelle Arbeit mit den Soldaten hervorzuheben. Niemand darf außerhalb der politischen Einflußsphäre der militärischen Führer, der Politorgane und der Partei- und Komsomolorganisationen stehen – dies ist heute eine der aktuellsten Aufgaben.

Die Leser der Zeitschrift betonen auch, wie Sie bemerkt haben, den Umstand . . .

Man muß geradeaus sagen, daß in der heutigen Zeit militärische Führer, Politorgane, Partei- und Komsomolaktivisten dem Problem der Erneuerung der Agitationsarbeit ummittelbar in den Kompanien und Batterien wenig Beachtung schenken, ebenso der Umgestaltung der Leninzimmer in echte Zentren der ideologisch-politischen Erziehung, der geistigen und moralischen Kultur. Solche Aktivitäten, wie Lenin-Lesungen und -vorlesungen, Kolloquien, „Round-table"-Gespräche, Diskussionen, politische Streitgespräche, Fragestunden u.a. haben an Bedeutung gewonnen. Ich möchte ganz allgemein feststellen, daß den lebendigen, verständlichen und leicht nachvollziehbaren Formen und Methoden der Agitation Priorität eingeräumt wird. Die Aufgabe lautet: den Menschen nicht nur etwas verkünden, sondern mehr mit ihnen zu reden, ihnen die Möglichkeit zu geben, ihre Meinung, ihre Gedanken – nicht die suggerierten – auszudrücken. Es ist wichtig, polemische Gespräche, Diskussionen zu fördern und diese nicht zu unterdrücken.

Nikolaj Wasiljewitsch, noch eine Frage, die in den Leserbriefen auftaucht: Sind zukünftig irgendwelche Veränderungen in der Struktur des Propagandaapparates möglich?

Vorläufig können wir hierbei über unsere gesellschaftlichen Organisationsformen reden – über die Lektorengruppen in den Politorganen und über die Gruppen für operative Informationen in den Truppenteilen. Man beabsichtigt, sie in Struktur und Funktion zu vereinfachen. Tatsächlich ist es kaum notwendig, von den Mitgliedern dieser Gruppen umfangreiche Pläne oder fertig abgefaßte Vorlesungstexte zu fordern. Die Aufgabe der nicht hauptamtlichen Propagandisten besteht darin, daß sie, falls notwendig, die einen oder anderen Ereignisse erläutern, Gesprächsrunden leiten, an Diskussionen und Streitgesprächen teilnehmen. Das heißt, dies sind eher operative propagandistische Kräfte und keine Buchstabengelehrten des übergeordneten Stabes.

Ich glaube, daß in die Agitationsarbeit für die Massen die Presse, die regionalen Rundfunk- und Fernsehzentren und auch die Videotechnik aktiver einbezogen werden müssen, daß die Probleme des Armeealltags, der Vorbereitung der Jugend auf den Dienst in den Reihen der Streitkräfte in einer breiteren Öffentlichkeit zur Diskussion gestellt werden müssen.

Bei Aufenthalten in der Truppe und bei der Flotte bemühen sich die Funktionäre der Politischen Hauptverwaltung, die fortgeschrittene Erfahrung der Politorgane und des Parteipolitapparates bei der Umgestaltung der Agitationsarbeit unter Beweis zu stellen und einzubringen. Sie werden ständig von einem großen Kreis von Partei- und Propagandaaktivisten beraten – von militärischen Führern, Politarbeitern und Gesellschaftsforschern. Sie analysieren und berücksichtigen deren Vorschläge und Wünsche. Wir betrachten jetzt aufmerksamer die Erfahrungen der Politorgane der Bruderarmeen. All dies erlaubt es uns, wie ich meine, aktiver auf die Erneuerung der Propaganda und Agitation in den Militärkollektiven einzuwirken. Was könnte man noch sagen? Leider „legen“ wir alle nur sehr langsam unsere „technokratische“ Denkungsart ab, unsere „zurückgebliebene“ Herangehensweise an Erziehungsfragen. Viele Führer sind weniger daran gewöhnt, alltägliche erzieherische Arbeit zu leisten, als vielmehr die verschiedensten Maßnahmen zur Beschäftigung der Soldaten organisatorisch vorzubereiten. Es ist davon die Rede, daß unsere Kader dazu angehalten werden, sich mehr mit den Menschen zu beschäftigen und mit den Mitteln der Agitationsarbeit aktiv auf sie einzuwirken. Von nicht geringerer Bedeutung ist der Organisationsgrad der Arbeit des Propagandaapparates. Ihm fällt die besondere Aufgabe zu, für die Durchführung der politischen Agitation im Sinne der neuen Forderungen zu sorgen, dafür, daß sie sachbezogener ist und mit gesundem Menschenverstand geführt wird.

Feinde auf Zeit:
die Chinesen — nach 1982 wieder aus der Sowjetkarikatur verschwunden.

Wir haben
den gleichen
Feind

KROKODIL 6/1979

KRASNAJA SWESDA 1. 3. 79

Antisowjetische
Hysterie

ISWESTIJA 10. 2. 80

Die amerikanischen Verbündeten in häßlicher Gestalt.

KONTRAS

„Das heilt die Wunden“

PRAWDA 26. 2. 87

Mudschahedin: „Keine Sorge, die gehen bei uns als Lokalschönheiten durch.“

PRAWDA 6. 8. 87

SDI

KROKODIL 7/1989

Die Europäische Wirtschaftsgemeinschaft galt bis vor kurzem als kapitalistischer Feind.

Die EWG unter dem amerikanischen Lasso

„Washington in seinem Element“
ISWESTIJA 13. 9. 82

1974: Absturz der „Partner“ in die Tiefe

GEMEINSAMER MARKT

„Kettenreaktion“
PRAWDA 21. 5. 74

Seit Juni 1988 ist die EG Partner.

EWG RGW

ISWESTIJA 18. 6. 88

Bernd Kroeger

Feindbild und Bundeswehr

Die Frage, ob die Bundeswehr ein Feindbild habe, ist schon häufig diskutiert worden. Aber die Erklärung, daß Erziehung zum Haß gegen eine Person oder ein Volk mit unseren Vorstellungen vom Menschen nicht vereinbar sei, wäre zu einfach; darüber könnte die Komplexität der Problematik vergessen werden.

Wie aber geht die Bundeswehr mit dem Feindbild um, wenn sie keines hat? Kann es überhaupt eine Armee ohne Feindbild geben? Wie reagiert der militärische Ausbilder unter entsprechendem Definitionszwang?

Armee ohne Feind(bild)?

„. . ., daß auf den Haß zu verzichten keineswegs bedeutet, auf den Kampf zu verzichten; daß jedes Recht zum Unrecht wird, sobald es sich durch Haß zu befestigen versucht, oder – was auf das gleiche hinausläuft – daß es selbstzerstörerisch ist, den Haß für die Sache der Gerechtigkeit einzuspannen“[1]).

„Nicht auf den Kampf zu verzichten . . .“ bedeutet Kampf gegen jemand oder Kampf für etwas. Wer bedroht uns und was gibt es zu verteidigen? Dies sind die Fragen, die dem militärischen Ausbilder gestellt werden. Sie kommen von denen, die den Verteidigungsauftrag haben. Eine Paradoxie, ein Widerspruch? Gemeint ist die Anerkennung der Verteidigungswürdigkeit unseres Staates. Die Fragen kommen von jungen Bürgern, denen eine einheitliche Wertevorstellung zu billigen schwerfällt. Sie kommen von Bürgern, die oft den Soldaten noch akzeptieren, aber denen die Mittel zur Verteidigung suspekt sind. Der soldatische Führer muß häufig Nachhilfeunterricht in Sachen „Staatsverständnis“ geben. Hinweise auf Verfassung, geschichtliche Erfahrung oder gar Ideologie reichen zur Begründung soldatischen Handelns oft nicht aus. Der Rechtfertigungszwang endet nicht beim General, sondern reicht bis auf die Gruppenführerebene, wo er sich dann in der Frage, wofür der Soldat diene, artikuliert. – Wie lauten die Antworten einer Institution, die trotz aller Wirrungen breite Akzeptanz in der Bevölkerung genießt?

Sollte die Abschreckung versagen, hat diese Armee den Auftrag, die territoriale Unversehrtheit unseres Landes wiederherzustellen und zwar durch militärischen Kampf. Bei der Einschätzung der vorherrschenden militärischen Potentiale werden dies die Streitkräfte der Warschauer-Pakt-Staaten sein. Gründe für diese Annahme sind sowohl der ideologische Anspruch als auch geschichtliche Erfahrung. So ist der Soldat der Warschauer-Pakt-Staaten der „potentielle Gegner“ oder in der taktischen Lage „der Feind“.

Um die Ausbildung möglichst realistisch gestalten zu können, wird sich nach einem Bedrohungsbild gerichtet. In der Verantwortung für den Soldaten hat sich der militärische Ausbilder an den Fähigkeiten der Warschauer-Pakt-Armeen zu orientieren. Jeder andere Bezugspunkt wäre verantwortungslos und – bezogen auf den ihm vorgegebenen Auftrag der Landesverteidigung – sinnlos.

Der Anspruch

Unter den Voraussetzungen der oben gemachten Aussagen hat die Armee den festen Auftrag, der sich auf die alte Weisheit „Ausbilden, daß der Soldat kämpfen will und kann“ zurückführen läßt. Dies muß unter den Umständen eines denkbaren Kriegsbilds in Mitteleuropa auf dem Niveau modernster Waffen geschehen. Der Soldat muß „kriegstüchtig“ ausgebildet werden. Die Motivation, „kämpfen zu wollen“, kann nur aus dem Erkennen der Werte erwachsen, die in einem Krieg bedroht werden oder verloren gehen können. Diese Werte sind nicht immer selbstverständlich bekannt. Vielmehr ist heute ein fehlendes geschichtliches Bewußtsein bei den meisten jungen Menschen die Regel.

In einer Zeit, die die Einschränkung kaum kennt, fällt das bewußte Erleben von Werten schwer. Reizüberflutung, Konsumorientierung sowie mangelndes politisches Wissen und Interesse sind vielfach die Grundlage, auf der politischer Unterricht aufbauen muß. Lerngruppen, die bildungsmäßig äußerst heterogen sind, stehen Ausbildern gegenüber, die häufig selbst Hilfe bräuchten. Die Ausbildungsarbeit richtet sich nach den Richtlinien der Zentralen Dienstvorschrift (ZDr) 12/1 „Politische Bildung in der Bundeswehr“, welche für jeden frei zugänglich ist. Das gleiche gilt für die Unterrichtshilfsmittel.

Die politische Bildung in der Bundeswehr soll dazu beitragen, dem Soldaten seine Rolle im Staat zu verdeutlichen und seine eigene Urteilsfähigkeit zu stärken. Der Soldat soll unsere Grundwerte erkennen und ihre Bedeutung einschätzen lernen. Dies setzt Wissen um das Funktionieren einer Demokratie voraus; aber auch die Auseinandersetzung mit den Schwächen dieses politischen Systems. Letzteres kann in den Streitkräften nur als Ergänzung der politischen Bildung in unserer Gesellschaft verstanden werden. Die Ausbildung setzt also bei der Darstellung unserer Stärken an. Aus dieser Position soll die Fähigkeit erwachsen, andere politische Formen bewerten zu können und zwar in dem Bewußtsein, keinen Vergleich scheuen zu müssen.

In der Gegenargumentation kann vereinfacht gesagt werden, daß keine Notwendigkeit bestehe, eine andere Staatsform zu diskreditieren. Wenn diese schlecht sei, setze der Vorgang der Herabwürdigung völlig selbständig ein. Daraus resultiert weiter, daß das Aufbauen von Feindbildern nicht notwendig ist. Eine Gesellschaftsform, die zum Funktionieren Kritik wünscht und braucht, muß auch gewisse Bereiche, wie zum Beispiel die Armee, in Frage stellen lassen. Daneben würde sich auch jede noch so schwache Verzerrung der Wirklichkeit einer anderen Staatsform bei der Informationsmöglichkeit in unserer Demokratie schnell selbst entlarven. Die dann zu erwartenden Vertrauensschäden wären irreparabel.

Wenn trotzdem nicht darauf verzichtet wird, beispielsweise im Rahmen der politischen Bildung in den Streitkräften das Thema „Andere Gesellschaftssysteme europäischer Staaten, vor allem der Sowjetunion und der DDR“ zu unterrichten, so hat dies andere Gründe, als emotionale Schranken gegen Personen aufzubauen, geschweige denn ein Feindbild in diesem Sinne anzuerziehen. Statt dessen sollen andere Staatsformen vorgestellt werden, damit die Soldaten etwas über deren politische Ansprüche aussagen können.

Das „Kämpfenkönnen“ sollte sich an den persönlichen Fähigkeiten, den eigenen Waffen sowie denen des Gegners ausrichten. Dies bedeutet, daß der Soldat lernen muß, die Stärken seiner Ausrüstung und Ausbildung gegen die Schwächen eines anderen Soldaten einzusetzen. Dazu muß er jedoch beide Seiten kennen. Das im Gesamtausbildungsplan vorgegebene Grobziel „Die Kampfweise eines verstärkten motorisierten Schützenbataillons im Angriff kennen“ ist ein Beispiel dafür. Der Soldat lernt in dem Zusammenhang sowjetische Panzer von denen der NATO zu unterscheiden und die Schwachpunkte der ersteren auszunutzen.

Alle diese Forderungen legitimieren sich nur unter der Ausbildungsdevise, dem eigenen Soldaten die höchstmögliche Überlebenschance anzutrainieren. Mit der Notwendigkeit, alles zu versuchen, nach Ausbruch eines Krieges die Abschreckung wiederherzustellen, ist automatisch das Bestreben verbunden, das eigene soldatische Können so hoch zu halten, daß diese Abschreckung glaubhaft ist. Diese Überlegung ist unabhängig von der nationalen Zugehörigkeit eines Gegners. Aufgrund der gegebenen Umstände kann es sich bei dem potentiellen Gegner nur um den Soldaten des Warschauer Paktes handeln.

Die Wirklichkeit

Der Unterricht findet in einer Umgebung statt, die durch äußere Umstände und die Atmosphäre kaum pädagogisch wirkt. Zudem ist die Bereitschaft der Soldaten zum aktiven Mitmachen sehr unterschiedlich.

Da es nicht „die typische Bundeswehr-Kompanie“ gibt, mußte eine Kompanie beispielhaft betrachtet werden. Die weiteren wiedergegebenen Erfahrungen basieren auf der Truppengattung der Pioniere, für die eine handwerkliche Orientierung und gemischtes Bildungsniveau kennzeichnend sind. Als Themenbeispiel soll das bereits erwähnte Thema „Systemvergleich“ dienen.

Die angestrebte Größe der Lerngruppe, vor der der Unterricht in der Regel gehalten wird, sollte dreißig Soldaten (ein Zug) nicht überschreiten. Hierfür sind drei bis vier qualifizierte Ausbilder notwendig, wobei durch eventuelles Zusammenfassen mehrerer Unterrichtsgruppen und einer Arbeitsteilung, das heißt Spezialisierung eines Ausbilders auf ein Thema, eine Entlastung in der Vorbereitung erreicht werden kann.

Im Unterricht versuchen Theoretiker nichtinteressierten, praxisorientierten Soldaten ein Thema näherzubringen. „Praxisorientiert“ bedeutet in diesem Falle so anschaulich wie möglich. Und dies so, daß der Abiturient unter den Zuhörern nicht vor Unterforderung einschläft und der Hilfsarbeiter geistig auch noch mitkommt.

Die Grobziele sind:

Der Soldat soll

▷ erkennen, welche Rolle Grundrechte in der DDR spielen und

▷ am Beispiel des Grundrechts der Mitbestimmung und Mitgestaltung (Art. 21 Verfassung der DDR) befähigt werden, Anspruch und Wirklichkeit miteinander zu vergleichen.

Die Feinziele sind:

Der Soldat soll

▷ wissen, welche Mitbestimmungsrechte die Verfassung der DDR den Bürgern einräumt,

▷ erkennen, welche Rolle die Verfassung der DDR beim Aufbau und der Verwirklichung der sozialistischen und kommunistischen Gesellschaft spielt und von welchem Grundrechtsverständnis dabei ausgegangen wird, und andere.

Das sind die grundlegenden didaktischen Vorgaben, nach denen die jungen Soldaten befähigt werden sollen, sich selbständig mit diesem politischen Thema auseinanderzusetzen, wobei als Unterrichtszeit eine Doppelstunde angesetzt ist. „Was aus dem Stoff gemacht wird“, hängt verständlicherweise von der persönlichen Lehrbefähigung des jeweiligen Ausbilders ab. Jeder Ausbilder erhält einen Verlaufsplan, der sowohl geplantes Lehrverhalten als auch erwartetes Lernverhalten mit didaktisch-methodischen Hinweisen enthält. Eine Ergebniskontrolle findet in der Regel nicht statt.

Es stellt sich nun die Frage, wo der Freiraum für andere Inhalte und zur Umsetzung einseitiger Informationen oder manipulierter Aussagen ist. Wenn überhaupt, so wäre sicherlich hier eine Möglichkeit dazu gegeben. Unter Berücksichtigung der Tatsache, daß bei den zu Unterrichtenden meist geringes Fachwissen und mangelndes Interesse vorliegen, läge hier sicherlich ein Ansatzpunkt für die persönliche Themenaufbereitung durch den Unterrichtenden. Die von ihm gebrachten Beispiele, seine Schwerpunktsetzung und seine Fragestellung könnten beeinflussend wirken. Dies um so mehr, je stärker er von den Soldaten als fachkompetent akzeptiert wird. Irgendwo sind jedoch Grenzen des Machbaren. Es muß geprüft werden, was der Ausbilder unter bewußter Zielsetzung des Feindbildaufbaus erreichen könnte.

Die Grenzen liegen in der generellen Informationsmöglichkeit der zu Unterrichtenden. Trotz des beschriebenen, meist geringen Wissensstands sind alle Angaben des Vorgesetzten überprüfbar. Dies kann durch das persönliche Erlebnis geschehen sowie durch das Lesen einer Publikation aus der DDR. Auch der Kommentar in einer Tageszeitung kann Anlaß für das kritische Hinterfragen sein.

In welcher Position befindet sich dabei der Vorgesetzte? Man erwartet von ihm, daß er sich die fachliche Information zum Thema erarbeitet, was auch kontrolliert werden kann. Im Bereich der Bewertung bestimmter Zusammenhänge steht es ihm frei, seine persönliche Einschätzung abzugeben. Er muß dies kenntlich machen, und die persönliche Bewertung sollte sich in einem gewissen Rahmen bewegen, der das Vertrauen in ihn erhält. Alles Gesagte kann offen diskutiert werden. Jedes Wort muß „morgen in der Zeitung stehen" können, abgesehen davon, daß es alle Vorgesetzten kontrollieren können.

Zusammenfassend läßt sich feststellen, daß in der politischen Bildung der Bundeswehr keine Feindbildausbildung stattfindet, weil sie weder notwendig noch möglich ist.

In diesem Zusammenhang muß auch auf eine Veränderung der letzten Jahre hingewiesen werden, die – von der Gesellschaft ausgehend – auch in die Bundeswehr hineingetragen wurde. Es geht um die sicherheits- und verteidigungspolitische Diskussion. Die notwendige Auseinandersetzung mit diesem Thema hat neben der Verbreitung des Fachwissens in allen Schichten der Bevölkerung ein höchstes Maß an Sensibilisierung zur Folge gehabt: Sensibilisierung dahingehend, Positionen der Vergangenheit stärker zu hinterfragen. Jeder Zug von Soldaten spiegelt hier im kleinen Stimmungen und Strömungen politischer Meinungen wider. Den daraus hervorgehenden Fragen muß sich der Vorgesetzte stellen. Oft mangelhaft informiert und der Situation unvorbereitet gegenübergestellt, ist er dazu nicht immer fähig. Auch hier kann es einfache Argumentationen oder eine undifferenzierte persönliche Meinung geben. Hieraus könnten natürlich Mißverständnisse in der Bewertung der „Feindbildunterstellung" erwachsen.

Es gibt aber noch eine andere Ebene, auf der den Soldaten „der Feind" begegnet. Es ist die der Kampfausbildung. Für den Soldaten gilt es zum Beispiel „Erscheinungsformen des Kampfes sicherheitsgefährdeter Kräfte" oder die angesprochene Kampfweise des sowjetischen motorisierten Schützenregiments zu erkennen. Mögliche Mittel dazu können beispielsweise Abbildungen (Erkennungsblätter) von sowjetischen Fahrzeugen und Waffentypen sein, welche den „roten Stern" tragen. Filme von Manövern des Warschauer Paktes sind eine Ergänzung dazu.

In der praktischen Ausbildung kann es ebenfalls Feinddarstellung bedeuten, wenn eine Gruppe von Soldaten (mit roter Armbinde gekennzeichnet) den

Feind simuliert. Dies erfolgt nach den erlernten Grundsätzen der Kampfführung der Bundeswehr. Eine Umgliederung zum Beispiel nach sowjetischen Einsatzverfahren oder eine Ausstattung mit sowjetischem Gerät erfolgt nicht. Als höchste Form der „Anpassung an den Feind“ kann hier vielleicht die selbstgebastelte Holztretmine genannt werden oder das Hinweisschild auf Minen in kyrillischer Schrift.

Die Forderung nach kriegsnaher Ausbildung mit dem Hinweis auf die vermuteten Fähigkeiten des potentiellen Gegners zu begründen, ist bei jungen Soldaten nicht leicht durchsetzbar. Sie sind emotional zu weit vom Kriegsgedanken entfernt, so daß hieraus keine diesbezügliche Motivation erwachsen kann.

Dies gilt teilweise auch für Vorgesetzte. Hat es der Vorgesetzte versäumt, die Grundlage des „soldatischen Warum“ zu erklären, kann es in der Feldpostenstellung unter Umständen geschehen, daß er gefragt wird, warum es sich bei Minenfeldern immer um sowjetische handelt. Schilderungen über Verhaltensweisen gegnerischer Soldaten, die der Ausbilder als Begründung für eigenes Reagieren fordert, werden nicht ohne weiteres akzeptiert. Auch hier steht er in der Beweispflicht.

Zusammenfassung

Aus der Stärke unserer politischen Ordnung soll der Staatsbürger (in Uniform) die Erkenntnis ihrer Verteidigungswürdigkeit gewinnen. Dies zu erkennen, ist für diese Altersgruppe nicht immer selbstverständlich.

Der Ausbilder steht dabei vor „dem bildungsmäßigen Durchschnitt“ unserer Bevölkerung. Politische Bildungsdefizite aus dem Elternhaus oder der Schule können nur noch oberflächlich ausgeglichen werden. Schlagwortwissen, jugendliche Emotionen und unerfahrene Vorgesetzte sind beim Erreichen dieses Zieles oft bremsend. Eine Haßerziehung verbietet sich jedoch aus dem eigenen Verständnis der Menschenwürde. Außerdem wäre sie unglaubwürdig und unnötig. Die gesamte Ausbildung orientiert sich am Ernstfall. In Friedenszeiten, in denen die Erfahrung einer anderen Lebenssituation fehlt und einer oft verständnislosen Öffentlichkeit gegenüber notwendige soldatische Härte demonstriert wird – ist dieser Teil der Auftragserfüllung nicht immer leicht.

Eine Armee in einer Demokratie muß deshalb Werte erleben lassen, die sie zu verteidigen hat. Dies steht nicht im Widerspruch zu der Forderung von Befehl und Gehorsam. Zu diesen höchsten Werten gehört die Kontrolle der Institution Bundeswehr durch die jungen Bürger, die den Verteidigungsauftrag haben. Sie tun dies tagtäglich hinter den Kasernenmauern und tragen diese Information hinaus in ihre Familien – und dies seit über dreißig Jahren. In den Kasernen kann kein anderer Geist herrschen als in der offenen Gesellschaft, die die Kaserne für notwendig hält. Zu dieser Begründung hat die Bundeswehr Haß und Lüge nie gebraucht.

Feindbild und militärische Feindlage sind zwei verschiedene Dinge. Nur Böswillige negieren diesen Unterschied, um ihr Feindbild aufrechterhalten zu können.

---

[1]) Kolakowski, L.: Erziehung zum Haß, Erziehung zur Würde. Ansprache aus Anlaß der Verleihung des Friedenspreises des Deutschen Buchhandels 1977 in Frankfurt.

DOKUMENTATION

Als erster Beitrag der Dokumentation „Feindbild und Bundeswehr" wurde der Grundsatzartikel des damaligen Verteidigungsministers Georg Leber aufgenommen, der erste ausführliche Artikel eines deutschen Verteidigungsministers zum Thema „Feindbild" im Juni 1974. Lebers Nachfolger haben seine prinzipielle Aussage, die Bundeswehr brauche kein Feindbild, wiederholt bekräftigt.

Anfang 1985 fühlte sich die NVA veranlaßt, zu diesem Thema Stellung zu nehmen. In unserer Dokumentation ist diese Stellungnahme von NVA-Oberst Kramer (in gekürzter Form) enthalten sowie deren Kommentar aus Information für die Truppe, Bonn 8/1985.

Georg Leber

Verteidigung ohne Haßerziehung

Die Soldaten der Bundeswehr brauchen kein Feindbild

Die Bundesregierung hat im Verteidigungs-Weißbuch 1973/1974 festgestellt, daß der Wille zum Widerstand gegenüber äußerer Gewalt oder der Drohung mit Gewalt keiner ideologischen Untermauerung bedarf. Verteidigungsbereitschaft ist gegeben, wenn der Staat und seine Organe gemeinhin anerkannt werden und die Bürger in ihrer Mehrheit das Gefühl besitzen, daß es sich trotz Unvollkommenheiten im Detail in unserem Lande durchaus leben läßt. In diesem Zusammenhang heißt es wörtlich:

„Der Wille zur Selbstbehauptung, notfalls zur bewaffneten Verteidigung der freiheitlichen Lebensweise, benötigt kein Feindbild."(S. 51)

Diese Aussage hat hier und da zu Mißverständnissen oder Fehldeutungen geführt. So wurde gefolgert, der Soldat der Bundeswehr habe nun keinen konkreten Verteidigungsauftrag mehr; Bürger und Soldaten dürften über das militärische Ost-West-Kräfteverhältnis nicht mehr informiert werden. Andere meinten sogar, die Bundeswehr habe erst jetzt ihr Feindbild aus der Ära des kalten Krieges ausgegeben. Diese Fehldeutungen sind zum Teil erklärbar aus der Tatsache, daß es in unserer Gesellschaft keine breite und sachverständige Strategiediskussion gibt. Zum anderen sind sie aber sicher auch darauf zurückzuführen, daß der Begriff „Feindbild" in unserer Sprach- und Gedankenwelt eigentlich gar nicht existiert. Er bezeichnet einen Sachverhalt, der so außerhalb unseres Denkens und Verhaltens liegt, daß wir keine Verwendung dafür haben und viele Bürger deshalb auch nicht verstehen, was er eigentlich bedeutet.

Das Wort „Feindbild" ist ein ideologischer Begriff und kann nur so verstanden werden. In den Vorschriften der Bundeswehr hat es ihn nie gegeben. Anders in der DDR. Dort gibt es ein ideologisch fest umrissenes und von Haß durchtränktes Feindbild, das den Soldaten der Nationalen Volksarmee unablässig eingehämmert wird: Es ist das propagandistisch mit allen Mitteln verzerrte und verteufelte Bild vom anderen Deutschland und seiner Armee, der Bundeswehr.

Unterscheidungen

Etwas ganz anderes bedeutet der in den Ausbildungsvorschriften verwendete Begriff der „Feindlage". Darunter versteht man die militärische Beurteilung der Situation, wie sie sich im Verteidigungsfall und den dann folgenden Kampfhandlungen darstellt. Unter „Feind" wird verstanden, wer uns militärisch angreift. Der Beurteilung der „Feindlage" steht gegenüber die Beurteilung der „eigenen Lage". Beides sind die wichtigsten Faktoren, die jeder militärische Führer in seinen Überlegungen berücksichtigen muß, ehe er einen Entschluß faßt, einen Befehl erteilt oder einen Auftrag ausführt, bei dem mit Feindberührung gerechnet werden muß.

Ebenso muß Feindbild unterschieden werden von „Kräfteverhältnis" oder „militärischem Potential". Das „Kräfteverhältnis" ist ein vergleichender Begriff, das heißt, es wird etwas miteinander in Beziehung gesetzt und verglichen. Der Begriff wird meist auf strategischer Ebene verwendet, indem man etwa die Stärke zweier Bündnissysteme miteinander vergleicht.

Das Wort „militärisches Potential" bezeichnet die Summe der Mittel und Möglichkeiten, die einem Land oder einem Bündnis zum Angriff oder zur Verteidigung – mithin insgesamt zur militärischen Gewaltanwendung – zur Verfügung stehen oder dafür mobilisiert werden können.

Ich habe schon während der Pressekonferenz am 15. Januar 1974 anläßlich der Veröffentlichung des Weißbuches 1973/1974 näher erläutert, wie wir uns zur Frage eines Feindbilds und der Erziehung zum Haß stellen. Ich habe damals ausgeführt:

> „Wir brauchen, wenn wir um unsere Sicherheit besorgt sind, nicht Haß gegen irgendjemanden in der Welt in die Herzen junger Männer zu säen. Es genügt das Bewußtsein, daß wir auf diesem Boden noch nie so gut und noch nie so frei und noch nie so sicher gelebt haben wie gegenwärtig. Daß dies verteidigungswürdige Werte sind, reicht nach unserer Auffassung aus, daß wir unsere Streitkräfte mit Erfolg unterhalten können zur Sicherung dieser Werte. Also für etwas, nicht gegen etwas erziehen."

In der Fernsehsendung „Kontraste", die sich am 21. Februar 1974 mit dem Thema beschäftigte „Das Feindbild der NVA – Braucht die Bundeswehr ein Feindbild?", habe ich erneut Stellung genommen und gesagt:

> „Wir können darauf verzichten, junge Bürger dieses Landes, die Soldaten sind, im Haß auf jemand anderen zu erziehen, gewissermaßen dahin zu dressieren, jemand anderen zu hassen. Dies haben wir nicht nötig. Die Bundeswehr hat den Auftrag, dieses Land zu verteidigen für den Fall, daß unser Friede gestört wird. Es genügt, wenn der junge Bürger dieses Landes weiß, daß dieses Land wert ist, daß er sich vor es stellt. Nötig bleibt natürlich, daß der junge Soldat das Ausmaß der militärischen Bedrohung kennt, mit dem er es möglicherweise zu tun hat. Dies ist eine Frage der militärischen Lage. Und das Dritte, das man auch nicht vergessen darf, ist die Tatsache, daß unabhängig von dem allen, unabhängig auch von den Entspannungsbemühungen, die Auseinandersetzung zwischen Kommunismus und freiheitlicher Lebensart weitergehen wird."

Dies ist meine Auffassung zur Frage der Verteidigungsbereitschaft. Es ist zugleich die Auffassung der Bundesregierung und der Bundestagsparteien. Unsere freie Gesellschaft braucht kein Feindbild, um sich selbst zu behaupten, unsere Soldaten benötigen keinen Haß, um verteidigungsbereit zu sein.

Die Bürger und ihr Staat

Unsere heutige junge Generation kennt das Wort Krieg nur noch vom Hörensagen. Es hat wohl noch keine Generation gegeben, die so frei aufwachsen konnte. Sie hat nicht die Erfahrungen wirtschaftlichen Mangels, eigener Existenzunsicherheit, autoritärer Staatsherrschaft gemacht. Sie kennt den Krieg nicht und hat seine Folgen nicht am eigenen Leibe gespürt. Unsere heutigen jungen Leute konnten wirklich jung sein. Sie konnten ihre Ausbildung beenden, sich auf einen Beruf vorbereiten, die Annehmlichkeiten der Überflußgesellschaft genießen. Während all' der Jahre des Heranwachsens hat diese junge Generation eine Vielzahl von Grundrechten wahrgenommen, meist ohne sich ihrer bewußt zu sein.

Viele ältere Bürger haben noch erlebt, was es bedeutet, in der Unfreiheit leben zu müssen. Sie haben das „Unrecht in Gesetzesform" noch in Erinnerung. Sie wissen aus eigener Anschauung, was es heißt, wenn Recht und Gesetz zueinander in Widerspruch treten und das Gesetz „Unrecht" wird. Ein Schriftsteller sagte einmal, man müsse das Unrecht erlebt haben, um Recht und Freiheit wirklich schätzen zu können. Es scheint ein Wesensmerkmal der Freiheit zu sein, daß man nicht lange darüber nachdenkt, solange man sie besitzt. Man vergegenwärtigt sich nicht, was man darf, sondern man tut es einfach. Man nimmt die Freiheitsrechte wahr, die das Grundgesetz jedem Staatsbürger garantiert, ohne sie als besondere Freiheiten zu empfinden:

▷ Schutz der Menschenwürde,

▷ freie Entfaltung,

▷ Gleichheit vor dem Gesetz,

▷ Glaubens-, Gewissens- und Bekenntnisfreiheit,

▷ Meinungs- und Versammlungsfreiheit,

▷ Freiheit der Berufswahl und der Berufsausübung,

▷ Unverletzlichkeit der Wohnung,

▷ das Recht zur Mitgliedschaft in Vereinen, Verbänden und Gewerkschaften.

Das alles sind heute Selbstverständlichkeiten. Und doch sind es die wesentlichen Punkte, in denen sich eine Demokratie von anderen Herrschaftsordnungen unterscheidet, vor allem von der Diktatur, die ihr Gegenmodell darstellt.

Die drei Grundideen unserer Demokratie

▷ Die Abgeordneten handeln im Auftrag des Volkes. Sie repräsentieren den politischen Willen der Bürger und sind ihnen verantwortlich. Dies ist die Idee der Volkssouveränität. Unsere Parlamente sind frei gewählt, ob es sich nun um einen Gemeinderat, einen Landtag oder den Bundestag handelt. Die Bundestags- und Landtagswahlen mit ihren jeweils klaren Absagen an radikale Minderheiten von rechts oder links beweisen deutlich: Die überwältigende Mehrheit unseres Volkes will diesen Staat, diese demokratische Gesellschaftsordnung und keine andere.

▷ Unser oberster Grundwert ist die Sicherung und Bewahrung der Freiheit. Jeder einzelne soll an den öffentlichen Angelegenheiten mitwirken können. Seine freie Meinungsäußerung darf nicht beschnitten werden. Auch gesellschaftliche Gruppeninteressen können und sollen sich frei entfalten. Gewerkschaften, Kirchen, Verbände und Vereine werden nicht staatlich gelenkt und bevormundet. Dies ist die Idee der Freiheit. Wir wissen, daß die Demokratie deshalb die beste aller möglichen Herrschaftsformen ist, weil sie persönliche Interessen und Gruppeninteressen am wenigsten einschränkt und reglementiert.

▷ Die Demokratie kennt keine Privilegien für bestimmte Personen oder Gruppen. Die gesetzlichen Regeln sind für alle verbindlich; vor dem Gesetz ist jedermann gleich. Dies ist die Idee der Gleichheit. Sie ist Voraussetzung für Rechtssicherheit und Gerechtigkeit. Für diese Grundwerte mußte in der Geschichte der Menschheit Jahrhunderte hindurch gekämpft werden. Immanuel Kant hat dazu gesagt: „Wenn die Gerechtigkeit untergeht, hat es keinen Wert mehr, daß Menschen auf der Erde wohnen."

Die Ideen der Volkssouveränität, der Freiheit und der Gleichheit sind die Säulen der Demokratie. Das macht die demokratische Ordnung trotz unbestrittener Schwächen letztlich doch allen anderen Herrschaftsformen überlegen. Darum ist es diese Ordnung wert, geschützt und verteidigt zu werden. Sie ermöglicht uns ein menschenwürdiges Dasein, denn der Mensch ist das Subjekt unserer Politik, nicht ihr Objekt. In der demokratischen Gesellschaft ist der einzelne nicht Ideologien unterworfen und den Herrschaftsinteressen von wenigen ausgesetzt. Seine Würde ist unantastbar; sie zu achten und zu schützen ist Verpflichtung aller staatlichen Gewalt. So bestimmt es Artikel 1 unseres Grundgesetzes.

Die überwiegende Mehrheit der Bürger ist mit ihrem Staat Bundesrepublik zufrieden und hat Vertrauen zu unserer Ordnung. Das zeigen uns die sozial- und politikwissenschaftlichen Untersuchungen. Die Bürger sind mit dem Staat, so wie er ist, einverstanden; sie bejahen ihn. Die meisten sind davon überzeugt, in einem demokratischen Staatswesen zu leben; sie halten unsere staatliche Ordnung für „gerecht", „tolerant" und „zuverlässig": Achtzig Prozent meinen, die staatliche Organisation funktioniere im großen und ganzen, die Mehrheit hält sie für gut.

Gesellschaft und Verteidigung

Wenn die meisten Menschen der Meinung sind, daß es ich in diesem Staat leben läßt (und zu dieser Aussage bekennt sich nach den Untersuchungsergebnissen eine weit überwiegende Mehrheit unserer Bevölkerung), dann ist zugleich die Bereitschaft da, für dieses Land und seine Freiheit notfalls auch militärisch einzustehen. Dem Normalbürger fällt es im allgemeinen nicht leicht, sich unter den abstrakten Begriffen der Freiheit oder der Demokratie etwas Konkretes vorzustellen. Er erlebt die Grundrechte als etwas Selbstverständliches auf seine Weise. Erst ihre Einschränkung oder gar ihr Verlust würden ihm ihren Wert wirklich bewußt machen. Selbstverständlichkeiten nimmt man als gegeben hin, sonst wären es keine Selbstverständlichkeiten. Diese Haltung des Bürgers gegenüber dem gesamten politischen Bereich gilt auch für sein Verhältnis zur Bundeswehr.

In Zeiten relativer Ruhe, wenn den einzelnen keine akuten Bedrohungsgefühle beunruhigen, wird auch die Notwendigkeit von Streitkräften geringer eingeschätzt als in Zeiten außenpolitischer Spannungen. Wer nicht an eine Kriegsgefahr glaubt, wird verständlicherweise auch die Bundeswehr nicht sonderlich hoch einschätzen. Der Verteidigungswille des Bürgers ist in Zeiten der Ruhe quasi stillgelegt; er wird aktiviert, wenn es die Situation erfordert. Ähnlich verhielt es sich mit der unerwartet guten Disziplin der Autofahrer während der Geschwindigkeitsbeschränkungen und der Sonntagsfahrverbote im Gefolge der Energiekrise: Nur wenige hätten den deutschen Autofahrern dieses hohe Maß an Disziplin und Solidarität zugetraut; aber es war vorhanden, als es die Situation erforderte.

Auch die Wehrbereitschaft ist gestiegen

Die neuen Umfrageergebnisse zum zivil-militärischen Verhältnis bestätigen diese Aussagen. Das EMNID-Institut legte im Januar 1974 eine Untersuchung vor zum Thema „Einstellung der Bevölkerung der Bundesrepublik zur Wehrpflicht und zur Kriegsgefahr". Die Umfrage, durchgeführt im November/Dezember 1973, also nach dem Nahost-Krieg vom Oktober 1973, erbrachte folgende Ergebnisse:

- Die Zustimmung zur Bundeswehr war deutlich angestiegen. Im Dezember 1973 bezeichneten 17 Prozent die Bundeswehr als „sehr wichtig" und 46 Prozent als „wichtig"; im Mai 1973 jeweils nur 9 Prozent beziehungsweise 41 Prozent.
- Die Gefahr, daß es zu einem Krieg kommen könnte, wurde höher eingeschätzt als im Mai vergangenen Jahres.
- Die persönliche Wehrbereitschaft war gegenüber Mai 1973 angestiegen.

Seit 1969 war die Einschätzung der Bundeswehr beständig rückläufig. Zur Jahreswende 1973/1974 erreichte die positive Meinung zur Bundeswehr plötzlich wieder den Stand von 1969, wobei berücksichtigt werden muß, daß das Jahr 1969 meinungsmäßig noch von der CSSR-Okkupation im August 1968 bestimmt war. Für die Autoren der Studie liegt klar auf der Hand, daß dieser deutliche Zuwachs an positiven Nennungen eindeutig auf den Krieg im Nahen Osten, die Konfrontation der beiden Weltmächte in diesem Konflikt und die Boykott-Drohung der arabischen Ölexporteure zurückzuführen ist.

Der Defensivcharakter des Grundgesetzes

Der Wille zum Widerstand gegenüber äußerer Bedrohung erwächst unserer Auffassung nach vor allem aus der grundsätzlichen Übereinstimmung des Bürgers mit seinem Staat, nicht aber aus der affektgeladenen Ablehnung einer anderen Ordnung. Einem Feindbild, geprägt durch den Haß auf einen angeblichen Gegner, wohnt stets ein aggressives Element inne. Der Angreifer benötigt diesen Haß als Motivation, um die Rechtswidrigkeit seines Handelns zu rechtfertigen und die Skrupel seiner eigenen Soldaten und seiner Bevölkerung zu überwinden. Der Verteidiger bezieht den Willen zum Widerstand vor allem aus der Tatsache, daß er überfallen worden ist. Er benötigt keinen Haß auf Vorrat, braucht kein Feindbild.

Artikel 26 unseres Grundgesetzes verpflichtet alles staatliche Handeln auf die Bewahrung des Friedens und stellt Handlungen, die geeignet sind und mit der Absicht vorgenommen werden, das friedliche Zusammenleben der Völker zu stören, unter Strafe. Militärische Vorkehrungen dürfen nur zum Zwecke der Verteidigung getroffen werden. In Artikel 87a wird der Defensivcharakter der Bundeswehr noch einmal ausdrücklich betont.

Diese Bestimmungen der Verfassung bringen den Friedenswillen unseres Staates und seiner Bevölkerung sowie den Gedanken der Friedenssicherung klar zum Ausdruck. Zugleich wird deutlich, daß ein Feindbild mit unserer freiheitlich-demokratischen Grundordnung unvereinbar ist: Die Verfassung verbietet jegliche aggressive Handlung, mithin auch deren Vorbereitung durch Verteufelung des ideologischen Gegners.

Das Feindbild der NVA

Im Gegensatz zur Bundeswehr, in deren Vorschriften und Sprachgebrauch es diesen Begriff nicht gibt, zählt das Feindbild zum eisernen Bestandteil der Begriffswelt der Nationalen Volksarmee der DDR. Im „Leitfaden für das Studium in der gesellschaftswissenschaftlichen Weiterbildung der Offiziere und Berufsunteroffiziere im Ausbildungsjahr 1973/74“ findet sich für Juni 1974 folgendes Thema:

> „Das Feindbild der Angehörigen der NVA. Die Aufgaben der Kommandeure, Politorgane und Parteiorganisationen zur Festigung des Feindbildes bei den Armeeangehörigen.“

Demgegenüber heißt es in der Zentralen Dienstvorschrift 12/1 „Politische Bildung in der Bundeswehr“ vom Januar 1973 unter Ziffer 107:

> „Die Achtung vor der Würde des Menschen (Artikel 1. Abs. 1 GG) verbietet es, Methoden der Propaganda, der Indoktrination oder der Manipulation anzuwenden.“

Unter Ziffer 201 werden die Ziele der politischen Bildung aufgeführt, wie sie durch die Bundesregierung mit Zustimmung aller Fraktionen für das gesamte politische Bildungswesen – damit auch für die politische Bildung in der Bundeswehr – gesetzt worden sind. Es heißt dort u.a. über die Ziele der politischen Bildung, „möglichst objektive Informationen über Faktoren und Funktionszusammenhänge politischer Prozesse zu geben“ und „das Wesen demokratischer Spielregeln bewußt zu machen und demokratische Verfahrensweisen einzuüben“. Ich meine, deutlicher kann man den Unterschied zwischen Information und Indoktrination kaum mehr herausarbeiten.

Haßerziehung in der NVA

Das Standardwerk methodischer Haßerziehung in der NVA ist das Buch „Soldat und Krieg – Probleme der moralisch-politischen und psychologischen Vorbereitung in der Sowjetarmee“. Das von einem sowjetischen Autorenkollektiv verfaßte Buch erschien 1972 in deutscher Übersetzung im Militärverlag der DDR in Ost-Berlin und ist NVA-Pflichtlektüre. Es ist eine einzige Haßtirade auf die beiden „aggressivsten imperialistischen Mächte“, nämlich die USA und die Bundesrepublik Deutschland. Dort heißt es unter anderem:

> „Ohne aktiven Haß auf den Feind kann von einer hohen moralisch-politischen und psychischen Bereitschaft der sowjetischen Soldaten zu Kampfhandlungen keine Rede sein.“ (Dieser Satz enthüllt eindeutig das aggressive Element der Haßerziehung: es ist die Rede von „aktivem Haß“, ohne den eine „Bereitschaft zu Kampfhandlungen“ nicht gegeben sei!) – „Der Charakter des modernen Krieges erfordert, die Erziehung zum Haß auf den Feind erheblich zu steigern.“ „Das Gefühl des Hasses auf den Feind fördert die erfolgreiche militärische Arbeit der sowjetischen Soldaten.“ – „Zur Anerziehung des Hasses auf den Feind gehört auch die Entlarvung der westdeutschen Revanchisten.“

Haßerziehung gibt es nicht nur innerhalb der NVA. Sie ist darüber hinaus wesentliches Element der sogenannten „sozialistischen Wehrerziehung“ der DDR. Zu diesem Zweck werden schon die Kinder im Vorschulalter zum Haß erzogen und später in einem nahezu lückenlosen Organisationssystem vormilitärisch ausgebildet. So werden z.B. die Übungen und Ausbildungsziele: Verhalten im Gelände, Entfernungsschätzen, Umgang mit Karte und Kompaß, Orientieren im Gelände nach markanten Punkten, nach einfachen Wegeskizzen usw. als „Vermittlung touristischer Grundkenntnisse“ bezeichnet – eine bemerkenswerte Auffassung von Touristik! Über die Richtung dieser bereits im Kindesalter beginnenden Militarisierung der DDR-Bevölkerung gibt es keinen Zweifel. Dazu konnten wir erst im Januar 1974 wiederum folgendes lesen:

„Schon den Kindern muß die Unmenschlichkeit, die Brutalität und die Grausamkeit des Weltimperialismus verdeutlicht werden und Abscheu und Haß gegenüber dem Imperialismus und seinen Söldnern geweckt werden" (Generalmajor Brünner, Stellvertreter des Chefs der Politischen Hauptverwaltung der NVA, in: Der Pionierleiter – Fachzeitschrift für die Führungskräfte des kommunistischen Jugendverbandes Ernst-Thälmann-Pioniere).

Friedliche Koexistenz – ideologische Verketzerung

Die Zahl der teils amtlichen, teils offiziösen Verlautbarungen, in denen im anderen Teil unseres Vaterlandes die Erziehung zum Haß gepredigt wird, ist Legion. Die Zitatenliste ließe sich deshalb unschwer fortführen. Auch in neuester Zeit hat sich an dieser organisierten Erziehung zum Haß nichts geändert. Im Gegenteil. Die Haßkampagnen auf die Bundesrepublik und die freie Welt haben an Intensität eher noch zugenommen.

Das mag auf den ersten Blick verwundern. Entspannungsbemühen und partielle Kooperation, zu denen sich nun auch die DDR hat bewegen müssen, passen nach unserer Vorstellung nicht zusammen mit einer Verschärfung der Haßerziehung. Die dortige Intensivierung des ideologischen Kampfes in einer Zeit weltpolitischer Entspannungsbestrebungen zeigt jedoch, was die SED-Führung fürchtet und worauf es ihr ankommt: Es gilt, die eigene Bevölkerung zu disziplinieren. Auf der gleichen Linie bewegen sich die zunehmenden Appelle zur „Klassenwachsamkeit" oder auch die Erhöhung der Mindestumtauschsätze für DDR-Besucher.

Die westlichen Forderungen nach freiem Austausch von Menschen, Meinungen und Informationen haben für die kommunistischen Staaten anscheinend systembedrohenden Charakter. Sie reagieren darauf mit harter Abgrenzungspolitik und zunehmender ideologischer Indoktrination vor allem ihrer Streitkräfte und paramilitärischen Verbände.

Totalitäre Systeme, die sich nicht auf innergesellschaftliche Zustimmung stützen können, brauchen einen äußeren Feind. Er hat die Rolle eines allzuständigen Sündenbocks zu spielen. Auf ihn können Spannungen und Aggressionen abgeleitet werden, weil sie systemgefährdend wirken könnten. Diktaturen benötigen einen Feind, mit dessen angeblich aggressiven Absichten die herrschende Partei die eigene Position zu erhalten und zu festigen sucht. Unter Hinweis auf einen möglichst abstoßend gezeichneten Feind, der angeblich an den Grenzen lauert, versucht man das eigene Volk zu militarisieren, an die herrschende Ideologie zu binden und unter allen Umständen das zu verhindern, was man drüben als „ideologische Aufweichung" fürchtet.

Freie Gesellschaften brauchen keine Aggressionen nach außen abzuleiten. Sie benötigen kein Feindbild, das von inneren Schwierigkeiten, Fehlern und Mißständen ablenkt. Die freie Kritik, die öffentliche Austragung von Konflikten ist geradezu der Motor ihres gesellschaftlichen Fortschritts.

Friedenspolitik und Erziehung zum Frieden

Die Bundesregierung hat ihre gesamte Außen- und Sicherheitspolitik unter das Gebot gestellt, den Frieden zu erhalten und alles zu vermeiden, was zu Spannungen und Störungen im Zusammenleben der Völker führen könnte. Dazu verpflichtet uns das Friedensangebot der Verfassung ebenso wie die Charta der Vereinten Nationen, denen wir als Vollmitglied im Herbst 1973 beigetreten sind.

Die Politik der Bundesregierung ist weiterhin darauf gerichtet, Konfrontation abzubauen und Spannungen auszugleichen. Die Verträge von Moskau und Warschau, der Grundvertrag und der Verkehrsvertrag mit der DDR sowie das Vier-Mächte-Abkommen über Berlin dienen diesem politischen Ziel. Ein Feindbild paßt schlechterdings nicht in dieses Konzept. Andererseits ist die militärische Überlegenheit des Warschauer Pakts durch qualitative Verbesserung und quantitative Verstärkung der konventionellen Streitkräfte gerade in den letzten Jahren größer geworden. Solange man dort trotz der politischen Entspannungsbemühungen militärisch weiter aufrüstet, würde es für uns ein unvertretbares Risiko bedeuten, unsere eigenen Verteidigungsanstrengungen zu verrringern und das militärische Potential der Warschauer-Pakt-Staaten außer acht zu lassen. Der Friede beruht auch heute in erster Linie auf einem Gleichgewicht der militärischen Kräfte.

Unser Wille, Kriege zu verhüten und den Frieden zu erhalten, schließt ein, die Ursachen bewaffneter Konflikte zu erforschen und an deren Beseitigung entschlossen mitzuarbeiten. In der nichtkommunistischen Welt betreiben über 150 Forschungsinstitutionen oder Gesellschaften friedensrelevante Forschung. Jährlich werden 500 bis 600 Bücher und 1700 bis 1800 Artikel zur Friedensproblematik veröffentlicht und die Zahlen zeigen steigende Tendenz. Probleme der Friedenssicherung sind zentrales Thema der öffentlichen Diskussion. Sie werden jährlich auf Hunderten von Tagungen und Seminaren erörtert, auch in der Bundeswehr. In den kommunistischen Staaten sind in dieser Hinsicht bisher allerdings keine Ansätze erkennbar.

In den Erziehungswissenschaften beginnt man eine Pädagogik zu entwickeln, deren oberstes Ziel die Erziehung zum Frieden ist. Diese Friedenserziehung soll die heranwachsende Generation zu Überzeugungen hinführen und ihr Handlungsorientierungen geben, die auf die Regelung von Konflikten ohne Gewaltanwendung gerichtet sind. Gemischte Schulbuchkommissionen arbeiten seit Jahren daran, das häufig bereits in den Schulbüchern vermittelte Freund-Feind-Denken abzubauen, nationalistische Übersteigerungen aus den Unterrichtsmaterialien zu entfernen und die von Generation zu Generation weitergereichten Vorurteile zwischen den Völkern zu beseitigen. Neben der deutsch-französischen Schulbuchkommission, die ein Anfang war, gibt es z.B. seit Jahren auch eine deusch-polnische Kommission, die Schulbücher bei uns und in Polen unter dieser Zielsetzung überprüft.

Alle diese Bestrebungen vertragen sich nicht mit einem Feindbild, mit der Erziehung zum Haß auf Andersdenkende. In der Bundeswehr wären solche Themen, Materialien und Ausbildungsziele, wie sie in der NVA der DDR offen verwendet und propagiert werden, undenkbar. Eine Erziehung zum Haß würde den von uns vertretenen Grundwerten diametral widersprechen, sie würde entgegengesetzt sein unserer geschichtlichen Gesamtentwicklung, die auf ein zunehmendes Maß an Freiheit, Selbstbestimmung, Toleranz, friedliche Konfliktregelung und Gewaltfreiheit angelegt ist.

Quelle: Information für die Truppe 6/1974

Vorbemerkung: Der Oberst der NVA R. Kramer bestritt der Bundeswehr in seinem Artikel in der Monatsschrift MILITÄRWESEN 2/1985, daß sie kein Feindbild habe, weil jede Armee ein Feindbild haben müsse. Im folgenden wird dieser Beitrag (mit geringfügigen Kürzungen) abgedruckt; im Anschluß der Kommentar von Günther Wagenlehner in Information für die Truppe, Bonn 8/1985:

R. Kramer

Bundeswehr ohne Feindbild?

... Die Begriffe „Feindbild“ und „Haß“ nehmen eine zentrale Position in der ideologischen Manipulierung der Bundeswehr und in der ideologischen Diversion des Imperialismus gegen die NVA und die Grenztruppen der DDR ein.

Die Auseinandersetzung mit dieser Erscheinung der ideologischen Kriegsführung des Imperialismus entspricht der Aufgabenstellung der XIII. Delegiertenkonferenz der Parteiorganisationen der SED in der NVA und den Grenztruppen der DDR, „die weitere Ausprägung eines realistischen Feindbildes, das die neuen Bedingungen voll erfaßt, als eine Schlüsselfrage für die Vorbereitung auf den bewaffneten Kampf (zu) betrachen“.[1])

Die Legende von der „feindbildlosen Bundeswehr“

In einem Aufsatz zum Ethos und zur politischen Standortbestimmung des Soldaten der Bundeswehr behauptet Bundeswehroberst A. Wanke, daß in den BRD-Streitkräften „nach eindeutigen Weisungen kein Feindbild“[2]) existiere. Ganz offenbar verstößt A. Wanke persönlich gegen diese „eindeutigen Weisungen“, denn in seinem Aufsatz fordert er die Soldaten der Bundeswehr auf, bereit zu sein, „mit der Waffe und in der geistigen Auseinandersetzung mit dem die Freiheit bedrohenden Kommunismus“ zu kämpfen. Der Feind, der Kommunismus, wird klar angesprochen. Also doch ein Feindbild? Der oberste Dienstherr von Oberst A. Wanke, Bundesverteidigungsminister Wörner, bestreitet das. Er erklärte verbindlich: „In der Bundeswehr wird es unter meiner Verantwortung ebensowenig Erziehung zum Haß geben wie unter meinem Vorgänger. Wir wollen keinen Haß, und wir dulden keinen Haß.“[3]) (...)

Um nicht gegen die offiziell verordnete Sprachregelung zu verstoßen, ersetzen spitzfindige Journalisten das Wort „Feindbild“ durch den synonymen Begriff „Gegnerbild“. (...)

Wozu, so fragt man sich, sollen alle diese geistigen Verrenkungen eigentlich dienen? Was wird damit bezweckt? Die Antwort darauf ist schnell gefunden, wenn man sich das Strickmuster der Argumentation von der „feindlosen Bundeswehr“ näher betrachtet. Es lautet simpel: „Ein Feindbild und die Erziehung zum Haß bedrohen den Frieden und sind unvereinbar mit einer freiheitlichen Wertordnung“[4]), die angeblich in der BRD existiert. Also darf demnach die Bundeswehr kein Feindbild haben – höchstens ein Gegnerbild –, und schon wird für jedermann im In- und Ausland sichtbar: Die Bundeswehr ist eine „Friedensarmee“. Die Legende von der „feindbildlosen Bundeswehr“ dient also dazu, den Klassencharakter und den aggressiven Auftrag der BRD-Streitkräfte zu verschleiern. Sie ist Bestandteil der imperialistischen Friedensdemagogie und wird für die ideologische Manipulierung des Personalbestands in der Bundeswehr wie zur ideologischen Diversion gegen die NVA genutzt.

Im übrigen weiß man schon seit Clausewitz, daß es keine Armee ohne Feindbild geben kann. Und Marx und Engels haben den Nachweis geführt, daß der Charakter und der Auftrag einer Armee nicht von deren Feindbild, sondern von dem Charakter der Gesellschaftsordnung und der Politik der Klasse bzw. des Staates bestimmt werden, dem diese Armee dient. Das Feindbild einer Armee spiegelt immer die Interessen der jeweils herrschenden Klasse wider. Auch noch so schöne Worthülsen wie „Verteidigungs- und Friedensauftrag" und „freiheitliche Wertordnung" können deshalb nicht die Tatsache aus der Welt schaffen, daß die Bundeswehr das militärische Instrument des BRD-Imperialismus ist, „nach der US-Armee die gefährlichste Stoßkraft der NATO"[5]). Die Wurzeln der Aggressivität der Bundeswehr liegen in der monopolkapitalistischen Gesellschaftsordnung in der BRD. Sie können durch geistige Roßtäuschertricks wie der Legende von der „feindbildlosen Bundeswehr" verkleistert, aber nicht beseitigt werden. Andererseits ist es grotesk und absurd, aus der Tatsache, daß sich die Soldaten der NVA und der Grenztruppen der DDR offen und parteilich zu ihrem sozialistischen Vaterland bekennen, ein klares, wissenschaftlich begründetes Feindbild besitzen und Haß auf menschenfeindliche und aggressive imperialistische Systeme empfinden, „aggressive Tendenzen" abzuleiten. Die Zentren der psychologischen Kriegsführung wollen mit derartigen ideologischen Angriffen letztendlich nur die friedengebietende Mission der sozialistischen Militärmacht verleumden und die Einheit von Partei, Staat und Volk untergraben. „Unsere Waffenbrüderschaftsbeziehungen sollen zerstört und die klassenmäßige Haltung zu Freund und Feind regelrecht umgekehrt werden."[6])

Haßerfülltes antikommunistisches Feindbild – Bestandteil der Politik und Ideologie des Imperialismus

Das Feindbild, verstanden als die Gesamtheit von Vorstellungen einer Klasse über den politischen, d. h. den Klassenfeind und die der eigenen Klassenposition entsprechenden Einstellungen und Haltungen zu diesem Feind, ist Ausdruck objektiv bedingter, sozialer und politischer Erscheinungen und politischer Verhältnisse im Klassenkampf. Es ist eine historische Erscheinung und existiert seit der Spaltung der Gesellschaft in sich gegenüberstehende feindliche Klassen. So gesehen ist also das ganze Gerede von der „Bundeswehr ohne Feindbild" purer Unsinn.

Manipuliert zum blindwütigen Haß gegen den Sozialismus

Solange die Bundeswehr existiert, beherrscht ein militanter und zum Teil primitiver Antikommunismus die geistige Beeinflussung des Personalbestands. Nicht offen, denn der Imperialismus muß seine wirklichen Ziele verbergen, um auf Erfolg rechnen zu können, wird in der „politischen Bildung" und im Rahmen der „zeitgemäßen Menschenführung", aber auch in den verschiedensten Bereichen der Ausbildung, insbesondere der Gefechtsausbildung, ein auf blindem Haß und auf Vorurteilen, Unkenntnissen und Halbwahrheiten beruhendes irrationales Feindbild geprägt. Durch die ständige Bearbeitung der Soldaten mit der Bedrohungslüge, die Zeichnung und Verbreitung eines abstoßenden Bildes vom „kommunistischen Feind", das Imitieren von Kriegsgefangenschaft und Exekutionen und eine sogenannte „realistische Gegnerdarstellung" wird der Soldat der Bundeswehr unaufhörlich – oft sich dessen gar nicht bewußt – zu Feindschaft, Haß und Brutalität gegenüber Bürgern und Angehörigen der Streitkräfte der Staaten des Warschauer Vertrags abgerichtet. (. . .)

Hauptinhalte des Feindbildes der Bundeswehrangehörigen bilden:

▷ Die sozialistische Staats- und Gesellschaftsordnung wird auf der Grundlage der Totalitarismusdoktrin verleumderisch mit dem Faschismus auf eine Stufe gestellt. (. . .)

▷ Gegen die NVA sowie gegen die Staats- und Gesellschaftsordnung der DDR ist eine zunehmende Hetze auf der Grundlage von Nationalismus und Revanchismus zu verzeichnen. Die Beschwörung einer „gesamtdeutschen Verantwortung" zur Lösung der „offenen deutschen Frage" und die Propagierung revanchistischer Zielsetzungen zur Ausdehnung des Herrschaftsbereichs des BRD-Imperialismus in den Grenzen des Deutschen Reiches von 1937 stellen dabei einen Schwerpunkt der Manipulierung der Bundeswehrsoldaten dar. (. . .)

▷ Die Aktivierung und Erweiterung der antisowjetischen Bedrohungslüge mit dem Ziel, durch permanente Erzeugung eines „Bedrohungsbewußtseins" das gewünschte, tief verwurzelte „antikommunistische Feindbewußtsein" zu schaffen;

▷ die Propagierung von Trug- und Zerrbildern über den realen Sozialismus;

▷ die Verleumdung des Sozialismus, der nationalen Befreiungsrevolution und der demokratischen Kräfte, insbesondere der Friedensbewegung als von „Moskau gesteuerter Bewegung", als „weltweite kommunistische Bedrohung" und „internationaler Terrorismus";

▷ die Propagierung der „militärischen Stärke und Überlegenheit der NATO" und damit der Führ- und Gewinnbarkeit eines Krieges gegen den Sozialismus. (. . .)

---

[1]) Aus dem Bericht des Sekretariats der PHV der NVA an die XIII. Delegiertenkonferenz der Parteiorganisationen der SED in der NVA und den Grenztruppen der DDR. Berichterstatter: Generaloberst Heinz Keßler, in: Parteiarbeiter, Sonderheft/März 1984, S. 20.

[2]) A. Wanke: Das Ethos des Soldaten heute. Gedanken und Anregungen zur eigenen Standortbestimmung, in: Truppenpraxis, Bonn, H. 1/1983, S. 12.

[3]) M. Wörner: Die Probleme sind schwierig. Die Herausforderung ist groß!, in: Europäische Wehrkunde, München, H. 1/1983, S. 3.

[4]) W. Dautzenberg: Wehrkunde an unseren Schulen?, in: Truppenpraxis, Herford/Bonn, H. 8/1981, S. 598.

[5]) Aus dem Bericht des Sekretariats der PHV . . . , S. 19.

[6]) Ebenda

Günther Wagenlehner

NVA mit Feindbild

Die offizielle DDR-Zeitschrift für Militärpolitik und Militärtheorie „Militärwesen" druckte im Februar-Heft 1985 einen interessanten Artikel: „Bundeswehr ohne Feindbild?" Was dort der diplomierte Journalist und NVA-Oberst Kramer zusammengestellt hat, ist typisch für die Einstellung der Nationalen Volksarmee zum Thema „Feindbild". Die wesentlichen Abschnitte sind daher in dieser Ausgabe der Information für die Truppe abgedruckt.

Kernaussage der NVA-Zeitschrift ist, daß das Feindbild als Vorstellung vom Klassenfeind existiere, unabhängig von subjektiven Wünschen, sei also objektiv. Im Wortlaut: „So gesehen, ist also das ganze Gerede von der Bundeswehr ohne Feindbild purer Unsinn."

So gesehen, d. h. aus der Sicht der DDR, hat freilich jede Armee ein Feindbild und muß zum Haß auf den Feind erzogen werden. Das steht im Einklang mit der Praxis der NVA und ihren Lehrbüchern: „Der Charakter des modernen Krieges erfordert, die Erziehung zum Haß auf den Feind erheblich zu steigern. Schon in Friedenszeiten muß dieses Gefühl ausgeprägt sein, . . ."[1])

Nach dem Vorbild der sowjetischen Streitkräfte hat auch in der NVA der Stellvertreter des Kompaniechefs für politische Arbeit u. a. die Pflicht, „die Angehörigen der Kompanie so zu erziehen, daß sie die Feinde unseres Vaterlands hassen . . ." Das gilt sinngemäß für alle Ebenen.

Für die DDR wäre alles in Ordnung, wenn die Bundeswehr ebenso verfahren würde. Aber zum Ärger der NVA-Führung macht es ihr die Bundeswehr nicht so leicht. Schon Verteidigungsminister Georg Leber schrieb in Heft 6/74 der IfdT einen Leitartikel: „Verteidigung ohne Haßerziehung – die Soldaten der Bundeswehr brauchen kein Feindbild". Seitdem ist diese Leitlinie der Bundeswehr über die Medien so verbreitet worden, daß dieses Vorbild einer Armee ohne Feindbild auch in der DDR nicht ignoriert werden kann. Kirchen und Eltern fordern dasselbe für die NVA.

„Militärwesen" zitiert sogar Bundesverteidigungsminister Manfred Wörner, daß es auch unter seiner Leitung in der Bundeswehr keine Haßerziehung gebe. Aber das ist aus der Sicht der DDR „Friedensdemagogie"; denn seit Clausewitz gäbe es keine Armee ohne Feindbild.

Es lohnt sich, dieser apodiktischen Behauptung nachzugehen. Clausewitz spricht wiederholt von Haß und Feindseligkeit als notwendigem Antrieb einer Armee im Kriege. Das sei für „rohe Völker" ganz natürlich, aber auch die gebildeten, zivilisierten Völker müßten im Kriege ihren Gegner hassen lernen, wenn sie den Krieg gewinnen wollten. Vom Frieden spricht Clausewitz nicht. Die Ausbildung einer Armee zum Haß hat er nicht im Auge, zumal die Gegner damals nicht vorhersehbar waren. Clausewitz kann also nur dann als Kronzeuge für die aktuelle Notwendigkeit der Haßerziehung in der NVA herangezogen werden, wenn die DDR von einem permanenten Kriegszustand gegen die „imperialistischen" Staaten und Armeen ausgeht.

Für das ominöse Wort „Feindbild" kann allerdings Clausewitz nicht verantwortlich gemacht werden. Er hat es nicht verwendet; denn damals gab es weder den Begriff noch die Sache. Das Wort Feindbild ist ein deutsches Wort, unübersetzbar in andere Sprachen. Es handelt sich eben nicht um die bloße Markierung des Feindes oder seiner Waffen, sondern das Bild vom Feind ist durch und durch negativ, ideologisch bestimmt. „Feindbild" heißt, daß alle Nachteile, angeblich schlechte Eigenschaften zu einem Bild zusammengefügt werden, das den Feind für immer zum absoluten Bösewicht stempeln soll.

„Feindbild" ist ein Wesensmerkmal einer Ideologie mit dem Charakter der Ausschließlichkeit, der nationalsozialistischen oder kommunistischen. Dazu gehört die Ablehnung jeder Art von ideologischer Koexistenz, also eines friedlichen Nebeneinanders verschiedener Ideologien. In Übereinstimmung mit dem Prinzip der friedlichen Koexistenz zwischen Staaten verschiedener Gesellschaftsstruktur lehnt die DDR jede Art von ideologischer Koexistenz mit westlichen Ländern ab. Frieden zwischen den Staaten bedeutet nicht etwa Frieden zwischen den gegensätzlichen Gesellschaftsordnungen.

Hier liegt ein großes Problem für den Autor des Artikels im „Militärwesen". Er kann diese Ablehnung nicht der Bundesrepublik unterstellen; denn in der Bundesrepublik Deutschland herrscht freier Wettbewerb verschiedener Ideen und Ideologien. Den Feind – wie in der DDR – kann es hier nicht geben.

Diese Verlegenheit wird deutlich, wenn der Autor konkrete Beispiele für den „blindwütigen Haß gegen den Sozialismus" bringen soll. Die sechs angeblichen „Hauptinhalte des Feindbilds der Bundeswehrangehörigen" haben mit Haß oder Feindbild nichts zu tun.

So ist es absurd, westlichen Kritikern den Vorwurf zu machen, daß sie die sozialistische Staats- und Gesellschaftsordnung als totalitär bezeichnen. Wenn alle Macht bei der Partei konzentriert ist, so wie das in der Verfassung und im Parteiprogramm geschrieben steht, dann ist diese sozialistische Gesellschaftsordnung totalitär; denn es gibt keine Teilung der Gewalten. Es genügt, die entsprechenden Quellen aus dem kommunistischen Bereich zu zitieren.

Der Autor in „Militärwesen" hat bei seinen sechs „Hauptinhalten" keine einzige Belegstelle in Schriften der Bundeswehr angegeben. So bleibt es unerfindlich, wieso hier ein „antikommunistisches Feindbewußtsein" entstehen könnte.

Im Hinblick auf das Feindbild gibt es zwischen NVA und Bundeswehr einen prinzipiellen Gegensatz: Die Bundeswehr hat kein Feindbild und verzichtet auf Haßerziehung. Die NVA besteht dagegen auf dem „klaren, wissenschaftlich begründeten" Feindbild Bundesrepublik und Bundeswehr, weil angeblich jede Armee ein Feindbild haben muß. Also müßte auch die Bundeswehr ein solches haben.

Die DDR wird diesen extremen Standpunkt auf Dauer nur in Zeiten des Kalten Krieges behalten können. Das Beharren auf dem Feindbild steht nämlich im klaren Gegensatz zur Schlußakte von Helsinki vom 1. August 1975 und zum Grundlagenvertrag mit der Bundesrepublik Deutschland.

Die Schlußakte fordert die bessere Zusammenarbeit und mehr Verständnis in Europa in Übereinstimmung mit der Allgemeinen Erklärung der Menschenrechte der Vereinten Nationen. Der im Dezember 1972 zwischen der DDR und der Bundesrepublik Deutschland abgeschlossene Grundlagenvertrag verlangt in Artikel 1 die Entwicklung „normaler gutnachbarlicher Beziehungen zueinander". Welche ideologischen Forderungen es auch immer sein mögen, mit der Unterschrift unter diese Verträge hat die DDR auf Feindbild und Haßerziehung verzichtet.

---

[1]) Soldat und Krieg, S. 116.

Dieter Zirkel

Feindbild im Politunterricht und in der Gefechtsausbildung der Nationalen Volksarmee

Die DDR versteht die Nationale Volksarmee (NVA) als Kernstück der sozialistischen Landesverteidigung. Das Programm der SED sagt dazu folgendes:

> „Die Stärke der bewaffneten Organe beruht vor allem auf der Führung durch die marxistisch-leninistische Partei. Daraus ergibt sich auch die wachsende Rolle der Parteiorganisationen in allen Bereichen der sozialistischen Landesverteidigung"[1]).

Aus dieser Kennzeichnung durch die SED läßt sich die Feindbilderziehung in der NVA schlüssig ableiten. Dafür ist im Ministerium für Nationale Verteidigung das Mitglied des Zentralkomitees (ZK) der SED, Horst Brünner – Chef der Politischen Hauptverwaltung der NVA – verantwortlich. Die Politische Hauptverwaltung legt in Zusammenarbeit mit der Abteilung Sicherheit beim ZK der SED die Generallinie fest und setzt sie über die Kommandos der Teilstreitkräfte durch. Weiterhin werden durch die Politischen Verwaltungen der Teilstreitkräfte-Kommandos die modifizierten Schwerpunkte für die Politabteilungen der Divisionen und Regimenter festgelegt. So sind die Leiter der Unterabteilungen „Propaganda" der Divisionen über die Oberoffiziere und Offiziere für Propaganda in den Regimentern und Bataillonen verantwortlich für die marxistisch-leninistische Indoktrinierung aller Offiziere, Fähnriche, Unteroffiziere und Soldaten in der gesellschaftswissenschaftlichen Weiterbildung und Politschulung. Auf der Grundlage der marxistisch-leninistischen Dialektik von Liebe und Haß als einer objektiven Gesetzmäßigkeit sollen den Armeeangehörigen der verteidigungswürdige Charakter des realen Sozialismus offensiv aufgezeigt und das menschenverachtende System des Imperialismus beweiskräftig entlarvt werden. Daraus ergeben sich für die Politschulung die folgenden Ziele:

- Ausprägung von Liebe zu den und Stolz auf die Errungenschaften des Sozialistischen Vaterlands,
- Erziehung zum Haß auf den imperialistischen Gegner, der in Vergangenheit und Gegenwart die Menschheit in bewaffnete Konflikte gestürzt hat.

Als Grundlage dazu dienen die Studienanleitungen der Schulungsgruppenleiter für die Politschulungen und die von der Politischen Hauptverwaltung monatlich herausgegebenen Hefte „Wissen und Kämpfen" sowie das „Handbuch". Folgende Themenschwerpunkte standen bisher dabei im Mittelpunkt:

- die Große Sozialistische Oktoberrevolution und der Charakter der Epoche,
- die SED – eine marxistisch-leninistische Parteil neuen Typs,
- der Imperialismus als höchstes Stadium des Kapitalismus,
- die Rolle von gerechten und ungerechten Kriegen in der Menschheitsgeschichte,
- die Bundeswehr – Willensvollstrecker aggressiver Monopolkreise,
- das Programm der SED und der verteidigungswürdige Charakter des sozialistischen Vaterlands,

▷ die sozialistische Nation der DDR und die bürgerliche Nation der Bundesrepublik Deutschland,

▷ aktuelle Dokumente der Parteitage der SED und der KPdSU.

Alle diese Themen sind so angelegt, daß die Auseinandersetzung mit dem imperialistischen Gegner polemisch geführt und die Überlegenheit der sozialistischen Staatengemeinschaft – ausgehend vom Charakter der Epoche – herausgearbeitet werden können.

„Die gegenwärtige Epoche ist durch einen erbitterten internationalen Klassenkampf gekennzeichnet, in dessen Verlauf sich das Kräfteverhältnis weiter zugunsten des Sozialismus verändert und die Politik der friedlichen Koexistenz als einzige Alternative zur Politik der imperialistischen Konfrontation und des Wettrüstens und der gewaltigen Kraftanstrengungen gegenüber dem Imperialismus immer umfassender durchgesetzt werden kann“[2]).

Die Zielsetzung der Politschulung impliziert dabei immer den weltweiten Übergang zum Sozialismus als Wesen unserer Epoche und den allgemeinen Niedergang des Imperialismus und seine erfolglosen Versuche, das Rad der Geschichte zurückzudrehen. Ausgehend von der historischen Entwicklung des Sozialismus wird den Soldaten die Überlegenheit des realen Sozialismus dargelegt. Mit der großen sozialistischen Oktoberrevolution beginnend, über die Interventionskriege, den Großen Vaterländischen Krieg und die militärischen Leistungen der UdSSR auf strategischem Gebiet wird den Armeeangehörigen die Unbesiegbarkeit des Sozialismus aufgezeigt. So werden beispielsweise in der politischen Schulung die Erfolge der UdSSR in der Weltraumforschung zum Systemvergleich herangezogen. Die Friedensliebe der UdSSR und der anderen sozialistischen Staaten wird anhand der Leninschen Politik der friedlichen Koexistenz bewiesen. Es wird behauptet, die UdSSR habe noch nie einen Angriffskrieg geführt. Der Volksaufstand vom 17. Juni 1953 in der DDR, der ungarische Volksaufstand vom 23. Oktober 1956 und der Einmarsch der Staaten des Warschauer Paktes am 21. August 1968 in die Tschechoslowakei dienen dabei als Beweis dafür, daß diese Krisen des realen Sozialismus durch den Westen hervorgerufen worden seien. Vor diesem Hintergrund gilt das folgende Marx-Zitat als ideologisches Beispiel:

„Das Bewußtsein kann nie etwas andres sein als das bewußte Sein, und das Sein des Menschen ist ihr wirklicher Lebensprozeß . . . Nicht das Bewußtsein bestimmt das Leben, sondern das Leben bestimmt das Bewußtsein“[3]).

Breiten Raum nehmen im Rahmen der Politschulungen Reflexionen über die gerechten und ungerechten Kriege ein. Hier wird der Krieg als eine historische Erscheinung der antagonistischen Klassengesellschaft dargestellt. Im Gegensatz zu den angeblich dogmatischen Auffassungen vom Krieg als einem absoluten Übel unterscheidet der Marxismus-Leninismus zwischen gerechten, revolutionären und reaktionären Kriegen. Der Vietnam-Krieg, der Suez-Krieg, der Libanon-Krieg und der Korea-Krieg werden dabei als ungerechte, imperialistische Aggressionskriege bezeichnet.

In diesem Zusammenhang wird dann die Bundeswehr mit der Behauptung in die Problematik eingeführt, sie sei eine antisowjetisch, antikommunistisch und revanchistisch ausgerichtete, imperialistische Aggressionsarmee. Die Heimatvertriebenenverbände und die Bundeswehr werden trotz der Ostverträge so verfälscht dargestellt, daß der Bundeswehr reale Aggressionsabsichten unterstellt werden können. Als Beweis dafür wird im Politunterricht das Manöver „Schwarzer Löwe“ aufgeführt, das im August 1968 zu einem militärischen Einmarsch der NATO in die Tschechoslowakei gedient habe. Nur durch die Invasion der Staaten des Warschauer Paktes vom 21. August 1968 konnte der Frieden für Europa gerettet werden. Der Berliner Mauerbau vom 13. August 1961 sei die Verhinderung eines bewaffneten Konflikts gewesen – die Bundeswehr wollte mit klingendem Spiel durch das Brandenburger Tor einziehen. Im Systemvergleich wird die Bundesrepublik Deutschland als ein Polizei- und Überwachungsstaat dargestellt, in dem die persönliche Freiheit immer mehr abgebaut wird. Auch die sogenannten Berufsverbote und der Radikalenerlaß dienen dieser Argumentation.

Einzelerscheinungen in der Ausbildung der Bundeswehr – beziehungsweise Äußerungen einzelner Bundeswehrangehöriger – mit faschistoidem Charakter wird Allgemeingültigkeit unterstellt. Veränderungen in Bewaffnung und Struktur der Bundeswehr werden zu Vorbereitungen auf einen Angriffskrieg umgedeutet.

> „Drittens haben wir das Feindbild noch realistischer und überzeugender zu zeichnen, vor allem, um Illusionen über die BRD und die Bundeswehr, über deren Rolle in der NATO, ihre expansionistische und militärische Militärpolitik abzubauen . . . “[4])

Einen Schwerpunkt bei den Politschulungen bildet die Auseinandersetzung mit der Frage, warum der Soldat der Bundeswehr der Feind des DDR-Soldaten ist. Als Begründung für das Feindbild wird die These aufgestellt, der Soldat der Bundeswehr sei ein Werkzeug in den Händen der herrschenden Klasse und vom Gift des Antikommunismus infiziert und er erfülle widerspruchslos jeden Befehl der militärischen Führung der Bundesrepublik.

In diesem Zusammenhang werden Analogieschlüsse zwischen den Verbrechen des Nationalsozialismus im Zweiten Weltkrieg, den Einsätzen der amerikanischen Streitkräfte, den israelischen Streitkräften und der Bundeswehr gezogen. Man begründet dies unter anderem damit, daß Bundeswehrangehörige am Vietnam-Krieg der Vereinigten Staaten beteiligt gewesen seien. Leutnant Kelly wird als ein typischer Vertreter westlicher Streitkräfte dargestellt.

Die NVA wird – ausgehend von ihren Traditionen – als wahre nationale Armee gezeichnet, die angeblich historisch in der deutschen Geschichte verankert sei. Diese Traditionen der NVA führen angeblich folgerichtig über den deutschen Bauernkrieg, die Befreiungskriege von 1813, die bürgerlich-demokratische Revolution von 1848 und den 20. Juli 1944 zu den Streitkräften der DDR. Das komme auch im nationalen Charakter der Uniform der NVA zum Ausdruck. Die Bundeswehr sei aus amerikanischen Interessen hervorgegangen, dies zeige sich am amerikanischen Schnitt ihrer Uniform.

Zur Unterstützung dieser Indoktrinierung der NVA-Angehörigen dienen solche Schriftenreihen wie „Radar“, „Was und Wie“, „Argumentation“ und „Militärtechnik“. Im Rahmen der monatlichen Politschulung werden ideologisch ausgerichtete Filme gezeigt, die dies unterstreichen. Die Thematik „Imperialismus in der Bundesrepublik Deutschland“ wurde durch den vermeintlichen militärisch-industriellen Komplex gekennzeichnet. Bewiesen wird diese These mit Namen ehemaliger Offiziere der Bundeswehr, die in der Wirtschaft tätig sind und Ausdruck der engen Verflechtung zwischen Wirtschaft und Staat dokumentieren.

Die Feindbildausprägung im Rahmen der Politschulung wird weiter durch die These verfestigt, ehemalige Wehrmachtsgenerale hätten die Bundeswehr geführt, und sie sei von Charakter und Inhalt her von der Wehrmacht geprägt. Auch die Namensgebungen von Kasernen der Bundeswehr wie zum Beispiel

„Rommel", „Mölders" und andere brächten diese Traditionslinie zum Ausdruck. Die Kriegsvorbereitung im Rahmen eines breit angelegten Antikommunismus stelle dabei das Hauptmoment bei der inneren Führung der Bundeswehr dar. Um das zu unterstreichen, gibt es Argumentationen über den konkreten Gegner im Dislozierungsraum. Anhand dieser Argumentationen wird versucht herauszuarbeiten, daß die Bundeswehr, obwohl sie „angeblich" kein Feindbild besitze, als Machtinstrument der herrschenden Kreise deren Willensvollstrecker beim Zurückrollen des realen Sozialismus sei.

> „Die Bundeswehr ist eine imperialistische Armee . . . , ihre äußere Funktion wird durch die expansiven Interessen des BRD-Monopolkapitals bestimmt und wird vor allem in den Kriegsvorbereitungen der BRD im Rahmen der NATO für eine Aggression gegen die sozialistischen Staaten Europas sichtbar"[5]).

In der Politschulung wird behauptet, die innere Führung der Bundeswehr sei in der Form scheindemokratisch und im Wesen durch die faschistische Wehrmacht geprägt. So werden anhand von Beispielen Formen des Kadavergehorsams, des Drills und des widerspruchslosen Befehlsausführens aufgezeigt. Die Angehörigen der Bundeswehr nähmen in Uniformen der Sowjetarmee an Übungen teil, und auf den Schießplätzen würden die Scheiben von Soldaten des Warschauer Paktes dargestellt. Um den Angehörigen der NVA die willenlosen Maschinen zur Vollstreckung imperialistischer Ziele anschaulich zu machen, werden Filme des Armeefilmstudios eingesetzt. Hierbei ist es ein beliebtes Mittel, Filme über die amerikanische Eliteeinheit „Green Barrets" und die Bundeswehr zusammenzuschneiden und mit Einblendungen aus Musiksendungen des Westfernsehens (beispielsweise Titel aus der Hitparade des ZDF) und Szenen vom Vandalentum in der Waldbühne in Berlin (West) zu versehen. Ziel dieser Vorführung ist es, die systembedingte Verrohung der jungen Menschen in der westlichen Welt aufzuzeigen. Einzelne Tendenzen faschistischen Gedankenguts bei Bundeswehrangehörigen werden als eine faschistische Grundtendenz in der Bundeswehr interpretiert.

> „Die Bundeswehr, die sich in ihrer Gesamtheit als Erbin und Fortsetzerin der faschistischen Wehrmacht versteht, wird mehr und mehr zum Sammelbecken faschistischer Tendenzen . . . viel gravierender ist die sich unter der westdeutschen Jugend und den Bundeswehrangehörigen ausbreitende faschistische Ideologie . . . "[6]).

In breitem Rahmen wird in der Politschulung das neofaschistische Gedankengut einzelner ehemaliger Angehöriger der Bundeswehr zur Haßerziehung benutzt. Ehemalige Politiker der Bundesrepublik Deutschland, die faschistischen Organisationen angehört haben, werden als Vertreter für die Grundrichtung des Systems der Bundesrepublik Deutschland vorgestellt. Äußerungen von Soldaten der Bundeswehr, die westlichen Publikationen entnommen sind, sollen den revanchistisch geprägten Geist und die antikommunistische Ausrichtung des Personals bestätigen. Selbst die Seitenbezeichnungen bei Übungen der Bundeswehr wie „Blau" und „Rot" werden als konkrete Angriffsvorbereitung der NATO-Staaten gegen die sozialistische Staatengemeinschaft und als reale Kriegsgefahr in die Haßerziehung einbezogen. Großmanöver der NATO wie die „Reforger-Übungen" sollten unter Beweis stellen, daß die NATO den dritten Weltkrieg probt.

Der Bundeswehr wird auch die Vorbereitung einer eigenen Atomrüstung mit dem Ziel, die verlorenen Gebiete im Osten zurückerobern zu wollen, unterstellt. Als Beweis werden solche Waffensysteme wie der Starfighter und die

Rakete Lance vorgebracht. Der Grundtenor der gesamten Politschulung liegt in der ideologischen Ausrichtung, daß die Bundeswehr im Auftrag der politischen Führung alles daran setze, den Status quo in Europa zu verändern.

„Sicher würden die Bonner Revanchisten und die NATO-Strategen auch ganz gern ‚friedlich bei uns einmarschieren' wie etwa die faschistische Wehrmacht 1938 in Österreich – darum ihr enormer Aufwand an ideologischer Diversion, darum ihre verlogenen Menschenrechtsparolen und darum ihre Legende vom Fortbestehen der Deutschen Nation"[7]).

Selbst der Militärseelsorge in der Bundeswehr werden jegliche christlich-ethischen Motive abgesprochen. Ihr wird unterstellt, daß antikommunistische Grundlagen des Wehrmotivs in der Bundeswehr verstärkt und das Herrschaftssystem des Imperialismus in der Bundesrepublik Deutschland im Wehrmotiv vertieft werden sollen. Der Bundesgrenzschutz sei von ehemaligen SS-Angehörigen aufgebaut worden und stelle im Rahmen der Bundesrepublik Deutschland den antikommunistischen Stoßtrupp dar.

Insgesamt umfaßt die politische Schulung monatlich vierzehn Ausbildungsstunden „Politschulung" und vier Stunden „Politisch-aktuelle Gespräche". Hinzu kommen noch die Maßnahmen der „kulturellen Massenarbeit" und eine Vielzahl von Propagandafilmen. Im Vorfeld der Politschulung werden an die Soldaten und Unteroffiziere durch die SED-Parteigruppen und FDJ-Grundorganisationen (Parteiaufträge/Verbandsaufträge) die Diskussionsschwerpunkte für die Politschulung ausgegeben. Weiterhin werden als unterstützendes Moment in den Einheiten Wandzeitungen zur jeweiligen Monatsthematik erarbeitet.

Am Beispiel der Monatsthematik „Der Imperialismus als höchstes Stadium des Kapitalismus" soll der konkrete Ablauf einer Politschulung im folgenden exemplarisch dargestellt werden:

Die zweitägige Politschulung begann mit der Einweisung der Soldaten durch den Schulungsgruppenleiter. Die Soldaten erhielten die Schwerpunkte der Hefte „Wissen und Kämpfen" und die Thesen zu den Seminaren zum Selbststudium, welches sich anschloß und zwei Stunden umfaßte. Danach wurde – wie in der Regel – ein Film gezeigt, hier: „Ausbildung der Green Barrets in Verbindung mit dem Vietnam-Krieg". In den folgenden drei Stunden wurde dann das erste Seminar durchgeführt. Hierbei waren die Leninsche Imperialismustheorie und der sogenannte staatsmonopolistische Charakter der Bundesrepublik Deutschland das tragende Moment. Eingeleitet wird das Seminar meistens durch das Kurzreferat eines Soldaten, in diesem Fall „Die Bundesrepublik Deutschland – ein imperialistischer Staat". Im Anschluß daran mußten die teilnehmenden Soldaten ihre Einschätzung zu diesem Kurzreferat geben. Ziel war die schwerpunktmäßige Erfassung des aggressiven Wesens des Imperialismus in der heutigen Zeit und der Grundlage für die Auseinandersetzung mit dem politischen System der Bundesrepublik. In diesem ersten Seminar kam es darauf an herauszuarbeiten, daß die politische Führung der Bundesrepublik der Interessenvertreter aggressivster Monopolkräfte ist, wobei vom Privatbesitz an Produktionsmitteln ausgegangen wird. Anhand von konkreten Beispielen wird dabei auf die Dialektik von Krieg und Kapital als Ursache für die Kriege in der jüngsten Vergangenheit hingewiesen, so unter anderem die Suez-Krise, die arabisch-israelischen Konflikte, der Vietnam-Krieg und ausgewählte Krisen der sozialistischen Staatengemeinschaft. So soll den Soldaten klargemacht werden, daß der Imperialismus nach wie vor eine reale Kriegsgefahr darstelle und daß jederzeit mit jähen Wendungen – auch in Phasen der Entspannung –

gerechnet werden müsse. Diese Grundaussage wurde in den Heften „Wissen und Kämpfen" durch die Darstellung des sogenannten militärisch-industriellen Komplexes der Bundesrepublik Deutschland unterstrichen. Firmen wie Krauss-Maffei, Turbinenunion und MBB sowie die Produktion von Waffensystemen wie des Kampfpanzers Leopard waren dabei die Grundlage für die Beweisführung. In diesem Zusammenhang wurde auch behauptet, daß sich mit einer weiteren Konzentration der Produktivkräfte das politische System der Bundesrepublik so entwickele, daß persönliche Freiheiten und bestimmte Grundrechte immer mehr abgebaut würden. Die letzten fünfzehn Minuten des ersten Tages dienten dann einer Einschätzung und der Aufgabenstellung für den zweiten Tag. Der zweite Tag wurde durch ein zweistündiges schwerpunktmäßiges Studium der Hefte „Wissen und Kämpfen" eingeleitet. Daran schloß sich der Kurzvortrag eines Soldaten (wenn möglich Parteimitglied) über die Neudislozierung beziehungsweise Modernisierung der gegnerischen Streitkräfte an. In der 4. motorisierten-Schützen-Division der NVA bildete dabei die damalige 2. Jägerdivision der Bundeswehr das Paradebeispiel der Aggressivität und Kriegsvorbereitung des Imperialismus. Die Neudislozierung und spezifische Ausrüstung der 2. Jägerdivision sollte ein Beweis dafür sein, daß diese Division für Operationen im bewaldeten Mittelgebirge vorgesehen sei, das heißt einen Angriff im Thüringer Raum vorbereite. Hierbei wurde unterstrichen, daß vom Ausbildungsstand und von der politisch-moralischen Standfestigkeit her die 2. Jägerdivision jederzeit in der Lage sei, Angriffshandlungen zu führen. Die Quintessenz war, daß sich auch in Phasen der friedlichen Koexistenz der beiden deutschen Staaten nichts am aggressiven Wesen des Imperialismus geändert habe. In der anschließenden Diskussion mußten die Soldaten zu dem Ergebnis kommen, daß die Bundeswehr als imperialistische Armee die logische Fortsetzung der faschistischen Wehrmacht ist und die antikommunistisch-revanchistische Speerspitze der NATO bildet.

Jeder Soldat wird nach der zweitägigen Politschulung benotet. Da dies in der Regel mit Sonderurlaub und Sonderausgang verbunden ist, beteiligen sich die meisten Soldaten an den Seminaren sehr rege und bringen auch die gewünschte Tendenz zum Ausdruck. Nur einzelne Soldaten haben den Mut, der offiziellen Version des Politunterrichts zu widersprechen. Die doppelte Moral des realen Sozialismus zeigt sich hierbei recht anschaulich, da die Armeeangehörigen wegen der Vergünstigungen und der potentiellen zukünftigen beruflichen Entwicklung eine offizielle und eine persönliche Meinung besitzen. Auffassungen von Soldaten, die bei der Politschulung der offiziellen Version aus eigener Erfahrung (Gespräch mit Verwandten aus der Bundesrepublik, beziehungsweise ehemaligen Soldaten der Bundeswehr) widersprechen, müssen durch den Schulungsgruppenleiter an den Stellvertreter des Kommandeurs für politische Arbeit Bataillon gemeldet werden. Dieser leitet die Information an den Verbindungsoffizier des Ministeriums für Staatssicherheit als sogenannte Erscheinung „imperialistisch-ideologischer Diversion" weiter. Davon unabhängig berichten die sogenannten „Inoffiziellen Mitarbeiter" (IM) des Ministeriums für Staatssicherheit mit Dienstgrad Soldat parallel dem Verbindungsoffizier. Dadurch ist ein doppelter Informationsfluß über ideologische Probleme in der Politschulung gewährleistet.

Insgesamt ist die Feinbild- und Haßerziehung bei den Soldaten wenig effektiv, und nur ein geringer Prozentsatz nimmt die überzogenen Feindbildaussagen des Politunterrichts persönlich an. Da im Rahmen des sozialistischen Wettbewerbs die Noten im Politunterricht unter anderem die Grundlage für das „Bestenabzeichen" im Ausbildungshalbjahr bilden (Sonderurlaub, Geldprämie und anderes), ist in der Regel jedoch mit einer aktiven Beteiligung von etwa sechzig bis siebzig Prozent der Soldaten zu rechnen. Im Gegensatz dazu lehnen nur fünf bis zehn Prozent der Soldaten offen die Feindbild-Darstellung im Politunterricht ab. Zusammenfassend kann gesagt werden, daß die Zielstellung der monatlichen Politschulung im Rahmen der Feindbild- und Haßerziehung nur sehr bedingt erreicht wird.

Die Schwierigkeit besteht in der NVA darin, den eigenen hohen abstrakten Anspruch mit den konkreten Tatsachen des realen Sozialismus zu verbinden. Durch eine Vielzahl bekannter Tatsachen, wie zum Beispiel dem 13. August 1961, dem Prager Frühling 1968 und dem Einmarsch der Sowjetarmee in Afghanistan 1979 werden die eigenen Thesen unglaubwürdig. Das Verhältnis Mensch/Technik in der NVA wird durch die sowjetische Kampftechnik in der Ausbildung unterstrichen. Negativ wirken sich hierbei in der Siegeszuversicht der Soldaten die Niederlagen der sowjetischen Kampftechnik in den arabischen Kriegen gegen Israel aus. Die reale gesellschaftliche Wirklichkeit in der DDR steht im krassen Widerspruch zu marxistisch-leninistischen Thesen von der entwickelten sozialistischen Gesellschaft. Das erkennende Subjekt erfaßt das Objekt Gesellschaft so, wie es ihm tatsächlich gegenübertritt. Daraus resultiert, daß die ideologische Indoktrinierung bei der Masse der Soldaten scheitert. Das stark überzogene Feindbild führt zu einer gewissen Unglaubwürdigkeit im Rahmen der Maßnahmen der Politschulung und wird daher nur zum Teil von den Soldaten akzeptiert. Die Herausbildung sozialistischer Soldatenpersönlichkeiten scheitert an der preußischen Form der NVA, da die sogenannten sozialistischen Beziehungen in der Realität einen rüden Kasernenhofton, drillmäßige Ausbildungsformen und eine teilweise Mißachtung der Menschenwürde beinhalten. Die Bundeswehr wird im Rahmen des Feindbildes von der Mehrheit der Soldaten der NVA als eine modern ausgerüstete, bewaffnete, gut ausgebildete und politisch motivierte Armee gesehen. Die Erziehung zum Haß scheitert in erster Linie daran, daß die Soldaten eine Vielzahl von Kontakten zu Verwandten oder Bekannten in der Bundesrepublik Deutschland haben und diese persönlichen Erlebnisse absolut nicht mit der Feindbilderziehung übereinstimmen. Durch die Möglichkeit des Empfangs westlicher Medien können sie sich ein eigenes Bild vom „imperialistischen Gegner" machen, das nicht mit den Darstellungen im Politunterricht übereinstimmt. Um diesen negativen Momenten entgegenzuwirken, ist die politische Schulung und Propaganda darauf ausgerichtet, anhand einer Vielzahl von Negativbeispielen, die verallgemeinert werden, dem Soldaten den Wahrheitsgehalt der politischen Information aufzuzwingen.

---

[1]) Programm der SED von 1976, Gesamtdeutsches Institut (Hrsg.), Bonn 1985, S. 20.

[2]) Kleines politisches Wörterbuch, Ost-Berlin 1983, S. 230.

[3]) Marx, Karl: Die deutsche Ideologie, in: Marx/Engels: Werke, Bd. 3, S. 26/27.

[4]) Hoffmann, H.: Wir entscheiden uns für den Sozialismus. Reden und Aufsätze – Juni 1978 bis Mai 1982, Ost-Berlin 1983, Seite 398.

[5]) Berger, U./Wünsche, W.: Jugendlexikon Militärwesen, 1984, S. 41.

[6]) Hoffmann, Heinz: Zur politisch-ideologischen Arbeit in Vorbereitung des 30. Jahrestags der DDR, in: Reden und Aufsätze, Juni 1978 bis Mai 1982, Militärverlag/DDR 1983, S. 59.

[7]) Hoffmann, Heinz: Aus dem Referat auf der Kommandeurstagung zur Auswertung des Ausbildungsjahres 1978/79, in: Reden und Aufsätze – Juni 1978 bis Mai 1982, Militärverlag/DDR 1983, S. 203.

DOKUMENTATION

Aus der umfangreichen Literatur der NVA zum Thema „Feindbild“ sind in die Dokumentation aufgenommen:

HANDBUCH für politische Arbeit in Truppenteilen und Einheiten, Ministerium für Nationale Verteidigung der DDR 1977: 2.2.4. Die Erziehung der revolutionären Wachsamkeit und zum Haß auf den Imperialismus und dessen Söldner (ungekürzte Originalwiedergabe)

Auf dieser Grundlage für die Ausbildung der NVA-Soldaten bauen die Erläuterungen in den Militärzeitschriften auf. Hier sind ebenfalls im Faksimile abgedruckt 4 Beispiele aus jüngster Zeit zum Thema „Feindbild“ aus dem Soldatenmagazin ARMEERUNDSCHAU. Regelmäßig beantwortet Chefredakteur Oberst Freitag auf den Seiten 4/5 gestellte Fragen: Was ist Sache?

AR 5/1988 Haß
AR 11/1988 Militärdoktrin
AR 12/1988 Gefechtsbereitschaft
AR 1/1989 Imperalismus

Den Abschluß bildet ein Artikel der SED-Zeitung NEUES DEUTSCHLAND vom 2. Februar 1989: Gibt es noch kalten Krieg?

2.2.4. Die Erziehung zur revolutionären Wachsamkeit und zum Haß auf den Imperialismus und dessen Söldner

Als verbindliche Orientierung für die Kommandeure, Politarbeiter, Partei- und FDJ-Organisationen in den Truppenteilen und Einheiten gilt die Forderung, »... das Feindbild der Armeeangehörigen weiter zu formen und ihr Wissen über die imperialistische Militärpolitik und die Aggressionsvorbereitungen des Gegners zu erweitern. Dabei sind das aggressive Wesen des Imperialismus sowie seine Anstrengungen, die Aggressionsbereitschaft und -fähigkeit seiner Armeen zu steigern, jedem noch eindeutiger sichtbar zu machen. Es ist die Klassenposition zu festigen, daß es in der Auseinandersetzung zwischen Sozialismus und Imperialismus keinen Raum für Neutralismus und weltanschauliche Kompromisse geben darf.«

Stets von den Erfahrungen des Klassenkampfes ausgehen

Die politische Arbeit in den Truppenteilen und Einheiten zur Ausprägung des Feindbildes muß von der vielfach bestätigten Erfahrung des Klassenkampfes zwischen Sozialismus und Imperialismus ausgehen: Nur wer den Klassenfeind genau kennt, ihn exakt zu beurteilen vermag, wird auch in der Lage sein, erfolgreich gegen ihn zu kämpfen, ihn im Fall eines Krieges auf dem Gefechtsfeld vernichtend zu schlagen. Wer um die Gefährlichkeit des möglichen militärischen Gegners weiß, sich dabei keinen Illusionen hingibt, wird alles tun, um ständige Gefechtsbereitschaft zu gewährleisten und allseitig besser auf den Krieg vorbereitet zu sein als der Aggressor.

Feindbild – fester Bestandteil des Klassen- und Staatsbewußtseins

Das Feindbild des Angehörigen der NVA und der Grenztruppen der DDR trägt Klassencharakter. Es erwächst aus dem objektiven antagonistischen Widerspruch zwischen Proletariat und Bourgeoisie, zwischen Sozialismus und Imperialismus, und es bildet einen festen Bestandteil des Klassen- und Staatsbewußtseins. Fest begründet in der leidenschaftlichen Parteinahme für den Sozialismus, verkörpert es seine Kampfposition gegenüber dem imperialistischen Klassenfeind. Die Klarheit über den Feind gehört zum Wehrmotiv des sozialistischen Kämpfers und trägt wesentlich dazu bei, die entscheidenden Fragen zum Sinn des Soldatseins »Für wen? Mit wem? Gegen wen?« klassenmäßig zu beantworten.

Das Feindbild des Angehörigen der NVA und der Grenztruppen der DDR wurzelt tief in den Traditionen des jahrzehntelangen Kampfes der siegreichen Arbeiterklasse und ihrer Verbündeten gegen die internationale Reaktion und Konterrevolution. Es richtet sich im Denken und Fühlen der Armeeangehörigen und Grenzsoldaten zentral und kompromißlos gegen den Imperialismus als den Hauptfeind der Menschheit und des gesellschaftlichen Fortschritts sowie gegen alle, die dem Imperialismus dienen, voran die Söldner der NATO. Es beruht auf den Erfordernissen des Kampfes der sozialistischen Staatengemeinschaft zur Verwirklichung der gemeinsamen Außen-, Sicherheits- und Militärpolitik im revolutionären Weltprozeß der Gegenwart und ist eine Voraussetzung für die Erfüllung des militärischen Klassenauftrags durch jeden Armeeangehörigen und Grenzsoldaten.

Das Feindbild der Angehörigen der Nationalen Volksarmee und der Grenztruppen der DDR weiter zu formen, verlangt vor allem

die Erziehung im Geiste der marxistisch-leninistischen Weltanschauung zu verstärken und die Überzeugung von der bedingungslosen Erfüllung des militärischen Klassenauftrages zu festigen

sich unbeirrt von der historischen Mission der Arbeiterklasse und der sozialistischen Streitkräfte im Kampf gegen den Imperialismus leiten zu lassen

stets das reaktionäre Klassenwesen des Imperialismus und seine unverändert aggressive Politik schonungslos aufzudecken

Ziel, Inhalt und Stoßrichtung der ideologischen Diversion des Gegners real und umfassend einzuschätzen

die Aggressionsfähigkeit und -bereitschaft der imperialistischen Armeen exakt und ohne Illusion zu beurteilen

den Feind, in welcher Gestalt er sich auch immer zeigen möge, abgrundtief zu hassen

alle Aufgaben zur Erhöhung der Gefechtsbereitschaft bedingungslos zu erfüllen und jederzeit revolutionäre Wachsamkeit zu üben

bereit und fähig zu sein, zu jeder Zeit diszipliniert, mutig und entschlossen den Kampf aufzunehmen und ohne zu zögern alle zur Verfügung stehenden Waffen und Kampfmittel für die Vernichtung des Feindes einzusetzen.

Forderungen an Vermittlung und Vertiefung des Feindbildes

Das Feindbild schließt die Erkenntnis und Überzeugung ein: Der Imperialismus ist und bleibt, solange er existiert, Todfeind des Sozialismus und jedes gesellschaftlichen Fortschritts, Hauptquelle und Ursache von Aggression und Krieg. Unter dem Zwang des für den Imperialismus zunehmend ungünstiger werdenden Kräfteverhältnisses können sich die Methoden, die Erscheinungen der Aggressivität, die taktischen Varianten der konterrevolutionären Aktionen im Klassenkampf ändern – Wesen und Ziel des Imperialismus ändern sich jedoch nicht. »Solange der Imperialismus existiert, wird er nichts unversucht lassen, um den Sozialismus zu beseitigen. Es besteht deshalb nicht der geringste Anlaß, an dem Feindbild, das den Angehörigen unserer Nationalen Volksarmee vermittelt wird, Abstriche vorzunehmen.«[31]

[31] Erich Honecker, Zuverlässiger Schutz des Sozialismus. Berlin 1972, S. 178

Für die politische Arbeit zur Ausprägung des Feindbildes der Armeeangehörigen und Grenzsoldaten gelten folgende Forderungen: Es muß

- politisch und ideologisch *fundiert* sein, auf der wissenschaftlichen Weltanschauung, auf gefestigten *sozialistischen Grundüberzeugungen* beruhen;
- die Einheit von *persönlichem Engagement* mit den kollektiven und gesellschaftlichen Interessen zum Ausdruck bringen, tiefe patriotische Gefühle mit leidenschaftlichem Haß auf den Imperialismus und seine Söldner verbinden;
- *dauerhaft* und *stabil* sein, der Klassenposition unseres sozialistischen Staates insgesamt entsprechen und zur konsequenten Auseinandersetzung mit allen Erscheinungen bürgerlicher Ideologie wie Antikommunismus und Antisowjetismus, Revisionismus, Nationalismus und Rassismus befähigen;
- *konkret* und *aktuell* sein, den Gegner und den Kampfwert seiner Streitkräfte real zeichnen und der jeweiligen Situation im Klassenkampf sowie den spezifischen Aufgaben der NVA im Rahmen des Warschauer Vertrages entsprechen;
- *kompromißlos* sein, den Klassengegner und seine Kriegsvorbereitungen schonungslos entlarven sowie allen politischen und militärischen Konsequenzen beim Verwirklichen des Fahneneides gerecht werden;
- auf einen *möglichen Krieg orientiert* sein, den höchsten Anforderungen des bewaffneten Kampfes entsprechen und den unerschütterlichen Willen zum Sieg über jeden imperialistischen Aggressor stärken.

Feindbild im Gesamtprozeß der klassenmäßigen Erziehung entwikkeln

Die Vermittlung und Vertiefung des klassenmäßig geprägten Feindbildes ist gemeinsames Anliegen der Kommandeure, Politorgane, Partei- und FDJ-Organisationen im Gesamtprozeß der Erziehung und Ausbildung der Armeeangehörigen, Grenzsoldaten und militärischen Kollektive. Dabei lehrt die Erfahrung: Je nachhaltiger die Soldaten, Unteroffiziere, Fähnriche und Offiziere ihren Dienst in einer sozialistischen Armee als Klassenauftrag erleben, desto erfolgreicher und dauerhafter wird sich ihre Kampfposition auch gegenüber dem Klassenfeind ausprägen.

Reaktionäres und aggressives Klassenwesen des Imperialismus aufdecken

Bei der Vermittlung eines klassenmäßig geprägten Feindbildes kommt es stets darauf an, von der Erscheinung zum Wesen vorzudringen, den reaktionären und aggressiven Klassencharakter der imperialistischen Strategie und Taktik schonungslos aufzudecken. Überzeugend muß die marxistisch-leninistische Erkenntnis über den Kapitalismus und insbesondere den Monopolkapitalismus verbreitet werden, daß das ökonomische Monopol der Kern und die materielle

Basis der imperialistischen Aggressivität ist.[32] Die Bourgeoisie ist »... zu jeder Barbarei, zu jeder Bestialität und jedem Verbrechen bereit ..., um die untergehende kapitalistische Sklaverei zu erhalten«[33]. Das Rad der Geschichte um jeden Preis zurückdrehen zu wollen – das ist und bleibt der Dreh- und Angelpunkt imperialistischer Strategie.

Imperialismus ist aggressiver, parasitärer und sterbender Kapitalismus

Angesichts der kraftvollen Entwicklung und der militärischen Überlegenheit der Sowjetunion und der Gemeinschaft der Staaten des Warschauer Vertrages versucht der Imperialismus, sich dem zugunsten des Sozialismus veränderten Kräfteverhältnis anzupassen. Am aggressiven Wesen und an der Gefährlichkeit des Imperialismus ändert sich dadurch nichts. Das ist eine Grundeigenschaft dieses Gesellschaftssystems, die sich aus seinen ökonomischen und sozialpolitischen Verhältnissen als parasitärer, faulender und sterbender Kapitalismus ergibt. Durch die politische, ökonomische und militärische Macht des Sozialismus gezwungen, fand sich der Imperialismus in gewissem Maße bereit, dem Frieden und der friedlichen Koexistenz dienende Verträge mit den sozialistischen Staaten abzuschließen. Angesichts

- der ständigen Attacken der Entspannungsfeinde im imperialistischen Lager;
- der sich mit wachsender innerer Labilität des Systems und seinen internationalen Niederlagen mehrenden Elemente des Abenteurertums und der Unberechenbarkeit in der Politik des Imperialismus;
- des vom Gegner angeheizten Wettrüstens und der antikommunistischen Kampagnen zur Torpedierung abgeschlossener Verträge über Frieden und Zusammenarbeit

sind jedoch Rückschläge und auch plötzliche Zuspitzungen der Lage nicht auszuschließen.

! Jede Verringerung der Wachsamkeit und militärischen Stärke des Sozialismus wäre geradezu eine Ermunterung für die aggressiven Absichten des imperialistischen Gegners, für die Versuche, auf diese Art und Weise aus der tiefen Krise seines Systems herauszukommen.

---

[32] Siehe W. I. Lenin, Über eine Karikatur auf den Marxismus und über den »Imperialistischen Ökonomismus«. In: W. I. Lenin, Werke, Bd. 23, S. 34
[33] W. I. Lenin, Das rückständige Europa und das fortgeschrittene Asien. In: W. I. Lenin, Werke, Bd. 19, S. 82

Das imperialistische System befindet sich in einer tiefen Erschütterung, die durch das Zusammenfallen der allgemeinen Krise des Kapitalismus mit rasch aufeinanderfolgenden zyklischen Krisen hervorgerufen wird. Die Monopolbourgeoisie sowie ihre sozialreformerischen Helfershelfer und ihre Vertreter des militärisch-industriellen Komplexes meinen Auswege darin zu sehen, daß sie den Rüstungshaushalt ständig weiter aufblähen, das Wettrüsten forcieren, die Aggressionsbereitschaft ihrer Streitkräfte ständig erhöhen sowie den ideologischen Kampf verschärfen. Zu den typischen Ausdrucksformen und Lebensäußerungen des heutigen Kapitalismus gehören:

- das unveränderte Ziel, seine Positionen zu wahren und zu erweitern, die Ordnung in den sozialistischen Staaten zu untergraben und zu vernichten;
- die Vertiefung der allgemeinen Krise, die u. a. ihren Ausdruck findet
  in der Krise der Außenpolitik des Imperialismus als Folge des neuen internationalen Kräfteverhältnisses und der damit verbundenen immer stärkeren Durchsetzung neuer Prinzipien in den Beziehungen zwischen sozialistischen und kapitalistischen Ländern,
  in der Verbindung zyklischer Krisen der kapitalistischen Weltwirtschaft mit der allgemeinen Krise des staatsmonopolistischen Systems,
  in der Krise der Beziehungen zu den vom Kolonialjoch befreiten Ländern,
  in der Verstärkung der Widersprüche zwischen den imperialistischen Ländern und Kräftezentren,
  in der zunehmenden Labilität des politischen Herrschaftssystems des Imperialismus und
  in der vertieften Krise der imperalistischen Ideologie;
- die Unfähigkeit, die Lebensprobleme der Menschen zu lösen.

Militärpolitik des Imperialismus

Die Militärpolitik des Imperialismus entspricht vollinhaltlich seinem aggressiven Klassenwesen und ist unmißverständlich auf das strategische Ziel, die Erhaltung der imperialistischen sowie die Schwächung und letztlich Beseitigung der sozialistischen Gesellschaftsordnung gerichtet. Durch den Ausbau des Militär-Industrie-Komplexes werden die materiellen Potenzen der imperialistischen Hauptländer, besonders der USA und der BRD, immer umfassender auf der Grundlage des neuesten Standes der Wissenschaft und Technik für die imperialistischen Aggressionsarmeen nutzbar gemacht. Gleichzeitig unternimmt der Imperialismus große Anstrengungen, durch verstärkte Friedensdemagogie Ziel und Inhalt seiner aggressiven Militärpolitik zu verschleiern.

Den Klassengegner real einschätzen – die Soldaten zu hoher Wachsamkeit erziehen

Die politische Arbeit zur Ausprägung des Feindbildes hat überzeugend nachzuweisen, daß im Prinzip alle imperialistischen Machenschaften – gleich ob in Politik, Ökonomie, Ideologie oder im Militärwesen, mit welchen heuchlerischen Losungen sie auch getarnt sein mögen – gegen den gesellschaftlichen Fortschritt, vor allem gegen den Sozialismus, die Sowjetunion und die anderen Staaten der sozialistischen Gemeinschaft gerichtet sind. Der Imperialismus als zutiefst menschenfeindliche und historisch überlebte Gesellschaftsordnung »... bleibt ... aggressiv, tückisch und gefährlich ...« und wird »... sich nicht scheuen, die Waffen sprechen zu lassen, wo und wann er nur die geringste Aussicht wittert, seine Aggressionspläne zu realisieren«[34]. »Das erfordert von uns wie eh und je, in der gebotenen Wachsamkeit nicht nachzulassen.«[35]

Wachsamkeit verlangt, allen Anforderungen des Dienstes zu entsprechen

Wachsam zu sein, das heißt für den Soldaten, allen Anforderungen gerecht zu werden, die sich im Ringen um hohe Kampfkraft und Gefechtsbereitschaft, um gute Ergebnisse in der Gefechtsausbildung, um die Erfüllung der Aufgaben des Diensthabenden Systems und des Gefechtsdienstes sowie der zuverlässigen militärischen Sicherung der Staatsgrenzen ergeben. Dazu gehört hohe politische Wachsamkeit genauso wie die vorbildliche Ausübung des Wachdienstes, die lückenlose Einhaltung aller Bestimmungen über die Wahrung militärischer Geheimnisse.

Konkrete Kenntnisse über den Gegner vermitteln

Um ihn jederzeit fest im Visier zu haben und besiegen zu können, bedarf es hoher Wachsamkeit und genauer Kenntnis des militärischen Gegners. Das erfordert, den Armeeangehörigen und Grenzsoldaten, unter Berücksichtigung ihrer konkreten militärischen Aufgaben, differenziert nach Teilstreitkräften, Waffengattungen, Spezialtruppen und Diensten sowie Kommandoebenen, exakte Kenntnisse über den konkreten militärischen Gegner zu vermitteln. Im Mittelpunkt steht dabei das eindeutige und differenzierte Beantworten folgender Fragen:

- Welche Ziele verfolgt der Gegner, und welche Methoden wendet er im Klassenkampf an? Gegen wen richtet er den Hauptstoß?
- Worin bestehen die Wesenszüge der Strategie und Taktik des Klassengegners besonders auf politischem, militärischem, ideologischem, militärpolitischem, militärtechnischem Gebiet?
- Was ist unmittelbar und was in Zukunft vom imperialistischen Gegner zu erwarten?
- Über welche Mittel und Möglichkeiten verfügt der Klassengegner? Was kennzeichnet seine Bewaffnung und Kampftechnik, seine militärische Struktur und Taktik?

[34] Erich Honecker, Zuverlässiger Schutz des Sozialismus, Berlin 1972, S. 193
[35] Bericht des Zentralkomitees ..., S. 17

▶ Welche Kampfmoral haben die Soldaten des Gegners, insbesondere die Angehörigen der Bundeswehr, und wie würden sie sich aller Voraussicht nach auf dem Gefechtsfeld verhalten?

▶ Worin bestehen die Stärken und Schwächen des potentiellen Aggressors?

Militärischen Gegner real einschätzen

»Den Feind exakt beurteilen, das heißt, zielklar und treffsicher seine Schwächen, aber auch nüchtern und wachsam seine Stärken zu sehen, das heißt, weder Über- noch Unterschätzungen des Gegners zuzulassen.«[36]

Von allen Fehlern und Fehlurteilen, die möglich sind, ist »... das Gefährlichste ..., wenn man den Feind unterschätzt und sich damit beruhigt, daß wir stärker sind. Das ist das Allergefährlichste, denn es kann in einem Krieg zur Niederlage führen ...«[37] Über den Klassenfeind darf es keine Illusionen geben. !

Die imperialistischen Streitkräfte und ihre Söldner sind als willfähriges Werkzeug zu jedem Verbrechen gegen den Sozialismus bereit. Ohne zu zögern würden sie auf dem Gefechtsfeld skrupellos und hartnäckig kämpfen. Deshalb müssen die Armeeangehörigen, Grenzsoldaten und militärischen Kollektive im Prozeß der militärischen Pflichterfüllung zu der Erkenntnis und Überzeugung geführt werden, daß revolutionäre Wachsamkeit gegenüber dem Imperialismus und seinen Söldnern jederzeit dringend geboten ist.

Zielgerichtet den Klassenhaß auf den imperialistischen Gegner ausprägen

Die Vermittlung und Vertiefung eines klassenmäßig begründeten Feindbildes ist immer zugleich Erziehung zum Haß auf das menschenfeindliche System des Imperialismus und seine Söldner. Das darf jedoch kein blinder Haß sein. Die politische Arbeit in den Truppenteilen und Einheiten wird nur dann den Klassenhaß dauerhaft ausprägen, wenn die Vermittlung exakter Kenntnisse über den Gegner und leidenschaftliche Parteinahme für die Sache der Arbeiterklasse, für den Sozialismus/Kommunismus eine untrennbare Einheit bilden.

Haß auf den Feind ist folgerichtig ein Wesenszug der kommunistischen Erziehung, entwickelt und festigt sich bei der militärischen Pflichterfüllung, prägt und kennzeichnet die sozialistische Soldatenpersönlichkeit. Je nachhaltiger die Liebe zum sozialistischen Vater-

[36] Heinz Hoffmann, Sozialistische Landesverteidigung, Teil II, Berlin 1971, S. 926
[37] W. I. Lenin, Rede auf der II. Gesamtrussischen Konferenz der verantwortlichen Organisatoren für die Arbeit auf dem Lande am 12. Juni 1920. In: W. I. Lenin, Werke, Bd. 31, S. 161

Der Haß des Soldaten der NVA beruht auf tiefer Einsicht in die Gesetzmäßigkeit der gesellschaftlichen Entwicklung, vor allem darauf, daß der Angehörige der NVA und der Grenztruppen der DDR

von der Gerechtigkeit und Sieghaftigkeit seines militärischen Klassenauftrages zutiefst überzeugt ist und seine militärische Pflicht bewußt erfüllt

genau weiß, wer seine Freunde und wer seine Feinde sind, wem seine Liebe gehört und gegen wen sich sein Haß richten muß

das reaktionäre und aggressive Wesen des Imperialismus sowie dessen Verbrechen aus Geschichte und Gegenwart kennt

den Charakter imperialistischer Armeen klassenmäßig richtig einschätzt

sich keinerlei Illusionen über die imperialistischen Söldner, ihr brutales und erbarmungsloses Vorgehen im Falle einer bewaffneten Auseinandersetzung macht

land und zur ganzen sozialistischen Staatengemeinschaft auf die Armeeangehörigen und Grenzsoldaten übertragen wird, desto wirkungsvoller wird es möglich sein, den Haß auf alle Feinde des Sozialismus zu verwurzeln. In der Praxis bestätigt sich immer wieder die Dialektik von Liebe und Haß, die in der klassenmäßigen Erziehung bewußt gemeistert werden muß. Dem jungen Soldaten, der die Verbrechen des Imperialismus nicht aus eigener Erfahrung kennt, fällt es »... leichter, den Freund zu erkennen als den Feind. Aber seine Aufgaben wird er nur dann in jeder Situation erfolgreich erfüllen können, wenn er den Imperialismus, seine Ziele und Absichten genau erkennt, wenn er den Feind mit derselben Leidenschaft und Überzeugung haßt, wie er den Freund liebt und ihm vertraut.«[38]
In der Erziehung zum Haß kann es keine Halbheiten, kein Wenn und kein Aber geben, nur ein Für oder Gegen.

[38] Erich Honecker, Zuverlässiger Schutz des Sozialismus, Berlin 1972, S. 138

Der Haß des Soldaten ist keine passive, beschauliche Ablehnung des Feindes; er mobilisiert zur Tat und prägt die Bereitschaft, jeden Aggressor auf Befehl der Arbeiter-und-Bauern-Macht bedingungslos zu vernichten. **!**

Kampf gegen die ideologische Diversion des Gegners offensiv führen

Wirksame politische Arbeit zur Ausprägung des Feindbildes geht von der Erkenntnis aus, daß die Schärfe des ideologischen Kampfes zunimmt. Die Ausstrahlungskraft des real existierenden Sozialismus, der sozialistischen Lebensweise und Moral wird immer größer. Breite Massen in der kapitalistischen Welt und in den Entwicklungsländern suchen nach einer Alternative zum Kapitalismus. Durch den Einsatz der modernen Massenmedien haben sich die Möglichkeiten der gegenseitigen ideologischen Einwirkung außerordentlich erweitert.

Geführt von der marxistisch-leninistischen Partei, muß und wird die Arbeiterklasse stets »... unermüdlich gegen jede bürgerliche Ideologie kämpfen, in welch modisches und glänzendes Gewand sie sich auch hüllen mag«[39]. So wie W. I. Lenin feststellte, »..., daß der theoretische Sieg des Marxismus seine Feinde zwingt, sich als Marxisten zu *verkleiden*«[40], zeigt sich gegenwärtig im ideologischen Klassenkampf nicht selten, daß der praktische Sieg des Sozialismus seine Feinde zwingt, sich als »Sozialisten« und als »Verbesserer des Sozialismus« auszugeben. Auf diesem Weg hofft der Imperialismus, seiner Klassenherrschaft einen attraktiven Ausdruck zu geben und die mit »sozialistischen« Phrasen getarnte bürgerliche Ideologie und Lebensweise leichter und wirkungsvoller in die sozialistischen Staaten einschleusen zu können.

Hauptrichtungen der ideologischen Diversion genau kennen

In der inhaltlichen, methodischen und organisatorischen Führung der ideologischen Diversion orientiert sich der Imperialismus auf lange Sicht darauf:

- die antikommunistische Propaganda variabler und objektivistisch zu gestalten, um das Vertrauen der Werktätigen zur Politik der marxistisch-leninistischen Partei und des sozialistischen Staates sozusagen unmerklich und in »kleinen Schritten« zu untergraben, abhängig von der Situation sowohl grobschlächtige als auch verfeinerte Methoden des Antikommunismus anzuwenden;
- die nationalistische Beeinflussung noch differenzierter auf einzelne sozialistische Staaten zu konzentrieren und Versionen vom sogenannten Nationalkommunismus zu verbreiten;

[39] W. I. Lenin, Politische Agitation und »Klassenstandpunkt«. In: W. I. Lenin, Werke, Bd. 5, S. 350

[40] W. I. Lenin, Die historischen Schicksale der Lehre von Karl Marx. In: W. I. Lenin, Werke, Bd. 18, S. 578

– unter der zentralen Losung von »Freiheit, Freizügigkeit für Menschen, Informationen und Meinungen« im Rahmen der NATO eine straffe Führung und Arbeitsteilung zwischen den Paktstaaten durchzusetzen, wobei auch offiziell nichtpaktgebundene kapitalistische Staaten immer stärker einbezogen werden sollen;
– eine ständige Vervollkommnung der Führungsstruktur in den Schaltzentren der psychologischen Kriegführung und insbesondere ein enges Zusammenwirken zwischen den USA und den europäischen NATO-Ländern zu erreichen;
– die neuen technischen Möglichkeiten in der Nachrichtenübermittlung von Fernsehsatelliten bis zu elektronischen Druckverfahren weiter entscheidend auszunutzen;
– besonders unter der Intelligenz, der Jugend und den bewaffneten Kräften der sozialistischen Staaten Einfluß zu gewinnen.

Deshalb muß mittels der politischen Arbeit in den Truppenteilen und Einheiten ein wirksamer Kampf gegen die ideologische Diversion des Gegners geführt werden.

Ideologische Offensive massenwirksam führen

Die ideologische Offensive ist ununterbrochen und unter allen Bedingungen zielstrebig und massenwirksam zu führen, die Ideen des Marxismus-Leninismus sind überzeugend und lebensnah den Armeeangehörigen und Grenzsoldaten zu vermitteln, um so dem Gegner jegliche Einwirkung unmöglich zu machen. – Die stärkste Waffe gegen den Antikommunismus ist der Kommunismus. Die ideologische Arbeit muß sich durch eine sachkundige, emotional und rational wirksame Argumentation auszeichnen, die mit Begeisterung geführt wird, einfallsreich, treffsicher und interessant ist und bei den Armeeangehörigen und Grenzsoldaten ankommt. Die Klassenwurzeln der imperialistischen Ideologie und die antikommunistische Stoßrichtung der konkreten feindlichen Argumente sind zu entlarven. Dabei darf man keine formale und oberflächliche Gegenüberstellung von Sozialismus und Kapitalismus zulassen.

Keine Kompromisse im ideologischen Kampf

Im ideologischen Kampf kann es keine Kompromisse geben; man muß gründlich und unversöhnlich sein. Die geistige Auseinandersetzung mit gegnerischen Einflüssen ist hartes Ringen um die Herzen und Hirne der Menschen und erfordert die vollständige und tiefgründige Klärung aller Fragen und Probleme.

Die ideologische Auseinandersetzung zu politischen, ökonomischen und militärischen Fragen ist entsprechend der Orientierung der Parteibeschlüsse und militärischen Bestimmungen einheitlich zu führen und stets mit konkreten Schlußfolgerungen für die Erhöhung der Gefechtsbereitschaft zu verbinden.

Im eigenen Verantwortungsbereich dürfen keine die ideologische

Diversion des Gegners begünstigenden Faktoren geduldet werden. In den militärischen Kollektiven muß eine solche Disziplin und Atmosphäre herrschen, daß die Armeeangehörigen und Grenzsoldaten bewußt im Sinne der Bestimmungen über die politische und militärische Wachsamkeit und Geheimhaltung handeln.

Als Internationalist Kampfposition zum Klassenfeind beziehen

Durch die politische Arbeit werden die Armeeangehörigen und Grenzsoldaten zu einer eindeutigen internationalistischen Kampfposition gegenüber dem Klassenfeind geführt, die auf dem antagonistischen Grundwiderspruch zwischen Sozialismus und Kapitalismus basiert. Wer dem Sozialismus, der Sowjetunion und anderen Staaten der sozialistischen Gemeinschaft, der kommunistischen und Arbeiterbewegung und der nationalen Befreiungsbewegung feindlich gegenübersteht, der ist auch Feind aller Angehörigen der NVA und der Grenzsoldaten der DDR.

Die internationalistische Pflicht gebietet jedem Soldaten, Unteroffizier, Fähnrich und Offizier, sich ständig Kenntnisse über die Situation, das Kräfteverhältnis und den jeweils konkreten Gegner an den entscheidenden Abschnitten des weltweiten Klassenkampfes anzueignen, bewußt Partei zu ergreifen und aktive antiimperialistische Solidarität zu üben. Aktive Solidarität im weltweiten Klassenkampf zwischen Fortschritt und Reaktion, das kann für den sozialistischen Soldaten nur heißen, die eigenen Aufgaben zum militärischen Schutz des Sozialismus stets gewissenhaft zu erfüllen. Die Angehörigen der NVA und der Grenztruppen der DDR tragen eine hohe persönliche Verantwortung im Kampf um die weitere Veränderung des internationalen Kräfteverhältnisses zugunsten des Sozialismus.

Die Wirksamkeit der politischen Arbeit zur Ausprägung des Feindbildes muß grundsätzlich daran gemessen werden, wie sich die unversöhnliche Klassenposition der Angehörigen der NVA und der Grenztruppen der DDR gegenüber dem Imperialismus in der Praxis als Triebkraft bei der Erfüllung der militärischen Aufgaben und als klassenmäßiges Motiv offensiver Abwehr aller ideologischen Angriffe des Gegners erweist. !

WAS IST SACHE ?

Die Verbrechen des Imperialismus sind für mich hassenswert. Sich vor diesem Ausdruck zu scheuen, halte ich für falsch und letzten Endes unmenschlich!

Gefreiter Bernt Preuß

Ich auch, denn man darf diese Schandtaten nicht verharmlosen oder „einmalige Ausrutscher", „bedauerliche Versehen und Vergehen" aus ihnen machen. Verbrechen müssen als Verbrechen benannt werden. Und ebenso muß ausgesprochen werden, auf welches Gefühl der Abscheu und des Hasses sie stoßen – bei uns wie bei allen, denen Menschenrecht und Menschenwürde wirklich etwas gelten.

Gleich Ihnen denke ich dabei an jüngst Gesehenes, Gehörtes, Gelesenes.

An die vier Palästinenser aus Kfar Salem, die von israelischen Militärs lebendig begraben wurden. Daran, daß Soldaten derselben Armee bei Nablus 14 Araber in eine Hütte gesperrt und sie dann angesteckt haben. An palästinensische Kinder, die mit kochendem Wasser überschüttet, zu lebenden Fackeln gemacht, mit Gasgranaten – Made in USA – vergiftet wurden. Vor mir sind noch die Bilder, wie Israels Soldaten arabischen Jugendlichen die Hände brechen, ganze Kanister mit Tränengas in eine Entbindungsstation werfen, extra entwikkelte „Steinschleudern" gegen Demonstranten einsetzen. Ich müßte mich ja bis in den Grund meines Herzens schämen, käme mir anstatt tiefen Hasses ganz einfach nur „der Kaffee hoch". Wäre dies nicht eine Verhöhnung der Opfer, eine Verniedlichung der Mordtaten und abscheulichen imperialistischen Verbrechen? Aber wie! „Der Humanismus des Proletariats", so einst Maxim Gorki, verlangt „Haß gegen alles, was leiden macht, und gegen alle, die von den Leiden hunderter Millionen leben."

Von diesen Leiden lebt die Reaktion in Israel, das Apartheidregime in Südafrika, leben die von den USA ausgehaltenen Contras, Stroessner in Paraguay und Pinochet in Chile. Erinnern wir uns: Gerade hatte Carmen Gloria Quintana, die 1986 während einer Demonstration mit Benzin übergossen und angebrannt worden war, ihren Besuch zum Festival des politischen Liedes beendet, da hörten wir von José Solis. „Sie haben mich verbrannt, Mutti!" waren seine letzten Worte an diesem Märztag 1988. Sein Mörder aber bezeichnet „die Freiheit des heutigen Chile" als „prometheische Tat auf Südamerikas Boden". Welcher Hohn: Prometheus brachte den Menschen das Feuer, Pinochet wirft die Menschen ins Feuer. Was anderes verdient dieses Regime als flammenden Haß …

Er ist nicht blind und urgewaltig wirkend, unser Haß. Er speist sich nicht aus Menschenfeindlichkeit, ist nicht von persönlicher Antipathie getragen, wurzelt nicht in Weltverdruß. Im Gegenteil: gerade weil wir das Leben lieben und es erhalten wollen, weil wir jedem Erdenbewohner ein lebenswertes Leben in Frieden wünschen und dafür unsere sozialistische Soldatenpflicht erfüllen – gerade deswegen können wir aus tiefstem Herzen all jenes und all jene hassen, die der Verwirklichung dieser Sehnsüchte im Wege stehen.

Gegen sie allein richtet sich unser Haß. Er entzündet sich an den Verbrechen des Imperialismus. An der friedensgefährdenden und die menschliche Existenz bedrohenden Politik seiner aggressivsten Kreise. An Auffassungen wie der von BRD-Verteidigungsminister Wörner, daß „europabezogene Nuklearwaffen unverzichtbar" seien. An allen Versuchen, die begonnene Abrüstung zu torpedieren. An dem Diebstahl von 80 000 Nazi-Akten aus dem US-amerikanischen „Berlin

ARMEERUNDSCHAU
SOLDATENMAGAZIN
5/1988

Document Center“, womit nach Meinung des Vorsitzenden der Jüdischen Gemeinde von Berlin (West), Heinz Galinski, offensichtlich „Schwerstbelastete“ gedeckt werden sollten, die in der BRD wieder zu Amt und Würden gekommen sind.

Kurzum, Sie haben völlig recht. Wenn irgendjemand sich mokiert, daß wir Empörendes empörend und Hassenswertes hassenswert nennen, dann sei ihm geantwortet: dies werden wir so lange tun, bis es keine empörenden und hassenswerten Geschehnisse mehr gibt. Verkleistern nützt nichts. Was verbrecherisch und verabscheuungswürdig ist, muß auch so benannt werden. Und ebenso die Gefühle, die es hervorruft. Nur das ist anständig, menschlich, parteilich.

Was versteht man unter strategischen Offensivwaffen?

Matrose Bodo Spahr

Das nächste Gipfeltreffen von Gorbatschow und Reagan steht unmittelbar bevor. Und da es in Moskau gerade auch um eine vertragliche Vereinbarung zur Halbierung der strategischen Offensivwaffen beider Seiten gehen soll, ist der Begriff in aller Munde.

Was nun versteht man darunter?

Kurzgefaßt: nukleare Waffensysteme, die Ziele auf dem Territorium des anderen treffen und vernichten können. Sie bestehen aus Trägermitteln wie Raketen und Flugzeugen, ferner aus Kernladungen mit einem oder mehreren Sprengköpfen in Raketen und Bomben. Auf die strategischen Offensivwaffen entfallen mehr als neun Zehntel des nuklearen Potentials der UdSSR und der USA, so daß daran die gewaltige Bedeutung des von der Sowjetunion vorgeschlagenen Reduzierungsabkommens deutlich wird.

Man unterscheidet drei Gruppen von strategischen Offensivwaffen.

Erstens: landgestützte ballistische Raketen mit einer Reichweite von mehr als 5 500 km (ICBM – Intercontinental Ballistic Missile). Davon haben: UdSSR 1 390 mit rund 6 000, USA 1 000 mit rund 2 300 Sprengköpfen.

Zweitens: seegestützte Raketen größerer Reichweite, die sowohl ballistische Flugkörper (SLBM – Sea-Launched Ballistic Missile) als auch Flügelraketen (SLCM – Sea-Launched Cruise Missile) sein können. Beide Typen sind vorrangig auf Unterseebooten stationiert. Raketen auf U-Booten haben: UdSSR 942 mit rund 3 000, USA 672 mit rund 7 000 Sprengköpfen.

Drittens: weitreichende Flugzeuge (auch als strategische, Fern- oder schwere Bomber bezeichnet), die mit Flügelraketen (ALCM – Air-Launched Cruise Missile), Kurzstreckenraketen oder Bomben bestückt sind. Über schwere Bomber verfügen: UdSSR 162 mit rund 1 000, USA 588 mit rund 6 000 Sprengköpfen.

Kann unsere Freiwillige Feuerwehr einen bei der NVA dienenden Kameraden in das Bereitschaftssystem einbeziehen, wenn dieser auf Urlaub ist?

Horst Benkowski

Sie denken voraus. An den bevorstehenden Sommer, der möglicherweise heiß werden könnte und trocken, mit hoher Brandgefahr. Dann aber wird jede Hand gebraucht in Ihrer kleinen Freiwilligen Feuerwehr – für den Dienst auf dem Feuerwachturm, für andere Kontrollaufgaben, für das Bereitschaftssystem. Ließen sich da also nicht auch die zwei derzeit ihren Wehrdienst leistenden Kameraden einbeziehen, wenn sie auf Urlaub sind?

Das allerdings geht nicht.

Nach Auskunft des Ministeriums für Nationale Verteidigung sind die Einsatzleiter der Feuerwehr generell nicht befugt, über Feuerwehrangehörige zu verfügen, die in unseren Streitkräften dienen und sich in Urlaub befinden. Das trifft sowohl für Arbeiten jeglicher Art zu als auch für das Bereitschaftssystem. Dahinter verbirgt sich nicht böser Wille, sondern die Forderung nach hoher militärischer Gefechtsbereitschaft; aus ihr ergibt sich, daß auch in Urlaub befindliche Soldaten schnell verfügbar sein müssen. Desweiteren gebe ich zu bedenken, daß der ohnehin knappe Urlaub der Reproduktion der Arbeitskraft dient, um die in der Truppe anstehenden Aufgaben erfüllen zu können.

All dies schränkt selbstverständlich nicht das Recht und die Pflicht aller Bürger ein, sich im gegebenen Fall einsatzbereit an Rettungsarbeiten oder an der Brandbekämpfung zu beteiligen. Die Soldaten unserer Streitkräfte machen dabei keine Ausnahme.

Ihr Oberst

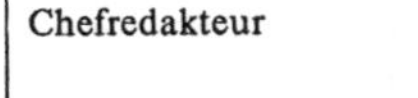

Chefredakteur

Ist unsere Militärdoktrin wirklich nur eine reine Absichtserklärung?

Marco Conrady

Es gibt Leute, die der Welt das glauben machen wollen. Und zwar um davon abzulenken, daß ihre schönen Worte über Frieden und Abrüstung nur Schall und Rauch sind, gedacht, die eigene aggressive Strategie zu verschleiern.

Aber bitte, prüfen wir die Dinge. Sehen wir uns an, was am erklärten Verteidigungscharakter der sozialistischen Militärdoktrin bloße Absicht und Realität ist.

Da heißt es: wir erklären kein Volk, keinen Staat zu unserem Feind. Dies tun wir ohne Vorbedingung, also unabhängig davon, ob uns ein Staatswesen oder ein Gesellschaftssystem gefällt. Wir sagen auch nicht: Feind seid ihr erst dann nicht mehr, wenn diese oder jene Mauer niedergerissen ist; ein (sehr feindseliges) Spielchen, das gern mit der DDR gespielt wird. Wir verkünden nicht nur, keine Feindbilder aufbauen zu wollen, sondern tun es in praxi nicht. Und wenn wir die militanten Kreise des Imperialismus als Feinde des Friedens benennen, so deshalb, weil sie sich selbst dazu gemacht haben.

Da heißt es: wir hegen keinem gegenüber aggressive Absichten. Warum auch sollten wir? Erstens wissen wir um die existenzvernichtende Gefahr eines Krieges. Zweitens sind Frieden und Sozialismus eins. Drittens sehen wir in der sozialistischen Revolution keinen militärischen Exportartikel. Und schließlich: Niemals hat im Sozialismus irgendjemand am Krieg verdient, aber jeder darunter gelitten.

Da heißt es: wir werden niemals als erste Kriegshandlungen beginnen. Ein Satz, der steht. Kein Konjunktiv mit allem, was die Möglichkeitsform offen läßt. Nein, verbindlich erklärt vor der Weltöffentlichkeit, gezeichnet und gesiegelt von den höchsten Repräsentanten unserer Koalition. Im Hintergrund der geschichtliche Beleg: wann und wo ein sozialistischer Staat Krieg geführt hat, war er ihm von außen aufgezwungen.

Da heißt es: wir, besser: die UdSSR, werden niemals als erste Atomwaffen einsetzen. Auch ein Satz, der steht: in der UN-Erklärung der Sowjetunion vom 15. Juni 1982 über ihren Verzicht auf die Erstanwendung von Kernwaffen. Reiht sich hierin nicht ebenso ihr einseitig erklärter, viermal verlängerter und vom 6. August 1985 bis 26. Februar 1987 dauernder Nukleartest-Stop ein, das geduldige Bemühen, mit den Kernwaffenversuchen generell Schluß zu machen?

Da heißt es: wir erheben keine territorialen Ansprüche gegenüber irgendeinem anderen Staat. Und so sind es in der politischen Praxis unserer Tage nicht wir, die Grenzen in Frage und Gebietsansprüche stellen oder die sogenannte „deutsche Frage" offen halten wollen.

Da heißt es: wir verwirklichen vielfältige Abrüstungsmaßnahmen. Genügt nicht allein das Stichwort INF? Mit der Nullösung bei landgestützten Mittelstreckenraketen wurde ein historisch bedeutsamer Schritt getan, um atomwaffenfrei ins nächste Jahrtausend zu gehen. Befördert wurde er durch den vorzeitigen Raketenabzug aus DDR und ČSSR. Weitere Abrüstungsvorschläge liegen auf dem Tisch, auch für die Beseitigung von Asymmetrien im konventionellen Bereich.

Da heißt es: wir unterhalten Streitkräfte nur in solchem Bestand und Niveau, wie für unsere Verteidigung nötig. Mithin orientieren wir uns nicht auf das Maximum, sondern auf das Minimum an Soldaten und Waffen, um das militärische Gleichgewicht zwischen NATO und Warschauer Vertrag zu sichern. Dafür spricht auch, daß wir sowohl weniger Truppenübungen haben als auch sie mit geringeren Truppenstärken abhalten: im Höchstfall 60 000 Mann.

WAS IST SACHE ?

ARMEERUNDSCHAU
SOLDATENMAGAZIN
11/1988

Demgegenüber zogen im Herbst dieses Jahres in Westeuropa eine halbe Million Mann in die größten aller bisherigen NATO-Manöver.

Da heißt es: wir sichern eine Gefechtsbereitschaft unserer Armeen, die ausreicht, um nicht überrascht zu werden. Das Maß unserer Verteidigungsanstrengungen wird bestimmt vom Grad der militärischen Bedrohung durch die NATO. Und für die Soldaten der Nationalen Volksarmee gilt, was der XI. Parteitag der SED beschlossen hat: „Es ist der Sinn des Soldatseins im Sozialismus, den Frieden zu erhalten, zu verhindern, daß die Waffen sprechen."

Kann ich mit meiner Verlobten die Jugendtouristreise antreten, die sie besorgt hat?

Stabsmatrose A. Schlawig

Im Januar 89 soll's in die Sowjetunion gehen. Wegen des Urlaubs haben Sie schon mal vorgefühlt und erfahren, daß es sich terminlich einrichten ließe. Nun aber erzählte Ihnen jemand, es wären nur von den FDJ-Organisationen in der NVA vergebene Jugendtouristreisen gestattet.

Keine Bange, das ist eine ausgesprochene Ente. Als Soldat auf Zeit gehören Sie wie Unteroffiziere und Offiziere auf Zeit sowie militärische Berufskader zum Kreis derjenigen, denen Privatreisen in das sozialistische Ausland genehmigt werden können. Dabei spielt es keine Rolle, ob Sie sie selber organisieren oder über das Reisebüro der DDR bzw. das der FDJ antreten. Damit alles seinen rechten Gang geht, sollten Sie den Reiseantrag möglichst bald beim Kommandeur des Truppenteils einreichen – spätestens jedoch einen Monat vor Reiseantritt.

Bekommt ein Reservist die Einnahmen ersetzt, die er durch das Fahren eines Zusatztaxis hatte?

Leutnant Andreas Reimer

Die Frage wurde Ihnen von einem Soldaten gestellt, der zur Zeit seinen Reservistenwehrdienst in Ihrer Einheit leistet. Sie waren etwas perplex, denn damit war Ihnen noch niemand gekommen. Im Truppenteil konnte Ihnen keiner genau sagen, was Sache ist. Also reichten Sie die Frage an mich weiter. Mich freut Ihre Beharrlichkeit, mit der Sie als Politoffizier nach Antwort auf buchstäblich jede Frage und jedes Problem der Armeeangehörigen Ihrer Einheit suchen. So muß es sein. Und ich nenne dies die rechte Wahrnehmung von Parteiverantwortung, um die es der SED ja gerade auch in den laufenden Parteiwahlen geht.

Aber nun zum Sachverhalt selbst.

Der Reservist nutzte die ihm 1986 durch eine neue gesetzliche Verordnung gegebene Möglichkeit, mit seinem Privat-PKW nebenberuflich Taxi zu fahren. Er tat also etwas, um mitzuhelfen, ein weit verbreitetes Bedürfnis besser zu befriedigen. Das brachte ihm monatlich 700 bis 750 Mark ein. Mithin, so argumentiert er, gehen ihm während des Reservistenwehrdienstes mehr als zweitausend Mark flöten. Schließlich setzt sich das Reservisten-Einkommen nur aus zwei Summen zusammen: dem Wehrsold und dem vom Betrieb zu zahlenden finanziellen Ausgleich in Höhe von 80 % des Durchschnittslohnes.

Was also tun? Ich habe beim Ministerium für Nationale Verteidigung nachgefragt. Folgendes läßt sich sagen:

Die Prämienordnung „Armeeangehörige" macht es möglich, aufgrund der Bedeutung des Reservistenwehrdienstes bei besonderen sozialen Verhältnissen eine einmalige finanzielle Unterstützung zu zahlen. Und zwar dann, wenn gegenüber dem bisherigen durchschnittlichen Arbeitseinkommen eine Minderung eintritt; damit sind z. B. Vergütungen und Zuschläge für Überstunden, Arbeitsbereitschaft und nebenberufliche Tätigkeit gemeint, die ja nicht zum Durchschnittslohn gehören. Dazu rechnet auch der Verdienst aus dem Zusatztaxi-Fahren. Über die Gewährung der finanziellen Unterstützung entscheidet der Kommandeur des Truppenteils.

Da sie schriftlich unter Vorlage einer Bescheinigung zu beantragen ist, müßte sich der Reservist zunächst an seinen Taxibetrieb wenden. Dieser hat ihm eine Bescheinigung über sein durchschnittliches monatliches Einkommen aus der nebenberuflichen Tätigkeit auszustellen – entweder für den Zeitraum von zwölf Monaten oder, wenn er noch nicht so lange Zusatztaxi gefahren ist, für die entsprechende Dauer. Das Papier muß aussagen, welche Fahrgeldeinnahmen erzielt wurden; natürlich abzüglich der Kraftstoffkosten nach EVP, der Steuern und Gebühren. Mit dieser Bescheinigung kann er dann die schon erwähnte finanzielle Unterstützung beantragen.

Ihr Oberst

Karl Heinz Freitag

Chefredakteur

WAS IST SACHE ?

Ich wurde jetzt als Gruppenführer eingesetzt. Müßte sich das nicht auch in mehr Geld und Urlaub für mich auszahlen?

Gefreiter Jörg Tabbert

Die Gruppenführerplanstelle kann auf längere Sicht nicht mit einem Unteroffizier auf Zeit besetzt werden. Also haben die Vorgesetzten Ihnen diese Aufgabe anvertraut – nicht nur für zwei, drei Wochen, sondern in Ihrem ganzen dritten Diensthalbjahr. Damit wird in ganz besonderer Weise anerkannt, was Sie in den bisher zwölf Dienstmonaten gelernt, geschafft und an Erfahrungen gewonnen haben.

Natürlich zahlen sich höhere Verantwortung und Mehrarbeit in barem Geld aus. Sie können einen monatlichen Leistungszuschlag von 40, 60, 75 oder 90 Mark erhalten; über seine Gewährung und Höhe entscheidet der Regimentskommandeur in einem Befehl. Desweiteren ist es auch möglich, Sie für ganz besondere Leistungen mit Sonderurlaub zu belobigen. Höhere Ansprüche auf Erholungs-, Kurz- oder Verlängerten Kurzurlaub ergeben sich allerdings nicht. Schließlich regeln sich Urlaub und Ausgang nach dem jeweiligen Dienstverhältnis – und Sie stehen eben nach wie vor in dem eines Soldaten im Grundwehrdienst.

In der AR lese ich öfter von Gefechtsbereitschaft. Was bedeutet das, und was gehört dazu?

Kerstin Schmiedel

Im anspruchsvollsten Sinn des Wortes heißt dies: bereit sein zum Gefecht, bereit sein, einem überraschenden Überfall unter allen Bedingungen wirksam zu begegnen.

Fragen wir als erstes nach dem Warum.

Die Welt ist noch nicht so wie wir sie uns wünschen und wie wir sie erstreben: frei von Krieg, von Wettrüsten, von militärischer Gewaltanwendung, mit Frieden und Sicherheit für alle, mit allgemeiner und vollständiger Abrüstung. Auf dem Weg dahin ist die Menschheit zwar vorangekommen, aber nach wie vor ist die internationale Lage kompliziert und widersprüchlich. Die Gegner jeglicher Abrüstung – der militante Kern des Imperialismus – verstärken ihre Aktivitäten. Und so sind wir gezwungen, wie es in der Militärdoktrin des Warschauer Vertrages heißt, unsere Streitkräfte in einer solchen Gefechtsbereitschaft zu halten, „die ausreicht, um nicht überrascht zu werden".

Das ist weitaus leichter gesagt als getan. Zum ersten, weil es nicht um irgendeine, vielleicht sogar noch sehr niedrige Gefechtsbereitschaft geht, sondern um eine außerordentlich hohe, die dem Grad der militärischen Bedrohung durch die NATO entspricht. Zum zweiten, weil Gefechtsbereitschaft der Armee stets die der Soldaten ist und folglich entscheidend von ihrem ganz persönlichen Bereitsein zum schnellstmöglichen Eintreten in das Gefecht getragen wird.

Bleiben wir bei Letzterem.

Ist dies machbar, ohne daß der einzelne um den Sinn seines Soldatseins hier im Sozialismus weiß? Ohne daß er sich bewußt ist, welche Verantwortung er trägt? Ohne daß er Verteidigungs-Sicht nicht nur auf das eigene Heim und den eigenen Herd hat, sondern auf Wohl und Wehe der gesamten Zivilisation unseres Planeten? Nein, ohnedem und somit ohne politische Bewußtheit ist hohe Gefechtsbereitschaft weder zu erreichen noch zu halten.

Schließlich setzt sie sich in der Endsumme aus vielen Einzelposten zusammen: Sei es das militärische Können, die Beherrschung der Waffe

ARMEERUNDSCHAU
SOLDATENMAGAZIN
12/1988

oder die Perfektion, aus ihr mit dem ersten Schuß zu treffen. Sei es die bewußt geübte Disziplin, die Befehlsausführung mit Köpfchen – sprich: mit Initiative – oder das Ordnunghalten im kleinen wie im großen. Sei es das Erreichen und Unterbieten der Gefechtsnormen, die rationelle Nutzung jeder

Ausbildungsstunde oder der schnelle „Sprung“ in die Stiefel bei Alarm. Sei es die gesunde Lebensführung, das Sich-abhärten oder die intensiv gesteigerte körperliche Fitness, um allen Strapazen des Gefechts gewachsen zu sein. Und sei es schließlich auch ein erklärendes Wort zu Hause, daß zu jeder Zeit und Stunde gefechtsbereit sein logischerweise der Ausgangs- und Urlaubsgewährung Grenzen setzt, dieweil ein hoher Prozentsatz aller Armeeangehörigen in der Kaserne verfügbar sein muß.

Die Palette dessen, was Gefechtsbereitschaft konkret heißt, spannt sich mithin von A wie Alarm bis Z wie Zusammenwirken im kleinen militärischen Kollektiv und im großen Verbund des Warschauer Vertrages. Und wenn ich noch einen Buchstaben herausheben sollte, würde ich L wie Liebe nennen. Denn Verteidigungsfähigkeit und Verteidigungswille werden gerade auch von der Liebsten geschmiedet: schließlich ist ihr Mann, Verlobter oder Freund nicht zuletzt für sie Soldat. Sollte sie ihm da nicht Mut machen, fest an seiner Seite stehen, Verständnis aufbringen für ihn und seinen Pflichtenkreis? Ich meine, daß dies ein durchaus gleichwertiger Baustein für das stete Gefechtsbereitsein unserer Armee, jedes einzelnen Soldaten ist.

Was sind eigentlich Präventivschläge?

Soldat Ronny Balkow

Präventiv heißt vorbeugend, verhütend. Und somit sind präventive Schläge bzw. Kriege Angriffshandlungen, um einem geplanten oder vermuteten Angriff des Gegners zuvorzukommen.

Der Präventivkrieg ist eine von imperialistischen Staaten schon oft praktizierte, besonders aber für den deutschen Militarismus typische Methode. Sie geht so: man überfällt das als Opfer ausersehene Land überraschend, stempelt es zum Aggressor und rechtfertigt damit den eigenen Raub- und Eroberungskrieg. Das in seinen Folgen schrecklichste Beispiel dafür war der faschistische Überfall vom Juni 1941 auf die Sowjetunion.

In unserer, eindeutig auf Verteidigung ausgerichteten Militärdoktrin ist für „vorbeugende, verhütende“ Handlungen weder gedanklich noch praktisch Platz. Unmißverständlich hat Verteidigungsminister Armeegeneral Heinz Keßler erklärt: „Präventivschläge, mit welchen Kräften und Mitteln auch immer, werden strikt ausgeschlossen. Kampfhandlungen von Streitkräften unseres Bündnisses oder eines Mitgliedsstaates können und dürfen erst nach einer militärischen Aggression begonnen werden.“

Kann ich, nachdem ich Ende April 1989 fünfzehn Dienstjahre hinter mir habe, schon zu diesem Zeitpunkt entlassen werden?

Stabsoberfähnrich Gert Möller

Die Dienstlaufbahnordnung der NVA vom 25. März 1982 (GBl I Nr. 12 S. 237) sieht für Fähnriche eine Mindestdienstzeit von fünfzehn Jahren vor. Da Sie im Frühjahr 1974 einberufen wurden, haben sie diese Ende April des kommenden Jahres erfüllt – mit Erfolg und in Ehren, wofür allein schon Ihr Dienstgrad spricht.

Als gestandener Militär wissen Sie, wie bedeutsam es sowohl für eine kontinuierliche Ausbildung als auch für unsere Gefechtsbereitschaft ist, personelle Veränderungen während des laufenden Ausbildungsjahres so gering wie möglich zu halten. Deswegen erfolgt die Entlassung militärischer Berufskader in der Regel auch an seinem Ende und nicht zwischendurch. Bei Ihnen liegt aber nun ein ganz konkreter Sachverhalt vor: Sie werden in Ihrem einstigen Betrieb, der über anderthalb Jahrzehnte stets mit Ihnen in Kontakt geblieben ist, als Kaderleiter anfangen. Der derzeitige geht im Juli 1989 in Rente. Klar also, daß der Betrieb wie auch Sie daran interessiert sind, einen nahtlosen Übergang zu haben – eingeschlossen die Möglichkeit für Sie, sich an der Seite des ausscheidenden Kaderleiters wenigstens über ein paar Wochen einzuarbeiten.

Dem steht prinzipiell nichts entgegen. Zum einen, weil die schon erwähnte Dienstlaufbahnordnung unter § 6 die Entlassung wegen „Übernahme wichtiger staatlicher und gesellschaftlicher Aufgaben“ vorsieht, und zum anderen, weil gemäß den Kaderbestimmungen die Divisionskommandeure befugt sind, den Entlassungszeitpunkt innerhalb des zutreffenden Ausbildungsjahres selbst festzulegen. Und so bleibt mir nur, Ihnen ein Dankeschön zu sagen für fünfzehn dem Schutz von Frieden und Sozialismus gewidmete Armeejahre sowie Ihnen einen guten Start im neuen Aufgabenbereich zu wünschen.

Ihr Oberst

Chefredakteur

??

WAS IST SACHE ?

Inwiefern ist der Imperialismus heute noch parasitärer und damit faulender Kapitalismus?

Frank Zimmermann

Noch? fragen Sie. Auch heute noch?

Gerade heute, muß man wohl eher sagen.

Mehr denn je trifft zu, was Lenin geschrieben hat: „Monopol, Oligarchie, das Streben nach Herrschaft statt nach Freiheit, die Ausbeutung einer immer größeren Anzahl kleiner und schwacher Nationen durch ganz wenige reiche oder mächtige Nationen – all das erzeugte jene Merkmale des Imperialismus, die uns veranlassen, ihn als parasitären oder in Fäulnis begriffenen Kapitalismus zu kennzeichnen."

Parasiten sind Schmarotzer, sich auf Kosten anderer Leute Ernährende. Trifft das etwa nur auf die Monopolherren vergangener Zeiten zu?

Für 1909 hatte Lenin ermittelt, daß die 3 060 größten amerikanischen Betriebe ein gutes Hundertstel aller ausmachten, aber rund 44 % der Gesamtproduktion realisierten. Heute vertreten die 3 300 USA-Größten weniger als zwei Tausendstel aller Konzerne, vereinen jedoch fast 70 % des Gesamtkapitals auf sich … Ist das etwa kein Parasitismus?

Gegenwärtig entfallen drei Viertel der kapitalistischen Weltindustrieproduktion auf die 300 größten Monopolgruppen, sogenannte Multis. Jede einzelne ist finanzstärker und ökonomisch mächtiger als ganze Staaten, ja sogar Ländergruppen. Wie sie schmarotzen, schildert der bürgerliche Wissenschaftler A. Toffler: „Durch ‚kreative' Buchführung können sie ihre steuerlichen Verpflichtungen unschwer von einem Staat in den anderen übertragen, so daß sie kaum noch etwas zahlen müssen. Sie können die arbeitsrechtlichen Bestimmungen eines Landes umgehen, indem sie die Produktion einfach dorthin verlegen, wo die Löhne niedriger oder die Gesundheits- und Sicherheitsvorschriften laxer sind. Wenn ein Staat strenge Gesetze gegen Umweltverschmutzung erläßt, sucht und findet das globale Unternehmen gewöhnlich eine Möglichkeit, seine Produktion in einem anderen Staat abzuwickeln, wo es Flüsse, Seen und Luft ungehindert vergiften darf …"

Die Leidtragenden dürften ebenfalls kein treffenderes Wort dafür haben als Parasit.

Oder wie steht es mit dem vom Militär-Industrie-Komplex nach wie vor betriebenen Wettrüsten? In den USA verschlingt es 75 % der staatlichen Finanzen für Forschung und Entwicklung! – Wie ist es mit dem Ausbeutungsgrad, der sich in der BRD bereits 1976 auf sagenhafte 284 % erhöht hatte? Damit bekommt der Arbeiter bei einem achtstündigen Arbeitstag nur noch den Betrag als Lohn, dessen Wert er in zwei Arbeitsstunden erzeugt hat; die „restlichen" drei Viertel aus sechs Arbeitsstunden eignet sich der Boß an! – Wie steht es mit dem Lenin-Wort, daß die kapitalistische Welt „in ein Häuflein von Wucherstaaten und in eine ungeheure Mehrheit von Schuldnerstaaten gespalten" ist? Ging es 1917, da „Der Imperialismus als höchstes Stadium des Kapitalismus" erschien, um ein paar hundert Millionen, so stöhnen die Entwicklungsländer heute unter einer Schuldenlast von einer Billion Dollar! – Und wie ist es schließlich mit der „neuen Armut" und der Massenarbeitslosigkeit in der BRD? Mag es auch Arbeitslosenunterstützung geben, so ist zu bedenken: Zum einen zahlen sie nicht die Unternehmer, denn aus jeder Mark Lohnerhöhung gehen mindestens 48 Pfennig als Steuern ab, darunter für die Arbeitslosenversicherung. Zum anderen hat der Soziologe H. Bremer nachgewiesen: „Bei einer Erhöhung der Arbeitslosenquote um ein einziges Prozent steigen die allgemeine Sterblichkeitsquote um 1,9 %, die Anzahl der Morde um 5,7 %, die der Selbstmorde um 4,1 % und die

ARMEERUNDSCHAU
SOLDATENMAGAZIN
1/1989

??

Anzahl der Patienten in psychiatrischen Kliniken um 3,4 % ..."

Die Beispiele ließen sich fortsetzen. Doch schon die verwendeten belegen, daß sich das Wesen des Imperialismus nicht verändert hat. Weder tolle Autos noch raffinierte Heimcomputer, weder schicke Klamotten noch Waschmittel mit dem weißesten Weiß können über seinen historischen Platz hinwegtäuschen: sterbender Kapitalismus.

Das heißt keineswegs, daß er nicht zu wissenschaftlich-technischem Fortschritt fähig wäre; er kann ihn nur nicht in sozialen umsetzen. Desgleichen, so Lenin, wäre es „ein Fehler zu glauben, daß die Fäulnistendenz ein rasches Wachstum ausschließe"; die ökonomischen Potenzen des Imperialismus sind groß genug, um sich neuen Lagen anzupassen und Teile der Werktätigen zu bestechen, was wiederum den Opportunismus „nährt, formt und festigt". Letztendlich bleibt eine seiner Grundeigenschaften die Aggressivität; im Schoß des Imperialismus werden immer wieder kriegslüsterne Kräfte geboren. Auch deshalb wäre es unverantwortlich, in unserer Wachsamkeit nachzulassen. Sie ist solange geboten, solange es Imperialismus gibt – gerade weil er parasitärer, faulender, sterbender Kapitalismus ist.

Die Lohnbuchhaltung meines Betriebes rechnet mir die Armeezeit nicht auf die FZR an!

Unterfeldwebel d. R. Frank Wrublick

Es heißt in ihrem Brief: „Mit großem Interesse habe ich Ihre FZR-Antwort im Oktoberheft 1988 gelesen. Ich selbst bin der Freiwilligen Zusatzrentenversicherung nach meinem dreijährigen Wehrdienst beigetreten. Doch die Lohnbuchhaltung meines Betriebes ist nicht bereit, mir die zweieinhalb Jahre, in denen ich bei der NVA mehr als 60 Mark Versicherungsbeiträge monatlich bezahlt habe, auf die FZR anzurechnen. Und so hätte ich gern gewußt, in welchen gesetzlichen Bestimmungen das geschrieben steht."

Sie sind nicht der einzige, der nachfragt. Telefonanrufe kamen, weitere Briefe. Folglich muß ich mich erst einmal entschuldigen, daß ich zwar den Sachverhalt, aber nicht die ihm zugrunde liegende Quelle genannt habe.

Deshalb hier das entscheidende Zitat: „Für ehemalige Angehörige der bewaffneten Organe bzw. der Zollverwaltung der DDR, die im Alter oder bei Invalidität keinen Anspruch auf Rente nach den Bestimmungen der jeweiligen Versorgungsordnung haben und der FZR beigetreten sind, gilt auch die vor dem Beitritt zur FZR liegende Zeit der Zugehörigkeit zu diesen Organen, ab der sie **erstmals** nach den Versorgungsordnungen über 60 M monatlich Beiträge entrichtet haben, als **Zeit der Zugehörigkeit zur FZR**." Festgelegt ist dies in § 13 der 1. Durchführungsbestimmung zur FZR-Verordnung, und entnommen habe ich den Text der Broschüre „Rentenrecht" (Seite 64) des Staatsverlages der DDR, Berlin 1988.

Können dienstfreie Sonnabende mit Kurz- oder verlängertem Kurzurlaub verbunden werden?

Oberfeldwebel Hesfehr

Die Urlaubsvorschrift bestimmt unter Ziffer 104, daß militärische Berufskader im laufenden Monat zwei dienstfreie Sonnabende bekommen. Das gilt für alle Berufsunteroffiziere, Fähnriche und Offiziere, also unabhängig davon, ob sie am Standort wohnen oder nicht. Natürlich setzt dies voraus, daß die ständige Gefechtsbereitschaft zu jeder Zeit gewährleistet ist.

Im allgemeinen soll der dienstfreie Sonnabend zu einem dienstfreien Wochenende führen. Was nützt namentlich einem Berufssoldaten, der hundert Kilometer oder weiter weg wohnt, der Samstag allein, wenn es sich für ihn nicht lohnt, in der kurzen Zeit nach Hause zu fahren? Logischerweise herzlich wenig. Daraus folgt zweierlei: Er kann an dem dienstfreien Sonnabend bzw. Wochenende den Standort verlassen, sofern er – wie üblich – die Genehmigung seines Vorgesetzten hat. Und schließlich ist es dem außerhalb Wohnenden durchaus möglich, den dienstfreien Samstag mit Kurz- oder verlängertem Kurzurlaub zu koppeln.

Geht es hierbei um Kurzurlaub, der ja normalerweise ab Sonnabend nach Dienst gewährt wird, umfaßt das die Zeit von Freitag nach Dienst bis Montag zum Dienst. Nimmt er VKU, so ist diesem die Zeit des dienstfreien Sonnabends voran- oder nachzustellen. Konkret heißt das: Beginn entweder am Freitag viereinviertel Stunden vor Dienstschluß und Ende am Dienstag zum Dienst oder von Freitag nach Dienst bis Dienstag um 12.00 Uhr. Die für den VKU festgelegte Anrechnung von einem Tag Erholungsurlaub bezieht sich auf den Montag.

Ihr Oberst

Karl Heinz Freitag

Chefredakteur

Gibt es noch kalten Krieg?

Gibt es eigentlich immer noch kalten Krieg? Oder ist er vorbei?, fragt unsere Leserin Ursula Brenner aus Leipzig.

Zweifellos gibt es ihn noch. Das Politische Wörterbuch definiert kalten Krieg als „von den reaktionärsten Kräften der imperialistischen Großbourgeoisie betriebenen Politik der Verschärfung internationaler Spannungen, um diese nach innen und außen zum Vorwand für eine weitere Forcierung der Aufrüstung wie auch für die Vorbereitung und Entfesselung von ihnen geplanter Aggressionen zu nehmen". Diese Politik gibt es noch. Und auch die vielfältigen Methoden des kalten Krieges gibt es noch.

Das Noch in der Frage von Frau Brenner, das wir auch in unsere Antwort übernommen haben, kennzeichnet allerdings eine sehr wichtige Veränderung, die mit dem veränderten globalen Kräfteverhältnis zusammenhängt. Als Churchill 1946 in seiner berüchtigten Rede in Fulton das Startsignal zum kalten Krieg gab, wollten er und seinesgleichen das militärische Übergewicht des Imperialismus über die Sowjetunion, die im Krieg gegen Hitler die größten Opfer gebracht hatte, dazu nutzen, den Sozialismus „zurückzurollen", wie es USA-Außenminister Dulles etwas später formulierte.

Der kalte Krieg mit allen Mitteln wurde also inszeniert als imperialistischer Versuch, den im Ergebnis des Kampfes der Völker gegen den Faschismus errungenen gesellschaftlichen Fortschritt im Osten Europas und in Asien sowie die nationale Befreiungsbewegung der kolonial unterdrückten Völker zu liquidieren. Mit den Mitteln des kalten und des heißen Krieges – so beispielsweise in Korea und Vietnam. Der Imperialismus war nicht bereit zu friedlicher Koexistenz mit anderen sozialen Systemen, mit dem Sozialismus.

Das hat die Sowjetunion, das haben wir, alle Kräfte des Friedens und des Fortschritts, gänzlich geändert. Die imperialistische Reaktion hat den kalten Krieg verloren. Entwicklung des sozialistischen Weltsystems, Zuammenbruch des Kolonialsystems, Herstellung des militärstrategischen Gleichgewichts, Durchsetzung der Prinzipien der friedlichen Koexistenz als Grundnorm der internationalen Beziehungen und Einstieg in die atomare Abrüstung sind die wichtigsten Ergebnisse auf diesem Wege. Alle wurden sie in zähem, hartem, oft opferreichem Kampf den Feinden des Friedens und des Fortschritts abgerungen.

Aber noch gibt es, wie gerade wir im Zentrum Europas aus eigener Erfahrung wissen, größte Anstrengungen, die Welt vom eben eingeschlagenen Weg der Abrüstung wieder zurück ins Wettrüsten zu werfen. Noch gibt es massive imperialistische Einmischungs- und Erpressungsversuche gegenüber zahlreichen Staaten. Noch gibt es ökonomischen Boykott gegen sozialistische und Entwicklungsländer. Noch gibt es den von den imperialistischen Massenmedien geführten psychologischen Krieg. Noch gibt es Antikommunismus, Kriegs- und Völkerhetze, Neokolonialismus und Rassismus. Mit großem Aufwand, teils mit verfeinerten Mitteln, werden die Theorien des kalten Krieges nach wie vor propagiert, seine Methoden praktiziert.

Soeben hat der neue Sicherheitsberater des neuen Präsidenten der USA erklärt, der kalte Krieg sei nicht vorüber. Nicht zu Unrecht fragt da selbst ein Blatt der amerikanischen Großbourgeoisie, ob wohl die rechten Lehren aus vierzig Jahren auf verlorenem Posten geführten kalten Krieges gezogen worden sind . . .

Quelle: NEUES DEUTSCHLAND vom 2. 2. 1989

Bernd Wilz

Ein Land, von dem man nie loskommt

DDR-Übersiedler über den SED-Staat

Die Bundesministerin für innerdeutsche Beziehungen, Dorothee Wilms, hatte am 30. November des vergangenen Jahres Schriftsteller eingeladen, die aus der DDR in die Bundesrepublik übergesiedelt sind. Unter den Autoren ganz unterschiedlicher literarischer Richtung war auch Freya Klier, die erst vor wenigen Monaten mit ihrem Mann, dem Liedermacher Stephan Krawcyk, von der SED ausgebürgert wurde. Über die Begegnung zwischen der CDU-Politikerin und der Regisseurin schrieb der „Rheinische Merkur": „Freya Klier macht dann auch der Ministerin sofort klar, was sie will: ‚Ich möchte zurückkehren. Das war eine so schlimme Nötigung. Ich bitte Sie, unseren Fall als nicht abgeschlossen zu betrachten.' Sollte Dorothee Wilms insgeheim den Gedanken gehegt haben, die bunt zusammengewürfelte Künstlerschar an das freie, bundesrepublikanische Herz zu drücken, so wurde sie spätestens in diesem Augenblick eines andern belehrt." Weiter heißt es in der Wochenzeitung, Sascha Anderson, Poet aus Ost-Berlin, habe geurteilt: „Dieses System (das der Bundesrepublik Deutschland, Anm. d. Vf.) ist genauso unmenschlich wie jedes andere. In der DDR hat jeder Autor eine Riesenbedeutung, hier ist man erst einmal ohne Bedeutung. Man ist allein, das ist die Unmenschlichkeit." Diese Worte erinnern an Roland Jahn, der 1983 als erstes Mitglied der DDR-Friedensbewegung des Landes verwiesen wurde. Auf die Frage, ob er sich vorstellen könne, hier zu leben, antwortete er damals: „Nein, niemals. Meine Vorstellungen sehe ich in der DDR eher verwirklicht als hier. Ich möchte zurück."

Zurück wollte 1985 auch ein arbeitsloser Übersiedler, der in einer ARD-Sendung seine Ausreise in die Bundesrepublik als „Irrweg" bezeichnete. Prompt schrieb das „Neue Deutschland" von 20.000 Rückkehrwilligen, eine Zahl die schnell als Desinformation entlarvt wurde. Rückkehrwillige sind nach Erkenntnissen des Ministeriums für innerdeutsche Beziehungen eine seltene Ausnahme. Zu denen gehören Bürgerrechtler wie Freya Klier und Roland Jahn; die meisten Regimekritiker wollen verändern, nicht ausreisen.

Wie aber steht es mit denen, die weder prominent noch privilegiert sind, mit denen, die über Ausreiseanträge oder Flucht in den Westen gelangt sind? Viele von ihnen sind es leid, sind „eingeschüchtert" durch das, was „berühmte Stellvertreter" für sie seit Jahren artikulieren, heißt es in dem Rowohlt-Taschenbuch „Vom großen ‚Knast' ins Paradies?"

Der Bund der Mitteldeutschen (BMD) hat Übersiedler beiderlei Geschlechts, unterschiedlichen Alters und Berufs gebeten, schriftlich darzulegen, wie sie heute Staat und Regierung Mitteldeutschlands bewerten. Wir wollten wissen, ob die Retrospektive die politischen und gesellschaftlichen Verhältnisse in der DDR positiver erscheinen läßt oder ob die, die beide Systeme – das der Bundesrepublik und das der DDR – aus dem Alltag kennen, Verachtung oder gar Haß auf den totalitären Staat empfinden. Verschieben sich Wertmaßstäbe, schafft die räumliche Distanz auch emotional Abstand?

Zunächst einige Daten zur Umfragemethodik: Eintausend ehemalige DDR-Bürger erhielten unseren Fragebogen mit folgendem Text: „Sie stammen aus dem Gebiet der DDR und sind als Flüchtling bzw. Übersiedler in die Bundesrepublik gekommen. An uns als Verband von Mitteldeutschen wird gelegentlich die Frage gerichtet, wie ehemalige Bewohner der DDR heute diesen Staat und seine Regierung bewerten. Könnten Sie uns bitte in einigen Zeilen mitteilen, was Sie heute gegenüber der DDR/SED empfinden?" – Ganz bewußt wurde darauf verzichtet, Beurteilungskriterien als Leitfaden vorzugeben, um die Angesprochenen nicht in eine bestimmte Denkrichtung zu lenken. Uns war an spontanen Äußerungen und sehr persönlichen Gedanken gelegen. Ohne den Anspruch der Repräsentativität zu erheben, haben wir jeweils fünfhundert Frauen und Männer befragt, etwa zu gleichen Anteilen Akademiker und Nichtakademiker, junge und ältere Landsleute.

Von eintausend verschickten Fragebögen erhielten wir 798 zurück. Es stellte sich heraus, daß exakt fünfzig Prozent der Befragten extrem negative Emotionen, die häufig mit „Haß" beschrieben werden, gegenüber dem DDR-Regime empfinden. Fünfzig Prozent beschreiben ihre Gefühle mit „Traurigkeit", „Verzweiflung" oder „Mitleid". Von den 399 Befragten, die das DDR-Regime und die politisch Verantwortlichen verachten oder gar Haßgefühle hegen, sind achtzig Prozent Landsleute, die die Teilung Deutschlands bewußt miterlebt haben, die also sechzig Jahre und älter sind, und/oder um Übersiedler beziehungsweise Flüchtlinge, die ein besonders schweres Schicksal erlitten.

Ein geradezu klassisches Beispiel ist Brigitte P.: „Ich kann für diesen Staat nur Haß empfinden. Meine Kinder, Tochter und Schwiegersohn, wurden verhaftet, weil sie einen Ausreiseantrag gestellt hatten. Für meinen Mann und mich begann eine Sippenhaft. Wir waren unerträglichen Repressalien ausgesetzt, mein Mann verlor seinen Arbeitsplatz, wurde unter Hausarrest gestellt, mußte sich ständig Verhören unterziehen. Die Unmenschlichkeit dieses Staates hat meinen Haß erzeugt. So durfte ich seit 1961 nicht mehr zu meiner in der Bundesrepublik lebenden Mutter reisen, auch nicht als sie mit einer lebensbedrohlichen Embolie ins Krankenhaus kam."

Diese Erlebnisse und deren Bewertung sind typisch für die befragten Personen, die ihre Haltung zur DDR mit „Haß" beschreiben. Ihr Motiv ist meist nicht ein Unrecht, das dem Befragten selbst widerfahren ist, sondern eines, das Familienangehörige traf. So auch bei Lisa K.: „Ich empfinde Haß gegen die Regierung der DDR. Sie hat uns das Schlimmste angetan, was man Eltern antun kann. Unsere Tochter wurde als politischer Häftling dreieinhalb Jahre eingesperrt. Das hat unser Leben zerstört."

Die Verweigerung einer Besuchserlaubnis wird von rund zwanzig Prozent der Befragten als Grund für ihren „Haß" angegeben.

Christel J.: „Ich hasse die DDR, weil mein Sohn mich an meinem 83. Geburtstag nicht besuchen durfte."

Felix D.: „Die DDR ist mir verhaßt, weil meine Brüder zur Beerdigung unserer Mutter nicht kommen durften."

Weitere zwanzig Prozent geben als Grund die politischen Verhältnisse an. Hier handelt es sich ganz überwiegend um jüngere Menschen, zum Beispiel die 36-jährige Gabriele W.: „Ich beschäftige mich sehr mit der politischen Lage in der DDR und kann mir schwer vorstellen, meinen Haß auf das Regime zu verlieren." Oder Peter K. (28): „Die DDR-Führung und die SED habe ich schon immer verabscheut. Keine freien Wahlen, keine Meinungs- und Pressefreiheit, sondern eine illegitime Willkürherrschaft."

Erhard K.: „Ich habe mich nie zu diesem kommunistischen Staat bekannt und immer einen Groll gegen dieses rote System empfunden. Deshalb leiste ich jetzt im Bundesgebiet politische Aufklärungsarbeit, damit man nicht aus Unwissenheit auf den sozialistischen Schwindel hereinfällt."

Die zweite Gruppe der Befragten, die „Empörung", „Traurigkeit" oder „Mitleid" beim Nachdenken über den mitteldeutschen Staat empfindet, setzt sich ganz überwiegend aus jüngeren Menschen und/oder Übersiedlern mit höherem Bildungsabschluß zusammen.

Auffälligstes Merkmal dieser Ausführungen ist, daß zwischen persönlichem Erleben und dem Staatsapparat in all seinen politischen und gesellschaftlichen Erscheinungsformen differenziert wird. Der eigene Werdegang und das eigene Schicksal sind nicht alleiniger Maßstab des Urteils.

Außerdem ist für diese Gruppe von ehemaligen Bewohnern der DDR der Versuch kennzeichnend, die Entscheidungsmechanismen der DDR-Führung in kausalem Zusammenhang zu analysieren und eine systemimmanente Logik herauszuarbeiten. Ein typisches Beispiel für diese Art der Urteilsfindung und Urteilsbegründung ist Ulf M., der 1986 aus der Haft entlassen und in die Bundesrepublik ausgewiesen wurde.: „Die offensichtliche Unsicherheit des Regimes, seine Unfähigkeit, seine Legitimationsschwierigkeiten, machen ‚Haß' zu einem untauglichen Instrument in der Auseinandersetzung mit seinen Vertretern. Auch während meiner Haft empfand ich keinen Haß, nur totale Ablehnung! Die Brutalität gegen Andersdenkende war für mich keine Überraschung – ist es auch heute nicht! Der von den Sowjets eingesetzten Führung der SED/DDR fehlt jegliche Basis, sie wird von der Bevölkerung erduldet und nicht als ‚Volksvertretung' akzeptiert! Eine Regierung solcher Art muß sich mit der völligen Ummauerung ihres ‚Hoheitsgebiets' gegen jegliches Freiheitsbedürfnis der Untertanen schützen! Das Endziel aller Politik der SED/DDR ist die psychische und physische Uniformierung! Die Militarisierung ist nur ein Teil dieser Strategie. Die Durchdringung aller Bereiche – auch der privaten Sphäre – mit ideologischem Tamtam ist unerträglich. Es ist offensichtlich, daß die marxistisch-leninistische Lehre nur eine dürftige Schamschürze des absoluten Machtstrebens ist – und leider bleibt. Eine ‚Öffnung' für demokratische Ideen ist nicht möglich. Sie wäre das Ende der SED-Macht!"

In anderen Stellungnahmen wird die DDR-Führung bedauert, sie sei „geistig arm", „unsicher", „unfähig". Detaillierte Kritik wird geübt an der Verweigerung von Meinungsfreiheit (75 Prozent), der Verhinderung der Freizügigkeit (61 Prozent), dem Fehlen freier Wahlen (59 Prozent), der Planwirtschaft (53 Prozent), der Korruption (42 Prozent), der Propaganda (18 Prozent) und den Mängeln im Gesundheitswesen (7 Prozent).

Mehr als achtzig Prozent der Übersiedler und Flüchtlinge, die zwar nicht mit extremen Gefühlen wie „Haß" auf das politische System reagieren, leiden jedoch in hohem Maße daran, daß ihre Landsleute weiterhin der Willkürherrschaft schutzlos ausgesetzt sind.

„Ich werde meine Landsleute nie vergessen", schreibt Michael E., „sie bedürfen unserer Hilfe". Seine Ehefrau fügt hinzu: „Man sollte das Augenmerk nicht nur auf die jungen Menschen richten, deren Kraft und Freiheitssinn so stark ist, daß sie mit allen Mitteln versuchen, die DDR zu verlassen. Wir alle sollten mehr an die alten Menschen denken, die trotz des sozialistischen Systems ihr Heimatgefühl nicht verloren haben. Obwohl äußerer Friede herrscht, ist es für sie sehr schwer, menschenwürdig, zufrieden und glücklich zu leben."

Dem Gedanken an die Landsleute jenseits der Mauer folgt unausweichlich das Nachdenken über die Wiedervereinigung. Während in der Gruppe der Befragten, die ihre Gefühle mit „Haß" beschrieben, nur in wenigen Ausnahmefällen die Einheit der Nation gefordert wurde, sind von den achtzig Prozent derer, die mit Wehmut an die Menschen in der DDR denken, 78 Prozent für eine energische und konsequente Wiedervereinigungspolitik. Von diesen 78 Prozent haben allerdings mehr als zwei Drittel starke Bedenken hinsichtlich deren Erfolgs. Die einen glauben nicht an „die Öffnung der DDR im Gorbatschowschen Sinne", die anderen werfen der Bundesregierung vor, ihre Deutschlandpolitik habe „nur Alibifunktion" und erschöpfe sich „in Gedenktagsreden". Eine junge Frau, 1985 aus DDR-Haft entlassen, klagt an: „Ich sehe die Resignation und tiefe Hoffnungslosigkeit der dort (in der DDR, Anm. d. Vf.) lebenden Menschen, die sich zu Recht als die Vergessenen von der Regierung der Bundesrepublik und der westlichen Alliierten betrachten." Margret R. fragt: „Warum macht die Bundesrepublik der DDR soviel Zugeständnisse und wirft ihnen soviel Geld in den Hals? Damit die Kommunisten gut leben können und das Volk hat nichts davon. Jeder dort lebt nur in Angst. Jahrelang habe ich gehofft, daß es besser wird. Diese Hoffnung habe ich nun endgültig begraben. Ich habe wie die Menschen in der DDR große Angst, daß Bonn die DDR anerkennt."

Welche Folgerungen die Politiker, zu denen ich selbst auch zähle, aus diesen Stimmen, die stellvertretend für viele stehen, zu ziehen haben, möchte ich an dieser Stelle dahingestellt sein lassen.

Resümierend die Worte einer jungen Journalistin: „Ich nutze jede Gelegenheit 'rüberzufahren und dann bin ich froh, wieder 'rauszukommen. Die DDR ist meine Heimat, nach der ich mich sehne, in der ich aber um nichts in der Welt mehr leben möchte. – Die DDR ist ein Land, aus dem man – möglicherweise – wegkommt, von dem man aber nie loskommt."

Das ist die Meinung des politisch aktiven Teils der Übersiedler aus der DDR. Die Befragung war also nicht in jeder Hinsicht repräsentativ für die 3,5 Millionen Bürger aus Mitteldeutschland, die heute in der Bundesrepublik Deutschland wohnen. Es ist jedoch der politisch aktive Kern der Mitteldeutschen, die für den Zusammenhalt der deutschen Nation entscheidend sind. Sie sind gewissermaßen der Kontrapart der SED-Politik.

Und wie die Umfrage zeigt, sind die politisch aktiven Übersiedler aus der DDR besonders entscheidend für die Überwindung von Haß und Feindschaft. Jede positive Regung aus der DDR wird von ihnen sorgfältig registriert und entsprechend beantwortet. Aber über einen Punkt sollte man sich keinem Zweifel hingeben: Friedliches Zusammenleben in Deutschland setzt voraus, daß die SED das mittelalterliche Gerümpel von Mauer und Stacheldraht endlich beiseite räumt.

Werner Kießling

Überwindung der Vergangenheit – Aufgabe der Heimkehrer aus Kriegsgefangenschaft

Vergangenes läßt sich nicht ändern, Schlechtes nicht ungeschehen machen, Gutes nicht zurückholen; aber man kann sich zu seiner Vergangenheit bekennen, mit allen ihren Licht- und Schattenseiten. Es gibt kein Volk, das auf eine makellose Geschichte zurückblicken könnte, wie es gewiß keinen Menschen dieser Erde gibt, der von sich an seinem Lebensende sagen könnte, er habe in seinem Leben alles richtig gemacht, habe nie gezweifelt, nie geirrt und habe nur Gutes getan. Die Selbstgerechten können kein Vorbild sein. Wir haben zu viele von ihnen – auch unter den Politikern unseres Landes. Die Besserwisser machen deshalb nichts besser, weil sie meist die eigene Verantwortung scheuen. Sie stiften eher Verwirrung und Unfrieden.

Wir Heimkehrer aus Krieg und Gefangenschaft sind Zeugen einer bitteren Vergangenheit, die am Anfang groß, mächtig und begeisternd war, um dann überzuschwappen in die Maßlosigkeit und in die Freßgier eines zum Sterben Verurteilten, der alles mit sich riß. Wer das Recht auf Leben, auf Freiheit und Gerechtigkeit mißachtet, wer anderen die Menschenwürde nimmt, die er selber zu besitzen glaubt, wer wehrlose Menschen quält, sie ihrer Freiheit beraubt und tötet, nur weil sie ihm im Wege stehen, der verdient selber den Tod, den tausendfachen Tod!

Wir waren jung, als das schillernde Verhängnis über uns kam. Als Jugendliche bauten wir uns eine eigene Welt. Wir sangen uns an Lagerfeuern voller bündischer Romantik einen erhebenden Glauben ein, der im Urgrund sogar mit der heutigen Drogenszene Verwandtes hat – mit dem Unterschied, daß wir uns zwar in eine schönere Welt versetzten, die eigene Gesetze hat, aber dies bei vollem Bewußtsein taten. Das war die blaue Blume, die immer bei uns war, und die uns den Alltag vergessen ließ. Es war wie ein Rausch einer schönen, sauberen Jugend.

Als wir in den Krieg geworfen wurden, stürmten wir nicht mit „Hurra“ über die Grenzen. Wir waren keine Langemarck-Jugend, aber wir sagten „ja“ zu unserer Pflicht als Soldaten. Wir fluchten, aber wir blieben Soldaten.

Für die nachgeborene Welt heute darüber zu urteilen, ist problematisch. Gewiß, man muß nicht alles selber erlebt haben, um urteilen zu können – sonst könnte niemals Geschichte geschrieben werden –, aber manche Politiker und junge Historiker täten besser daran, mehr auf Zeitzeugen zu hören als sich in elitärer Phantasie ein zu gefälliges Bild zurechtzumachen, das heute mal so und morgen mal so ausfallen kann, je nachdem es wechselnden Tagesbedürfnissen opportun ist. Jeder kann zwar seine Meinung ändern – er soll dies sogar, wenn bessere Erkenntnisse gewonnen werden. Feststehende, mit Dokumenten belegte Vorgänge und Tatbestände dürfen jedoch nicht verfälscht werden. Die Geschichte hält auf Dauer keiner noch so geschickten Manipulation stand.

Als der Krieg zu Ende ging, brach in uns eine Welt zusammen. Wir mußten erkennen, daß die Begeisterung unserer Jugend mit ihren wehenden Fahnenwäldern, Landsknechtstrommeln und Fanfaren als schillernde Fassade mißbraucht worden war, damit sich dahinter um so lautloser das grauenvolle Verbrechen vollziehen konnte. Dies zu erkennen und zu glauben, war ein langer schmerzlicher Prozeß, der uns zusätzlich zu den Quälereien in den Gefangenenlagern mit dem täglichen Dahinsterben unserer Kameraden und der Ungewißheit, jemals wieder aus dem Stacheldraht herauszukommen sowie der Ungewißheit um das Schicksal unserer Angehörigen daheim, bedrückte. Noch heute tun sich manche schwer, die Vergangenheit über Bord zu werfen.

Obwohl sich, wie bereits gesagt, Vergangenes nicht ändern und Schlechtes nicht ungeschehen machen läßt, so kann man sich doch zu dieser Vergangenheit bekennen, mit all ihren Lichtern, aber auch mit ihren dunklen Flecken. Es gibt kein Volk, das auf eine makellose Geschichte zurückblicken könnte, aber es gibt viele Völker, die dennoch stolz auf ihre Nation sind.

Es wäre gar nicht gut, die gemeinsam erlebte Vergangenheit vollkommen über Bord zu werfen. Niemand verlangt das. Vor allem sollten wir nicht selbst so etwas erwarten oder verlangen. Die sich heute damit noch schwer tun, sind nicht unbedingt die Schlechtesten. Nur sollten wir Vergangenheit Vergangenheit sein lassen und dazu beitragen, daß sie nie wieder – in welcher Form auch immer – aufersteht. Wir sollten uns gegen jeden aufkeimenden Extremismus stellen, auch in uns selbst. Genauso, wie wir uns gegen jede leichtfertige Pauschalverurteilung und -normierung alles Geschehens in den Jahren des Dritten Reiches stellen. Das Böse, das Schreckliche, das Massenverbrechen überschattet alles; das ist verständlich. In der gleichen Zeit ist aber auch viel Gutes geschehen, haben sich die Menschen für den Nachbarn, für die sozial Schwachen eingesetzt, haben sie geglaubt, eine wundervolle Zeit sei angebrochen. Wer will ihnen das zum Vorwurf machen? Es ist nicht schwer, sich vorzustellen, wie mancher sich damals verhalten haben würde, der heute als Nachgeborener die Menschen von damals kopfschüttelnd verurteilt. Die Überlebenden aus jener schönen und schrecklichen Zeit quält die Erinnerung, in die sie von gewisser politischer Seite immer wieder hineingedrängt werden, vor allem von seiten der Massenmedien.

Deutschlands Geschichte umfaßt nicht nur zwölf Jahre. Die deutsche Geschichte ist Jahrhunderte alt. Ihre Schriftsteller, Dichter, Maler, Musiker, Philosophen, Baumeister, Forscher und Erfinder haben nicht nur die Deutschen beglückt. Sie haben Weltruhm begründet. Das kann man und darf man nicht wegwischen. Wer aus der Vergangenheit für die Zukunft schöpfen will, darf die Gegenwart nicht einseitig belasten. Wir tragen die Vergangenheit in uns, die Last der Dunkelheit wie das Licht und wir lassen uns durch die Dunkelheit das Licht nicht nehmen.

Wir sind nach unserer Heimkehr angetreten, um den Frieden sicherer zu machen, auch den Frieden in uns selbst zu erhalten und den zwischen den Menschen. Wir sind angetreten, um in Gemeinschaft mit den Heimkehrern im internationalen Verband der ehemaligen Kriegsgefangenen die gewonnenen Freundschaften zu erhalten und die Völker Europas näher zueinander zu bringen. Wir sind angetreten, um uns unermüdlich für die Abrüstung der Blöcke einzusetzen, wo immer wir Einfluß nehmen können.

Unser Weg ist vorgezeichnet von der Vergangenheit. Er ist uns aufgetragen von den Opfern und Märtyrern der Gewalt, von unseren Kameraden, die in harter Pflichterfüllung, die von jedem Soldaten der Welt erwartet werden muß, ihr Leben lassen mußten oder in den Lagern der Unfreiheit wehrlos umkamen, von den geschändeten und ausgelöschten Opfern des nationalsozialistischen Gewaltregimes, wobei wir uns solidarisieren mit allen Opfern der gegenwärtigen Gewaltregime und sinnlosen kriegerischen Auseinandersetzungen.

Alle diese Opfer wären letzten Endes vergeblich gewesen, wenn die Überlebenden nicht versuchen würden, Haß und Feindschaft zwischen den Gegnern von einst zu überwinden.

Aus Feindbildern wurde Haß, und Haß war der Anfang von Gewalt und Krieg. Dieser tödliche Kreislauf kann nur am Anfang unterbrochen werden – dort, wo die Feindbilder entstehen. Die Kriegsgefangenen aller Nationen haben in Krieg und Gefangenschaft mehr gelitten als andere. Daher sollten sie die Überwindung von Feindbildern als ihre ureigene Aufgabe begreifen.

Wir hätten aus den Erfahrungen der Katastrophen der Vergangenheit nichts gelernt, wenn wir diese nicht für die Verhinderung ihrer Wiederholung und für die praktische Arbeit für den Frieden anwendeten, für den Bau Europas unter einem gemeinsamen freiheitlichen Dach. Dieses Dach endet nicht an den heutigen Grenzen der Blöcke zur freien Welt. Eine geistige Revolution ist in Bewegung gesetzt. Es ist richtig, daß Wachsamkeit der Preis der Freiheit ist. Es ist aber ebenso richtig, daß aus permanentem Mißtrauen noch nie ein Fortschritt entstanden ist. Es darf in der Beziehung der Völker – auch über Regimegrenzen hinweg – keinen Stillstand geben. Das ist die Lehre aus dem Gestern für ein besseres Heute und einen festen Weg in die Zukunft der Menschheit.

Franz Neubauer

Sudetendeutsche und Tschechen heute

Jahrhundertelang lebten Sudetendeutsche und Tschechen in Böhmen, Mähren und Schlesien miteinander. Es gab in diesem Zusammenleben bessere und schlechtere Perioden, es gab Spannungen und Rivalitäten, aber auch befruchtende Gemeinsamkeit und edlen Wettstreit. Dieses Zusammenleben wurde zunächst durch die Ereignisse der Jahre 1918/1919 belastet und dann durch Hitlers Aggressionskriege mit der folgenden Vertreibung der Sudetendeutschen im Jahre 1945 brutal zerstört. Die sudetendeutsche Volksgruppe hatte im Zuge des antideutschen Terrors nach Kriegsende und der Vertreibung aus ihrer angestammten Heimat rund 240.000 Todesopfer zu beklagen. Mit Ehrfurcht und Trauer gedenkt sie dieser Opfer des Unrechts und der Gewalt. Sie erfüllt damit eine Ehrenpflicht gegenüber ihren Landsleuten, Frauen, Männern und Kindern, die beim Brünner Todesmarsch, auf der Elbbrücke in Aussig, in den Zwangsarbeits- und Internierungslagern der Nachkriegs-Tschechoslowakei und an unzähligen Orten unserer Heimat getötet wurden oder an Hunger, Entbehrungen und an den Folgen von Mißhandlungen zugrunde gingen.

Das Gedenken an die Toten und die Erinnerung an das Unrecht der Vertreibung dienen den Sudetendeutschen aber nicht als Vorwand, um in Haß und Rachsucht gegenüber dem tschechischen Volk zu verharren. Wenn wir unsere Toten ehren, so soll dies als Aufruf an jedermann verstanden werden, daran mitzuwirken, daß der tödliche Kreislauf von Gewalt und Gegengewalt, Terror und Gegenterror, Völkerhaß und Rache in einer kommenden europäischen Friedensordnung durchbrochen werden muß. Es gibt keine Kollektivschuld – weder für das deutsche noch für das tschechische Volk. Wir müssen aber bereit sein, uns unserer Vergangenheit zu stellen. Das Vertreibungsverbrechen muß vom tschechischen Volk ebenso bewältigt werden wie die Verbrechen in den Konzentrationslagern und die Vernichtung von Lidice vom deutschen Volk. Es gibt – wie das grandiose Beispiel der deutsch-französischen Aussöhnung nach dem Zweiten Weltkrieg zeigt – keine Erbfeindschaften, wenn man bereit ist, sie auf dem Boden der Wahrheit und des Rechts zu beenden.

Wir bekennen uns zu einem geeinten Europa, in welchem das Recht auf die Heimat und auf freie Selbstbestimmung die Völker verbindet. Nur ein nach föderativen Grundsätzen aufgebautes, politisch einiges Europa wird in der Lage sein, die kulturelle Vielfalt der europäischen Völker und Volksgruppen angemessen zu berücksichtigen und als lebendiges und stabilisierendes Element einer europäischen Union zum Tragen zu bringen. Ein neuer Beginn im deutsch-tschechisch-slowakischen Verhältnis könnte gemacht werden, wenn alle begreifen, daß der Weg in Richtung auf ein einiges Europa nur dann erfolgreich beschritten werden kann, wenn kein Volk „die Leichen im Keller läßt“, sondern jeder aus den Fehlern der Vergangenheit und der Gegenwart lernt.

Wir können zur Zeit positive und negative Signale aus der Tschechoslowakei wahrnehmen. So nahm die Ehefrau des Prager Chefideologen und ZK-Sekretärs, Jan Fojtik, die Dozentin für sowjetische Literatur an der Universität Prag, Eva Fojtikova, den in der Sowjetunion zunehmend kritisierten Stalin ausgerechnet mit dem Argument in Schutz, er habe schließlich wesentlich dazu beigetragen, die deutsche Bevölkerung aus der Tschechoslowakei zu vertreiben.

Jenes Verdienst werde die Tschechoslowakei diesem „weitsichtigen Politiker" niemals vergessen, schreibt Frau Fojtikova in der Literaturzeitschrift „Kmen".

In der in Paris erscheinenden angesehenen Exilzeitschrift „Svedectvi" lesen wir freilich ganz anderes. Unter dem Pseudonym „Bambino di Praga" schreibt ein junger Tscheche: „Systematisch werden wir dazu geführt, uns die Sudetendeutschen als eine Meute fleischfressender Raubtiere vorzustellen, vor denen wir mit Grenzsperren unseren Metzgerladen gesichert haben. Oder als Spukgestalten, vor denen uns nur der mit der geheiligten Kreide unseres Bündnisses mit der UdSSR gezogene Kreis schützt . . . (Doch) kann nicht einmal die Situation eintreten, daß wir in Böhmen lieber mit den Sudetendeutschen als zum Beispiel mit den Russen leben würden?" Er fährt fort: „Nun, in jedem Fall hängt mir unser billiges null-acht-fünfzehn Anti-Deutschtum zum Hals heraus, das gegenüber den Deutschen aus dem Westen sogar noch heuchlerisch bemäntelt ist, und ich schaue mich um nach etwas Solidem, das für eine künftige, aufrichtige tschechisch-deutsche Loyalität Grundlage werden könnte. Mindestens Loyalität. Als ob ich den Vorbehalt schon hörte: Achtung, was ist mit dem Nazismus? Ja, die Erinnerung an ihn sollte nicht erlöschen. Aber mir gelingt es nicht, die nazistischen Greueltaten nur mit dem Deutschtum zu verbinden. Den Verfall in einen utopischen Wahnsinn konnte ich auch woanders testen: Ein wenig leider auch zu Hause."

Die Sudetendeutsche Landsmannschaft als heimatpolitische Vertretung der sudetendeutschen Volksgruppe hat sich stets um das Gespräch mit allen Tschechen guten Willens, gleich ob in der Heimat oder in der Emigration, bemüht. Sie hat immer wieder bewiesen, daß ihre Bereitschaft zur Aussöhnung und Partnerschaft nicht nur ein Lippenbekenntnis ist. Schon unmittelbar nach der Vertreibung suchten die Sudetendeutschen das Gespräch mit allen Tschechen, die die Vertreibung verurteilten. Am 4. August 1950 schlossen sie mit dem tschechischen Nationalausschuß in London das „Wiesbadener Abkommen", in dem es heißt: „Beide Teile betrachten eine demokratische Ordnung der Verhältnisse im böhmisch-mährisch-schlesischen Raum als einen Teil des Kampfes für ein einheitliches Europa. Dieses kann nach ihrer Überzeugung nur dadurch erreicht werden, daß sich seine Völker ohne Zwang in Ausübung ihres Selbstbestimmungsrechts zusammenfinden. Beide Teile betrachten die Rückkehr der vertriebenen Sudetendeutschen in ihre Heimat als gerecht und daher selbstverständlich. Sie sind sich dessen bewußt, daß diese Rückkehr nur dann erfolgen kann, wenn auch das tschechische Volk befreit ist. Deshalb wollen sie alles tun, um seine Befreiung zu verwirklichen. Beide Teile lehnen die Anerkennung einer Kollektivschuld und des aus ihr fließenden Rachegedankens ab...". Zugleich wurde ein Föderativausschuß eingesetzt, der aus dem Präsidium des Sudetendeutschen Rates und des tschechischen Nationalausschusses besteht. Dieser Föderativausschuß tagt seither regelmäßig und hat immer wieder zu Lebensfragen des böhmisch-mährisch-schlesischen Raumes Stellung genommen. So wurde zum Beispiel 1987 eine gemeinsame Erklärung zur Umweltproblematik in der Tschechoslowakei verabschiedet.

Als besondere Aufgabe empfindet die junge Generation der Sudetendeutschen die Arbeit an der Versöhnung der Völkerschaften Mitteleuropas. 1986 hat die Sudetendeutsche Jugend anläßlich des 37. Sudetendeutschen Tages in München Bundeskanzler Helmut Kohl und dem bayerischen Ministerpräsidenten Franz-Josef Strauß ein Memorandum überreicht, in dem sie nachdrücklich für die Verwirklichung eines deutsch-tschechisch-slowakischen Jugendwerks eintritt. In der Begrüßung heißt es: „Die Sudetendeutsche Jugend, die Jugendorganisation der sudetendeutschen Volksgruppe, tritt seit ihrer

Gründung im Jahre 1948 für die Menschenrechte, das Selbstbestimmungs- und Volksgruppenrecht sowie für das Recht auf die Heimat ein. Die Besinnung auf die jahrhundertelange gemeinsame Geschichte mit den Nachbarvölkern im Herzen Europas und der Wille zu einer gemeinsamen Gestaltung der Zukunft werden bei der jüngeren Generation dadurch erleichtert, daß sie frei ist von belastenden Erlebnissen der Vergangenheit. Die Begegnung mit jungen Menschen der CSSR wird derzeit durch vielerlei Hindernisse erschwert. Sollen künftige Generationen die entstandene Kluft zwischen den Völkern und Volksgruppen überwinden, müssen Möglichkeiten der Begegnung und des Gesprächs geschaffen werden. Das deutsch-französische Jugendwerk gibt hierfür ein Beispiel.

Im darauffolgenden Jahr, beim Sudetendeutschen Tag in Nürnberg 1987, wiederholte Klaus Geisler, der Bundesvorsitzende der Sudetendeutschen Jugend, seinen Appell an die Prager Regierung: „Wir treten für das Heimatrecht unserer sudetendeutschen Volksgruppe ein sowie für das Recht auf Selbstbestimmung unserer in der heutigen Tschechoslowakei unterdrückten Landsleute, wobei ich hier auch ausdrücklich die Tschechen und Slowaken miteinbeziehen. Diese Rechte fordern wir ebenso für alle anderen in Unfreiheit und Unterdrückung lebenden Völker Osteuropas. Es gilt, eine Völkerordnung der Achtung, Toleranz und Partnerschaft zu schaffen. Uns jungen Sudetendeutschen erwachsen ebenso wie den jungen Tschechen und Slowaken aus unserer Jahrhunderte währenden gemeinsamen Geschichte hierbei besondere Verpflichtungen."

Unmittelbar nach dem jungen Sudetendeutschen sprach Jaroslav Bocek, ein Vertreter der jungen tschechischen Generation. „Erinnern wir uns der mahnenden Worte unseres gemeinsamen Landsmanns, des in Ronsperg im Böhmerwald aufgewachsenen Grafen Richard Coudehoven-Kalergi, des Begründers der Paneuropa-Bewegung, der schon in den zwanziger Jahren Ansätze für ein friedliches Zusammenleben der europäischen Völker und Volksgruppen aufzeigte. Ich appelliere an die Machthaber der Tschechoslowakei, sich nicht länger dem Angebot der Sudetendeutschen Jugend zu verschließen und ein sudetendeutsch-tschechisch-slowakisches Jugendwerk ins Leben zu rufen, das dem gegenseitigen Kennenlernen und Verstehen der gemeinsamen Geschichte dienen soll. Die Herausforderungen unserer Zeit sind nicht und dürfen nicht nationale Gegensätze sein, sondern es ist die brutale, Menschenrechte verachtende Diktatur des Kommunismus."

Die Sudetendeutschen sind bereit, am Aufbau eines Europa freier und gleichberechtigter Völker und Volksgruppen mitzuwirken. Dieses Bekenntnis hat auch der 39. Sudetendeutsche Tag in München 1988 zum Ausdruck gebracht, für den wir das Motto „Recht und Freiheit – Fundament der Partnerschaft" gewählt haben. Wir Sudetendeutschen haben Zeiten erlebt, wo demokratische Freiheiten in der Verfassung garantiert waren, aber das nationale Selbstbestimmungsrecht unterdrückt wurde. Wir haben auch Zeiten erlebt, wo unser Selbstbestimmungsrecht im nationalen Sinne eingelöst war, aber die grundlegenden Freiheitsrechte nichts mehr galten. Echte Partnerschaft aber braucht die Freiheit und das Recht. Deutschland und Frankreich haben gezeigt, daß Partnerschaft möglich ist, wenn beide Seiten in Freiheit sich äußern können und dem anderen das gleiche Recht einräumen, das sie selbst in Anspruch nehmen; denn, wie Lew Kopelew sagt: „Die Wahrheit kann niemals revanchistisch sein."

Petr Němec

Eine schwierige Nachbarschaft: Tschechen und Deutsche

Mit „Feindbild" verbinde ich eine Erfahrung aus der Kindheit. Ich heiße Němec = Deutscher (eigtl. Stummling). Geboren wurde ich im Jahr 1943. Wenn wir Kinder in den frühen Nachkriegsjahren spielten, dann war es Krieg, was denn sonst; die Erinnerungen an den Krieg, von den Erwachsenen immer wieder neu dargelegt, waren noch lebendig, allzu lebendig. Mir war beim kindlichen Kriegsspiel meist vorbestimmt: „Du heißt Deutscher, genannt Dschormen, also hast du auf unserer Seite, auf der Seite der Sieger, nichts zu suchen." In den Kinderspielen siegt bekanntlich das Gute über das Böse, was in der Nachkriegszeit „Sieg der Unsrigen über die Deutschen" hieß. „Die Unsrigen", das waren die Guten...

Weder das Tschechische noch das Slowakische haben einen Ausdruck, der dem deutschen „Feindbild" eindeutig entspricht. Was jedoch nicht besagt, daß diese beiden Sprachen nicht über Ausdrücke verfügen würden, die Feindbilder genauer zu umschreiben. Die erwähnte Kindheitserfahrung beweist es am Fall eines einzelnen. Jene Ereignisse, an deren fünfzigjährige Wiederkehr wir zu erinnern hatten – Münchner Abkommen von 1938, Besetzung der restlichen ČSR durch die Wehrmacht am 15. März 1939 mit der Errichtung des Protektorats Böhmen und Mähren, am 1. September des gleichen Jahres dann der Ausbruch des Zweiten Weltkrieges –, zeigen es an den Beispielen ganzer Völker auf. Denn eines ist gewiß: München '38 war die vorletzte Stufe zur Hölle des Zweiten Weltkrieges, und die Besetzung der „Resttschechei" '39 war die letzte Stufe dazu. 1945 schließlich mit dem Sieg der Antihitlerkoalition über Hitlerdeutschland wurde zum Jahr der Abrechnung, in welchem sich die bitteren Erfahrungen mit dem „Deutschtum" in ihrer schlimmsten Form konkretisierten. In einer Form, die zur Entscheidung der Antihitlerkoalition über die Aussiedlung jener Deutschen führte, die jahrhundertelang in den historischen böhmischen Ländern bzw. in der Slowakei gelebt hatten. Es läßt sich behaupten, daß in dieser Phase „Feindbilder", gewachsen in den voraufgegangenen Jahrzehnten und Jahrhunderten, be- und verwertet worden sind. Nicht nur im Sinne der Generation, die den Zweiten Weltkrieg durchmachen mußte, die Zeugin des Versuches zur Ausmerzung ganzer europäischer Völkerschaften war und die den Anteil auch sudetendeutscher Mitbürger an der Niederwerfung all dessen beobachtet hatte, was irgendwie mit den Möglichkeiten unserer nationalen Zukunft zusammenhing. Dies ist ein Memento.

Die Leichtfertigkeit, mit der unsere Vorkriegs-ČSR von unseren damaligen Verbündeten den Nazis zum Fraße vorgeworfen worden ist, nennt man heute noch Verrat. Entsprechende politische Folgerungen waren daraus abzuleiten. Tschechoslowakische Einheiten nahmen am Kampf der Antihitlerkoalition teil. Begrüßt wurde die Erneuerung der tschechoslowakischen Staatlichkeit durch die Sowjetunion, geschehen auf eine Weise, die im großen und ganzen dem Stand vor dem Krieg bzw. der ČSR-Besetzung sowie der Protektoratsvorrichtung entsprach. Dies zeigte sich bei den Wahlen von 1946, aus denen die KPČ als stärkste unter jenen Parteien hervorging, die in der Nationalversammlung vertreten waren. Was 1948 im Westen als „kommunistischer Putsch" bezeichnet wurde, war lediglich die logische Fortsetzung der Entwicklung, die Europa nach 1945 durchmachte. Der absolute Großteil der Tschechen und Slowaken sah die Garantie für ihre staatliche und natürliche Sicherheit im Bündnis mit der Sowjetunion. Der „Feind" stand nicht im Osten, sondern im Westen. Kalter Krieg, Entstehung der NATO, Eingliederung der Bundesrepublik Deutschland in den Nordatlantikpakt waren Gründe für die Festigung des tschechoslowakisch-sowjetischen Bündnisses. Die Vorkriegs- und die Kriegserfahrungen waren seinerzeit noch zu frisch, viele Wunden waren noch nicht verheilt. Kritik seitens „bourgeoiser Demokratien", mochten sie Frankreich oder Großbritannien heißen, an den Verhältnissen in der ČSR und später ČSSR wies man zurück – noch immer schienen die Erfahrungen des Verrats von 1938 übermächtig.

Es ist gut, daß „Glasnost" die seinerzeitige Etappe mitsamt den Ablagerungen des Stalinismus in aktualisierter Gestalt sieht, eines Stalinismus, der auch in der ČSSR überaus schmerzliche und tragische Spuren hinterließ. Das „Neue Denken" schafft endlich Voraussetzungen für eine konsequent-kritische Bewertung der Gesamtentwicklung, das Jahr 1968 mit eingeschlossen. In einem einschlägigen Artikel der Sowjetpresse, die Ansichten sowjetischer Historiker über das Verhältnis beider Länder darstellend und von „Rudé právo" nachgedruckt, wies mit Recht darauf hin, daß es bis 1968 in der ČSSR keine oder nur geringfügige antisowjetische Stimmungen gab. Das Eingreifen der fünf Warschauer-Pakt-Staaten gegen den sog. Prager Frühling beeinträchtigte diesen Zustand ebenso wie die Entwicklungsphase, die in der heutigen UdSSR als Periode der Stagnation mit Auswüchsen à la Afghanistan-Engament bezeichnet wird. Eine gründliche kritische Verarbeitung der gesamten Entwicklung bis 1968 und danach bis zum Einsetzen des „Neuen Denkens" ist Voraussetzung für künftige Beziehungen nicht nur zwischen der ČSSR und der UdSSR, sondern auch in Europa insgesamt. Wir dürfen keine Entwicklungsphase bei uns losgelöst sehen von der europäischen Gesamtentwicklung, von der dringend nötigen Entfaltung aller Beziehungen auf dem alten Kontinent. Jeglicher Versuch, Vorwürfe noch vor den korrekten Schlußfolgerungen zu verteilen, führen nur zu neuen Vorwürfen, Vorurteilen – und eben zu „Feindbildern".

Die ältere tschechische Historiographie neigte zur Darstellung des Zusammenlebens von Tschechen und Deutschen als einer einzigen Folge von Katastrophen, Aggressionen und Rivalitäten. Tatsächlich bot die Entwicklung des historischen böhmischen Staates im Schatten des Heiligen Römischen Reiches, später des Heiligen Römischen Reiches Deutscher Nation, somit unter dem Einfluß eines mächtigen und in mancher Hinsicht aggressiven Nachbarn durchaus Anlaß zur Zeichnung eines Feindbildes vom allesfressenden, unaufhörlich gen Osten vorrückenden Germanien. Der Umstand, daß sich der böhmische Staat als eigenständiger Reichsteil zu erhalten verstand, daß böhmische Herrscher Kurfürsten und gar Kaiser wurden, ist bis heute Bestandteil tschechischen Nationalbewußtseins, vergleichbar der Erinnerung an die hussitische Revolution, die neue, europäische Entwicklungen befördernde Gedanken hervorbrachte und die bewirkte, daß Böhmen in bewaffnetem Konflikt gegen äußere und innere Mächte zu bestehen vermochte. Dies wirkte sich noch in der böhmisch-staatlichen Entfaltung nach dem Antritt der Habsburger aus, nachdem Kaiser Rudolf II. seinen Hof von Wien nach Prag verlegt hatte, das bald zu einem einzigartigen Zentrum der Wissenschaften, der Künste und der politischen Aktivitäten erwuchs. Die Niederlage der ständischen Truppen auf dem Weißen Berg bei Prag – als Folge von Bemühungen um Abschüttelung der Habsburger – wird sowohl als Beginn des Dreißigjährigen Krieges wie auch als Beginn nationaler Unterdrückung angesehen, die systematisch alles

Tschechische nieder- und alles Deutsche hochhielt. Im 19. Jahrhundert dann kam es zur tschechischen sog. Nationalen Wiedergeburt, in deren Verlauf Deutschtum und Tschechentum auf nationaler (oftmals auch beiderseits chauvinistischer) Ebene zusammenstießen. Milderung brachte nicht einmal der Umstand, daß sich diese Konfrontation in den Bedingungen der scheinbar stabilisierten österreichischen, später österreichisch-ungarischen Monarchie abspielte. Die aggressive Forderung der Frankfurter Nationalversammlung nach Eingliederung Böhmens als festem Bestandteil des Heiligen Römischen Reiches Deutscher Nation ließ die Tschechen dem damaligen Österreich als Garanten einer eigenen nationalen Entwicklung zuneigen. Der Dualismus und die enttäuschten Hoffnungen der Tschechen und Slowaken auf Selbständigkeit im Rahmen Österreich-Ungarn jedoch führten zu immer systematischeren Bemühungen um Verselbständigung, um moderne staatliche Selbständigwerdung. Der tschechische Historiker Frantisek Palacký rief mit Blick auf die Verhandlungen in der Frankfurter Paulskirche aus: Existierte Österreich nicht, müßten wir es erschaffen; nach dem Dualismus und den enttäuschten Selbständigkeitshoffnungen aber verkündete er: Wir waren vor Österreich da, wir werden auch nach Österreich da sein! Was sich in mancher Hinsicht erfüllte.

Zu den kompliziertesten Etappen des Zusammenlebens von Tschechen, Slowaken und Deutschen gehört der Zeitraum zwischen 1918 und 1938. Die Deutschen verloren ihre dominante Stellung als „staatstragende Nation“, sie übten teilweise Widerstand, wobei die Ereignisse von Anfang März 1919 ebenso der gemeinsamen Historie zuzurechnen sind wie das Bestreben eines großen Teiles der Sudetendeutschen um Zerschlagung der ČSR. Die Behauptung, der damalige Staat sei eine „Hölle“ gewesen, ist ebenso Frucht der Schaffung eines Feindbildes wie die Erklärung tschechischerseits, an allem sei die deutsche Minderheit schuld gewesen. Seriöse deutsche historiographische Arbeiten gestehen zu, daß die Unbedingtheit der sudetendeutschen Forderungen an die ČSR, zumal nach Antritt der Nazis in Deutschland 1933, motorische Kräfte zum Münchner Diktat hin erzeugten, zum März des Jahres 1939, zum Mai des Jahres 1945, zur Aussiedlung...

Zweifellos ist die Schwarzmalerei bei Beziehungsdarstellungen der Tschechen und Deutschen inmitten Europas unsinnig. Das Zusammenleben war keineswegs nur eine einzige Folge von Katastrophen und Rivalitäten. Es ist durchwirkt von gegenseitiger Beeinflussung, die logische Kulturströmung verlief von West nach Ost, und im böhmischen Raum schließlich nahm sie östliche Einflüsse auf. Böhmen stellte eine europäische Straßenkreuzung dar. Dank des Zusammenlebens der Tschechen und der Deutschen, eigentlich aller Völker im Raum „Mitteleuropa“, ist ein einzigartiges Kulturerbe entstanden. Sogar in den schwersten Zeiten des „temno“ (= Dunkelheit, ungefähr zwischen 1618 und 1918, von der Schlacht am Weißen Berg bis zur Entstehung der ČSR) waren es oftmals Deutsche, die unsere tschechische Sache unterstützten; zu ihnen gehört Goethe. Lediglich die Aversion, die im schwarzweißgemalten deutsch-tschechischen Beziehungsverhältnis wurzelt, macht es verständlich, daß erst jetzt für die tschechische Öffentlichkeit jene Kultursymbiose entdeckt wird, die trotz zeitweiliger Rivalitäten aus gegenseitiger Befruchtung im 19. Jahrhundert ent- und von der Gründung der ČSR bis zu ihrer Zerschlagung bestand.

Diese – notwendigerweise unvollständige und keinesfalls wissenschaftliche – Skizzierung des Zusammenlebens von Tschechen, Slowaken und Deutschen in Mitteleuropa soll nur die Größe des Problems andeuten, dem ein Publizist gegenübersteht, wenn er sich mit den Beziehungen zwischen der ČSSR und der BRD beschäftigt. Denn ist ein Feindbild in seiner ganzen Unsinnigkeit irgendwo bestehen geblieben, dann ausgerechnet in unserer Beziehung, unserer Verbindung zur BRD. Ich halte es für nötig zu betonen, daß es gelang, wenigstens in den Beziehungen zwischen der ČSSR und der DDR das „bewußte" Feindbild weitgehend zu beseitigen. Dazu trug in entscheidendem Maße die Tatsache bei, daß beide Länder dem gleichen Gesellschaftssystem angehören.

Die Bundesrepublik Deutschland und die Tschechoslowakei sind mitteleuropäische Nachbarn, sie haben eine 356 Kilometer lange gemeinsame Grenze. Aber sie ist nicht nur Grenze zwischen zwei Staaten, sondern auch zwischen zwei unterschiedlichen Gesellschaftssystemen und zwischen zwei verschiedenartigen militärisch-politischen Gruppierungen. Auf beiden Seiten dieser Grenze konzentrieren sich stärkste NATO- und Warschauer-Pakt-Kräfte, obendrein stehen da wie dort Truppen aus Drittländern.

Dennoch hielten zwischen der Bundesrepublik Deutschland und der Tschechoslowakei nicht wenige Bindungen, die längsten und festesten im Wirtschaftsbereich. Für die ČSSR ist die BRD der größte Wirtsschaftspartner unter den entwickelten kapitalistischen Staaten. Umgekehrt ist die ČSSR für die BRD viertgrößter Partner unter den Ländern sozialistischer Gesellschaftsordnung. In den letzten Jahren ging man daran, die wirtschaftliche Zusammenarbeit zu verstärken, und zwar durch direkte Kooperation, die inzwischen etliche gemeinschaftliche Unternehmen erbrachte. Intensiv ist die Zusammenarbeit auf dem Gebiet des Umweltschutzes. Die Tschechoslowakei genießt in der Bundesrepublik den Ruf eines pünktlichen und verläßlichen Zahlers. Der Kulturaustausch hingegen läuft besser in Richtung ČSSR–BRD, was seinen Hauptgrund in der verschiedenartigen Kulturpolitik hat, auch in der Dezentralisation und der bundesdeutschen kommerziellen Ausrichtung. In der Bundesrepublik Deutschland arbeitet die Deutsch-tschechoslowakische Gesellschaft mit Landesgruppen in Bayern, Bremen, Hamburg, Hessen, Rheinland-Pfalz und Nordrhein-Westfalen. Die Zahl der Städtepartnerschaften nimmt zu; die letzte wurde zwischen Bremen und Bratislava geschlossen. Es zeigen sich auch Bemühungen um Erweiterung von Schriftstellerkontakten.

Grundlage für die politischen ČSSR-BRD-Gespräche bildet der Vertrag von 1973. Erfreulich, daß sie Kontinuität behielten und nicht einmal in den wirklich komplizierten Jahren zwischen 1980 und 1985 (Raketenstationierung) verstummten. Zwischen den beiden Staaten gibt es keine ungelösten Probleme.

All dies läßt die Voraussetzungen für eine gute Nachbarschaft wachsen, um die sich, folgt man den Erklärungen von Repräsentanten der Tschechoslowakischen Sozialistischen Republik und der Bundesrepublik Deutschland, beide Staatswesen bemühen. Dennoch will erwähnt sein, daß die laufend verbesserten Beziehungen immer wieder abgebremst wurden, ausgerechnet dann, wenn sie aufzublühen versprachen. Ursache waren differierende Ansichten über die Entwicklung in der ČSSR, aber auch einzelne politische Aktivitäten der Sudetendeutschen Landsmannschaft. Insbesondere anläßlich des fünfzigsten Jahrestages des Münchner Diktates, als die Führung der Sudetendeutschen Landsmannschaft mit der These von der „Rechtsgültigkeit" des Abkommens im Sinne des internationalen Rechts hervortrat; erst die Besetzung der restlichen ČSR sei eine Verletzung des zwischenstaatlichen Abkommens gewesen. Rückschauend ist allerdings zu konstatieren: Erstes Opfer des nicht eingehaltenen Abkommens waren die Sudetendeutschen selbst. Niemand in der ČSSR bezweifelt, daß sie den Führern des Dritten Reiches gleichgültig waren. Doch daß sie Werkzeug waren, ein sehr aktives und bis zum Schluß willfähriges, ist ebenso unzweifelhaft. Seit vierzig Jahren beteuern die Landsmannschaften, daß ihre Ziele „friedliche" seien, wie es die Charta der Heimatvertriebenen von 1950 dokumentiere. Aber man kann bleibende Aggressivität auf jedem landsmannschaftlichen Treffen verspüren; sie resultiert offenbar aus einem Überlegenheitsgefühl, das seine Wurzeln im Gefühl einstiger Dominanz und – während der letzten Jahre – in der wirtschaftlichen Stärke der Bundesrepublik Deutschland hat. Die Sudetendeutsche Landsmannschaft kam zuerst mit der Idee des Jugendaustausches. Was an und für sich lobenswert ist, jedoch auch tendenziös. Zur Ideologie der Sudetendeutschen Landsmannschaft (ich trenne sie begrifflich bewußt vom sudetendeutschen Menschen) gehört die Einimpfung eines Gefühls des Unrechts, das einseitig am Sudetendeutschen begangen wurde. Um so wertvoller ist das Bemühen eines Gutteils sudetendeutscher Menschen um Versöhnung, Erkenntnis und Verständnis.

Seitens der ČSSR ist ein allgemeiines, öffentliches Bedauern bislang nicht ausgesprochen worden, obwohl sich das Bewußtsein, Gewalt bleibe Gewalt, gleichgültig wer sie angewandt hat und in wessen Namen sie angewandt wurde (beispielsweise der „Rache“ und Abrechnung), in Böhmen, Mähren und der Slowakei eher festigt. Ich wage zu erklären, daß unter unseren Menschen – bis auf geringe Ausnahmen – keine Hindernisse für das Begreifen der Situation auf der anderen Seite bestehen. Einwände und Ablehnung treten erst in dem Augenblick in den Vordergrund, in dem diese Situation zur Ideologie stilisiert wird. Feindbilder existieren auf beiden Seiten unserer gemeinsamen Grenze. Man merkt sie mitunter nicht gleich, doch sie sind latent vorhanden und weisen beträchtliche Vitalität auf. Ihr Abbau wird nicht leicht sein, es wird nicht ohne schmerzliche Prozesse auf beiden Seiten abgehen. Das Feindbild (in) der ČSSR gegenüber Deutschland charakterisiert sich durch ein Gefühl der Bedrohtheit und Widerrechtlichkeit. Beide Feindbilder resultieren u. a. aus ungenügender gegenseitiger Kenntnis. Bis heute liegt keine gemeinschaftliche Arbeit von Historikern aus der ČSSR und aus der BRD vor, die unsere geschichtliche Nachbarschaft sachlich und ohne Vorurteile zusammengefaßt hätte; jedenfalls keine für die breitere Öffentlichkeit. Bis heute wurde noch nicht einmal ernsthaft der Versuch unternommen, die schulischen Geschichtsbücher zu vereinheitlichen; beide Seiten beanspruchen absoluten Wahrheitsgehalt für ihre Auslegungen. Im Jahr 1988 fand auf Anregung der Deutsch-tschechoslowakischen Gesellschaft und der Tschechoslowakischen Gesellschaft für internationale Beziehungen erstmals ein Symposion von Wissenschaftlern, Publizisten und Politikern über das Münchner Diktat statt. Es darf nicht überraschen, daß einzelne Standpunkte und Bewertungen gegensätzlich waren. Wichtig jedoch war, daß sie offen vorgebracht wurden.

Der Umstand, daß die „Feindbilder“ mit solcher Zähigkeit überleben, stellt der Publizistik kein gutes Zeugnis aus. Das gegenseitige Kennenlernen ist ungenügend. Ich darf aus eigener langjähriger Erfahrung anführen, daß in der ČSSR der Kenntnisstand über Geschichte, Gegenwart und Problemlage der BRD größer ist als umgekehrt. Nicht in allem freilich entspricht dieser Kenntnisstand der Wirklichkeit. Lange überwogen Themen wie Revanchismus, Neonazismus, Arbeitslosigkeit und Friedensbewegung. Erst seit drei, vier Jahren bemüht man sich sichtlich um Korrektur der Schwarzmalereien. Bezeichnenderweise steigt das Interesse an den Themen Revanchismus und Neonazismus aber gleich wieder in Wochen der Landsmannschaftstreffen sowie bei Wahlen mit steigenden Anteilen rechtsextremistischer Parteien.

In der Bundesrepublik Deutschland sind die wichtigsten tschechoslowakischen Massenmedien vertreten: ČSSR-Rundfunk und -fernsehen, „Rudé pravó“ und die Presseagentur ČTK. Der Rezipient in der ČSSR ist jedoch nicht auf diese Nachrichtenmittel allein angewiesen: Im gesamten tschechoslowakischen Staatsgebiet kann man ausländische Rundfunksendungen empfangen, zumal die westeuropäischen, einschließlich der deutschsprachigen; ein Großteil des tschechoslowakischen Staatsgebietes ist zudem vom westdeutschen und vom österreichischen Fernsehen überzogen, nicht zu reden von den Fernsehprogrammen aus der DDR, aus Polen, Ungarn und der UdSSR, zu denen nun langsam auch das Satellitenfernsehen kommt, wenngleich noch auf privater Basis. Die Programme aus der Bundesrepublik werden mit beträchtlichem Interesse verfolgt, die deutsche Sprache gehört zu den am meisten unterrichteten in der ČSSR.

In umgekehrter Richtung überdauert das schematische Beurteilen der ČSSR. Dazu trägt die Sprachbarriere bei, gewiß aber auch das Überlegenheitsgefühl, das dem weitaus erfolgreicheren Wirtschaftsleben der BRD entspringt. Sodann ist die Unkenntnis der historischen Entwicklungen, eingeschlossen die neuesten zeitgeschichtlichen, durchaus groß. Bis auf wenige Ausnahmen entsprechen die westdeutschen Kommentare zu den Geschehnissen im Nachbarland dem Prinzip „Eine gute Nachricht ist keine", was ebenso verfehlt ist wie Versuche um prinzipielle Auslegung der Bundesrepublik als Land der „häßlichen Deutschen". In ganz Europa sind Generationen herangewachsen, die ein Recht auf Zusammenleben und gegenseitiges Kennenlernen haben. Sie haben vor allem ein Recht auf das Kennnenlernen der Vergangenheit ohne die üblichen Klischees. Die Vergangenheit darf die Gegenwart nicht belasten. Die Herausstreichung von Feindbildern ist für gewöhnlich mit einer Art politischem Untertext verbunden: sie dient gemeinhin als „Hannibal ante portas". Wenn die Betonung von Feindbildern typisch für Verschlechterung internationaler Beziehungen ist, dann sollten sie eigentlich verschwinden in Zeiten verbesserter internationaler Zusammenarbeit. Doch wir können nur bezeugen, daß sich die Atmosphäre im ganzen verbessert, das Feindbild jedoch bleibt, bestenfalls eine neue Qualität erhält. Offensichtlich fehlen noch zwei Grundvoraussetzungen hüben wie drüben: Beseitigung des Gefühls eigener Übergeordnetheit und Vollkommenheit sowie Unterdrückung des Verlangens nach Sich-Durchsetzen auf Kosten des anderen, mit welchen Kräften auch immer. Das erwähnte „Neue Denken" hat den Weg zur Entideologisierung der Außenpolitik freigemacht und es hat die Vorstellung von der eigenen Übergeordnetheit beseitigt, die als einfältig erkennbar war. Auf Seiten der ČSSR und der anderen Länder des Warschauer Paktes fallen die Vorstellungen von der eigenen Vollkommenheit. Was die Geltendmachung von Kraft – im militärischen Sinn des Wortes – anbelangt, so ist diese längst aufgegeben mit der Feststellung, daß wir entweder miteinander leben oder miteinander untergehen werden. Im Wirtschaftsbereich verfügen die sozialistischen Länder nicht in gleichem Maß über Möglichkeiten der Sich-Geltendmachung wie die kapitalistischen Länder. Leider. Gerade darum aber wage ich zu sagen, daß auf Seiten der sozialistischen Länder derzeit mehr Voraussetzungen zum Abbau der Feindbilder vorhanden sind. Hingegen verführt die Entwicklung in Osteuropa, dem heutzutage – mit wenig geographischer Genauigkeit – auch die Tschechoslowakei zugerechnet wird, zur Geltendmachung westlicher wirtschaftlicher Stärke als Druckmittel, insbesondere zu bestimmten Klassifizierungen und Etikettierungen – nicht zuletzt seitens der BRD. Dies ist eine kurzsichtige Politik, mag die Verführung dazu auch sehr groß sein. Sie kann lediglich zur Bestätigung eines dummen Vorurteils führen, nämlich, daß man mit den Deutschen ganz einfach nicht zusammen leben kann. Viel Arbeit bleibt noch zu tun.

Übersetzung aus dem Tschechischen
Franz Peter Künzel, Puchheim bei München

Dieter Bingen

Polen und Deutsche: Vom Wandel zur Wende?

In der Bundesrepublik bemühen sich die großen gesellschaftlichen Gruppen und die Kirchen seit Jahrzehnten darum, der moralischen Dimension des Verständnisses zwischen Deutschland und Polen gerecht zu werden. Unzählige Initiativen und Bildungsarbeit stehen für das Bemühen, eigene Vergangenheit zu verarbeiten. Daß es dabei nicht um ein Aufrechnen der Toten und der Quadratkilometer gehen kann, haben die Deutschen und Polen, die eine Versöhnung zwischen den beiden Völkern wünschen, ständig betont. Programmatisch steht dafür die Aussage des bekannten polnischen Historikers Jerzy Borejsza, der mit besonderem Bezug auf die Versuchung, historische Verantwortung abzuschieben und Verbrechen von A mit Verbrechen von B (Nationalsozialismus – Stalinismus) zu relativieren, sagte:

„Jeder muß für den Bereich der Geschichte der eigenen Nation einen moralischen Standpunkt einnehmen, erst dann mag er sich dafür interessieren, ob es woanders ähnliche Phänomene gab."[1]

Der selbstbewußtere, souveränere Umgang mit der Geschichte ohne den manischen Zwang zur Rechtfertigung gegenüber den Deutschen war – wie oben erläutert – eingebettet in eine immer breiter werdende geschichtswissenschaftliche und publizistische Diskussion über das Verhältnis Polens zu seinen Nachbarn im Westen und Osten und zu den verschiedenen nationalen und religiösen Minderheiten in Polen selbst. Zuletzt sollte diese Welle die Politik erfassen.

Das neue Verhältnis zu deutscher Kultur und den Deutschen in Polen

Während des offiziellen Besuchs von Außenminister Genscher in Warschau im Januar 1988 erregte eine Nachricht die ganz besondere Aufmerksamkeit der bundesdeutschen Massenmedien. Es war die Meldung, daß der damalige polnische Außenminister Orzechowski das Wort Genschers von der moralischen Dimension der bilateralen Beziehungen aufgegriffen habe. Dazu zählte der Gastgeber auch das Schicksal der Deutschen, die ihre Heimat verloren hatten.[2] In ersten Würdigungen dieser polnischen Äußerung wurde in den deutschen Medien betont, hier sei das erstemal durch die polnische Regierung offiziell das Schicksal des Heimatverlustes von Millionen Deutschen im Jahre 1945 und in den folgenden Jahren zur Sprache gebracht und bedauert worden. Orzechowski war jedoch nicht der erste polnische Regierungsvertreter, der dieses Thema berührte.

General Jaruzelski hatte bereits vor fast drei Jahren vorher als Ministerpräsident, weitgehend unbemerkt von der bundesdeutschen Öffentlichkeit, am 7. Mai 1985 auf einer Großveranstaltung in Breslau Mitgefühl für das Schicksal der Deutschen bekundet, die ihre Heimat in den jetzt polnischen West- und Nordgebieten verlassen mußten:

„Uns leitete kein Rachebedürfnis. Wir verstehen heute und haben damals verstanden, daß die Notwendigkeit, das Elternhaus zu verlassen, für viele Deutsche ein schweres Erlebnis war. Mitunter verband sich diese Notwendigkeit mit verständlichem Leid."[3]

So ließen sich in der offiziellen wissenschaftlichen und journalistischen Publizistik – möglicherweise ermutigt durch das vorsichtige Signal Jaruzelskis vom Frühjahr 1985 – seit Mitte der achtziger Jahre einige Versuche erkennen, die Leser auf das historische deutsche Erbe und auf Deutsche in den Grenzen des heutigen Polen hinzuweisen; Themen, die bisher sowohl offiziell als auch kollektiv weitgehend verdrängt worden waren.

Beispielsweise wurde die Lebensgeschichte von Christian Graf von Krockow in Pommern und seine Wiederbegegnung mit der Heimat in der „Polityka" wohlwollend und verständnisvoll für die Gefühle des Autors zur alten Heimat besprochen und vom Rezensenten zum Anlaß für eine allgemeinere Betrachtung über die Beziehung von Polen zur deutschen Vergangenheit im heute polnischen Pommern genommen. Der Rezensent schrieb:

„Es wäre lohnenswert, dieses Buch bei uns herauszugeben, zum einen als Zeugnis dafür, daß, wenn auf diesem Boden die Steine mitunter deutsch sprechen, dies sich nicht immer gegen uns richtet, zum anderen damit die heute in Stolp (Slupsk) oder Leba (Leba) Lebenden besser den historischen Charakter dieses Teils unseres Landes kennenlernen."[4]

Auf die Vorhaltung eines Leserbriefschreibers, der rezensierende Germanist und Deutschlandexperte Krzeminski schreibe zu deutschfreundlich, antwortete Krzeminski damals:

„...ging es mir um das Aufzeigen der Psyche von Deutschen, die ihre einstige familiäre Umgebung als polnisches Land ansehen, gleichzeitig jedoch nicht auf ihre eigene Erinnerung und Geschichte verzichten, ist doch das einstige materielle Werk ihrer Vorfahren jetzt ein Teil unserer Wirklichkeit... Es ging mir nicht um das Verschweigen slawischer Inseln in Pommern..."[5]

Die besondere Brisanz dieser Replik liegt in der Aussage, daß es in Pommern „slawische Inseln" gab, heißt das doch zugleich, daß „das Meer" anscheinend deutsch war. Übrigens fiel bei dem Redakteur der „Polityka" in diesem Kontext nicht das Stichwort der zwangsweisen „Germanisierung" als Erklärung für die deutsche Präsenz im alten Pommern.

Als auf dem fünften deutsch-polnischen Forum in Kiel im Mai 1987 von den Teilnehmern des Forums der Vorschlag angenommen wurde, den Wiederaufbau der im Zweiten Weltkrieg zu über 90 Prozent zerstörten Altstadt von Elbing durch eine gemeinsame deutsch-polnische Initiative zu unterstützen, schrieb Krzeminski dazu: „Der von allen angenommene Vorschlag ... hat wirklich eine wesentliche Bedeutung. Schließlich steht vor uns in Kürze das Problem einer neuen Beziehung zu den Spuren deutscher Kultur in unserem Lande, derer Aufnahme in unser Erbe und nicht der Verdrängung aus dem Bewußtsein, wie es so oft der Fall war."[6]

Im selben Jahr erschien auf dem polnischen Buchmarkt immerhin in einer Auflage von 10 000 Exemplaren das Buch eines jungen polnischen Historikers (Jahrgang 1949) unter dem Titel „Die Deutschen und die hitlerische Besatzung in den Augen der Polen. Anschauungen und Meinungen aus den Jahren 1945 bis 1948"[7], das bei den an der deutschen Problematik interessierten Polen einiges Aufsehen erregte. Der Autor des Buches, Edmund Dmitrow, analysiert in seinem gutfundierten historischen Werk auf der Basis von größtenteils unveröffentlichten Quellen, Presseartikeln, Memoiren, Manuskripten, persönlichen Gesprächen und archiviertem Rundfunk- und Filmmaterial das Bild „der Polen" von „den Deutschen" während der Zeit der nationalsozialistischen Besatzung und unmittelbar nach deren Ende. Durch das Prisma der Quellen werden die Entstehung und Verstärkung des „Anti-Deutschtums" nachgezeichnet. Das

Werk belegt, wie sehr damals das – Schwarz-Weiß-Denken (böse Deutsche – gute Polen) als psychische Entlastung diente und darüber hinaus permanent von der polnischen Politik instrumentalisiert wurde.[8] Dazu heißt es in einer Würdigung anläßlich einer Auszeichnung des Buches in der „Polityka“:

„Der antideutsche Kanon sollte die zerrissene Gesellschaft integrieren und zugleich die polnische Nation mit dem sozialistischen Block verbinden. Die Juroren richteten ihre Aufmerksamkeit darauf, daß die Stereotype, die in den Nachkriegsjahren entstanden und von Dmitrow dargestellt wurden, über einige Jahrzehnte funktionierten. Und es ist nicht einmal sicher, ob diese völlig der Vergangenheit angehören. Da wir uns nicht konsequent einer stereotypen Journalistik (ebenfalls in der sogenannten wissenschaftlichen Literatur) zu deutschen Themen entledigt haben, trägt das Buch von Dmitrow viel Neues zum geistigen Panorama bei...“[9]

In den letzten zwei Jahren sind über die wissenschaftliche Aufarbeitung hinaus in der polnischen Publizistik eine ganze Reihe von Beiträgen erschienen, die dazu beitragen, das Deutschlandbild und die Darstellung der deutsch-polnischen Beziehungen in der Vergangenheit weiter auszudifferenzieren und alte Stereotype zu überwinden. Selbstverständlich gibt es auch weiterhin in der breiten polnischen Presselandschaft Äußerungen, die dem alten Schwarz-Weiß-Denken verhaftet sind und das deutsch-polnische Verhältnis unter ideologisch-politischen Gesichtspunkten zu instrumentalisieren versuchen. Aufschlußreicher und mit zunehmender Tendenz repräsentativ ist jedoch das „neue Denken“ über Vergangenheit und Gegenwart des Verhältnisses zwischen Deutschen und Polen.

Aus der Vielzahl der Themen, die ihren Tabu-Charakter verloren, seien hier einige exemplarisch aufgezählt: die deutschpolnische Symbiose im deutsch-polnischen Grenzland, vor allem in Schlesien und Oberschlesien (Beispiel Eichendorff-Gedenken im Jahre 1988)[10], die Praxis der Aussiedlung/Vertreibung der Deutschen 1945[11], die Behandlung der Ermländer, Masuren und Oberschlesier nach 1945 durch die polnische Bevölkerung und die Behörden[12], die eine nicht endenwollende Ausreisewelle in die Bundesrepublik zur Folge hatte[13], das tatsächliche Scheitern der polnischen Assimilierungspolitik gegenüber den „Autochthonen“ nach 40 Jahren u. a.

Die Parteizeitung „Trybuna Ludu“ beschrieb vor kurzem in einem mehrteiligen Abriß der Geschichte Volkspolens recht objektiv die praktischen Schwierigkeiten bei der nationalen Selbstbestimmung der Ermländer und Masuren in Ostpreußen und in Schlesien 1945. Die Menschen hätten einfach nicht gewußt, ob sie sich nun zu den Deutschen oder zu den Polen zählten. Daß das tragische Schicksal dieser Personengruppe noch zusätzlich durch die ablehnende Haltung ihrer polnischen Umgebung erschwert wurde und die Konsequenzen bis heute in der andauernden Emigrationsbewegung sichtbar werden, ist für den Autor der Serie in der Parteizeitung ein fataler Fakt.[14]

Als letztes Tabu ist im Jahre 1988 das Problem einer deutschen Minderheit in Polen gefallen. Nicht, daß das Thema zu einem Medienschlager in Polen geworden wäre – weitaus ausführlicher beschäftigt sich die polnische Presse mit den polnischen Minderheiten in den ehemaligen polnischen Ostgebieten (kresy wschodnie) –, aber in Anbetracht dessen, daß bis vor kurzem offiziellerseits behauptet wurde, es gäbe überhaupt kein Problem einer deutschen Minderheit mehr in Polen, und daß jede Erwähnung dieser Frage deutscherseits als potentiell revisionistischer Angriff auf die polnische Integrität betrachtet wurde, stellte die sporadische Erwähnung dieses Komplexes in der polnischen Presse in den vergangenen Monaten einen evolutionären Prozeß dar.

Die strategische Wende in Warschaus Politik gegenüber Bonn

Ein Anzeichen dafür, daß in dieser Beziehung eine grundsätzliche Entscheidung in Warschau gefallen ist, ist die Tatsache, daß sich auch Zeitschriften, die sich bisher nicht durch eine besondere Sensibilität für diese Thematik ausgezeichnet haben, mit dem Problem nationaler Minderheiten in Polen ungewöhnlich offen befassen. Anfang 1989 erschien in dem Wochenblatt der „Vereinigung zur Verbreitung der laizistischen Kultur" ein Beitrag über nationale Minderheiten in Polen, in dem ungewöhnlich selbstkritisch beklagt wird, daß wegen polnischer „Schuld und nationalistischer Dummheit" die „Autochthonen" in Ostpreußen und im Oppelner Schlesien „gedeutscht" worden seien, ein Effekt, der dem Deutschtum zuvor nicht gelungen sei. Zu einer deutschen Minderheit in Polen heißt es:

„Ich möchte ebensowenig die in Resten vorkommende deutsche Minderheit verschweigen. Es gibt sie natürlich nicht gemäß politischen und revisionistischen Kriterien, die uns die Regierung der BRD und die westdeutsche antipolnische Reaktion aufzwingen will. Aber gleichwohl gibt es sicherlich unter uns eine Hand voll Deutscher, die hier trotz der Umsiedlungs- und Heimkehraktionen bleiben wollten. Es sind wenige. Aber sollen sie doch das Recht haben, sich für den Schutz ihrer Kultur und das Gefühl ihrer Gemeinschaft zu organisieren. Eine fünfte Kolonne gibt es nicht und wird es niemals geben. Aber es gibt ein Gefühl der Benachteiligung (krzywda). Wozu das? Alle polnischen Staatsbürger haben gleiche Rechte – sagt die Verfassung. Wirklich?..."[15]

Wenn eine bisher allzu konventioneller Beiträge unverdächtige Zeitung sich so weit exponiert, dann muß mehr dahinterstehen. Und tatsächlich spricht vieles dafür, daß der bisher vornehmlich in Geschichtswissenschaft und in der oppositionellen, später dann auch in der zensierten katholischen und parteinahen Publizistik eingeforderte Paradigmenwechsel von der offiziellen polnischen Deutschlandpolitik im Laufe des Jahres 1988 Schritt für Schritt nachvollzogen wurde – zumindest im Grundsatz, wenn noch nicht in der viel schwierigeren operativen Politik.

Nach einem einen Monat währenden Klärungsprozeß entschied man sich offensichtlich zu einer strategischen Wende in der Deutschlandpolitik.[16] Dabei spielten ohne Zweifel auch der erwartete Beitrag der bundesdeutschen Wirtschaft und die Finanzkreise zum Gelingen der radikalen Wirtschaftsreform eine wesentliche Rolle, die von der neuen Regierung Rakowski in Angriff genommen wurde. Der oberste Grundsatz heißt seit kurzem: allseitiger Ausbau der Beziehungen zwischen Polen und der Bundesrepublik. Dies schließt die Diskussion über Fragen ein, die seit Jahrzehnten mit Tabu belegt waren, seit drei bis vier Jahren nach ersten vorsichtigen Äußerungen von „oben" mit zunehmender Courage aufgegriffen wurden und die an den Grundsätzen der bisherigen polnischen Politik gegenüber der Bundesrepublik und der DDR rühren. Regierungsoffiziell wurde der Wille, einen Durchbruch in den bundesdeutsch-polnischen Beziehungen zu erreichen, im außenpolitischen Teil der Regierungserklärung des neuen Premierministers Rakowski am 13. Oktober 1988:

„In den Beziehungen zur Bundesrepublik Deutschland sind wir bereit, einen wesentlichen Fortschritt, sogar Durchbruch, zu erreichen. Wenn wir unsere übergeordneten nationalen Interessen verfolgen, so werden wir nicht gleichzeitig auf einer Apothekerwaage unsere Vorschläge zur Bereicherung der Beziehungen abwiegen. Gemeinsam können wir noch vieles für das friedliche und freundschaftliche Zusammenleben der gegenwärtigen und der kommenden Generation von Deutschen und Polen tun. Der Regierung der Bundesrepublik Deutschland erklären wir: Wir sind nicht dafür, daß man auf morgen oder übermorgen das verschiebt, was wir heute tun können."[17]

Es entbehrte nicht einer gewissen Pikanterie, daß Premierminister Rakowski den Wunsch der polnischen Führung nach einer grundlegenden und dauerhaften Verbesserung der Beziehungen zur Bundesrepublik ausgerechnet in Ost-Berlin demonstrativ zur Schau stellte, als er sich während seines Arbeitsbesuchs am 5. Dezember 1988 in seinem Toast auf den DDR-Ministerpräsidenten Stoph wie folgt vernehmen ließ:

„Für unsere beiden Länder bleibt die Bundesrepublik Deutschland ein wichtiger Partner in diesem Dialog. Die Gestaltung der Beziehungen zur BRD hat für die VRP und die DDR sowohl heute als auch in der weiteren Perspektive eine besonders große Bedeutung. In meiner Regierungserklärung im Sejm habe ich festgestellt, daß Polen ein gutes Verhältnis zu BRD wünscht und die Notwendigkeit sieht, eine grundsätzliche Wende in diesem Verhältnis herbeizuführen."[18]

Dementsprechend groß waren die Erwartungen, die an den inoffiziellen Bonn-Besuch des polnischen Ministerpräsidenten vom 20.–23. Januar 1989 geknüpft wurden. Die Hoffnungen auf den vielbeschworenen „historischen Durchbruch" in den Beziehungen zwischen der Bundesrepublik und Polen wurden zusätzlich genährt durch einen Artikel des Deutschlandexperten der PVAP und stellvertretenden Vorsitzenden des außenpolitischen Ausschusses des Sejm, Ryszard Wojna, in der Regierungszeitung „Rzeczpospolita"[19] wenige Tage vor dem Besuch Rakowskis in Bonn. Wojna ist jahrzehntelang an der Formulierung der offiziellen Deutschlandpolitik mitbeteiligt gewesen. Die Plazierung des Kommentars in der polnischen Regierungszeitung und ergänzender Äußerungen des Abteilungsleiters im polnischen Außenministerium, Jerzy Sulek, in einem Interview für die polnische Presseagentur[20] lassen darauf schließen, daß Wojna nicht nur für sich spricht, sondern zugleich den offiziellen polnischen Standpunkt wiedergibt.

Deutsch-polnische Aussöhnung und europäische Vision

Ausgangspunkt für Wojnas Überlegungen sind die europäische Funktion der deutsch-polnischen Beziehungen und der Beitrag, den Deutsche und Polen gemeinsam für Europa leisten können. Die Überwindung der Teilung Europas und die Schaffung eines „gemeinsamen europäischen Hauses" würden ohne Aussöhnung zwischen Polen und Deutschen unvollkommen bleiben. Wojna spricht von einem Zwang, der die beiden Teile Europas zueinandertreibe. Bevor er sich näher mit seiner Vision beschäftigt, unterzieht er in einem Exkurs die Beziehungen mit den offiziell befreundeten deutschen Nachbarn DDR einer offenen Kritik, die in dieser Form ungewöhnlich ist.

Exkurs: Freundschaft „von oben" mit der DDR

Es ist symptomatisch für die Diskussion zwischen Deutschen und Polen über ihr gegenseitiges Verhältnis und über ihre Rolle im gesamteuropäischen Prozeß, daß an ihr die Deutschen in der DDR so gut wie nicht teilnehmen. Wenn im deutsch-polnischen Diskurs über Verständigung und Versöhnung die Rede ist, dann meint in der Regel auch der polnische Diskurspartner – ob der Opposition oder dem Regierungslager zugehörig – die Deutschen in der Bundesrepublik und deren politisches, gesellschaftliches und wirtschaftliches System. Die Ursache dafür, daß die DDR aus diesem Prozeß bisher weitgehend ausgeklammert ist, liegt darin, daß das politische System in der DDR bei den meisten Polen aller politischen Richtungen keine Sympathie findet und eben diese spezifische Ausprägung des Sozialismus in der DDR das Entstehen einer „civil society" verhindert hat. Somit fehlt der gesellschaftliche Dialogpartner im zweiten deutschen Staat weitgehend.[21]

Der Deutschlandexperte Wojna spart in seinem Kommentar nach einem Lob für die parteigesteuerte Freundschaft nicht mit sarkastischen Bemerkungen, wenn er die Formelhaftigkeit der in weiten Teilen von oben dirigierten Freundschaftsbeteuerungen aus der DDR andeutet:

„Auf dem Charakter dieser Freundschaft und der Art ihrer Gestaltung lasteten (. . .) der Stil und die Methode, die der stalinistischen Konzeption vom Sozialismus eigen waren. Die treibende und organisatorische Kraft waren die Führungen beider Parteien, der PVAP und der SED – Ruhm gebührt ihnen dafür –, und ihre Errungenschaften wurden verbreitet von ihren Propagandaapparaten."[22]

Ohne diplomatische Zurückhaltung beschreibt Wojna die Berührungsängste der SED-Führung gegenüber dem polnischen Nachbarn seit 1980 und fordert angesichts der bisher vermißten Spontaneität in der DDR-polnischen Beziehungen das, was in den Beziehungen mit der Bundesrepublik seit fast zwei Jahrzehnten gang und gäbe ist: die Breite und Tiefe der gesellschaftlichen Kontakte. Ungewöhnlich direkt ist Wojnas Darstellung der Quarantäne-Maßnahmen der DDR, denen nicht nur die „Solidarnosc", sondern auch die im Vergleich zur SED-Führung schon traditionell „revisionistische" PVAP-Führung ausgesetzt war. Wojnas Botschaft: Gegenüber der DDR sitzen wir Polen, ob Regierung ob Opposition, in einem Boot:

„Zuwenig Raum gab es hier für Spontaneität, für das Aufeinanderprallen von verschiedenen Standpunkten, für Initiativen von unten. Der kurze Zeitraum in den siebziger Jahren, als die ‚Friedensgrenze' in beiden Richtungen für Millionen Bürger unserer Staaten durchlässig wurde, bewies jedoch, daß die Wandlungen in den gegenseitigen Positionen tiefgreifend waren. Leider bewirkten die Schwäche des Binnenmarktes der DDR, gestört durch die Massenkäufe der Nachbarn aus Polen, das gerade in eine schwere Wirtschaftskrise eintrat, ferner das Bedürfnis, den deutschen sozialistischen Staat vor dem Virus der ‚Solidarität' zu immunisieren, und schließlich die Ausrichtung der von der PVAP 1981 auf dem neunten Parteitag vorgenommenen Reformen die Schließung der Grenze auf einseitigen Beschluß Berlins hin und eine recht dichte Abgrenzung von nicht kontrollierten Kontakten mit der polnischen Gesellschaft. Im Ergebnis verschlechterten sich in den letzten Jahren die Bedingungen und die Atmosphäre gesellschaftlicher Kontakte zwischen der Bevölkerung der beiden Länder, sieht man von der wichtigen und auf Regierungsebene abgestimmten Aktion des Jugendferienaustauschs ab. Das bestärkte mich noch mehr in der Überzeugung, daß wir bei der weiteren Gestaltung der Freundschaft zwischen den Gesellschaften Polens und der DDR einen stärkeren Akzent auf ihre Vergesellschaftung und Entoffizialisierung legen müssen."[23]

Wie schon von Wojna angedeutet, hatten sich die Beziehungen zwischen der DDR und Polen seit Sommer 1980 dramatisch verschlechtert. Schon wenige Wochen nach Unterzeichnung der Danziger und Stettiner Augustvereinbarungen zwischen unabhängigen Arbeitsvertretern und der kommunistischen Regierung kam die SED-Führung zu der Überzeugung, daß man in Polen nur mit harten Maßnahmen der „konterrevolutionären" Kräfte Herr werden könne. Im Laufe des Jahres 1981 griff die SED-Führung offener in die Fraktionskämpfe der PVAP ein. Im Herbst 1981 wurden die zuverlässigen Kräfte in der polnischen Partei von Ost-Berlin aufgerufen, „keinen Schritt mehr zurückzuweichen, sondern die Offensive zu ergreifen".[24]

Die Art und Weise der Einmischung der DDR-Führung in die inneren Angelegenheiten Polens 1980/81 haben sowohl bei der polnischen Führung als auch in der polnischen Bevölkerung einen nachhaltigen Eindruck hinterlassen. Auch nach der Verhängung des Kriegszustandes am 13. Dezember 1981 endeten die Reibungen zwischen Ost-Berlin und Warschau nicht. Gerade deshalb lag den Partei- und Staatsführungen in beiden Ländern an zumindest korrekten Nachbarschaftsbeziehungen. Beide Führungen sorgten sich seit 1982 demonstrativ um ein freundschaftliches Verhältnis zueinander.[25] Im Jahre 1983 wurde ein DDR-polnisches Jugendaustauschprogramm vereinbart, in dessen Rahmen bereits im selben Jahr 100 000 polnische Kinder und Jugendliche in der DDR und 35 000 DDR-Altersgenossen in Polen ihre Ferien verbringen sollten, alles unter der Obhut der staatlichen Jugendverbände beider Länder.[26] In den folgenden Jahren erfuhr der Austausch eine Ausweitung auf 300 000 Jugendliche. Die Politik mit spektakulären Schritten, das unterkühlte Verhältnis zwischen Polen und der DDR nach der „Solidaritäts"-Phase – allerdings weitgehend erfolglos – wieder aufzuwärmen, erlitt jedoch in den letzten vier Jahren einen herben Rückschlag.

Am 2. Januar 1985 hatte die DDR in ihrem Gesetzblatt die Ausdehnung ihrer Territorialgewässer von drei auf maximal 12 Seemeilen bekanntgegeben.[27] Damit waren die Zufahrten in die Oder-Mündung vor dem polnischen Swinemünde von der DDR-Maßnahme betroffen. Nunmehr führten zwei von drei Seepassagen über Swinemünde nach Stettin durch DDR-Hoheitsgewässer. Der Konflikt eskalierte, ohne daß die DDR-Öffentlichkeit aus ihren Medien davon erfuhr; auch auf polnischer Seite wurde der Streit zwei Jahre vor der Öffentlichkeit verschwiegen, bis im Sommer 1987 in der polnischen Presse erstmals darüber berichtet wurde.[28]

Der unabhängige katholische Abgeordnete Ryszard Bender ließ während einer außenpolitischen Debatte des Sejm am 10. März 1988 jede diplomatische Rücksichtnahme fallen, als er ausführte:

„Mit ihrer einseitigen Entscheidung erweiterte die DDR ihre eigene Seegrenze auf 12 Meilen und annektierte damit polnisches Seegebiet. Das führte dazu, daß die Fahrrinnen nach Swinemünde und Stettin sich plötzlich – angeblich – in den Grenzen dieses Staates befanden. Einen ähnlichen Schritt vollzog die DDR nicht gegenüber der BRD, nur gegenüber Polen. Da freuen sich die Revisionisten, die nun behaupten können, daß das alles im gesamtdeutschen, pangermanischen Interesse liegt. Man muß im Sejm ausdrücklich verkünden, daß wir ein Diktat nicht annehmen und daß die Delimitierung des Seegebiets durch die DDR in der Pommerschen Bucht dem Völkerrecht widerspricht."[29]

Auch im Verlauf der kurzfristig einberufenen Begegnung zwischen Honecker und Jaruzelski anläßlich des „vierten Treffens der Freundschaft der Jugend der DDR und der VR Polen" in Breslau am 24. Juni 1988, auf dem ein „Vertrag über das Freundschaftswerk der Jugend" beider Länder unterzeichnet wurde[30], haben die beiden Seiten keinen Durchbruch erzielt. Verschärft wurde das Mißtrauen der polnischen Bevölkerung gegenüber der DDR noch am Ende des vergangenen Jahres nach einem Zwischenfall an der gemeinsamen Grenze in Görlitz, bei dem ein DDR-Grenzbeamter einen polnischen Staatsbürger bei der Zollkontrolle tätlich angriff. Über dieses Vorkommnis wurde in den polnischen Medien ungewöhnlich ausführlich berichtet.[31] Daß mit der Berichterstattung die Assoziation „Deutscher Uniformträger schlägt polnischen Bürger" mit Blick auf die jüngste Vergangenheit geweckt wurde, war sicher kein Zufall.

Die in den achtziger Jahren immer stärker zutage tretende Spaltung des Deutschlandbildes in der polnischen Bevölkerung führte dazu, daß die negativen Stereotypen des Deutschen zunehmend mit der DDR und ihrer Bevölkerung identifiziert wurden, während sich das Bild der Bundesrepublik und ihrer Bevölkerung in der polnischen Gesellschaft kontinuierlich ausdifferenzierte und aufhellte. Diese neuartige Schizophrenie konserviert eine Labilität und Anfälligkeit des Deutschlandbildes in Polen, das die historische Aufgabe der Versöhnung zwischen den Deutschen und den Polen der Gefahr der Vorläufigkeit aussetzt, solange die politisch-ideologische Spaltung in Deutschland fortbesteht.

Die konfliktträchtige Entwicklung der Beziehungen Polens zur DDR und die gleichzeitige Intensivierung der Beziehungen zur Bundesrepublik konnten kaum sinnfälliger gemacht werden als durch die Signale, die in der Sejm-Sitzung am 10. März 1988 gegeben wurden. Während der Abgeordnete Bender die wachsende politische Entfremdung zwischen Polen und der DDR zum Ausdruck brachte, war es der PVAP-Abgeordnete Wojna, der – noch beeinflußt von den Bemerkungen seines Außenministers zu der historischen und moralischen Dimension in den Beziehungen zwischen Polen und Deutschen – bedauerte, daß auf den Beziehungen Polens zu Frankreich und zur Bundesrepublik Deutschland die übermäßige Neigung zu einem Denken in den Kategorien der Frontkämpfer des letzten Krieges laste. Das Denken aus der Position von Frontkämpfern sei aber selten dienlich für das Verständnis der heranziehenden Zeiten. Die Zukunft sei in der Regel etwas anderes als das Bild, das auf der Grundlage von Erlebnissen vor einem halben Jahrhundert gemalt werde. Als Illustration dessen bezieht sich Wojna auf die deutsch-französischen Beziehungen nach 1945. Die Versöhnung zwischen Bonn und Paris sei für die Politiker von den Sozialisten bis zu den Rechtsradikalen Teil der französischen Staatsräson geworden.[32]

Vorbild: Deutsch-französische Versöhnung

Was Wojna im März 1988 im Hinblick auf die europäische Integrationsprozesse und die polnische Europapolitik noch recht indirekt als Vorbild andeutete, postulierte er im Januar dieses Jahres im Vorfeld des Rakowski-Besuchs in Bonn explizit und mit ungewöhnlichem Nachdruck:

„Gerade weil die Öffnung Frankreichs und der Bundesrepublik Deutschland in Richtung auf ein gegenseitiges Durchbrechen der Feindseligkeit und tiefverwurzelter nationalistischer Verbissenheit sowie die Begünstigung alles dessen, was beide Staaten und Völker verbinden kann, zu einer unerläßlichen Bedingung für den Beginn und sodann für die schöpferische Entwicklung der Integrationprozesse Westeuropas wurde, muß eine Wende in den Beziehungen zwischen dem polnischen und dem deutschen Volk ebenso zu einer conditio sine qua non für die Errichtung des gemeinsamen europäischen Hauses werden – eine Wende, die der tausendjährigen Geschichte unserer schwierigen Nachbarschaft gerecht wird."[33]

Als ein grundlegendes Hindernis auf dem Wege zu der vielbeschworenen „Wende" stellte die polnische Regierung in der Vergangenheit immer wieder den völkerrechtlichen Friedensvertragsvorbehalt bezüglich der deutsch-polnischen Grenze dar. Nach der offiziellen Sprachregelung galt jede Diskussion über eine angeblich noch offene deutsche Frage als ein Angriff auf die Sicherheit und territoriale Integrität Polens. Die deutsche Frage wurde mit der Grenzfrage identifiziert. Es ist bemerkenswert, daß in Wojnas Feuilleton erstmals quasi offiziell ein gewisses Verständnis für „komplizierte Rechtsformeln" gezeigt wurde und den Deutschen das moralische Recht zugestanden wurde, ihre Option auf die Wiedervereinigung aufrechtzuerhalten, wenn dadurch eine Grenzverschiebung trotz der rechtlichen Vorbehalte für die beiden deutschen Staaten politisch nicht mehr in Frage kommt.[34] Damit nähert sich das offizielle Polen übrigens einer Position, die von breiten Kreisen in der polnischen Opposition seit Jahren vertreten wird.

Ausgangspunkt des Kommentars in der polnischen Regierungszeitung war der Gedanke der deutsch-polnischen Aussöhnung als Voraussetzung für den Aufbau einer gemeinsam europäischen Friedensordnung. Wojna forderte seine Landsleute auf, einen dem deutsch-französischen Aussöhnungsprozeß vergleichbaren Weg mit den Deutschen in der Bundesrepublik zu gehen – in dem Wissen darum, daß es dagegen in beiden Ländern, aus historischen und politischen Gründen in Polen sicher noch viel mehr als in der Bundesrepublik, Widerstände geben wird:

„Versuchen wir, wir Polen, ernsthaft die Appelle all' derjenigen aus Bonn zu analysieren, die sich auf die Versöhnung mit Frankreich als ein Beispiel für die Gestaltung der Angelegenheiten mit Polen berufen. Nehmen wir sie beim Wort. Errichten wir eine gemeinsame Front der Menschen guten Willens in beiden Gesellschaften. Nicht alle werden uns folgen. Aber nicht sie sollten die zukünftige Geschichte gestalten."[35]

Ein weiterer Schritt bei der Errichtung einer „gemeinsamen Front der Menschen guten Willens" wurde am 22. Februar 1989 in Warschau mit der Gründung der „Gesellschaft Polen – BRD" getan, der es nach den Worten ihres Vorsitzenden, des um die deutsch-polnische Verständigung seit Jahrzehnten verdienten Prof. Wladyslaw Markiewicz, darum geht, das gemeinsame Ziel im Auge zu behalten, nämlich die Versöhnung zwischen Deutschland und Polen.[36]

Ausblick

Die jüngsten Entwicklungen in Osteuropa stellen eine Herausforderung für das außenpolitische Denken in allen Staaten Europas und Nordamerikas dar. Dies betrifft nicht zuletzt die bisher mit der Sowjetunion ideologisch, ökonomisch und politisch eng verbündeten europäischen Staaten im Warschauer Pakt. Das gilt insbesondere für Polen, das Land, das sich mit zwei großen Nachbarn, den Deutschen und den Russen, seit Jahrhunderten arrangieren muß.

Die Grundlagen der von der PVAP bisher monopolitisch definierten polnischen Staatsräson stehen in der neuen Phase sowjetischer Osteuropa-Politik, die von einer Suche nach neuen Konzeptionen, weniger von einer schon ausformulierten neuen Politik gekennzeichnet ist, zwar nicht zur kurzfristigen Disposition an, aber neue Entwicklungen verlangen offensichtlich zumindest ein systematisches Überdenken der Position Polens in der labilen historischen Übergangsphase, in der sich die sozialistischen Staaten im letzten Jahrzehnt des 20. Jahrhunderts befinden. Grundsätzlich erleichtert werden dieses Überdenken und Nachdenken über Außenpolitik und Deutschlandpolitik im besonderen durch ihre praktische Vergesellschaftung, dadurch, daß sie seit mehreren Jahren Diskussionsthema in weiten Kreisen der Opposition geworden sind. Diese Verbreiterung der Diskussion über die bisher tabuisierten Themen wurde ursprünglich von Partei und Regierung ignoriert bzw. als antisozialistisch, antistaatlich und gegen polnische Nationalinteressen gerichtet diskreditiert. Durch die Veränderungen, die im Partei- und Staatsapparat in den vergangenen Jahren und Monaten vorgenommen wurden, und infolge der zunehmenden innenpolitischen Liberalisierung und Pluralisierung ist in den vergangenen Monaten jedoch eines der letzten Tabus polnischer Politik gefallen: die Diskussion der Ziele und Mittel der polnischen Außenpolitik. Erstmals befaßte sich der Sejm im März 1988 kritisch mit diesem Thema. Die Diskussion über Außen- und Deutschlandpolitik wurde eine öffentliche. Alternativen zur bisherigen Politik wurden Diskussionsthemen in den Massenmedien.

Ebenso wie in der Gesellschafts- und Wirtschaftspolitik wird der Paradigmenwechsel in der Außenpolitik und insbesondere in der Definition des Verhältnisses zu den direkten Nachbarn im Osten und Westen zu einer theoretisch bereits allgemein anerkannten Notwendigkeit. Die Frage bleibt, wie konsequent die Umsetzung von theoretisch Erkanntem in die außenpolitische Praxis erfolgt und die Widerstände gegen „altes Denken" überwunden werden können. Geht es doch gegenüber den Deutschen nicht zuletzt um alte Feindbilder, die – wie Wojna es ausdrückte – auf den „Schutthaufen" der Geschichte gehören. Gegen das „neue Denken" in der polnischen Deutschlanddiskussion, das in den vergangenen Monaten mit vorsichtigen Schritten in die Praxis umgesetzt wird, stehen 40 Jahre offizielle polnische Deutschlandpolitik und Politik gegenüber der Bundesrepublik Deutschland sowie eine historische und politische Erziehung der Jugend in den vergangenen Jahrzehnten, die eher von den alten Bildern der Vergangenheit geprägt ist als von Gedanken der Versöhnung mit den Deutschen und der Vision eines vereinten Europas. Die ist aber notwendiges Fundament für die Schaffung eines „gemeinsamen europäischen Hauses", in dem die Normen des westlichen Menschen- und Bürgerrechtskatalogs allgemeine Gültigkeit haben sollen. Diese Vision wird von der Fortentwicklung des KSZE-Prozesses am Ende der achtziger Jahre voll bestätigt.

Die sich ankündigende Wende in der polnischen Deutschlandpolitik wird nicht zuletzt politisch und im Sinne historischer und moralischer Satisfaktion erleichtert durch die sich abzeichnenden Tendenzen einer Verständigung zwischen Polen und seinen östlichen Nachbarn, den Russen, Litauern, Weißrussen und Ukrainern. Leider darf man hier nicht die Gefahr des Heraufziehens alter Nationalismen aus der Erbschaft unbewältigter sozialistischer Nationalitätenpolitik der letzten Jahrzehnte übersehen.[37]

Da könnte der westdeutsch-polnische Verständigungsprozeß – welche Ironie der Geschichte – bereits Vorbildcharakter besitzen.

Im gesamteuropäischen Annäherungsprozeß braucht Polen berechenbare und langfristig interessierte Partner. Die Deutschen sind – nicht allein aus ökonomischen Gründen, sondern auch gerade aus geographischen, historischen und kulturellen Überlegungen – zuerst gefragt. Wie sagte Ryszard Wojna, den es auch deshalb zu zitieren lohnt, da gerade er zu den seit Jahrzehnten mit Deutschland Befaßten und zugleich besonders mißtrauisch die Entwicklungen in Deutschland Beobachtenden in Polen gehört:

„Die Verrückung der polnischen Grenze weit nach Westen nach dem Zweiten Weltkrieg erweiterte und vertiefte prinzipiell die Ebene, auf der Polen mit dem Bereich der deutschen zivilisatorischen Einflüsse in Berührung kam. In Polen und in der BRD wohnen einige Millionen Menschen, die in sich viele gemeinsame Werte aus unseren beiden Kulturen aufgenommen haben, die uns wechselseitig besser kennen als irgendjemand. Müssen uns diese Tatsachen trennen? Können sie nicht zu einem Band gemeinsamer Interessen und einer besseren Zukunft werden?"[38]

Die ehemaligen deutschen Ostgebiete und die Vertriebenen, die Umsiedler, die mehrere hunderttausend umfassende alte und neue polnische Minderheit in der Bundesrepublik und das kulturelle Erbe und die noch in Polen lebenden Deutschen als Brücke – wer hätte diesen Gedanken vor kurzem zu formulieren gewagt, ohne damit rechnen zu müssen, als Träumer ausgelacht zu werden? Ein Pole hat es gesagt. Der Weg ist weit. Die Widerstände auf beiden Seiten sind – aus unterschiedlichen Gründen – groß. Aber: die historische Chance für Deutsche und Polen ist noch größer.

---

1 Czas przyszly niedokonany... (Gespräch mit Prof. Jerzy Borejsza), in: Polityka, Nr. 1/2.1.1988.

2 Rzeczpospolita, 12.1.1988.

3 Trybuna Ludu, 8.5.1985.

4 Adam Krzeminski, Pamiec szorstkiego kraju, in: Polityka, Nr. 35/31.8.1985.

5 Polityka, Nr. 43/26.10.1985.

6 Adam Krzeminski, Powrot do Europy. Korespondencja z Kilonii, in: Polityka, Nr. 21/22.5.1987; im selben Sinne die Wojewodschaftskonservatorin von Hirschberg Jadwiga Skibinska, in: Nowiny Jeleniogorskie, 17.6.1987 (zit.n. Polityka, Nr. 27./4.7.1987).

7 Edmund Dmitrow, Niemcy i okupacja hitlerowska w oczach Polakow. Poglady i opinie z lat 1944-48, Warszawa 1987.

8 Siehe auch die Besprechung von Adam Krzeminski, Ponad prawem do nienawisci, in: Polityka, Nr. 35/27.8.1988.

9 Marian Turski, Nagrody Polityki 1988. Eksperci i swiadkowie, in: Polityka, Nr. 52/24.12.1988.

10 Siehe dazu Daniel Lulinski, Nie tylko literackie rozwazania kanclerza Kohla. Eichendorff mowil takze po polsku, in: Trybuna Ludu, 11.3.1988.

11 Exemplarisch: Wysiedlalem Horsta Bienka (Gespräch mit Andrzej Ziemilski), in: Polityka, Nr. 16/16.4.1988 (dtsch: Ich habe Horst Bienek ausgesiedelt, in: Frankfurter Rundschau, 6.8.1988).

12 Vgl. dazu Marek Sarjusz-Wolski, Wyznanie po polsku, in: Powsciagliwosc i praca, 10, 1985; Andrzej Drawicz, Mazury, in: ebenda; Agnieszka i Andrzej Wroblewscy, Za kazdym wyjazdem jest jakas krzywda, in: Odrea, 6, 1988.

13 Siehe Helena Kowalska (O)polski exodus, in: Prawo i Zycie, Nr. 39/24.9.1988; über die dramatischen Folgen für die Produktion in einer Hütte im Oppelner Schlesien: Marek Bartosik, Wylaczone hamulce. Do RFN emigruje z huty srednio jeden pracownik dziennie, in: Przeglad Tygodniowy, Nr. 9/26.2.1989.

14 Henryk Slabek, Dzieje Polski Ludowej (10). Powroty i przemieszczenia Polakow, in: Trybuna Ludu, 8.2.1989. Siehe auch Zbigniew Kowalski, Powrot Slaska Opolskiego do Polski. Organizacja wladzy ludowej i regulacja problemow narodowosciowych w latach 1945-1948, Opole 1983. Vgl. auch Helga Hirsch, Fremde, die nicht Heimat wird. Die polnischen Aussiedler fühlen sich bei uns nicht zu Hause, in: Die Zeit, Nr. 48/25.11.1988. – Das Problem der Rechtmäßigkeit des Prinzips der millionenfachen Aussiedlung aus den Gebieten östlich von Oder und Neiße nach 1945 bleibt bis heute ein weitgehendes Tabu. Die These des Historikers Jan Jozef Lipski, daß die Vertreibung der Deutschen ein Unrecht gewesen sei, daß man es aber andererseits nicht mehr ungeschehen machen könne und eine Verschiebung der deutsch-polnischen Nachkriegsgrenze deshalb auch nicht mehr in Frage komme, ist noch nicht öffentlich diskutierbar: J.J. Lipski, Dwie ojczyzny – dwa patriotyzmy (uwagi o megalomanii narodowej i ksenofobii Polakow), Nachdruck aus dem Untergrundverlag NOW-a in: Kultura (Paris), 10, 1981 (dt. Übers.: Zwei Vaterländer – zwei Patriotismen. Mit e. Einf. v. Gotthold Rhode, Sonderdruck aus Kontinent 22, 1982). Differenziert und freundlich gesinnt war die Rezension des Politikwissenschaftlers Franciszek Ryszka in Polityka, 12.12.1981.

15 Mniejszosci narodowe, in: Argumenty, Nr. 4/22.1.1989; siehe auch die Diskussionsbeiträge unter der Überschrift Niemcy w Polsce, in: Polityka, 12.11.1988, und 28.1.1989.

16 Zu den Grundrichtungen einer zukünftigen polnischen Deutschlandpolitik fand Ende April 1988 im Warschauer Insitut für internationale Angelegenheiten (PISM) eine eintägige Klausurtagung statt. Zuletzt bestätigt wurde die neue Politik gegenüber der Bundesrepublik wahrscheinlich im Zusammenhang mit einer gesamtpolnischen Beratung über die aktuellen Probleme Polens mit den beiden deutschen Staaten im PISM am 14.12.1988 (Trybuna Ludu, 15.12.1988, Zycie Warszawy, 15.12.1988). – Dementsprechend wurden in der zweiten Hälfte der achtziger Jahre neue Forschungsschwerpunkte in der Forschung zur deutschen Problematik festgelegt und Forschungskapazitäten ausgeweitet; z.B. Gründung einer Filiale des Posener Westinstituts in Grünberg zum Zweck der Förderung des Wissens über die polnisch-deutschen Beziehungen in der Region und über die Geschichte Deutschlands und des polnisch-deutschen Grenzlands (Przeglad Zachodni, 5-6, 1988, S. 321/322).

17 Rzeczpospolita, 14.10.1988.

18 Neues Deutschland, 6.12.1988; Rzeczpospolita, 6.12.1988.

19 Ryszard Wojna, Niech przewazy przyszlosc, in: Rzeczpospolita, 14./15.1.1988.

20 Jerzy Sulek lt. Deutsche Presse-Agentur, 19.1.1989.

21 Zu DDR-Identitätsproblemen und zur deutschen Frage erschienen in unregelmäßiger Folge in der Warschauer „Polityka" Beiträge von DDR-Autoren, deren Brisanz eine Veröffentlichung in einer DDR-Zeitschrift nicht erlauben würde: Heinrich Olschowsky, Bledne terapie, in: Polityka, Nr. 34/20.8.1988; Adolf Dresen, Czy Niemcy sa jednym narodem kulturalnym, in: ebenda. Außerordentlich differenzierende Betrachtung der DDR-Szenerie von Adam Krzeminski, Piec lat do tylu czy dziesiec do przodu, in: Polityka, Nr. 3/21.1.1989.

22 Wojna, a.a.O.

23 Ebenda.

24 Neues Deutschland, 22. und 23.9.1981, 3./4.10.1981; Horizont, 40, 1981, S. 19.

25 Ausführlicher dazu: Klaus Ziemer, Die DDR – Polens ungeliebter, aber notwendiger Partner, in: Das Profil der DDR in der Sozialistischen Staatengemeinschaft (Zwanzigste Tagung zum Stand der DDR-Forschung in der Bundesrepublik Deutschland 9. bis 12. Juni 1987), Köln 1987, S. 46 - 58. Eine gewisse Exotik wird dem Nachbarn DDR auch zugesprochen in einer Artikelserie unter dem Titel „Umbau „in den Farben der DDR" aus der Feder des ständigen Korrespondenten der Warschauer Parteizeitung „Trybuna Ludu" in Ost-Berlin, Jerzy Weber (Przebudowa w „barwach NRD", in: Trybuna Ludu, 17.2.1989 ff.).

26 Ausführlicher: Dieter Bingen, Die DDR und Polen. Ein Verhältnis wird bereinigt, in: DDR-Report, 8, 1983, S. 430 - 433.

27 Neues Deutschland, 2.1.1985.

28 Polski styl (Gespräch mit Außenminister Marian Orzechowski), in: Polityka, Nr. 30/25.7.1987.

29 Diariusz Sejmowy. Sprawozdanie z 31 posiedzenia plenarnego Sejmu Polskiej Rzeczypospolitej Ludowej w dniu 10 marca 1988r., Nr. 3/88, S. 10.

30 Neues Deutschland, 25./26.6.1988.

31 Zycie Warszawy, 18.1.1989.

32 Diariusz Sejmowy, a.a.O., S. 9.

33 Wojna, Niech, a.a.O.; im selben Sinne Wojna in der außenpolitischen Debatte des Sejm am 24.2.1989: Glos w debacie, in: Rzeczpospolita, 25./26.2.1989.

34 Wojna, Niech. a.a.O.

35 Ebenda.

36 Powstanie Towarzystwo Polska – RFN. Rozmowa z Prof. Wladyslawem Markiewiczem, in: Trybuna Ludu, 24.2.1989. Es ist bemerkenswert, daß es bisher keine gesamtpolnische Freundschaftsgesellschaft Polen-DDR gab. Diese entstand erst zwei Wochen nach der Gründung der Gesellschaft Polen-BRD unter der Bezeichnung „Gesamtpolnischer Freundschaftsclub Polen-DDR" am 7. März in Warschau (Trybuna Ludu, 8.3.1989, Neues Deutschland, 10.3.1989). Während der provisorische Vorstand der Gesellschaft Polen-BRD politisch hochrangig besetzt ist, sind der Vorsitzende und die stellv. Vorsitzenden des Freundschaftsclubs Polen-DDR einer breiteren Öffentlichkeit weitgehend unbekannte Persönlichkeiten. Der politische Kontext der Gründung dieses Clubs wird auch daraus ersichtlich, daß die Initiative dazu von der „Gesellschaft Weichsel-Oder" kam, die es sich in den vergangenen Jahren zur Aufgabe machte, die Antagonismen in den bundesdeutsch-polnischen Beziehungen zu betonen und überall deutschen „Revisionismus" zu wittern. Diese Gesellschaft vertritt einen ausgesprochen nationalistisch-polonozentrischen Standpunkt in der deutsch-polnischen Geschichtsdiskussion.

37 Siehe auch Jerzy Giedroyc (Chefredakteur der Pariser Kultura im Gespräch), Bede rozmawial o konkretach, in: Przeglad Tygodniowy, Nr. 8/19.2.1989.

38 Wojna, Niech przewazy przyszlosc.

Jan Józef Lipski

Zwei Vaterländer – zwei Patriotismen

Bemerkungen zum nationalen Größenwahn und zur Xenophobie der Polen

Das Vaterland existiert nur, wenn es auch ein fremdes Land gibt; es gibt keine „eigenen" Landsleute, wenn es keine „Fremden" gibt. Von dem Verhältnis zu den „Fremden", mehr als zu den „eigenen" Landsleuten, hängt die Gestalt des Patriotismus ab. Es steckt immer etwas Paradoxes darin, daß die Liebe zum eigenen Land und zum eigenen Volk erst durch das Verhältnis zu anderen Ländern und anderen Völkern bestimmt wird, doch ist dieses Paradoxon für jede gedankliche und gefühlsmäßige Unterscheidung charakteristisch.

Wer ist das „eigene Volk", und wer sind die „Fremden"? Worin unterscheidet sich „mein" Land von einem, das nicht „mein" ist? Meine Nation – von einer, die nicht die meinige ist?

Es handelt sich bei diesen Fragen nicht um irgendwelche deskriptiven Inhalte: daß wir polnisch, „sie" aber eine andere Sprache sprechen, daß wir in einer anderen kulturellen Struktur leben als „sie" – weil wir doch das Christentum im 10. Jahrhundert vom Westen empfangen haben, weil aus dem Westen die Renaissance, die Aufklärung, die Romantik usw. zu uns gekommen sind; weil, selbst wenn einer von uns meint, Goethe oder Dante oder Shakespeare sei der größte Dichter, den je die Menschheit hervorgebracht hat, so leben Mickiewicz und Slowacki doch irgendwie anders in uns (oder wir in ihnen). Denn die Jahre der Fremdherrschaft und der Kämpfe um die Befreiung von dieser Fremdherrschaft sind wohl für immer in das Gedächtnis der Nation eingeschrieben, usw. usf.; weil vielleicht (obwohl dies strittig ist) uns in der Mehrheit so etwas wie ein polnischer Nationalcharakter kennzeichnet. Es geht nicht um diese deskriptiven Feststellungen, sondern vielmehr um Werte und Urteile. Halten wir uns für besser als andere, oder nur für anders; meinen wir, daß in diesem Anderssein ein besonderer Wert (welcher?) enthalten ist; glauben wir, daß uns aus irgendeinem Grund besondere Rechte und Privilegien zustehen – oder auch Pflichten erwachsen? Je nach der Antwort auf diese Fragen vertreten wir unterschiedliche Auffassungen vom Patriotismus. In extremen Fällen gehören wir eben zu verschiedenen Vaterländern – wenn sich zum Begriff „Vaterland" vor allem geistige Güter und Werte zusammenfügen und nicht die bloße Tatsache einer gerade solchen und keiner anderen ethnischen Zugehörigkeit.

Die Welt der Werte, von der aus das Problem des Vaterlandes zu betrachten ist, das ist vor allem, wenngleich nicht ausschließlich, die Welt der moralischen Werte. Wir gehören jenem Kulturkreis an, dessen ethische Begriffe im wesentlichen vom Christentum geprägt wurden. Ob gläubig oder ungläubig – wir wurden geformt vom Gebot der Nächstenliebe, diesem grundlegenden moralischen Wegweiser unserer Kultur. Mit dieser Feststellung möchte ich keineswegs das moralische Gedankengut anderer Religionen und Weltanschauungen herabgesetzt wissen. Der Judaismus, aus dem das Christentum hervorgegangen ist, der Islam, der Buddhismus, der Hinduismus, die laizistischste von allen, die ethische Kultur des Konfuzianismus, haben achtungsgebietende Errungenschaften im Bereich der Ethik aufzuweisen. Auch die Denker unseres

Kulturkreises, die eine nicht-religiöse, laizistische Strömung repräsentieren, haben unsere ethische Reflexion und unser Bewußtsein bereichert. Nichtsdestoweniger sind wir in erster Linie vom Christentum erzogen worden und die grundlegenden Ideen dieser Ethik wollen wir uns erhalten.

Meiner Auffassung nach sind Chauvinismus, nationaler Größenwahn, Xenophobie – also Haß gegen alles Fremde, nationaler Egoismus – mit dem christlichen Gebot der Nächstenliebe unvereinbar. Der Patriotismus hingegen verträgt sich mit diesem Gebot. So wie die besondere Liebe zur eigenen Familie kein Hindernis für die Nächstenliebe sein muß und sein sollte, so muß die besondere Liebe zu den Angehörigen derselben nationalen Gemeinschaft dieser obersten moralischen Norm untergeordnet sein. Patriotismus entspringt der Liebe und muß zur Liebe führen; jede andere Form des Patriotismus stellt eine ethische Deformation dar.

Einsicht in die eigene Schuld

„Liebe zu allem, was polnisch ist", das ist eine oft wiederholte Formel der nationalen, „patriotischen" Stupidität. Denn „polnisch" waren doch auch das ONR[1] und die Pogrome in Lemberg, Przytyk und Kielce[2], das „Bänkeghetto"[3] und die „Befriedung" ukrainischer Dörfer[4], polnisch waren Brest, Bereza und das Lager in Jablonna im Jahre 1920[5], um uns nur auf zwanzig Jahre unserer Geschichte zu beschränken. Patriotismus bedeutet nicht nur Achtung vor der und Liebe zur Tradition, sondern auch eine schonungslose Selektion der Elemente dieser Tradition, die Verpflichtung zu intellektueller Arbeit in diesem Bereich. Die Schuld für eine falsche Einschätzung der Vergangenheit, für eine Verewigung verlogener nationaler Mythen, für ein dem nationalen Größenwahn dienendes Verschweigen dunkler Flecken der eigenen Geschichte ist vom moralischen Standpunkt aus gewiß kleiner als die Schuld, die man auf sich lädt, wenn man dem Nächsten ein Übel zufügt, aber sie ist die Voraussetzung für das gegenwärtige und eine Vorbereitung für das künftige Übel.

Wir haben es nicht gern, daran erinnert zu werden, wie wir mit Feuer und Schwert die Jadwinger[6] unterjochten – das würde das Bild des polnischen Volkes verderben, das ja angeblich niemanden je unterjocht hat. Wir lassen auch lieber in unseren Geschichtsbüchern unerwähnt, wie die Besatzung von Welikije Luki nach ihrer Kapitulation hingemetzelt wurde[7] – das würde mit dem ritterlich-humanitären Stereotyp unserer Geschichte nicht übereinstimmen. Wir vergessen die Methoden, mit denen wir die ukrainischen Rebellionen und Aufstände unterdrückt haben, den Kriegszug unseres Nationalhelden Stefan Czarniecki[8], der ein Dorf nach dem anderen, bis hinab zu den Säuglingen, ausrottete, wir verdrängen aus unserem Gedächtnis den wahnwitzigen Kontretanz der gegenseitigen Vergeltungsschläge, der jahrhundertelang den düsteren Inhalt der polnisch-ukrainischen Geschichte bildete. Wir rühmen uns der polnischen Toleranz, aber wir sprechen nur halblaut darüber, wann und wie sie ein Ende nahm. Wir brüsten uns der tragischen Beteiligung polnischer Soldaten am spanischen Feldzug Napoleons, als wäre Somosierra[9], die Niederwerfung der Spanier, die die Unabhängigkeit ihres Vaterlandes verteidigten, ein Ruhmesblatt, und tun, was wir nur können, um die Schmach von Saragossa[10] zu vergessen oder zu verfälschen. Einige dunkle Seiten der Zwischenkriegsjahre habe ich schon erwähnt.

So dürfen wir nicht handeln! Jedes Verschweigen gießt Öl ins Feuer des nationalen Größenwahns, ist eine Krankheit, jedes Ausweichen vor der Einsicht in die eigene Schuld bedeutet die Zerstörung des nationalen Ethos. (. . .)

Hüten wir uns davor, behandeln wir mit Mißtrauen jede neue Offensive des „Patriotismus", wenn sie auf einer unkritischen Vervielfältigung der beliebten Slogans des nationalen Größenwahns beruht. Hinter der den meisten Polen so teuren Phraseologie und Requisitenkammer verbergen sich nur allzu oft zynische Soziotechniker, die nur darauf warten, daß der Fisch auf das Ulanentschako, auf die Panzerflügel der Husaren[11], auf die Militärjacken der Warschauer Aufständischen[12] anbeißt. „Es ist dies eine Art Morast, tritt drauf, und du versinkst immer tiefer", schreibt Miłosz in seinem „Moralischen Traktat".

Die vaterländisch-patriotische Phrasendrescherei in der offiziellen Presse wird seit vielen Jahren von einer Hetzkampagne gegen all jene begleitet, die es wagen, von den schönen, für Dummköpfe gemalten Bildchen die rosa Farbe abzukratzen. (. . .)

Diese und ähnliche Kampagnen wurden in der Regel von denselben Blättern und denselben Schreiberlingen geführt, die wir im denkwürdigen Jahr 1968[13] kennengelernt haben. Der sowjetische Lakei hat sich die Ulanenuniform angezogen . . .

Die Sache gibt zu denken: Welche Funktion sollen diese Maskeraden der „Rakowiecka-Ulanen"[14] erfüllen? Wen sollen sie verdummen, wen mit dem „patriotischen" Köder anlocken, wen mit dem Gift des Chauvinismus infizieren? Was hat das alles mit Vaterlandsliebe zu tun? Um welches Vaterland geht es hier?

Die alte Parole: „Schlage den Juden, rette Rußland!"[15] ist vor unseren Augen wiederauferstanden . . . Wie in der Zeit des Zaren, der Ochrana[16]. Selbst die Methoden haben sich in ihrem Wesen kaum geändert, wenngleich die „patriotische" Tarnung in diesem Maßstab und in diesem Stil etwas Neues darstellt; das ONR war auch „patriotisch", diesmal ist es jedoch ein staatlicher Antisemitismus eines nicht souveränen Staates. „Rette Rußland!"

Wäre dies nur eine Sache der offiziellen Presse, würde niemand sich vom „patriotischen" Köder verlocken lassen, gäbe es in der polnischen Tradition nicht auch Saiten, die wie ein sensibler Kammerton mitzuschwingen beginnen – dann gäbe es keinen Grund, darüber zu schreiben und dagegen zu polemisieren. Doch so ist es leider nicht. Akzente des nationalen Größenwahns und des Fremdenhasses kann man auch in der nichtzensierten – also authentischen – Presse finden.

Es muß klar und deutlicher heraus gesagt werden: Nicht immer ist der Dialog möglich, oft ist schon der Versuch eines solchen Dialogs eine Schande (wenn er nicht schlicht und einfach dumm ist). Mit den Helden der antisemitischen Exzesse in der März-Presse[17] kann es keinen Dialog geben, auch nicht mit jenen, die in dieser publizistischen Sudelei einen Ausdruck ihrer Überzeugungen sehen. Mit ihnen haben wir kein gemeinsames Vaterland und wollen mit ihnen überhaupt nichts gemeinsam haben (. . .). Keinesfalls sollte jedoch auf jene verzichtet werden, die mit Xenophobie und nationaler Megalomanie verseucht sind, deren Geist und Herz jedoch nicht endgültig und unwiderruflich durch Haß und Dünkel deformiert wurden. Der Kampf um die Gestalt des polnischen Patriotismus wird für das Schicksal unserer Nation entscheidend sein – für ihr moralisches, kulturelles, politisches Schicksal.

Zum polnisch-deutschen Verhältnis

Fremdenfeindlichkeit und nationaler Größenwahn nähren und stützen sich gegenseitig. Wir wissen, was Polen seitens der Russen und der Deutschen erlitten hat, das kann aber die Überschreitung der Grenzen von Dummheit und Haß gegenüber diesen Völkern nicht rechtfertigen; durch Dummheit und Haß schadet ein Mensch und ein Volk vor allem sich selbst. In den vierziger Jahren haben uns Ukrainer, die den Einflüssen des Faschismus erlagen, arg zugesetzt – hier ist jedoch die Aufrechnung von Unrecht und Schuld schon eine andere als gegenüber den Deutschen, was aber den Ukrainern im durchschnittlichen polnischen Bewußtsein nicht viel hilft. Warum aber verachtet der Pole so oft den Tschechen (den „Pepitschek“)? Hier sieht man, wie sich Xenophobie mit totaler Idiotie verbindet, eine Verbindung, die manche unserer Landsleute im August 1968 dazu gebracht hat, innerlich dem zuzustimmen, was sowohl der Moral wie unseren nationalen Interessen zuwiderlief, nämlich der Invasion in der Tschechoslowakei. Kehren wir zum Verhältnis der überwiegenden Mehrheit der Polen zu den Deutschen und den Russen zurück. Ich wiederhole: ein Mensch und ein Volk schaden durch Haß und Dummheit vor allem sich selbst. Moralische Probleme zu übersehen, bloß weil es so bequem ist, ist moralisch verderblich und verwerflich.

Den Deutschen haben wir seit Jahrhunderten vieles vorzuwerfen. Die deutschen Kaiser haben unser Land überfallen, um es sich zu unterwerfen, nicht umgekehrt. Der Kreuzritter-Orden der Allerheiligsten Jungfrau Maria war der Alptraum der Prußen, Litauer, Pomoranen[18] und Polen; die Preußen teilten zusammen mit den Russen und den gleichfalls deutschsprachigen Österreichern das alte polnisch-litauische Reich auf. Ausweisungen, die HAKATA[19], nationale und religiöse Verfolgungen unter der preußischen Herrschaft waren bereits die erste Vorankündigung dessen, was sich in der Zeit des Zweiten Weltkrieges abspielte. Über die Ungeheuerlichkeit der Hitler-Verbrechen auf polnischem Boden braucht man sich nicht auszulassen.

Es mußte aber der Augenblick kommen – wenn wir im Bereich der christlichen Ethik und der westeuropäischen Zivilisation bleiben wollen –, um zu sagen: „Wir vergeben und wir bitten um Vergebung.“ In einer Lage, da das Volk geknechtet war, sagte dies die höchste unabhängige moralische Autorität, die uns geblieben ist: die polnische Kirche. Diesen Satz müssen wir – ungeachtet aller Ressentiments, die auf tatsächlich erlittenem Unrecht beruhen – als den unseren anerkennen. Um ihn zu übernehmen, genügt bereits sein moralischer Inhalt. Aber neben dem moralischen hat er auch einen nationalen und kulturellen Inhalt: Als eine Nation, die sich dem westlichen Mittelmeer-Kulturkreis zugehörig fühlt, träumen wir von einer Rückkehr in unser größeres Vaterland Europa. Daher die Notwendigkeit einer Aussöhnung mit den Deutschen, die schon in diesem Europa sind und darin bleiben werden. Daß die polnischen Bischöfe ihren deutschen Amtsbrüdern die Hand entgegenstreckten, war die mutigste und weitestblickende Tat der polnischen Nachkriegsgeschichte.

Der Appell des polnischen Episkopats an den deutschen stellt vor allem ein Problem, das sich nicht umgehen läßt, wenn man dem Christentum treu bleiben will: das Problem auch unserer Schuld gegenüber den Deutschen. Den Polen scheint eine solche Darstellung der Dinge unerträglich – und das ist auch unschwer zu verstehen, denn die Proportionen sind absolut unvergleichlich. Man darf sich aber nicht mit einer Bagatellisierung der eigenen Schuld abfinden, selbst dann nicht, wenn sie unvergleichlich viel geringer ist als die fremde.

Wir haben uns daran beteiligt, Millionen Menschen ihrer Heimat zu berauben, von denen die einen sicherlich sich schuldig gemacht haben, indem sie Hitler unterstützten, die anderen, indem sie seine Verbrechen tatenlos geschehen ließen, andere nur dadurch, daß sie sich nicht zu dem Heroismus eines Kampfes gegen die furchtbare Maschinerie aufraffen konnten, und das in einer Lage, als ihr Staat Krieg führte. Das uns angetane Böse, auch das größte, ist aber keine Rechtfertigung und darf auch keine sein für das Böse, das wir selbst anderen zugefügt haben; die Aussiedlung der Menschen aus ihrer Heimat kann bestenfalls ein kleineres Übel sein, niemals eine gute Tat. Sicherlich wäre es ungerecht, wenn ein Volk, überfallen von zwei Räubern, zusätzlich noch alle Kosten dafür zahlen sollte. Die Wahl eines Auswegs, der, wie es scheint, eine geringere Ungerechtigkeit ist, die Wahl des kleineren Übels darf dennoch nicht unempfindlich machen gegen sittliche Probleme. Das Böse ist Böses und nicht Gutes, selbst wenn es ein geringeres und nicht zu vermeidendes Böses ist. Denn so ist es nun einmal: Entweder will man Christ sein – oder nicht . . ., wenn man einer ist, weiß man, daß der Grundsatz der Sippenhaft nichts mit der Ethik zu tun hat, zu der wir uns bekennen; daß, selbst wenn wir das kleinere Übel wählen mußten, wir es nicht ein Gutes nennen dürfen; daß Böses zufügen sittliche Verpflichtungen auferlegt, auch wenn der, dem wir Böses antun, uns hundertmal mehr Böses zugefügt hat und sich obendrein nicht allzu stark zur Wiedergutmachung genötigt fühlt.

Der Grundsatz geringerer Ungerechtigkeit, die Notwendigkeit, das Leben für Millionen Polen einzurichten, die zwangsweise ihre Heimat in den Ostgebieten der Zweiten Republik verlassen hatten, ist im übrigen die einzige Rechtfertigung für das, was geschehen ist. Auf keinen Fall ist es gerechtfertigt durch geschichtliche Gründe, die sehr zweifelhaft sind, wie wir noch sehen werden, noch durch ethische, ausgenommen vielleicht das Oppelner Land, worüber man auch streiten kann. Wandern wir durch Ermland und Masuren, um mit eigenen Augen zu sehen, wie viele autochthone Polen, nämlich Masuren und Ermländer, wir treffen!

Um so mehr beunruhigt es als ein Zeichen der Vergiftung der nationalen Ethik durch den Nationalismus, daß von Zeit zu Zeit Artikel erscheinen, deren Verfasser sich damit brüsten, daß noch vor dem Zweiten Weltkrieg – also vor dem Überfall auf Polen, vor der Vernichtung von Millionen Polen durch die Deutschen, bevor das Problem auftauchte, Platz zu finden für die Millionen Polen aus den Ostgebieten – politische Gruppen, mit denen diese Verfasser in Verbindung standen, ein Polen bis an die Oder und Neiße verlangten, mit Stettin und Breslau. Das sind keine Artikel, die eine lediglich interessante Tatsache feststellen – das ist die Übernahme damaliger Programme, die zu jener Zeit Eroberungspläne waren, die im Gegensatz standen zu den Grundsätzen der Beziehung zwischen Völkern entsprechend christlicher Ethik. An diese schändlichen Episoden ideologischer Geschichte mit Beifall zu erinnern ist ein Zeichen ethischen Verfalls und im übrigen zugleich politischer Dummheit.

Im polnischen Bewußtsein unserer geschichtlichen Beziehungen zu den Deutschen ist eine Masse Mythen und falscher Bilder entstanden, die im Namen der Wahrheit und zum Zwecke eigener Gesundung einmal von Lügen gereinigt werden müssen: falsche Vorstellungen von der eigenen Geschichte sind eine Krankheit der Seele der Nation, sie dienen hauptsächlich der Fremdenfeindlichkeit und dem nationalen Größenwahn.

Fast jeder Pole (sogar der gebildete!) glaubt heute, daß wir nach dem Zweiten Weltkrieg in Gebiete zurückgekehrt seien, die uns von den Deutschen geraubt worden seien. Das kann auf Danzig und das Ermland zutreffen, die vom zweiten Thorner Frieden (1466) bis zu der ersten Teilung Polens zum polnisch-litauischen Reich gehört hatten, obwohl im übrigen sowohl Danzig wie das Ermland damals und bis zum Ende des Zweiten Weltkrieges in der Mehrheit ethnisch deutsch waren. Der Rest von Ostpreußen war niemals polnisch, und die Deutschen haben dieses Gebiet nicht den Polen abgenommen, sondern den Prußen, einem den Litauern verwandten Volke. Die polnische Minderheit in diesem Gebiet (Masuren), im übrigen meist mit einem schwachen nationalen Bewußtsein ausgestattet, war eine eingewanderte Bevölkerung, hauptsächlich durch Albrecht von Hohenzollern aus Polen hereingeholt – der Ärmste wußte nicht, daß er eigentlich die Idee des „Drangs nach Osten" zu realisieren und Preußen nur mit Deutschen zu bevölkern gehabt hätte. Pommern, ethisch ebenfalls nicht polnisch, wenn auch slawisch, warf hartnäckig seine Abhängigkeit von Polen mehrmals ab und bildete eine eigene staatliche Organisation, die erst im 17. Jahrhundert von den Schweden zerstört[20] wurde. Die Preußen nahmen diese Gebiete, die nicht von Polen bewohnt waren, den Schweden ab, nicht den Polen.

Die Eindeutschung Pommerns erfolgte ohne Gewalt, auf natürlichem Wege. Schlesien kam noch im Mittelalter unter böhmische Oberhoheit und mit Böhmen in den Bestand der österreichischen Monarchie. Die Preußen nahmen es den Österreichern weg, nicht den Polen, erst im 18. Jahrhundert, als der Prozeß der Eindeutschung Niederschlesiens, gleichfalls auf natürlichem Wege ohne Zwang, schon weit fortgeschritten war. Das Oppelner Schlesien und das eigentliche Oberschlesien bewahrten ihr ethnisches Polentum. Der organisierte und in gewissem Maße erfolgreiche Germanisierungsdruck in diesen Gebieten fällt erst in die zweite Hälfte des 19. und in das 20. Jahrhundert.

Dagegen wollen wir es heute in der Regel nicht wahrhaben, daß dies Gebiete sind, in denen einige hundert Jahre deutsche Kultur geblüht hat. Wir lesen rührende Feuilletons über die schlesischen Piasten, ihre Burgen und Schlösser, aber niemand sagt uns, daß schon Heinrich Probus (Heinrich IV., der Biderbe, Sohn der Helene von Sachsen, gestorben 1290) in deutschen Literaturgeschichten als Minnesänger bekannt ist, als deutschsprachiger Troubadour, der seine Lieder in derselben Sprache vortrug wie Walther von der Vogelweide, wie Hartmann von Aue, während die polnische Liebeslyrik erst nach zwei Jahrhunderten entstehen und blühen sollte. Heinrich Probus ist eine symbolische Gestalt in der Geschichte Schlesiens.

Nach Jahrhunderten der Entwicklung deutscher Kultur neben der polnischen in Schlesien, dem Land Lebus, in Ermland und Masuren, in Danzig (dem in erdrückender Mehrheit deutschen) – und der seit langer Zeit ausschließlich deutschen Kultur in Pommern fiel uns im Zuge der geschichtlichen Veränderungen ein reiches Erbe an Architektur und anderen Kunstwerken sowie historischen deutschen Denkmälern zu. Wir sind gegenüber der Menschheit Verwahrer dieses Erbes. Das verpflichtet uns, diese Schätze mit vollem Bewußtsein, daß wir ein Erbe deutscher Kultur behüten, ohne Lügen und ohne Verschweigen für die Zukunft zu bewahren, auch für die unsere.

In Polen spukt der Mythos vom „Drang nach Osten"[21], der von der dummen und verbrecherischen Mythologie des wilhelminischen Deutschland übernommen wurde. Mit seiner Verbreitung durch die polnische Publizistik hat sich einmal Antoni Gołubiew im „Tygodnik Powszechny" in einem viel zu wenig beachteten Artikel auseinandergesetzt: er müßte zur Grundlektüre der polnischen Intelligenz gehören. Es ist bekannt, daß die Westgrenze der Ersten Republik Jahrhunderte hindurch eine der friedlichsten und stabilsten in Europa gewesen ist. Die Eroberung des Kreuzritterstaates hat kaum einen Bruchteil der mittelalterlichen deutschen Geschichte ausgemacht.

Dagegen schreibt man bei uns nicht gern davon und erinnert nicht gern daran, was wir zivilisatorisch und kulturell den Deutschen verdanken. Daß die polnischen Worte *„dach, cegta, murarz, drukarz, malarz, snycerz"* (Dach, Ziegel, Maurer, Drucker, Maler, Schnitzer), daß Hunderte polnischer Wörter beweisen, was wir unseren Nachbarn von jenseits der westlichen Grenze verdanken. Die großen Errungenschaften der Architektur und Bildhauerei, Malerei und anderer Künste und Handwerke in Krakau und vielen anderen Städten und Städtchen Polens, nicht nur im Mittelalter, sondern zum Teil auch später bis zum Ende des 19. Jahrhunderts, sie sind zum großen Teil Werke von Deutschen, die sich hier niederließen und unsere Kultur bereicherten. Fast jeder Pole weiß von Veit Stoß (poln. *Wit Stwosz* geschrieben) – nicht jeder weiß, daß er ethnisch Deutscher war (der polnischen Wissenschaft gebührt Ruhm dafür, daß sie durch die Arbeiten von Pater Bolesław Przybyszewski den endgültigen Beweis dafür erbracht hat); viele bilden sich ein, er sei Pole gewesen, und sind bereit, jeden zu ohrfeigen, der dem widerspricht – niemand aber außer vielleicht Fachleuten kennt die Hunderte, ja Tausende Namen schöpferischer Deutscher, die unverwischbare Spuren in unserer Kultur hinterlassen haben.

Die Geschichte sollte ein Tor in die Zukunft sein. Was wollen wir als Symbole für die Zukunft wählen: Grunwald (d. h. die Schlacht von Tannenberg im Jahre 1410) oder Liegnitz, wo Polen und Deutsche sich gemeinsam den Reiterhorden des Batu-Khan in den Weg gestellt haben? Grunwald wird selbstverständlich immer in der nationalen Erinnerung bleiben – aber soll es nur Grunwald sein? Soll die Vernichtung polnischer Kultur durch die Hitler-Leute während des Zweiten Weltkrieges oder ihre Bereicherung durch Veit Stoß und Hunderte weniger bekannter Künstler in unserem Bewußtsein den Vorrang haben? Wollen wir von Auschwitz nur die deutschen Henker in Erinnerung behalten, oder auch diejenigen Deutschen, wenn es auch nur eine Handvoll waren, die nicht nur als Gefangene, sondern auch als Angehörige der Lagerwache mit dem Bösen kämpften? (Darüber schreibt in seiner auf Quellen aufbauenden Arbeit, die vor mehr als zehn Jahren in London herausgegeben worden ist, unter dem Titel „Kämpfendes Auschwitz“ der emigrierte Schriftsteller und Historiker Jósef Garliński – und die polnischen Zollbeamten beschlagnahmten das Buch an der Grenze.) Sollen Deutsche in unserem Bewußtsein nur die Gestapo und die SS sein? Waren nicht auch Deutsche die Helden des Bundes der „Weißen Rose“ aus München, die in der größten Finsternis den schwersten Kampf aufnahmen: den Kampf gegen die eigenen Landsleute, in der Zeit des tobenden Krieges?

Die „Weiße Rose“ war eine tollkühne Gruppe wahrhafter Christen, die durch die Tat im Rahmen ihrer Möglichkeiten bezeugten, daß sie anders als die Mehrheit ihrer Landsleute in jenen Jahren Christen waren, nicht nur dem Namen nach, sondern daß sie bereit waren, ein Martyrium auf sich zu nehmen, um Zeugnis für die Wahrheit und das Gute abzulegen.

Ihre Verehrung müßte, auch wenn sie mit Polen nichts direkt Gemeinsames haben, auch bei uns lebendig sein. Erstens gerade deshalb, weil sie Deutsche sind, daß sie zu dem gleichen Volk gehören wie die Mörder von Millionen Polen im Zweiten Weltkrieg. Zum anderen deshalb, um uns die ethischen Richtlinien deutlich zu machen, die verkünden, daß, wenn das eigene Volk und der eigene Staat den Weg des Verbrechens und des Bösen beschreiten, es sittliche Pflicht ist, sich dem entgegenzustellen, selbst dann, wenn Volk und Staat einen Krieg nach außen führen.

Verdienen die Helden der „Weißen Rose“ nicht, deutsche Patrioten genannt zu werden? Waren sie Verräter an ihrem Volk? Im Gegenteil, sie haben den Rest der Würde und des sittlichen Wertes ihres Volkes gerettet, sie haben Werte geschaffen, die für das spätere Deutschland unerläßlich waren. Sie haben in ihren Seelen ein anderes Vaterland getragen als das, in dem sie das Unglück hatten zu leben und den Märtyrertod zu sterben.

Die Furcht und das Mißtrauen, die ein großer Teil der Polen den Deutschen gegenüber empfinden, sind verständlich. Es wäre leichtsinnig, sich darauf zu verlassen, daß in Deutschland im Verhältnis zu uns die Giftstoffe des Nationalismus spurlos verschwunden seien, die von der Bismarck-Wilhelminischen Ära – und, wenn einer will, auch schon früher, vom Beginn des 19. Jahrhunderts an – zutage traten. Es fehlt nicht an Fakten – die im übrigen durch unsere amtliche Propaganda über ihr tatsächliches Verhältnis im Leben des heutigen Deutschland aufgebauscht werden – die dafür sprechen, daß wir eine mögliche Bereitschaft eines Teiles der Deutschen zu einem Rückfall verfolgen müssen. Gleichzeitig aber müssen wir alles tun, was möglich ist, um von unserer Seite die besten Voraussetzungen zu schaffen für eine Versöhnung unserer Völker. Vor allem müssen wir manches in uns selbst und in unserem geschichtlichen Bewußtsein ändern, damit dieses möglich wird.

---

[1] ONR – Obóz Narodowo-Radykalny, Nationalradikales Lager – im April 1934 entstandene nationale Organisation junger Nationalisten, denen die aus der alten Nationaldemokratischen Partei hervorgegangene Nationale Partei nicht radikal genug war. Das ONR war scharf antisemitisch, antikapitalistisch, profaschistisch, aber gleichzeitig antideutsch. Schon im Sommer 1934 aufgelöst, arbeitete das ONR illegal weiter. Eine Abspaltung nannte sich „Falanga".

[2] Orte, wo Judenpogrome stattfanden, in Lemberg und Przytyk vor dem Zweiten Weltkrieg, in Kielce am 4. 7. 1946, also bereits im „sozialistischen" Polen. Es ist in Polen ein offenes Geheimnis, daß dieser Pogrom, der 41 Menschenleben forderte, von der Sicherheitspolizei provoziert und angeführt wurde; ausführlich schrieb darüber in *Solidarność* Nr. 36 v. 4. 12. 81 die Historikerin *Krystyna Kersten.*

[3] Eine 1938 von der Regierung erlassene Verfügung, nach der an allen Hochschulen die jüdischen Studenten, getrennt von der „arischen", nur auf Bänken auf der linken Seite sitzen durften; die jüdischen Studenten protestierten dagegen, indem sie ganze Vorlesungen über standen; dies taten auch viele antifaschistische Studenten und Professoren, um so ihre Solidarität zu bekunden.

[4] Am 15. September 1930 befahl *Józef Pilsudski*, damals selbst Ministerpräsident, die Bekämpfung der ukrainischen Unabhängigkeitsbewegung, vor allem der mit Terrormethoden vorgehenden Organisation Ukrainischer Nationalisten OUN durch Militäreinheiten, vor allem der Kavallerie, die Dorf für Dorf besetzten, die ukrainischen Einwohner verprügelten, Häuser in Brand steckten und Ergebenheitserklärungen erzwangen, um dem Regierungslager bei den im November stattfindenden Wahlen zu einem Erfolg zu verhelfen.

S. dazu die ukrainische Dokumentation: E. *Revyuk: Polish Atrocities in the Ukraine*, 1931, und die polnische Gegendarstellung: M. *Feliński: Les Ukrainiens dans la Pologne restaurée*, auch englisch, ebenfalls 1931.

[5] *Brest*, polnisch *Brześć*, deutsch besser bekannt als Brest Litowsk, Festung, in der *Józef Pilsudski* in der gegen die Opposition vor den Wahlen vom November 1930 gerichteten brutalen Kampagne 13 prominente polnische Abgeordnete der Sozialistischen Partei und der Bauernpartei sowie 5 ukrainische Abgeordnete ohne Gerichtsverfahren monatelang gefangenhalten ließ. Die Abgeordneten wurden in jeder Weise schikaniert, geprügelt, z. T. durch Scheinhinrichtungen terrorisiert. Schon 1931 erschien dazu in Zürich die Broschüre: *Sur l'ordre du Maréchal Pilsudski. L'enfer de Brest Litowsk devant le Sejm polonais.* Vorrede von E. Vandervelde. Ein Teil der Verhafteten wurde im Januar 1932 in einem Aufsehen erregenden Prozeß wegen „Aufhetzung der Bevölkerung" und ähnlicher Delikte zu mäßigen Gefängnisstrafen verurteilt.

In *Bereza Kartuska* in der Wojewodschaft Polesien wurde nach der von ukrainischen Nationalisten am 15. Juni 1934 verübten Ermordung des Innenministers *Pieracki* ein Konzentrationslager errichtet, in dem vor allem ukrainische Nationalisten, aber auch Kommunisten, Sozialisten und Mitglieder des rechtsradikalen ONR ohne Gerichtsurteil festgehalten und oft grausam, zumindest schikanös behandelt wurden. Das Lager, für das der als Sadist bekannte Wojewode von Polesien *Kostek-Biernacki* verantwortlich war, bestand bis zum Kriegsausbruch 1939.

In *Jablonna* östl. Warschaus wurden während des polnisch-sowjetischen Krieges im Sommer 1920 Personen festgehalten, die kommunistischer Sympathien verdächtig waren.

[6] Jadwinger, Jatwjagen, in lateinischen Quellen Sudovitae, ein den Litauern und den Prußen verwandter Volksstamm mit Siedlungsgebiet im südöstlichen Ostpreußen und in der späteren Wojewodschaft Podlachien zwischen Białystok und der Memel. Im 13. Jh. wurden die heidnischen Jadwinger z. T. vom Deutschen Orden unterworfen. Der Süden ihres teilweise entvölkerten Gebiets wurde im 16. Jh. von Polen in Besitz genommen und besiedelt. S. J. *Antoniewicz: The Sudovians*, Białystok 1962.

[7] Stadt an der oberen Lowatj, ursprünglich zu Nowgorod gehörig, nach dessen Übergang an Mos-

kau 1478 moskowitische Grenzfestung gegenüber Polen/Litauen. Sie wurde im September 1580 im polnisch-moskowitischen Krieg von polnischen Truppen eingenommen.

[8] Polnischer Heerführer, 1599–1665, zuletzt Kronfeldhetman. Cz. tat sich besonders im Krieg gegen Schweden 1655–1660 hervor, nach dessen Beendigung er gegen Moskau und kosakische Aufständische kämpfte. Die harten Methoden waren in den Kämpfen gegen die Kosaken beiderseits üblich, passen nur nicht zum „Ritter ohne Furcht und Tadel", als der *Czarmeckr* gilt.

[9] Schlucht in der Sierra de Guadarrama; am 30. 11. 1808 überwältigte eine Schwadron polnischer Kavallerie die dortige Befestigung und öffnete so *Napoleon* den Weg nach Madrid: Im poln. Geschichtsbewußtsein spielt die tollkühne Attacke eine große Rolle.

[10] Spanische Stadt, die sich 1808–1809 heldenhaft gegen die französischen und die mit diesen zusammenwirkenden polnischen Truppen wehrte; nachdem sie gefallen war, richteten die Belagerer ein fürchterliches Blutbad an.

[11] *Husaria*. Unter König *Stefan Báthory* (1576–1586) nach ungarischem Vorbild gebildete schwere gepanzerte Reiterei, die sich vor allem im 17. Jh. durch ihre geschlossenen Attacken auszeichnete. Ihre einzigartige Besonderheit waren die „Flügel", am Sattel oder am Körper befestigte Holzgestelle, auf die große Vogelfedern gesteckt waren und die den Kopf des Reiters überragten. Sie gaben der attackierenden Truppe ein bedrohliches Aussehen, und das beim schnellen Ritt entstehende Brausen wirkte demoralisierend auf den Gegner und dessen Pferde. S. J. *Cichowski*, A. *Szulczyński*: Husaria, Warschau 1977.

[12] Es handelt sich um den Warschauer Aufstand vom 1. August bis 2. Oktober 1944.

[13] Gemeint ist die 1967 beginnende, im Frühjahr 1968 ihren Höhepunkt erreichende antisemitische, offiziell „antizionistische" Kampagne, auf die *Lipski* im Abschnitt über den Antisemitismus ausführlich eingeht.

[14] Anspielung auf die Jaztowiecki-Ulanen, ein Kavallerieregiment der Vorkriegszeit; Rakowiecka heißt die Straße, an der sich das Innenministerium, die Sicherheitspolizei und ein Gefängnis befinden.

[15] Diese Parole wurde vor allem nach der russischen Revolution von 1905 von russischen Rechtsextremisten, wie den „Schwarzen Hundertschaften", verbreitet und war ein Schlagwort bei den Ausschreitungen und Pogromen, insbesondere in der Ukraine.

[16] *Ochrana* – russische Geheimpolizei der Zarenzeit, deren erste Abt. 1866 in Petersburg gegründet wurde.

[17] Im März 1968 wurde nach Studentendemonstrationen eine beispiellose Hetze gegen Studenten und Intellektuelle entfesselt.

[18] Die Pomoranen werden hier ohne eigentliche Berechtigung mit angeführt, denn soweit es den weitaus größeren westlichen Teil der Pomoranen in den pommerschen Herzogtümern betraf, hatte der Deutschen Orden überhaupt nichts mit ihm zu tun. Der kleinere östliche Teil, auch als Kaschuben bekannt, war seit langem christlich, als er 1308 unter die Herrschaft des Deutschen Ordens kam, wurde also nicht wie die heidnischen Prußen und Litauer bekämpft. Auch war ihr Siedlungsgebiet nie, wie Kujawien oder das nördliche Großpolen, das Ziel von verwüstenden Feldzügen der Ordensheere in den Kriegen zwischen Polen und dem Orden.

[19] Bei den Ausweisungen, für die im polnischen Text der in der polnischen Geschichtsschreibung übliche Terminus „rugi" verwandt wird, handelt es sich um die von *Bismarck* als preußischer Ministerpräsident angeordnete Ausweisung von russischen und österreichischen Staatsbürgern aus den vier preußischen Provinzen Ostpreußen, Westpreußen, Posen und Schlesien in den Jahren 1885 und 1886. Insgesamt waren es etwa 32 000 Personen, von denen rund 10 000 jüdischen Glaubens waren. Die rechtlich nicht anfechtbare Aktion – es handelte sich durchweg um Ausländer, die zum Teil illegal eingewandert waren – wurde wegen ihres Umfangs, ihrer Härte und wegen der sich ergebenden politischen Konsequenzen von der Mehrheit des Reichstags am 16. Januar 1886 ausdrücklich mißbilligt. Der deutsche Botschafter in Petersburg, General *von Schweinitz*, nannte die Ausweisungen eine „unkluge und nutzlos grausame Maßregel". Alle Einzelheiten über die in der deutschen Geschichtsschreibung kaum erwähnten, im polnischen Geschichtsbild aber eine große Rolle spielenden Ausweisungen bei *Helmut Neubach*: Die Ausweisungen von Polen und Juden aus Preußen 1885/1886. Ein Beitrag zu Bismarcks Polenpolitik und zur Geschichte des deutsch-polnischen Verhältnisses. Wiesbaden 1967.

Hakata ist die im polnischen Sprachgebrauch allgemein übliche abkürzende Bezeichnung für den Verein zur Förderung des Deutschtums in den Ostmarken nach den Anfangsbuchstaben seiner Gründer: *Hansemann, Kennemann, Tiedemann*. Der Verein, später „Deutscher Ostmarkenverein" genannt, entstand 1894 nach einer Huldigungsfahrt von Westpreußen und Posenern zu *Bismarck* nach Varzin und sah seine Hauptaufgabe in der Aufklärung über die nationalen Verhältnisse in den Ostprovinzen und im Eintreten für eine Fortsetzung der Bismarckschen Polenpolitik. Wegen seiner manchmal lautstarken Äußerungen wurde sein Einfluß meist überschätzt. Tatsächlich hatte er im ganzen Reichsgebiet im Jahre 1911 nur knapp 50 000 Mitglieder, davon über 30 000 in Westpreußen, Posen und Schlesien. In Polen ist *Hakata* ein Synonym für antipolnischen Chauvinismus, mit Abteilungen wie „Hakatismus“ und „hakatistisch“.

[20] Das Herzogtum Pommern war seit der Landung *König Gustav Adolfs* in Peenemünde 1630 zwar schwedisch besetzt, aber formell bis zum Aussterben des pommerschen Herzogshauses mit dem Tod von Herzog *Bogislaw XIV.* 1637 noch selbständig. Die Hohenzollern hatten Erbansprüche auf ganz Pommern, die 1529 im Vertrag von Grimnitz bestätigt worden waren. Im Frieden von Osnabrück 1648 erreichte Brandenburg lediglich, daß Schweden ihm Hinterpommern und das Gebiet des Stifts Kammin übergab, während ganz Vorpommern mit den Inseln und Stettin auch völkerrechtlich an Schweden kam.

[21] Zu diesem vieldiskutierten Schlagwort, das erst in der Mitte des 19. Jahrhunderts entstanden ist und im polnischen, tschechischen und russischen politischen Schrifttum nach wie vor eine weit größere Rolle spielt als im deutschen, liegt jetzt die informative Studie von *Wolfgang Wippermann:* Der deutsche Drang nach Osten; Ideologie und Wirklichkeit eines politischen Schlagworts. Darmstadt 1981, vor.

Als Beispiel früherer Diskussionen: *Gotthold Rhode*: Deutschlands „Drang nach Osten“ und die internationale Geschichtswissenschaft. In: Ostbrief, Mitteilungen der Ostdeutschen Akademie Lündeburg 3, 1956, S. 124–128; und das polnische Sammelwerk: Die Ostexpansion Deutschlands in Mitteleuropa. Studien über den sogenannten deutschen „Drang nach Osten“. (poln.) Herausgeber *Gerard Labuda*, Posen 1963.

Wjatscheslaw Daschitschew

Abbau von Feindbildern in den Beziehungen zwischen der Sowjetunion und der Bundesrepublik Deutschland

Mario Jacoby hat eine interessante Frage gestellt, die wie folgt lautet: „Das Feindbild ist eine archetypische Gegebenheit und psychologisch äußerst komplex. Ist es möglich, in konstruktiver Weise damit umzugehen?"

Um diese Frage zu beantworten, muß in erster Linie erkannt werden, wie Feindbilder entstehen, durch welche Umstände und Verhältnisse sie bedingt sind. Von den Ursachen und Ursprüngen von Feindbildern sind folgende zu nennen:

1. geschichtliche Überlieferungen und Ereignisse, insbesondere Kriege,
2. ideologische Faktoren,
3. systembedingte gesellschaftliche Entwicklungstendenzen,
4. nationale Gegensätze sowie
5. die reale Politik der Staaten in ihrer Wechselwirkung.

Natürlich gibt es noch andere Ursachen zur Entstehung von Feindbildern; die genannten sind jedoch die wichtigsten. Aus der Vielfalt dieser Einflüsse und Einwirkungen setzen sich die Feindbilder wie Zerrbilder und Vorurteile zusammen, die tief in die Psychologie der breiten Bevölkerungsschichten eindringen, sich einwurzeln und dann schwer abzubauen sind.

Es gibt verschiedene Ebenen der Verbreitung von Feindbildern und Vorurteilen. Zu nennen sind die Ebene der Alltagspsychologie sowie die Ebene der regierenden Elite und verschiedener sozialer Schichten des Volkes. Am stärksten tragen die Kriege zur Herausbildung von Feindbildern bei; denn die Staaten und Völker treten in ihnen als reale Feinde auf. Nach den Kriegen bleiben die Feindbilder noch lange bestehen. Ihr Abbau erfordert viel Zeit, manchmal Dutzende von Jahren und noch mehr.

In diesem Zusammenhang möchte ich ein Beispiel anführen, das für Psychologen sehr interessant ist: Vom Napoleon-Feldzug 1812 blieben so gut wie keine Feindbilder im Bewußtsein des russischen Volkes übrig. Nur ein einziges Wort in der russischen Sprache, „Scharamishnik", erinnert an die tragischen Ereignisse jenes Jahres. Dieses Wort bedeutet: ein schlechter, böser Mensch. Es entstand aus den verzerrten französischen Worten „cher amie" (lieber Freund). Damals haben die russischen Bauern diese französische Anredeform für die Bezeichnung von Franzosen angewandt. Im Laufe der Zeit verlor das Wort „Scharamishnik" seinen ursprünglichen Sinn. Gegenwärtig wissen die meisten Russen nicht mehr, wenn sie dieses Wort gebrauchen, was es eigentlich früher bedeutete. So verschwinden allmählich alte Feindbilder.

Die geschichtlichen Erfahrungen haben jedoch gezeigt: Je verheerender, vernichtender und verbissener die Kriege sind, deso stärker und lebensfähiger werden die Feindbilder. Der letzte totale Krieg hat auch totale Aus- und Nachwirkungen gehabt. Er hat tiefe psychologische Spuren und Wunden in fast allen kriegführenden Völkern hinterlassen. Eine starke Ideologisierung der Kriege trägt noch zur Erhärtung der Feindbilder bei. Das war während des Bürgerkrieges in den Vereinigten Staaten zu beobachten und vorher schon in den Kriegen der Französischen Revolution, als sie unter dem Motto „Liberté, Fraternité, Egalité" geführt wurden.

Das ist auch ersichtlich aus dem Bürgerkrieg und der ausländischen Intervention in Rußland in den Jahren 1918 bis 1922. Die Intervention gegen die junge Sowjetrepublik hat beim sowjetischen Volk tiefe psychologische Wunden hinterlassen und nicht nur beim Volk, sondern vor allem bei den regierenden Kreisen. Diese Intervention stellte die Frage nach der Einschätzung und der Problemlösung der kapitalistischen Einkreisung. Die Sowjetunion war damals eine sozialistische Insel in dieser Einkreisung. Zu den nationalen Sicherheitsinteressen und Bedürfnissen Rußlands kamen noch die Probleme der Sicherheit des sozialen Systems und des Schutzes der sozialistischen Gesellschaftsordnung hinzu. Das rief ein überspitztes Sicherheitsgefühl auf den Plan. Inwieweit entsprach dieses Gefühl den realen Bedrohungen und Gefahren? Waren die „Klassenfeinde" von außen so unbarmherzig in ihrem Streben nach der Vernichtung der jungen Sowjetrepublik?

Natürlich kennen wir die berühmt gewordenen Worte Churchills aus der damaligen Zeit: „Wir müssen die kommunistische Revolution in der Wiege erstikken." Aber die ausländische Intervention hatte auch eine andere Seite: Frankreich, England und die USA hatten der Sowjetregierung nach der Oktoberrevolution vorgeschlagen, ihr zu helfen, wenn sie sich bereit erklärt, den Krieg gegen Deutschland fortzusetzen. Sie befürchteten das Schlimmste, wenn Rußland aus der Entente infolge der Revolution ausscheidet. Denn dann hätte die deutsche Heeresleitung die Möglichkeit erhalten, den Krieg nur an einer Front zu führen. Deshalb war eines der erklärten Ziele der ausländischen Intervention in Rußland, die Regierung an die Macht zu bringen, die gewillt sein würde, im Bündnis mit den Westmächten den Krieg weiterzuführen. Aber das blieb vor den Augen der breiten Massen verborgen. Sie sahen in den ausländischen Interventen nur die erklärten „Klassenfeinde".

Nach Beendigung des Bürgerkrieges und der ausländischen Intervention waren die Vorstellungen von der Unvermeidbarkeit eines neuen Krieges der kapitalistischen Mächte gegen die Sowjetunion in der sowjetischen Bevölkerung sehr stark verbreitet. Diese Vorstellungen (und die ihnen zugrundeliegenden theoretischen Thesen und geschichtlichen Erfahrungen) ließen entsprechende Feindbilder von der Außenwelt in der Zwischenkriegszeit entstehen. Stalin mit seinen Helfershelfern hat diese Feindbilder sowie die „Psychologie der belagerten Festung" absichtlich in der Bevölkerung gezüchtet. Er nutzte die Feindbilder als ein wichtiges Mittel zur Stärkung seiner unbegrenzten autoritären Diktatur.

Als aber im Ergebnis der Machtergreifung in Deutschland durch die Nazis eine reale Gefahr für die Sicherheit und die Existenz der Sowjetunion und anderer Staaten Europas entstanden war, vermochte es die Stalinsche Führung nicht, sich über die falschen Klassenfeindbilder zu erheben und gemeinsam mit England und Frankreich der Nazi-Aggression Einhalt zu gebieten. Stattdessen hat sie den Nichtangriffspakt mit Hitler geschlossen.

Die regierenden Kreise in Frankreich und insbesondere in England brachten es auch nicht fertig, ihre nationalen Interessen über die Antipathien zum Stalinismus und Kommunismus zu stellen, zielstrebig die kollektive Sicherheit zu fördern sowie das Bündnis mit der Sowjetunion nach dem Vorbild der Entente wieder entstehen zu lassen.

Dies alles hat katastrophale Folgen gehabt. Die Entfremdung und der Dissens zwischen England, Frankreich und der Sowjetunion – und dazu trugen falsche Feindbilder bei – ermöglichten es Hitler, den Weltkrieg zu entfesseln. Dieser Krieg hat bei allen Völkern Europas tiefe psychologische Wunden hinterlassen.

Mitte der fünfziger, Anfang der sechziger Jahre vollzog sich jedoch in der Sowjetunion ein Wandel im Herangehen an das Problem „Krieg und Frieden". Schon auf dem 20. Parteitag der KPdSU im Jahre 1956 wurde die These angenommen, es bestehe keine fatale Unvermeidbarkeit eines neuen Weltkrieges. Im Atomzeitalter höre der Krieg auf, als rationelles Mittel der Politik zu dienen. Das hat neue Erfordernisse und Bedürfnisse für die Gestaltung friedlicher Beziehungen zwischen der Sowjetunion und den kapitalistischen Ländern auf den Plan gerufen. Die friedliche Koexistenz wurde zum Imperativ des Ost-West-Verhältnisses und der existentiellen Sicherheit der Menschheit. Zur unabdingbaren Voraussetzung der friedlichen Gestaltung der Ost-West-Beziehungen wurden nicht nur die Ausarbeitung und die strikte Einhaltung der Spielregeln und Verhaltensnormen in der internationalen Arena, sondern auch der Abbau von Mißtrauen und Feindbildern. Allerdings waren damals nicht alle sozialistischen Staaten mit diesen Ansichten einverstanden. Wie bekannt, vertrat die chinesische Führung unter Mao die Meinung, daß der Weltkrieg unvermeidbar sei. Diese These wird im heutigen China inzwischen als falsch verworfen.

Es ist vollkommen klar, daß der Einfluß der ideologischen Faktoren auf die Feindbilder nicht nur während der Kriege, sondern auch in Friedenszeiten auf die Gesinnung, die Psychologie und das soziale Verhalten der Menschen immer sehr groß war. Dies zeigt die ganze menschliche Geschichte. So wurden im Mittelalter die Kreuzzüge zum Zwecke der Bekehrung Andersgläubiger geführt. Die Entwicklung der Religion in Europa zeichnete sich durch solche anormalen Erscheinungen wie Inquisition, Extremismus, Fanatismus, Massenpsychose und anderes aus. Die Religion – wie jede große Ideologie – hat in ihrer Genesis verschiedene Entwicklungsetappen. Für die Frühperioden sind meist Unversöhnlichkeit, religiöse Verwilderung und Fanatismus typisch, für das Stadium der vernünftigen Reife die Toleranz.

Auch der geistigen Entwicklung in der Sowjetunion waren einige dieser Tendenzen eigen. Wir waren nicht frei von linken Kinderkrankheiten, wie Lenin das genannt hat. Wir hatten auch die Krankheiten der Jugend, des Wachstums. Die gegenwärtige Periode könnte man als Eintritt in die Reife charakterisieren. Das fand seinen Niederschlag unter anderem in der Neubewertung des ganzen Problemfeldes der Beziehungen zwischen Ost und West – sowohl in der Theorie als auch in der Praxis. Alte ideologische Dogmen, die die sowjetische Außenpolitik stark beeinflußten, wurden verdrängt. Inhaltlich hat sich das Konzept der Außenpolitik der Sowjetunion radikal geändert. Die höchste Priorität für sie wurden die allgemein menschlichen Werte, die Interessen der Entwicklung der Menschheit, die über Klasseninteressen sowie ideologischen, materiellen und anderen Interessen stehen sollen. Es soll darauf verzichtet werden, den Klassenkampf und die ideologische Auseinandersetzung auf internationale Beziehungen zu übertragen.

Die vulgäre und gefährliche These wird heute verworfen, daß etwa die Grundtendenz der internationalen Entwicklung der Kampf zwischen zwei antagonistischen Gesellschaftssystemen sei. Stattdessen wird die wachsende Interdependenz und Verflechtung der Interesssen aller Staaten der internationalen Gemeinschaft anerkannt. Der Verzicht auf den Alleinvertretungsanspruch, die Anerkennung des universellen Prinzips der Freiheit der Wahl des eigenen politischen Systems durch alle Völker, die Verurteilung des Hegemonialismus und des Messianismus aller Art und vieles andere – das sind neue Wesenszüge der konzeptionellen Grundlagen der neuen sowjetischen Außenpolitik.

Daraus ergeben sich die neuen Aufgaben: die Beilegung des Ost-West-Konflikts, die Überwindung der Spaltung Europas, die Schaffung eines gesamteuropäischen Hauses und die Etablierung einer neuen Friedensordnung in Europa. Dies alles bietet gute Aussichten für die Wiederherstellung des Vertrauens zwischen der Sowjetunion und dem Westen.

Eng verbunden mit dem Einfluß ideologischer Faktoren sind systembedingte soziale Entwicklungstendenzen. Daß die Versöhnung und der Abbau von Feindbildern in der Bundesrepublik Deutschland im Fall Frankreich ganz anders verlief als mit der Sowjetunion, ist vor allem durch soziale Faktoren zu erklären. Es ist allgemein bekannt, daß diese Versöhnung weiter vorangeschritten ist als die mit der Sowjetunion. Das bedeutet eine relativ starke Befriedung im Westen nach einer langen Periode des Bestehens der Feindbilder, obwohl Frankreich in den letzten zwei Jahrhunderten vier Kriege gegen Deutschland geführt hat und als Erbfeind Deutschlands galt. Die rasche Überwindung der alten Vorurteile und Feindbilder zwischen den Völkern der Sowjetunion und der Deutschen Demokratischen Republik – den Staaten gleicher sozialer Ordnung – verlief unter starkem Einfluß sozialer Faktoren. Grundsätzlich stellen die Unterschiede in der sozialen Ordnung jedoch keine unüberbrückbaren Hindernisse für den Abbau von Feindbildern dar.

Die nationalen Gefühle haben immer eine starke Rolle gespielt, nicht nur bei der Kriegsführung, sondern auch bei der Herausbildung der Feindbilder und Vorurteile in Friedenszeiten. Der extreme Ausdruck des Nationalen ist der Nationalismus. Er kann eine explosive Kraft im sozialen Leben der Staaten und in den zwischenstaatlichen Beziehungen darstellen und ein sehr lebensfähiges und stark ausgeprägtes Element des Feindbildes sein. In unserer Zeit zeugen die Ereignisse im Nahen Osten, die Feindschaft zwischen Israel und den Arabischen Staaten, besonders den Palästinensern, davon.

Der Nationalismus bildet eine wichtige Quelle für Extremismus, Radikalismus, Terrorismus, Revanchismus und andere gefährliche soziale Erscheinungen. Es ist interessant, die nationalen Probleme nach dem Zweiten Weltkrieg zwischen der Bundesrepublik Deutschland und Frankreich einerseits und der Sowjetunion und der Bundesrepublik andererseits zu vergleichen. Im Unterschied zu Frankreich sind die Beziehungen der Bundesrepublik zur Sowjetunion und anderen osteuropäischen Ländern stark von den vom Krieg hinterlassenen nationalen Problemen belastet: durch die Grenzfragen, das sogenannte Vertriebenenproblem und anderes. Diese Probleme sind eng mit der sozialen Ordnung und Sicherheitsfragen verbunden und stellen einen Nährboden für die Aufrechterhaltung von Feindbildern gegenüber der Sowjetunion in bestimmten Bevölkerungskreisen der Bundesrepublik dar.

Beim Einfluß der realen Politik der Staaten auf die Feindbilder und Vorurteile haben meines Erachtens Zielsetzungen und Konzeptionen der Außenpolitik ausschlaggebende Bedeutung. Das läßt sich anhand geschichtlicher Erfahrungen feststellen. So setzte die Ostpolitik der Bundesrepublik in den Jahren 1949 bis 1970 eigentlich keinen Abbau von Feindbildern und Vorurteilen im Verhältnis zum Osten voraus. Sie war selbst Trägerin dieser Feindbilder, weil sie an der Politik der Stärke, der Revision und des Alleinvertretungsanspruchs orientiert war. Während dieser Zeit kamen zu den alten Feindbildern, die aus der Kriegszeit stammten, neue Feindbilder der Nachkriegszeit hinzu. Gerd Ruge, ein Kommentator des Deutschen Fernsehens, meinte hierzu: „Sicherlich hat nach dem Zweiten Weltkrieg auch bei uns noch die Propaganda der Nazis mit ihrer Darstellung der Russen als Untermenschen weitergewirkt, freilich stets und ständig abnehmend. (. . .) Natürlich leben auf ihre komplizierte Weise alte Vorurteile und Urteile weiter."

Dies läßt sich in vor allem durch die ausschließliche Orientierung der Bundesrepublik auf die NATO, die West-Integration und durch die vollständige Unterschätzung der Bedeutung der Beziehungen zur UdSSR für die nationalen Interessen der Bundesrepublik in diesen Jahren erklären. Diese einseitige Westorientierung bewirkte auch eine einseitige Versöhnung nach Westen. Die Versöhnung nach Osten wurde dagegen vernachlässigt. Der Umbruch kam in den siebziger Jahren mit der Unterzeichnung der Ostverträge, die Prinzipien auf Gebietsansprüche und so weiter festgelegt haben. In dieser Zeit entstand die Bewegung in Richtung Abbau von Vorurteilen und Feindbildern zwischen der Bundesrepublik Deutschland und der UdSSR.

Eine wichtige Voraussetzung dafür war die Ausweitung zwischenstaatlicher Beziehungen und menschlicher Kontakte, auch zwischen beiden deutschen Staaten. In der Bundesrepublik wuchs das Interesse an den Problemen der politischen, wirtschaftlichen und kulturellen Entwicklung in der Sowjetunion. Es änderte sich der Charakter der Ostforschung. Die Betrachtung der sozialen, politischen und kulturellen Entwicklung der Sowjetunion erfuhr mehr Objektivität, während in früheren Jahren diese Darstellung meist auf den äußerst emotionellen Einschätzungen von Dissidenten aus der Sowjetunion basierte. Charakteristisch waren auch die Entstehung eines differenzierten Bildes von der Sowjetunion und die Abschwächung der Schwarz-Weiß-Malerei in den Medien der Bundesrepublik. In diese Zelt fällt die Entdeckung vieler sowjetischer Schriftsteller, Künstler und Wissenschaftler, die eine gesamteuropäische Bedeutung haben. Ein Wandel in der Psychologie der breiten Masse der bundesrepublikanischen Bevölkerung ist unbestritten.

Das heißt jedoch nicht, daß die Feindbilder und Vorurteile in dieser Zeit gänzlich überwunden wurden. Dem ist bei weitem nicht so. Es gibt sogar bestimmte Rezidive und eine Wiederbelebung der Feindbilder. Ein Beispiel dafür ist ein Artikel eines ehemaligen Kriegsgefangenen in der „Welt". In diesem Artikel heißt es: „Auf der Reise in die Gefangenschaft fuhren wir in Güterwagen und nach Hause fuhren wir in Personenwagen. Zweimal am Tage gab es warme Küche, täglich frische Wäsche. Die Sowjets, die uns jahrelang als Kriegsverbrecher beschimpft hatten, nannten uns jetzt deutsche Bürger. Bei der Entlassungsfeier spielte die Musik Donau-Walzer, und die Russinnen warteten auf deutsche Tänzer. Aber keiner von uns tanzte. Die Heuchelei hatte ihren Höhepunkt auf dem sibirischen Bahnhof. Die zweitausend sowjetischen Arbeiter riefen im Chor: Freundschaft. Doch keiner von uns rief zurück." Dieses Zitat ist in vielerlei Hinsicht bemerkenswert. Es gibt keine typische Meinung wieder. Es ist ein Einzelfall, der vom Psychologischen her interessant ist. Wodurch ist die feindselige Einstellung – die eigentlich der Vergangenheit angehören müßte – bestimmt? Der Nährboden dafür ist meines Erachtens die politische Atmosphäre im Westen im allgemeinen, die in den achtziger Jahren im Zusammenhang mit der Abkehr von der Entspannungspolitik entstand. Andererseits können aus den oben angeführten Worten auch andere Schlußfolgerungen gezogen werden und zwar: Schon damals, 1955, bestand im sowjetischen Volk die Bereitschaft, sich mit den Deutschen zu versöhnen. Es gab keine feindseligen Rachegefühle. Sie waren vermutlich nur bei der älteren Generation noch unterschwellig vorhanden.

In diesem Zusammenhang möchte ich noch einige Worte über den Prozeß des

Abbaus von Feindbildern in der Sowjetunion sagen. Dafür gibt es geschichtliche Hintergründe; denn Rußland und Deutschland haben eine gemeinsame Geschichte. Das Schicksal beider Länder ist untrennbar miteinander verbunden. Der Einfluß der Deutschen auf die russische Kultur und Wissenschaft war sehr groß. Die Beziehungen zwischen Rußland und Deutschland zeichneten sich durch gegenseitige Bereicherung und Befruchtung der Kultur, der Literatur und Wissenschaft aus. Um einige Beispiele zu nennen: 1725 wurde auf Anregung des großen Leibniz die Akademie der Wissenschaften in Petersburg gegründet. Der erste Präsident dieser Akademie war der Deutsche Blumentrost. Viele Präsidenten dieser Akademie der Wissenschaften Rußlands waren Deutsche. Von der engen Verbindung zwischen der russischen und der deutschen Wissenschaft zeugt ebenfalls der Lebensweg unseres Universalgenies Lomonosow. Er studierte in Marburg einige Jahre Mathematik, Physik, Naturwissenschaften, auch Philosophie und Geschichte und kehrte später mit einer deutschen Frau nach Rußland zurück. Mit der russischen Wissenschaft ist auch die Erfindung von Carl Baer, dem Gründer der Embryologie, eng verbunden. Er wirkte während seiner besten Jahre in Rußland.

Nach wie vor ist der Einfluß der deutschen Dichter, Schriftsteller und Philosophen auf die russische Kultur groß. Jeder Schüler wird bei uns mit den Werken von Fichte, Goethe, Schiller, Heine, Brecht und anderen bekanntgemacht. Hegel, Kant, Feuerbach – die Vorläufer des Marxismus – genießen in der Sowjetunion ein hohes Ansehen.

Nicht nur der Einfluß von außen muß genannt werden, sondern auch der Einfluß der Deutschen, bedingt durch ihre Ansiedlungen, von innen. Die ersten von ihnen wurden schon im 17. Jahrhundert in der Gegend von Petersburg, Moskau, Odessa, im Süden Rußlands, im Ural, und in Mittelasien gegründet. 1917 zählte die deutsche Bevölkerung in der Sowjetunion schon 1,2 Millionen Einwohner. Jetzt sind es bereits fast zwei Millionen.

Diese glückliche Entwicklung und fruchtbare Wechselwirkung zwischen unseren Völkern wurden durch den Machtantritt der Nationalsozialisten im Jahre 1933 unterbrochen, besonders durch die Hitleraggression gegen die Sowjetunion mit ihren Verwüstungen, Zerstörungen und Greueltaten. Die Einstellung der sowjetischen Bevölkerung gegenüber den Deutschen war stark durch die Kriegseinwirkungen und -erinnerungen belastet. Aber selbst in den schwersten Kriegsjahren wurden Unterschiede zwischen der „Hitler-Clique“ und dem deutschen Volk gemacht. Schon im November 1941 wurde diese Grundeinstellung der sowjetischen Politik zur deutschen Frage formuliert. Sie hat auf die Sowjetbürger einen starken Einfluß ausgeübt und bildete die Grundlage für die Vergangenheitsbewältigung in den Beziehungen zwischen der Bundesrepublik Deutschland und der Sowjetunion im Interesse der Gestaltung einer besseren Zukunft.

Dabei spielt der Abbau von Feindbildern eine sehr große Rolle. Im Zeitraum 1949 bis 1969 erschwerten jedoch – wie gesagt – die Sicherheitsprobleme, die aus dem Kalten Krieg resultierten, sehr stark die Verständigungs- und Versöhnungsprozesse zwischen unseren Völkern. Mit der Unterzeichnung des Moskauer Vertrages, der die Beziehungen UdSSR – Bundesrepublik Deutschland auf eine neue Grundlage stellte, rückten diese Probleme in den Hintergrund. So begann der Annäherungsprozeß der siebziger Jahre. Auch bei uns entstand in diesen Jahren ein differenzierteres Bild von der Bundesrepublik.

Unser Kulturaustausch wurde intensiviert, die Werke vieler deutscher Schriftsteller wurden in millionenfacher Auflage ins Russische übersetzt. Das Vertrauen zwischen unseren Staaten wurde gestärkt. In den siebziger Jahren blieben keine Spuren von Deutschenhaß, Feindseligkeiten gegenüber den Deutschen in der sowjetischen Bevölkerung. Mit gutem Gewissen läßt sich sagen, daß die Sowjets friedliche, gutnachbarliche Beziehungen zu der Bundesrepublik Deutschland aufrichtig wünschen. Viele Hoffnungen werden mit der Rückkehr zu den guten Traditionen der deutsch-sowjetischen Verhältnisse, mit der Erweiterung der Kontakte, nicht nur auf der Ebene der Staatsorgane, der Parteien und der Organisationen, sondern „in der Basis“, zwischen einfachen Menschen, verbunden. Alles, was diesem Anliegen zuwiderläuft, ruft beim sowjetischen Volk tiefe Besorgnis, Enttäuschung und Unbehagen hervor. Daß Aussöhnung und Verständigung nach Osten weit hinter denen nach Westen zurückblieben, ist nicht zufriedenstellend. In diesem Bereich ist ein großer Nachholbedarf fühlbar.

Die Rückwirkung der Feindbilder und Vorurteile auf die Politik ist ebenfalls ein kompliziertes und wichtiges Problem; denn die Feindbilder und Vorurteile können eine verhängnisvolle Rolle bei der Gestaltung der Außenpolitik spielen, besonders wenn ein Land das Opfer der eigenen Propaganda wird und einem Zerrbild der Gegenseite erliegt. Das bezieht sich nicht nur auf die Politik der Sowjetunion, sondern hat eine universale Bedeutung. Es liegt auf der Hand, daß der Einfluß der veralteten Dogmen und Vorstellungen eine falsche Politik bewirken kann.

Außerdem muß dabei zwischen Vorurteilen und Fehleinschätzungen unterschieden werden. Wo liegt die Grenze? In der Praxis, bei der außenpolitischen Planung und Beschlußfassung, wird sie oft übersehen. Bei uns wird die Außenpolitik stark durch die theoretischen Postulate und Thesen beeinflußt. Sie können auch überholt sein. Es kommt deshalb darauf an, rechtzeitig festzustellen, inwieweit sie der Wirklichkeit, den neuen Verhältnissen, entsprechen. Der Druck der Vergangenheit auf die Politik muß auch berücksichtigt werden. Es ist schlecht, wenn Probleme der Vergangenheit die Gestaltung der Politik belasten und bremsen. In diesem Fall geht die Perspektive verloren.

Wie könnte der weitere Prozeß des Abbaus von Feindbildern und Vorurteilen zwischen unseren Ländern aussehen? Ich meine, daß der Ausgangspunkt für die Lösung dieses Problems in erster Linie darin zu sehen ist, daß der vergangene Krieg ein gemeinsames Unglück und ein gemeinsames Unheil für unsere Völker war. Auf dieser Grundlage erwuchs in beiden Völkern ein starkes Streben nach friedlicher Gestaltung unserer Beziehungen. Das fand seinen Niederschlag in dem Moskauer Vertrag von 1970. Unter den gegenwärtigen historischen Verhältnissen weist dieser Vertrag den einzig denkbaren und gehbaren Weg für die Erweiterung und Besserung der Beziehungen zwischen unseren Ländern und somit für die Festigung der Stabilität des Friedens und der Zusammenarbeit in Europa. Im Geiste dieses Vertrages müssen auch weiterhin die Prozesse des Abbaus von Feindbildern vorangetrieben werden. Dabei ist es besonders wichtig, sein Bestes zu tun, um die andere Seite im richtigen Lichte zu sehen und darzustellen.

Nicht minder wichtig ist es auch, eigenes Denken, Perzeptionen und Agieren real einschätzen zu können, die Fähigkeit zur Selbsterkenntnis und zum Sich-Versetzen in die Lage des anderen zu besitzen. Das gehört mehr denn je zum neuen Denken, das im Atomzeitalter so unerläßlich ist. Vor allem bezieht sich das natürlich auf diejenigen Kreise, die die öffentliche Meinung und die Politik zu beeinflussen berufen sind. Allerdings ist die Selbsterkenntnis keine leichte Sache. Marx hat in diesem Zusammenhang gesagt, die Gesellschaft könne ebensowenig wie ein einzelner Mensch über sich selbst urteilen. Es muß zwischen künstlichen, von der Propaganda eingeflößten Feindbildern und der aufrichtigen Selbsttäuschung unterschieden werden.

Die Überwindung der Feindbilder und Vorurteile erfordert viel Zeit, Geduld und guten Willen. Die wichtigste Voraussetzung dafür ist die Schaffung einer günstigen politischen Atmosphäre und die Stärkung des Vertrauens zwischen Ost und West. Wir haben auf diesem Gebiet schon viele positive Erfahrungen hinter uns. Als gutes Beispiel dient die Tätigkeit der seit 1949 bestehenden Rheinisch-Westfälischen Auslandsgesellschaft in Dortmund. Sie hat sich die vornehmliche Aufgabe gestellt, der Völkerverständigung im Geiste der Humanität und Toleranz zu dienen, Wissen über die Völker zu verbreiten, den Völkern in aller Welt ein realistisches Bild der Deutschen zu geben mit all ihren Sorgen, mit all ihren Hoffnungen, um so zu helfen, Vorurteile zu überwinden und für die Verständigung zu arbeiten.

Große Aufgaben fallen beim Abbau von Feindbildern auch den Massenmedien beider Seiten zu. Erfolgreich kann diese Arbeit nur durchgeführt werden unter den Prämissen weiterer Entspannung, normaler Beziehungen zwischen Ost und West in Europa, letztlich zwischen der UdSSR und den USA. Der Leitspruch heißt: Wandel durch Zusammenarbeit!

GLASNOST und Neues Denken überwinden die Feindbilder

GLASNOST!

Antisowjetismus
Die Apologeten des Antisowjetismus:
„Dies ist eine neue Bedrohung der freien Welt!"
PRAWDA 19. 5. 1987

NEUES DENKEN

Überwindung Mißtrauen Argwohn „Feindbild" Feindschaft

PRAWDA 24. 5. 1988

Daniel Frei

Wie Feindbilder entstehen

Drei Elemente der gegenseitigen Einschätzung

Die gegenseitige Einschätzung zwischen zwei Parteien schlägt sich in Bildern nieder, die jede Seite von der anderen und von sich selber hegt. Solche Bilder pflegen sich so weit zu verfestigen, daß sie über längere Zeit hin stabil bleiben und sich – wenn überhaupt – nur sehr langsam wandeln.

Bei näherem Zusehen sind mindestens drei Typen von Bildern zu unterscheiden:

▷ An erster Stelle steht das *Bild vom Partner* oder Gegner (oft auch „Feindbild" genannt); dazu gehören auch Annahmen über die handlungsleitenden Eigenschaften des Gegners, über seine langfristigen Absichten und seine Fähigkeiten. So handelt die amerikanische Regierung aufgrund einer ganz bestimmten Einschätzung der sowjetischen Gegenseite, also aufgrund eines amerikanischen Sowjet-Bildes, und entsprechend gibt es im Kreml ein sowjetisches Amerika-Bild.

▷ Zweitens hegt jede Seite von sich ein *Selbstbild.*

▷ Drittens gibt es das sogenannte *Metabild* oder das Bild vom gegnerischen Gegnerbild; das sind die eigenen Mutmaßungen über des anderen Bild vom Gegner oder gewissermaßen die Spiegelung seiner selbst in den Augen des Gegners.

Untersucht man offizielle und repräsentative Äußerungen der amerikanischen und der sowjetischen Regierungsspitzen, so läßt sich ohne weiteres für jede Seite eine Fülle von Hinweisen auf solche Gegner-, Selbst- und Metabilder finden. Auf sowjetischer Seite haben sie sich zu Bestandteilen einer verbindlichen Staatsdoktrin verfestigt, als „Generallinie" dauerhaft begründet und im Parteiprogramm der Kommunistischen Partei der Sowjetunion im Jahre 1986 unter Generalsekretär Michail Gorbatschow erneut ausdrücklich bestätigt.

Es erstaunt nicht, feststellen zu müssen, daß die beiden Einschätzungen miteinander nicht übereinstimmen. Dabei handelt es sich weniger um eine Frage der „richtigen" oder „falschen" Einschätzung als um den Grad an Kongruenz zwischen entsprechenden Bildern.

Der Grad an Kongruenz zwischen der Wahrnehmung auf der einen und der auf der anderen Seite läßt sich ermitteln, indem man einander die jeweiligen Bilder dreierlei Typs gegenüberstellt und diese dann auf ihre Übereinstimmung beziehungsweise Nichtübereinkunft prüft. Hierfür eignet sich das Verfahren der quantitativen Inhaltsanalyse.

Die Gegner-, Selbst- und Metabilder der amerikanischen und der sowjetischen Regierung habe ich im Rahmen eines Forschungsprojekts der Universität Zürich mittels dieser Erhebungstechnik aufgrund eines Themenrasters von 21 Teilthemen strukturiert; anschließend wurde ausgezählt, wieviele der Teilthemen von je zwei miteinander verglichenen Bildern einander entsprechen. Diese Inhaltsanalyse fußt auf jeweils mehreren hundert repräsentativen offiziellen Dokumenten, was von den 21 Teilthemen gemäß Themenraster anhand veröffentlichter Dokumente nicht erfaßbar war, habe ich in mehreren Konsultationsrunden in Moskau und Washington mit Hilfe halbstrukturierter Interviews ermittelt.

Wahrnehmungsmuster: die „Psycho-Logik" der sowjetisch-amerikanischen Einschätzungen

1. Inferenz: Jede neue Information wird sofort in einen bereits vorhandenen Wissensrahmen eingebaut. So erklärt sich aus sowjetischer Sicht das Ende der Präsidentschaft Richard M. Nixons als Ergebnis einer durch den militärisch-industriellen Komplex der USA angezettelten Verschwörung gegen einen allzu entspannungsfreundlichen Präsidenten. Die Amerikaner sind geneigt, eine große Zahl von sowjetischen Verhaltensweisen jeweils ohne Umschweife als Ausdruck sowjetischen Weltherrschaftsstrebens zu begreifen.

2. Mangelnde Neugierde: Man glaubt, um alle Zusammenhänge schon von vornherein und abschließend zu wissen. Beide Mächte werfen einander vor, an den nach ihrer Ansicht wahren Gründen ihrer Gegnerschaft nicht interessiert zu sein.

3. Überschätzung der eigenen Wahrnehmungsfähigkeit: Das sowjetische Bild vom Gegner stützt sich auf einen Anspruch der Wissenschaftlichkeit, begründet in der marxistischleninistischen Lehre. Auch amerikanische Quellen betonen immer wieder Zuversicht in bezug auf die Richtigkeit ihrer Folgerungen, wenn sie aus sowjetischen Rüstungsanstrengungen auf aggressive Absichten schließen.

4. Selektive Wahrnehmung: Sowjetische Quellen beklagen sich über den „Mißbrauch" sowjetischer Militärliteratur zu Fragen der Kampftaktik, mit der die Amerikaner einen Mythos der angeblichen sowjetischen Gefahr erdichteten. Die Amerikaner kritisieren die sowjetische Art und Weise der Beschreibung des „ungefähren militärische Gleichgewichs" in Europa, das seit 1976 jährlich wieder als „voll gewährleistet" bezeichnet werde, obwohl doch laufend neue sowjetische Waffen aufgestellt worden seien.

5. Selektives geschichtliches Gedächtnis: In sowjetischen Augen belegt die alliierte Intervention im russischen Bürgerkrieg von 1919, daß die Amerikaner schon immer eine feindselige und antisowjetische Politik betrieben hätten – ohne die intensive sowjetisch-amerikanische Zusammenarbeit während des Zweiten Weltkriegs auch nur mit einem Wort zu erwähnen. Die amerikanische Betrachtungsweise benutzt gerne Vergleiche zwischen dem nationalsozialistischen und dem kommunistischen Totalitarismus und leitet aus den historischen Erfahrungen mit den ersten Folgerungen für den Umgang mit dem zweiten ab.

6. Betonung des Dauernden – Vernachlässigung des Wandels: Gemäß marxistisch–leninistischer Auffassung kann ein imperialistisches System gar nicht anders, als unablässig weiterzurüsten, auch wenn „realistische Kreise" sich allenfalls um Abrüstung bemühen. Nach amerikanischer Vorstellung sinnt die Kommunistische Partei unersättlich bis zum Endsieg des Sozialismus auf Expansion.

7. Glaube an eine Wandlung zum Besseren: Nach sowjetischer Einschätzung werden Abrüstungsverhandlungen erfolgreich sein, weil doch der Sozialismus gesetzmäßig den „Imperialismus" überwinden und durch die Verschiebung des „internationalen Kräfteverhältnisses" zur Abrüstung zwingen werde. Ähnlich verhält es sich mit dem amerikanischen Optimismus bezüglich der schöpferischen Kraft und wirtschaftlichen Stärke des Westens, der deshalb langfristig obsiegen und die Sowjetunion in den Abrüstungsverhandlungen zum Einlenken bewegen werde.

8. Worst-case-Denken: Die Annahme des jeweilig schlimmsten Falls läßt jede Seite argwöhnen, die andere meine es mit ihren Entspannungs- und Abrüstungsschritten nicht ernst, erstrebe lediglich einseitige Vorteile und habe von vornherein nicht die Absicht, unterzeichnete Verträge zu befolgen.

9. Unmöglichkeit des Unschuldsbeweises: Wenn die Amerikaner bisher und vor allem während der Zeit des amerikanischen Nuklearwaffen-Monopols darauf verzichtet haben, einen Überraschungsschlag gegen die Sowjetunion zu führen, so wird dies in sowjetischer Sicht nicht dem Fehlen eines amerikanischen Angriffswillens zugeschrieben, sondern der Wirksamkeit eigener sowjetischer Stärke. Nach amerikanischer Auslegung nutzt die Sowjetunion unermüdlich jede Schwäche des Gegners aus – wo sie darauf verzichtet, tut sie es ebenfalls nicht aus freien Stücken, sondern beeindruckt durch die amerikanische Politik der Abschreckung und Eindämmung. Auf diese Weise werden Unterstellungen im Feindbild gegen jeden Versuch zur Widerlegung wirkungsvoll abgeschirmt.

10. Annahme zentraler Lenkung: Die sowjetische Sicht bewältigt die verwirrende Vielfalt der amerikanischen Demokratie mit der Annahme, hinter allem stehe letztlich der militärisch-industrielle Komplex, der den Präsidenten, den Kongreß, die öffentliche Meinung und andere Personen und Gruppen als Marionetten an seinen Fäden zappeln lasse. In amerikanischen Quellen drückt sich die Befürchtung aus, die Sowjetregierung entscheide stets aufgrund eines geheimen „großen Plans".

11. Zweigliedriges Gegnerbild: Sowjetische Quellen unterscheiden „kriegshetzerische herrschende Kreise", die den im amerikanischen Volk vorhandenen „realistischen Kreisen" gegenüberstehen. Amerikanische Betrachter unterscheiden eine zynische Parteidiktatur vom grundsätzlich friedlich eingestellten russischen Volk.

12. Glaube an gegnerisches Verständnis: Sowjetische Sprecher fühlen sich überrascht und empört über die für sie unverständlichen amerikanischen „imperialistischen Lügen" und „Mythen" betreffend die angebliche „sowjetische Aggressivität". Amerikanische Stimmen überschätzen das sowjetische Amerika-Verständnis, wenn sie vor westlichen Selbstzweifeln an der Glaubwürdigkeit der eigenen Abschreckung warnen – als ob das sowjetische Amerika-Bild sich automatisch mit dem amerikanischen Selbstbild decke.

13. Projektion des Selbstbildes: In sowjetischen Augen bedeutet der amerikaniche Wunsch nach gründlicher Verifikation von Abrüstungsabkommen einen Versuch zur Einmischung in die inneren Angelegenheiten der Sowjetunion. Eine ähnliche Projektion der eigenen Auffassung auf den Gegner dürfte in der amerikanischen Unterscheidung zwischen „strategischen" und „taktischen" Atomwaffen vorliegen.

14. Spiegelbild-Denken: Was auf der eigenen Seite als „weiß" gilt, erscheint auf der anderen als „schwarz" – und umgekehrt. Jede Seite versteht ihre Rüstung als rein defensiven Zwecken dienend, während jene des Gegners als offensiv bezeichnet wird.

15. Denken mit doppeltem Standard: Dieselbe Handlung wird hüben positiv und drüben negativ beurteilt – und umgekehrt. In sowjetischer Sicht gilt die Entsendung eines eigenen Marineverbandes als gerechter Beitrag zum Schutz nationaler Befreiungsbewegungen gegen reaktionäre Kräfte, aber wenn die Amerikaner dasselbe tun, als Versuch zur Unterjochung befreiter Länder. In amerikanischer Sicht verraten sowjetische Flottenaktivitäten finstere Weltherrschaftspläne, eigene dienen dem Schutz der Freiheit von Verbündeten.

16. Zurückweisung „falscher Symmetrien“: Die Sowjetunion tadelt häufig die westlichen Friedensbewegungen, weil diese nicht genügend berücksichtigten, daß Waffen doch je nachdem einer gerechten oder ungerechten Sache dienen. Ähnlich beklagen amerikanische Äußerungen häufig die Wertneutralität Dritter, die angesichts der amerikanisch-sowjetischen Gegnerschaft eine Haltung der „Pest über beide Häuser“ einnähmen.

17. Unterschätzung gegnerischen Entgegenkommens: Oft weigert sich die sowjetische Seite, amerikanische Äußerungen ernst zu nehmen, da diese ja ohnehin nur innenpolitischer Demagogie dienten. Amerikaner beschuldigen ihre Gegner, zu Hause und gegenüber außen eine je andere Sprachregelung einzusetzen und auf diese Weise den Gegner einlullen zu wollen.

18. Polarisierung: Die Sowjetunion geht mit ihrer Konzeption des „internationalen Klassenkampfes“ von einem polarisierten Weltbild aus. Zeitweise scheint ähnlich auch der amtierende amerikanische Präsident zu denken, wenn er die Gegenseite als „Reich des Bösen“ verdammt.

19. Nullsummen-Denken: Die sowjetische Deutung der „Verschiebung des internationalen Kräfteverhältnisses“ betrachtet jeden Nachteil, den der „Imperialismus“ erleidet, als Vorteil für den Sozialismus. Auf amerikanischer Seite wird manchmal gesagt, was immer die Sowjetunion stärke, schwäche die Sache der Freiheit in der Welt.

20. Wahrnehmung unterschiedlich großer Handlungsspielräume: Von Moskau aus gesehen, werden die Länge der sowjetischen Grenze und die „Einkreisung“ durch feindliche Länder als Verunsicherung empfunden, weil der Gegner das Mutterland des Sozialismus jederzeit aus jeder beliebigen Richtung angreifen könne. In amerikanischen Augen gilt dieselbe sowjetische Grenze wegen ihrer großen geographischen Ausdehnung als bedenklich schwer überwachbar, und man fürchtet, die Sowjetunion könnte jederzeit nach jeder Seite hin „ausbrechen“, falls man sie nicht mit großem Aufwand von allen Seiten her eindämme.

21. Ausnahmecharakter eigener negativer Handlungen: Die eigene Rüstung sieht die Sowjetführung als widerwillig zögernde Reaktion auf amerikanische Maßnahmen. Dem entspricht die amerikanische Meinung, man sehe sich durch die sowjetische Machtbesessenheit gezwungen, eine Politik der Stärke zu betreiben.

22. Ausnahmecharakter gegnerischer positiver Handlungen: Nach sowjetischem Dafürhalten haben die Vereinigten Staaten bisher Abkommen nur unterzeichnet, weil sie durch die Verschiebung des „internationalen Kräfteverhältnisses“ dazu genötigt waren. Auf amerikanischer Seite gilt die Zusammenarbeit mit der Sowjetunion als unmittelbare Folge einer angemessenen „Hebelwirkung“ auf die Sowjetunion.

23. Festhalten am Bisherigen: Beide Seiten klammern sich in ihren Auffassungen über die richtige Gestaltung ihrer Politik je an eine einzige klar umrissene Theorie, dies unter Vernachlässigung allfällig möglicher alternativer Wege.

24. Bevorzugung des Gegenteils des Bisherigen: Für die Sowjetunion bilden die mangelhaften oder fehlenden Vorkehrungen gegen die Einfälle der Mongolen, Schweden, Franzosen und Deutschen in den vergangenen Jahrhunderten schicksalhafte Fehler; folglich gelte es, künftig stark zu sein. Auf amerikanischer Seite zieht man entsprechende „Lehren“ aus dem sowjetischen Verhalten, unter anderem die Folgerung, sowjetischen Versprechungen sei nicht zu trauen.

25. Zweifel an Reziprozität: Beide Seiten beklagen immer wieder das Unverständnis und die Böswilligkeit des Gegners, der großzügige Entgegenkommen hartnäckig übersehe und nie darauf eingehe.

26. Bild weltweiter Interessengefährdung: Sowjetische Stimmen unterstreichen immer wieder die „Unumkehrbarkeit des sozialen Fortschritts" der „neubefreiten" Länder in Afrika, Lateinamerika und Asien. Die Amerikaner neigen dazu, in Kategorien von „Einfluß- und Interessensphären" zu denken, insbesondere in der amerikanischen Hemisphäre.

27. Politik der Stärke: Als je gefährlicher man den Gegner ansieht, desto unabdingbarer erscheint eine entschlossene Haltung. Sowjetische Verlautbarungen verweisen immer wieder stolz auf die Masse, Größe und Kampfbereitschaft der sowjetischen Streitkräfte. In den Vereinigten Staaten bemüht sich die Administration dauernd, den Kongreß für höhere Verteidigungsausgaben zu gewinnen mit dem Argument, Amerika müsse stark sein.

Diese Muster lassen sich sämtlich auch in den sowjetisch-amerikanischen Beziehungen eindeutig nachweisen. Sie erschweren als Sekundärursachen jede Annäherung zwischen den beiden Seiten.

Fälschlicherweise werden diese sekundären oft für die Hauptursachen des Ost-West-Konflikts gehalten; und deren Überwindung, so meinen viele Menschen spontan; müßte den Weg zu dauerhafter Entspannung und beständigem Frieden freilegen. Es ist indessen wichtig, ihren wahren Stellenwert zu würdigen.

Die Wahrnehmungsmuster bilden nämlich nicht die Ursache, sondern sind eine Folge des ost-westlichen Grundkonflikts, und als solche sind sie in ihrer Eigendynamik durchaus vergleichbar mit dem ost-westlichen Rüstungswettlauf: Genauso wie das beiderseitige Hochrüsten sich zusätzlich durch die ihm innewohnende Dynamik und durch weitere sekundäre Faktoren wie innenpolitische Interessen, Trägheit der Rüstungsplanung, technologische Innovation und anderes mehr unablässig steigert, so werden auch die feindseligen Vorstellungen vom jeweiligen Gegner immer weiter vertieft und verzerrt. Die Gegnerwahrnehmung wird auf diese Weise dauernd verstärkt und erneuert, und die so vertieften Feindbilder nähren ihrerseits den Konflikt.

Zudem beeinflussen diese hüben wie drüben ablaufenden Prozesse einander auch noch gegenseitig: Ein durch Wahrnehmungsverzerrungen in seiner Feindseligkeit bestärktes Gegnerbild veranlaßt dessen Träger, noch mehr Sicherheit in mehr Waffen zu suchen. Ein solches Verhalten wiederum erschreckt seinerseits den Gegner, und es bestätigt und verstärkt dessen Bedrohungswahrnehmung. Kurz: Die beiden Gegner geraten in einen Teufelskreis von wechselseitigen Wahrnehmungen erwarteter Aggressivität, Verdächtigungen und Aufrüstungsschritten. Dieser Kreis vertieft und verschärft ihren Konflikt, verzerrt aber auch ihre gegenseitige Wahrnehmung.

Quelle: Daniel Frei, Probleme gegenseitiger Einschätzung zwischen Ost und West, in: Spektrum der Wissenschaft, September 1987.

Pinchas Lapide

Auf Entfeindungsliebe kommt es an

Von der mißverstandenen Bergpredigt

„Wer kein Schwert hat, verkaufe seinen Mantel und kaufe ein Schwert!" (Lukas 22,36). So riet Jesus seinen Jüngern beim Aufstieg nach Jerusalem. Kurz vor seiner Gefangennahme jedoch befahl er denselben Jüngern, die „mit dem Schwert dreinschlagen" wollten, „Haltet ein!" (Lukas 22,51); „denn, wer das Schwert nimmt, der soll durch das Schwert umkommen!" (Matthäus 26,52)

Keine noch so scharfsinnige Deutelei, so scheint es, vermag das Wort vom Schwertkauf mit dem Wort vom Schwertverzicht auf einen Nenner zu bringen. Kein Zweifel, sie strafen einander Lügen – auf dem Papier zumindest. Nicht aber im wirklichen Leben.

Nur eine einfühlsame Kenntnis der damaligen Lage des jüdischen Volkes, das unter der Unterdrückung eines brutalen Okkupationsregimes sein karges Dasein fristen mußte, erleichtert den Zugang zu Jesu Predigt und seiner Friedensbotschaft.

Ganz Israel zerfiel damals in drei Hauptgruppen, die nichts mit Parteien und Glaubensschulen zu tun hatten. Die Masse der Mutlosen, für die das Überleben in der Zeit der Not zum Hauptziel wurde; die Überläufer, die ihr Erbrecht für ein Linsengericht am Tische der Machthaber verkauften – und die Starken, für die ein Leben ohne Recht und Freiheit sinnlos war. Wer sich diese Dreiteilung vergegenwärtigt, kann nicht mehr zweifeln, wohin ein Mann von der Statur des Nazareners gehörte. Und dennoch war Jesus gegen offensive Waffengewalt – weder aus Weltflucht noch aus Feigheit, sondern aus kühler bibelbeseelter Berechnung. Zwischen dem Quietismus der schweigenden Mehrheit und dem Fanatismus der verzweifelten Minderheit fand Jesus einen dritten Weg, der versprach, daß „die Sanftmütigen das Land besitzen werden", wie es sowohl im Psalter als auch in der Bergpredigt verheißen wird.

So sollte diese Bergpredigt also vor allem als die „schlangenkluge" und „taubensanfte" Befriedungslehre eines weisen Strategen verstanden werden, der weder im Krieg noch in der Fahnenflucht, sondern mittels aktivem, aber gewaltlosem Widerstand sein kleines Volk vom mächtigen Römerjoch zu befreien hoffte.

Jesus hat weder eherne Gesetze erlassen noch Patentrezepte für die Abrüstung erfunden, sondern flexible Denkanstöße für die Nachdenklichen aller Zeiten geliefert, die bereit sind, seine Anregungen den jeweiligen Umständen anzupassen; so war auch sein Wort vom Schwertkauf genau so angemessen und folgerichtig wie sein späteres Wort vom Schwertverzicht.

Beim Aufstieg nach Jerusalem mußten Jesus und seine Jünger ein berüchtigtes Gebiet von Räubern und Wegelagerern durchqueren. Vor diesem Hintergrund muß der Rat zum Kauf von zwei Schwertern für dreizehn Männer als völlig berechtigte defensive Sicherheitsmaßnahme verstanden werden.

Ganz anders war die Situation in Gethsemane, wo er und die Seinen durch eine römische Truppe von etwa 600 Mann des Nachts umzingelt wurden. Hätte Jesus hier den schon beginnenden Kampf der Jünger mit ihren Schutzwaffen geduldet, wären alle seine Gefolgsleute von der römischen Übermacht niedergemetzelt worden. Nur durch seinen sofortigen Befehl „Steckt eure Schwerter in die Scheide!" und seine darauffolgende Selbstpreisgabe an die Römer gelang es ihm, seine Jünger zu retten.

Beide Worte Jesu – vom Schwertkauf und vom Schwertverzicht – waren zwar zeitbedingt und ortsgebunden, aber auch sachgerecht: Beide vermochten unter ganz verschiedenen Umständen zum Schutz der ihm Anvertrauten beizutragen.

Es ist die Flexibilität der Ratschläge Jesu, die hier an Hand der Bergpredigt veranschaulicht werden soll. Einer der schönsten Abschnitte im Neuen Testament ist zweifelsohne die sogenannte Bergpredigt, die mit Recht auch zu den Meisterwerken der Weltliteratur gehört. Das Malheur dabei ist nur, daß sie ihren Lesern ein Höchstmaß an Moralität zumutet, das den Durchschnittsmenschen bei weitem zu überfordern scheint:

„Jeder, der eine Frau begehrlich ansieht, hat schon im Herzen Ehebruch begangen . . .". So heißt es ganz unzweideutig. Wer weiß schon, daß sich hinter der griechischen Vokabel „Frau" eine hebräische „Ehefrau" verbirgt, die zu Jesu Lebzeiten durch ihre Haartracht und Haube von weitem als solche erkennbar war.

„Wenn jemand Dich auf Deine rechte Backe schlägt, dem biete auch die andere dar!" So heißt es gleich danach und zu guter Letzt steht noch geschrieben: „Liebe deine Feinde und betet für die, die euch verfolgen!" „Alles schön und gut„, so seufzt nun jeder redliche Leser, „aber das ist doch für Heilige zugeschneidert; nicht für arme Schlucker wie unsereinen." Da aber Jesus, der Menschenkenner, sicherlich wußte, daß nur sehr wenige imstande sind, seinen Aufrufen Folge zu leisten, fragten sich schon die frühen Kirchenväter, was er wohl mit dieser Rede beabsichtigt habe, ohne jemals eine einstimmige Antwort zu erhalten.

Auch in der heutigen Friedensdebatte scheint dem Gegner die Bergpredigt wie ein Knüppel um die Ohren geschlagen zu werden – ohne darüber nachzudenken, was sie uns heute zu sagen hat. Doch auch die, die es besser wissen sollten, sind häufig zu seltsamen Schlußfolgerungen gekommen. So sagt zum Beispiel Martin Luther, die Bergpredigt gehöre nicht aufs Rathaus, denn mit ihr lasse sich nicht regieren. Bismarck ging einen Schritt weiter, indem er behauptete, die Bergpredigt sei nur für das persönliche Verhältnis einzelner gedacht, nicht aber für das öffentliche Leben – von der Politik ganz zu schweigen.

Karl Barth war sogar der Meinung, „daß ein Bild christlichen Lebens aus dieser Bergpredigt zusammenzusetzen, sich noch immer als eine Unmöglichkeit erwiesen hat." Und kurz darauf spricht er vom „Hellen Wahnsinn, die Imperative der Bergpredigt dahin zu verstehen, daß wir uns bemühen sollen, diese Bilder zu verwirklichen." (Kirchendogmatik II, 1961, 2, S. 769 ff.)

Gegenteiliger Meinung war sein Landsmann Leonhard Ragaz, der seine Auslegung der Bergpredigt anno 1945 mit den Worten begann: „Die Bergpredigt wird wieder hervortreten. Immer stärker, immer stürmischer." Heute beginnt diese Prophezeiung des Schweizer Theologen in Erfüllung zu gehen – Hand in Hand mit den vier hauptsächlichen Fehldeutungen, die sie noch immer unentwegt begleiten.

Die erste läßt sich die perfektionistische Auffassung nennen. Sie sieht in der Bergpredigt eine Liste von Supergeboten, die dir eindeutig sagen: Dies alles mußt du tun, damit du selig wirst; billiger ist die Seligkeit nicht zu haben.

Die zweite ist die Theorie von der Unerfüllbarkeit, die davon ausgeht, daß alle diese Forderungen im Grunde übermenschlich sind und nur den Zweck haben, dem Menschen seine Unzulänglichkeit aufzuzeigen: All' dies solltest du tun, du jämmerlicher Schwächling, aber du kannst es ja nicht, wie du selber weißt; also bedarfst du der Gnadenliebe Gottes für alles, was du unternimmst.

Die dritte Theorie läßt sich als Torschlußpanik bezeichnen. Sie sieht in der Bergpredigt einen Aufruf zur äußersten Anstrengung, bevor die Katastrophe des Jüngsten Gerichts anbricht: Nun reiß' dich doch ein letztes Mal zusammen, du armer Teufel, bevor es zu spät ist; denn Gottes Gnadenfrist läuft ja vielleicht morgen schon ab!

Die vierte Deutung vergleicht die Imperative der Bergpredigt mit der nüchternen Realpolitik der letzten viertausend Jahre Weltgeschichte und kommt – mit einem Seufzer der Erleichterung – zum Schluß, daß sie auf einer moralischen Schwärmerei beruht, die getrost als Utopie abgeschrieben werden kann. Utopie im wörtlichen Sinne des Begriffes: als etwas ohne Standort, also nicht von dieser Welt.

Mir scheinen diese Deutungen verfehlt; denn sie berücksichtigen nicht die beiden Grundzüge der jesuanischen Lehre, die wie ein Doppelfaden seine gesamte Predigt durchlaufen: das vollkommene Ernstnehmen Gottes, das ihn mit heiliger Ungeduld gegenüber allen Halbheiten und faulen Kompromissen beseelt und sein Realismus als profundem Menschenkenner, der zwar radikale Theopolitik betreibt, aber mittels machbarer Methoden, die keinen nüchtern denkenden Menschen als Mitarbeiter Gottes überfordern.

Dies gilt vor allem für die beiden Spitzenaussagen jesuanischer Ethik, deren erste als die sogenannte „Feindesliebe" weltberühmt geworden ist: „Ihr habt gehört, daß gesagt ist: Liebe deinen Nächsten und hasse deinen Feind. Ich aber sage euch: Liebet eure Feinde und betet für die, die euch verfolgen, damit ihr Söhne eures Vaters im Himmel werdet." (Matthäus 5,43 ff.)

Diesen Absatz einmal unter die jüdische Lupe genommen, enthält der erste Satz dieser wohlbekannten Stelle ein alttestamentliches Gebot: Liebe deinen Nächsten wie dich selbst! (Levitikus 19,18), das Jesus anderswo auch als „das erste Gebot" betont (Matthäus 22,38 f.) – gefolgt von einer Unwahrheit, die unmöglich von Jesus selbst stammen kann. Sogar die katholische „Jerusalemer Bibel" muß betreffs des angeblich gebotenen Feindeshasses zugeben: „Der zweite Teil dieses Gebotes steht . . . nicht im Alten Gesetz, kann hierin auch nicht stehen."

Das Gegenteil des Feindeshasses liegt dem Judentum viel näher: „Wenn Dein Feind zu Fall kommt, freue Dich nicht (Sprüche 24,17) und wenn er stürzt, frohlocke nicht dein Herz!" So heißt es schon in den Sprüchen Salomos, und gleich auf der nächsten Seite lesen wir: „Wenn dein Feind hungert, so speise ihn mit Brot. Wenn er dürstet, so tränke ihn mit Wasser." (Sprüche 25,21).

„Auch den (besiegten) Feind haben wir immer mit Güte behandelt." So berichtet Flavius Josephus über die Anwendung der jüdischen Liebesgesetze im ersten Jahrhundert. Dem Auftrag Jesu am nächsten kommt wohl sein Lehrkollege Rabbi Nathan, der die Frage stellt: „Wer ist der Mächtigste im ganzen Land?" Die Antwort lautete: „Wer die Liebe seines Feindes gewinnt."

Schadenfreude, Feindeshaß und Vergeltung des Bösen mit Bösem sind im Judentum ausdrücklich verboten, während Großmut und Liebesdienste für den Feind in der Not geboten werden – aber Feindesliebe als moralisches Prinzip scheint doch alles normale Menschentum zu übersteigen. Mit Recht stellt daher Leonhard Ragaz im Namen der Theologenzunft die Frage nach der Erfüllbarkeit: „Kann man das halten? Kann man diejenigen lieben, die uns hassen und uns Böses tun? Ist das nicht eine moralische Illusion?"

Die Antwort auf diese berechtigten Fragen, die erst bei der Rückübersetzung ins Hebräische zutage tritt, besagt: Hier wird weder Sympathie für Feinde noch Schwärmerei gefordert; denn weder Gefühle noch das Martyrium können befohlen werden, wohl aber „das Tun" – das häufigste Zeitwort im jesuanischen Sprachschatz. In der Tat steht im Gebot der Nächstenliebe (Levitikus 19,18) „Liebe deinen Nächsten" nicht im Akkusativ, sondern im Dativus Ethicus, eine Wortfolge, die sich nicht übersetzen, sondern nur umschreiben läßt – wie etwa: Erweise ihm Liebe durch Handwerk, nicht durch Mundwerk! Oder: Tue ihm Liebe an! Oder noch besser: Leb' ihm zuliebe; nicht zuleide!

All das will besagen, daß weder Herzensregungen noch Empfindungen gefordert werden, sondern praktische Liebeserweise wie etwa Krankenbesuche, das Geben von Almosen, das Trösten der Trauernden, Brot für die Hungernden – mit einem Wort: all die tausend wirksamen Liebeserweise, die in Taten münden, Feindseligkeiten abbauen und die Liebe fördern.

Da Jesus in Kontrastpaaren („Balken und Splitter") zu predigen liebte, muß daher auch die Steigerung „Liebe deine Feinde!" im ursprünglich hebräischen Wortlaut diesen Dativus Ethicus beinhaltet haben, der keineswegs zur Feindesliebe auffordert, sondern zum versöhnlichen Umgang mit dem Gegner, der einzig und allein seine Entfeindung bezweckt. Sie zielt darauf, daß der Feind aufhört, ein Feind zu sein.

Daß es Jesus um eben die „Entfeindung" durch tatkräftige Versöhnlichkeit geht, keineswegs um schwärmerische Selbstpreisgabe, bezeugt der Vers zuvor: „Wer dich nötigt, eine Meile weit zu gehen, mit dem gehe zwei!" (Matthäus 5,41).

Gemeint war der berüchtigte Frondienst der Römer, der es jedem Legionär erlaubte, sein Sack und Pack jedem vorbeigehenden Juden aufzuladen, um ihn eine Meile lang als Lasttier zu mißbrauchen. Zu Ende dieser Strecke konnte der Jude dem Zwingherrn sein Gepäck vor die Füße werfen und entfliehen, oder er konnte schon vorher das Weite suchen, was jedoch mit drakonischen Strafen geahndet wurde.

Jesus schlägt eine dritte Handlungsweise vor: den Frondienst nach der Vorschriftsmeile in ein freiwilliges Geleit zu verwandeln, um den erstaunten Römer durch Zuvorkommenheit – im besten Sinne des Wortes – zu entwaffnen. Alle Wahrscheinlichkeit spricht dafür, daß sich im Laufe der zweiten Meile ein freundschaftliches Gespräch zwischen Jude und Römer anbahnt; denn, wie schon das Prophetenwort bezeugt, das Jesus sicherlich kannte: „Können denn zwei miteinander wandern, es sei denn sie werden einig unterwegs?" (Amos 3,3)

Derselben besonnenen Denkart entspringt die rabbinische Debatte über die Priorität zwischen zwei Bibelsatzungen. Im 5. Buch Mose lesen wir: „Wenn du deines Bruders Esel oder Rind unterwegs fallen siehst, so sollst du dich ihrer annehmen und ihnen aufhelfen" (Deuteronomium 22,4). Im 2. Buch Mose aber heißt es: „Wenn du den Esel deines Feindes unter seiner Last liegen siehst, so lasse ihn ja nicht im Stich, sondern hilf, mit deinem Widersacher zusammen, dem Tier auf die Beine!" (Exodus 23,5). „Was aber soll man tun", so fragen die Rabbiner, „falls der Esel deines Bruders und der Esel deines Feindes ausgerechnet zur gleichen Zeit deine Hilfe benötigen?" Die Antwort, die damals leidenschaftlich landauf und landab debattiert wurde, mag auch Jesus vorgeschwebt haben; denn sie besagt: Zuerst hilf dem Esel deines Widersachers; denn dadurch rettest du ein Tier, du wandelst das Herz eines Hassers und du gewinnst einen Freund – drei gute Taten auf einen Schlag! Dann erst geh und hilf dem Esel deines Bruders!

In den Worten des altrabbinischen Kommentars zu Psalm 99,4 heißt es: „Ein Mensch geht auf dem Wege und sieht, daß der Esel seines Feindes unter seiner Last erliegt. Er geht hin, reicht ihm die Hand und hilft ihm, ab- und wieder aufzuladen, ein durstiges Geschäft im heißen Klima von Israel. Daher gehen sie nachher zusammen in ein Gasthaus, und der Eselstreiber sagt in seinem Herzen: 'So liebt mich der und der! – Und ich Dummkopf meinte, er hasse mich'. Sogleich reden sie miteinander und machen Frieden." – Das Fazit liegt auf der Hand: Bau' Dir eine „Eselsbrücke" zum Feind, dem Hilfe nottut.

Wie sich solche menschliche Befriedungsmühe zur göttlichen Allversöhnung verhält, beleuchtet eine rabbinische Parabel, die den Kochtopf als Vorbild für alle Friedensstifter hochhält: Denn jeder bescheidene Kochtopf vollbringt ja, ohne viel Federlesens zu machen, ein tagtägliches Wunder, das auch die Politiker anregen sollte. Indem sein dünner Boden zwei feindliche Elemente, nämlich Feuer und Wasser, voneinander trennt, versöhnt er die beiden keineswegs; denn das kann nur Gott allein – aber dennoch bringt er es fertig, sie beide zur friedlichen, konstruktiven Zusammenarbeit zu bewegen: eine kulinarische Kooperation, aus der das Gute, in der Gestalt des schmackhaften Küchensegens hervorgeht – keine geringe Leistung in allen Epochen unserer zerstrittenen Weltgeschichte!

Was also ist die Entfeindungsliebe, wie Jesus sie uns nahelegt? Sie beruht vor allem auf Realismus, der die Übel dieser Welt als Tatsachen akzeptiert – auch die Feindseligkeit, aber als Herausforderung, um sie aus der Welt zu schaffen! Feindschaft gibt es wohl, – aber es muß sie nicht gehen; denn der Mensch hat es in sich, das Böse zu entschärfen, vielleicht sogar umzuwandeln, wenn er nur fest genug dazu entschlossen ist. Daher zielt die Entfeindungsliebe auf die Vermenschlichung beider Parteien: des Gehaßten als Zielscheibe meiner ungebändigten Aggression, die aus ihm einen Sündenbock oder einen Prügelknaben macht, auf den ich all meine Fehler, meine eigenen Schwächen und Schattenseiten projiziere, bis er zuletzt entmenscht und vollauf verteufelt wird. Indem ich mit dieser feindseligen Falschmünzerei Schluß mache und meinen Gegner einen guten Mann sein lasse, wird er in meinem Hinterkopf ein Mensch wie ich; und zugleich werde ich das ätzende Gift des Hasses los, um wieder liebesfähig und menschenfreundlich zu werden. Schlußendlich verliere ich mein Feindbild und er zugleich das seinige, das ich gewesen bin. Nach dieser befreienden Doppelentfeindung steht einer vernünftigen Verständigung nichts mehr im Wege. Die Entfeindung bekämpft immer die Feindschaft – nie den Feind.

Ihr Leitsatz stammt, wie Jesus sagt, aus dem 3. Buch Mose, wo es heißt: „Liebe deinen Nächsten wie dich selbst!" (Levitikus 19,18) – eine Satzung, die als Doppelgebot verstanden werden will. Denn hier wird sowohl die Nächstenliebe befohlen als auch die Selbstliebe gutgeheißen. „Was aber hat normaler Egoismus mit edler Selbstlosigkeit zu tun?", so fragt einer der Talmudmeister. „Viel in jeder Hinsicht", so lautet die Antwort; denn liebesfähig ist nur einer, der sich selbst leiden kann und daher imstande ist, in jedem Mitmenschen – auch dem feindseligen – ein Stück vom eigenen Wesen als liebenswürdig zu entdecken. In diesem Sinne sucht die Entfeindung den Brückenschlag zwischen erleuchtetem Eigennutz und weitsichtigem Altruismus, um beiden zu dienen und sie zur Zweieinigkeit zusammenzuschweißen. Wer also seinen Feind zum Freund machen kann, der hilft dem anderen und sich selbst zugleich.

Die Moral liegt auf der Hand: Was gut und edel ist, das muß nicht unbedingt weh tun. Es darf auch nützlich sein. Da ist aber ein Haken dabei: Wir alle möchten so gerne gut sein, aber Güte ist oft schwierig. Wer planlos gut ist, läuft Gefahr, ausgenutzt und obendrein noch ausgelacht zu werden. Genau wie Eigenliebe und Nächstenliebe bedachtsam kombiniert werden wollen, so bedarf auch die Herzensgüte nicht so sehr des Enthusiasmus als der leitenden Vernunft.

Mit den Worten Jesu: „Seid also klug wie die Schlangen und sanft wie die Tauben!" (Matthäus 10,16). Derselbe realistische Idealismus, der die goldene Regel mit diesem Doppelauftrag verbindet, beseelt auch die zweite Spitzenaussage der Bergpredigt: „Wer dich auf die rechte Backe schlägt, dem halte auch die andere hin!" (Matthäus 5,39).

Hier ist vorerst zu bemerken, daß das im Normalfall gar nicht geht. Versuchen Sie doch einmal, eine Person, die vor Ihnen steht, auf die rechte Backe zu schlagen! Nur Linkshänder oder Akrobaten bringen das fertig. Da Jesus jedoch zu keinem dieser beiden gehörte, müssen wir tiefer schürfen, um seiner Aussage gerecht zu werden. Auch hier hilft uns der Talmud weiter. Im Traktat über Körperverletzungen lesen wir:

„Wenn jemand seinem Nachbarn eine Ohrfeige gibt, (. . .) so zahlt er ihm vor dem Richter 200 Sus als Wiedergutmachung (etwa DM 60.–) (. . .). Geschah es aber mit verkehrter Hand, also dem Handrücken, so zahlt er ihm 400 Sus – das Doppelte." Warum? Der Schlag mit dem Handrücken schmerzt zwar weniger, gilt aber als Geste der Verachtung, die größeren Schimpf verursacht und zwiefach bloßstellt und blamiert. Nicht vom Schmerzensgeld allein ist hier die Rede, sondern von einer gezielten Verunglimpfung, wie jeder der jüdischen Zuhörer Jesu sofort verstand.

Auch hier kam es zu vier verschiedenen Deutungen: eine bewußte Selbstüberforderung – so sagt die erste – als ein Auftrag, der so gut wie alle menschliche Moralkraft übersteigt, indem er aus inniger Nächstenliebe den totalen Verzicht auf die eigene Würde verlangt.

Es klingt aber auch wie eine Ethik der Selbsterniedrigung, die den normalen Egoismus durch gewollte Demütigung bändigen oder gar im Keim ersticken will. Ob solch eine Erziehung zur Selbstlosigkeit psychologisch zu empfehlen ist, bleibt eine offene Frage, die die meisten Psychologen verneinen.

Ebensogut könnte es sich hier um eine Ethik des stillen Stolzes handeln, wie Carl Friedrich von Weizsäcker meint, der dem Schläger zu verstehen gibt: Wenn Du mich auf diese brutale Weise treffen willst, so kannst Du mich ruhig auch auf die andere Backe schlagen, aber wisse: So triffst Du mich nicht!

In Frage käme viertens auch der Ratschlag des Propheten Jeremia, der unter ähnlichen Umständen daran erinnert, daß Gott die Schwachen liebt und sich der Demut erbarmt. So heißt es im 3. Kapitel seiner Klagelieder: „Es ist ein köstlich Ding für einen Mann, daß er das Joch in seiner Jugend trage . . . Er biete die Backe dar dem, der ihn schlägt, und lasse sich viel Schmach antun. Denn der Herr verstößt nicht ewig; er betrübt wohl, aber erbarmt sich wieder nach seiner großen Güte." (Klagelieder 3, 27-31).

Obwohl Jesu Gebot von der zweiten Backe an dieses Prophetenwort erinnert, wissen wir, daß er es nie wörtlich gemeint hat. Das bezeugt er selbst, als ihn ein Diener des Hohenpriesters ins Gesicht schlägt (Johannes 18,22 ff.) und er sich mit Recht über diese Mißhandlung empört. Als der Hohepriester zwanzig Jahre später Paulus ins Gesicht schlagen läßt, verflucht dieser ganz spontan seinen Schläger. (Apostelgeschichte 23, 2-3)

Vom Hinhalten der anderen Backe ist in beiden Fällen nicht einmal die Rede – geschweige denn von der Tat. Ich würde daher eine andere, symbolische Deutung vorziehen. Bildlich, im Sinne einer passiven Resistenz, folgten Tausende von Juden etliche Male diesem Ratschlag. Sie „hielten die andere Backe hin" und erreichten damit mehr als alle 61 Zelotenaufstände, Kriege und Rebellionen gegen das Heidenjoch zeitigen konnten. Typisch war der erste Zwischenfall im Jahre 26, der die verpönten Bilder des römischen „Gott-Kaisers" betraf, die Pontius Pilatus in der Nacht nach Jerusalem hinaufbringen ließ, um so mit voller Absicht die religiösen Gefühle der Juden zu verletzen. Was in der Folge geschah, berichtet Josephus Flavius:

„Die Juden erhoben sich gegen Pilatus in Caesarea, um ihn zu bitten, die Bilder aus Jerusalem zu entfernen . . . Da Pilatus sich weigerte, lagerten sie sich um sein Haus und blieben dorf fünf Tage und fünf Nächte. Am sechsten Tag begab sich Pilatus vor sein Tribunal im großen Stadion und rief das Volk unter dem Vorwand zusammen, auf sein Begehren antworten zu wollen; da gab er den bewaffneten Soldaten den Befehl, die Juden zu umzingeln. Als die Juden sahen, wie die Soldaten sie mit einem dreifachen Ring umgaben, blieben sie vor diesem unerwarteten Schauspiel stumm. Pilatus, nachdem er ihnen erklärt hatte, er wolle sie alle töten lassen, falls sie dem Bildnis des Kaisers nicht huldigen würden, gab den Soldaten Zeichen, ihre Schwerter zu ziehen. Doch die Juden warfen sich, wie auf einen gemeinsamen Befehl, auf die Erde und boten ihre Nacken dar, alle bereit, lieber zu sterben, als das Gesetz Gottes zu verletzen", worauf der ausschlaggebende Schlußsatz folgt: „Von diesem religiösen Eifer überwältigt, gab Pilatus den Befehl, die Bilder aus Jerusalem zu entfernen." (Der jüdische Krieg, Bell II, 9, 2).

So gelang es anfänglich dank jesuanischer Lehre, solidarische Gewaltlosigkeit in politische Macht umzumünzen, wie es später auch Ghandi in Indien und Martin Luther King im Staate Mississippi fertigbrachten – um nur zwei der erfolgreichen Nachahmer Jesu im Bereich der Politik zu erwähnen. Um die Botschaft zu verdeutlichen: In den dreißiger Jahren gab es ein Sprichwort in London: „Wenn in Neu-Delhi der Aufstand tobt, lächelt man in Whitehall; wenn aber Ghandi zu fasten beginnt, zittert die ganze Downing Street."

Zu den Behörden im Staate Mississippi sagte Martin Luther King in einer öffentlichen Ansprache: „Ihr könnt uns schlagen und treten, einsperren und herauswerfen; Ihr mögt uns verachten und verfluchen, aber Ihr könnt uns nicht hindern, Euch zu lieben!" Zwei Monate später wurde er von einem Fanatiker erschossen. Und dennoch hat er mehr zur Verbesserung der Beziehungen zwischen Schwarzen und Weißen in den USA beigetragen als alle Draufgänger und Gewalttäter zusammen. – Das ist es, was Jesus mit seiner schlangenklugen und taubensanften Entfeindungsliebe gemeint hat.

Zu klären bleibt noch der Sinn des scheinbar selbstmörderischen Auftrags Jesu zur passiven Selbstauslieferung an das Böse mit den Worten, die Matthäus Jesus sagen läßt: „Ihr habt gehört, daß gesagt wird: Aug' um Aug', Zahn um Zahn. Ich aber sage Euch: Widersteht dem Bösen nicht!" (Matthäus 5, 38 f.) Soweit der Text. Nun zur Analyse:
Der erste Satz bringt ein grundlegendes Zitat aus der Bibel Jesu (Exodus 21,23 f.), aus dem der Evangelist den Kopf – nämlich das Zeitwort – weggelassen hat, so daß der falsche Eindruck entsteht, es sei ein Freibrief für den Geschädigten, sich selbst zu rächen, indem er Böses mit Bösem vergelten könne. Anders gesagt: Seit 1800 Jahren setzt jeder christliche Leser unwillkürlich das Wort „Nimm" voran: Nimm Aug' um Aug'; nimm Zahn um Zahn. Im hebräischen Urtext steht jedoch ausdrücklich: „Gib Aug' anstelle von Aug', Zahn anstelle von Zahn" – was eindeutig an den Schädiger adressiert ist, der vor dem Richter Wiedergutmachung in Form einer Abgeltung durch Schadensersatz leisten muß. Mit anderen Worten: Die humanitäre Universalregel „Maß für

Maß", die auch Jesus dreimal im Neuen Testament empfiehlt (Matthäus 7,2; Markus 4,24; Lukas 6,3), wird zum Rechtsprinzip der Geldentschädigung in allen Fällen von Körperverletzung erhoben.

Das Resultat liegt auf der Hand: In der hebräischen Bibel Jesu steht haargenau das Gegenteil von dem, was hier auf griechisch, mittels der Zerstückelung eines Bibelzitates suggeriert werden soll. Das Zeitwort wurde ausgelassen, da dieses ansonsten die Tendenz des Evangelisten entlarvt und entkräftet hätte. Da Jesus aber seine Bibel mit Sicherheit besser kannte als der griechische Matthäus, ist diese Entstellung wohl dem letzteren zuzuschreiben, der offensichtlich auch den zweiten Satz in der Aussage Jesu mißverstanden hat, nämlich: Widersteht dem Bösen nicht!

Ich gehe nicht ganz so weit wie Dr. Franz Kamphaus, der katholische Bischof von Limburg, der in einer amtlichen Veröffentlichung der deutschen Bischofskonferenz behauptet: „Dieser Aufruf, keinen Widerstand zu leisten, ist erst durch den Evangelisten Matthäus eingefügt worden" („Die christliche Friedensbotschaft", Sekretariat der Deutschen Bischofskonferenz, 5.9.82, S. 50), aber dennoch bin ich überzeugt, daß dieser Satz ein Fremdkörper in der Bergpredigt ist, der aller jesuanischen Ethik zuwiderläuft.

Man muß nur nüchtern zu Ende denken, was uns hier zugemutet wird. Wir werden zur schweigenden Passivität verurteilt, um uns schutzlos den Boshaften auszuliefern und ihnen freie Bahn zu gewähren. Konkret gesprochen, bedeutet der totale Verzicht auf Widerstand, daß ein Mann, dessen Frau vor seinen Augen vergewaltigt wird oder dessen Kinder in seiner Gegenwart umgebracht werden, tatenlos zuschauen soll, ohne auch nur einen Finger zu rühren. Das wäre in der Tat auch ein Rezept für den Frieden, – aber es wäre ein Friedhofsfrieden, in dem die Erde lautlos die Guten und die Schwachen zudeckt und in dem die Gewalttäter triumphieren.

Da Jesus aber das Menschenleben als Geschenk Gottes fördern wollte und keine Radikalismen anzubieten hatte, die in ihren Folgen lieblos oder gar mörderisch sein könnten, kann er wohl kaum gesagt haben: „Widersteht dem Bösen nicht!"

Vier Gründe sprechen gegen diesen Wortlaut:

1. Weder im hebräischen noch im aramäischen Sprachschatz des ersten Jahrhunderts findet sich ein Äquivalant zur griechischen Vokabel „widerstehen". Man kann also diesen (angeblichen) Auftrag Jesu mit bestem Willen nicht in seine Muttersprache zurückübersetzten – was, gelinde gesagt, stutzig machen muß.

2. Jesu Auftrag an seine Jünger lautete, klug wie die Schlangen und zugleich sanft wie die Tauben zu sein – also: eine Kombination von Friedfertigkeit und gesundem Menschenverstand.

Vernünftig kann aber keine bedingungslose Selbstpreisgabe sein; denn dem widerspricht nicht nur die Heiligkeit des Menschenlebens, die der Leitstern der ganzen Bibel ist und bleibt, sondern auch das berühmte Schwertwort Jesu, das als Auftrag an dieselben zwölf Jünger ergeht, die der Adressat der Bergpredigt sind. In Lukas 22 lesen wir: „Und Jesus sprach zu ihnen: Als ich euch ohne Börse und Tasche und Sandalen ausgesandt habe, mangelte euch an etwas? Sie aber sagten: An nichts. Er sprach nun zu ihnen: Aber jetzt, wer eine Börse hat, der nehme sie . . . und wer keine hat, der verkaufe seinen Mantel (d.h. sein letztes Hemd) und kaufe ein Schwert! . . . Sie aber sprachen: Herr, siehe, hier sind zwei Schwerter. Er sprach zu ihnen: Es ist genug!" (Lukas 22, 35-38).

Drei Dinge lernen wir aus dieser Episode, die so ganz und gar dem sanften Jesusbild des Lukas widerspricht und daher umso glaubwürdiger als vorlukanische Überlieferung aus dem jüdischen Jüngerkreis gelten darf:

daß mindestens zwei der Jünger gar nicht auf Jesu Ratschlag gewartet hatten, sondern sich schon zuvor bewaffnet hatten – und jetzt, ganz unerwartet, ihre Schwerter aus dem Mantel ziehen, ohne dafür von Jesus gerügt zu werden.

daß Jesus sich mit zwei Schwertern für 13 Mann begnügt – was sicherlich nur zur Verteidigung reichen konnte, – keineswegs als Verlockung zur Aggression.

aber nicht zuletzt muß das damalige Römergesetz erwähnt werden, das allen Juden das Tragen von Schwertern aufs strengste verbot, wobei Zuwiderhandelnde häufig als Rebellen gekreuzigt wurden. So war also Jesus bereit, der vernünftigen Selbstwehr den Vorrang einzuräumen, auch gegen das Gesetz der heidnischen Besatzungsmacht.

Welche Lehren sind daraus zu ziehen? Vor allem, daß eine Einladung zum Selbstmord sich aus Jesu Lehre genau so wenig ableiten läßt, wie der radikale Pazifismus nicht aus der Bibel einzuklagen ist. Auch das möge bei der Bergpredigt berücksichtigt werden, die ja nur einen Teil seiner gesamten Lehre darstellt.

3. Verzicht auf Gewalt ist keineswegs identisch mit Verzicht auf Widerstand, der ja den Nächsten, dem Unrecht geschieht, im Stich läßt und so zum Unrechttun beiträgt. Daher verbietet es die simple Nächstenliebe, die Jesus als minimales Grundprinzip voraussetzt, wehrlos zu dulden, daß das Leben deines Nächsten gefährdet, anstatt geschützt wird. Wo Menschen begrenzte Gewalt anwenden, nicht nur in Selbstwehr, sondern um die Vergewaltigung von Schwachen zu verhüten, kann Gewalt der Ausdruck einer verzweifelten Nächstenliebe sein. Genau das meint der Jakobusbrief des Jesusbruders, wo es heißt: „Wenn Ihr das königliche Gesetz erfüllt nach der Schrift: Liebe deinen Nächsten wie dich selbst! So tut ihr wohl." (Jakobus 2,8) „Königlich" heißt das Gesetz der Nächstenliebe im rabbinischen Sprachgebrauch, weil es den absoluten Vorzug genießt – vor allen anderen biblischen Geboten – auch denen, die Friedfertigkeit und Gewaltverzicht gebieten. So handelten Dietrich Bonhoeffer, die Helden und Heldinnen von der „Weißen Rose" und die Männer und Frauen, die am 20. Juli 1944 Hitler gewaltsam zu beseitigen suchten, um Gewalt einzudämmen und zahllose „Nächsten" vor dem sicheren Massenmord zu bewahren. Widerstandslosigkeit wäre in allen diesen Fällen ein Akt der Feigheit, der Selbstsucht und der gleichgültigen Preisgabe unschuldiger Mitmenschen gewesen – im himmelschreienden Widerspruch zum Geist der gesamten Bergpredigt.

4. Verzicht auf Widerstand hilft aber auch „dem Bösen" nicht, der Gewalt übt – noch entfeindet er ihn. Ganz im Gegenteil! Er bekräftigt ihn in seiner Feindseligkeit und lädt ihn ein, ungestraft weitere Gewalttaten zu begehen. Ein passives Hinnehmen böser Taten kann nur das Unrecht mehren, die Armen und Schwachen der Willkür und Gewalt ausliefern, und Nächstenhaß fördern – wie das Dritte Reich und Hitlers „Endlösung" nur allzu deutlich bewiesen haben.

Wenn also Jesus nicht gesagt hat: „Widersteht dem Bösen nicht!" – was mag er wohl gesagt haben?

Auf der Suche nach Jesu ursprünglichem Wortlaut, fällt der achte Vers in Psalm 37 auf, in dem nicht weniger als fünf andere Verse in der Bergpredigt anklingen (Verse 9, 11, 21, 22 und 29): „Wetteifert nicht im Unrecht tun", so heißt es dort in poetischer Bibelsprache, wobei das letzte Zeitwort „Leharea" vom griechischen Übersetzer offensichtlicht als „dem Bösen" mißverstanden worden ist – ein häufiger Fehler der Evangelisten, der der Vokallosigkeit der hebräischen Orthographie zuzuschreiben ist. Ursprünglich gemeint war: Ausbruch aus dem Teufelskreis von Unrecht tun, das immer neues Unrecht heraufbeschwört; ein Durchbruch durch die unheilvolle Eskalation von gegenseitiger Vergeltung, die immer schlimmere Folgen mit sich bringt: Sprengung der angeblichen Sachzwänge, die Angst, Verdacht und Mißtrauen durch Gewalt bekämpfen wollen – indem du den Mut aufbringst, dem Übel in den Arm zu fallen und den Gegner durch Klugheit und Güte entwaffnest.

Anders gesagt: Hier ergeht eine Aufforderung, diese Welt nicht den Übeltätern zu überlassen, um den Sieg des Guten ins Jenseits zu verschieben. Es gilt bereits hier auf Erden, für Recht und Gerechtigkeit einzutreten, indem man dem Bösen, möglichst gewaltlos, widersteht. Du sollst größer sein als das Böse – und die Bösen – um beide zu überwinden, aber auch um zu überleben. Denn mit deinem Dahingemordetwerden ist niemandem auf Erden gedient – auch dem lebendigen Gott nicht, „der ein Gott des Lebens, und nicht des Todes ist . . ." Besser als Matthäus, sicherlich früher als alle vier Evangelisten, hat der des Hebräischen kundige Paulus den Sinn der jesuanischen Ethik verstanden. Derselbe Heidenapostel, der sogar dem Petrus – als Haupt der Urgemeinde – vor dessen Angesicht „widerstanden hat", (Galater 2, 11 ff) – wie er sich im Galaterbrief rühmt. Er hätte sich wohl kaum seines Widerstandes gerühmt, hätte ihm den sein Herr und Heiland verboten.

Von der schöpferischen, streitbaren Liebe, die die aufgezwungene Auseinandersetzung nicht scheut, schreibt der Heidenapostel im 12. Kapitel seines Römerbriefes, wo er eine Kurzfassung der Bergpredigt bringt: „Wenn möglich, so viel an euch liegt, lebet mit allen Menschen in Frieden!" (Römer 12, 18) – Wobei die ersten sechs Worte ganz unzweideutig sowohl gegen jedwede passive Selbstunterwerfung als auch gegen ein Sich-Heraus-Halten aus unvermeidlichen Konflikten plädieren. Ein sachlich und moralisch einwandfreier Vorschlag, der vollauf mit Jesu Entfeindungsliebe übereinstimmt – ohne auf Menschenwürde, auf Notwehr und auf Friefertigkeit zu verzichten.

Drei Methoden schlägt Jesus vor, um friedensfördernd mit dem Feind umzugehen:

1. Mit demjenigen Feind, der dich nur ausnutzen will, geh eine zweite Meile, um ihn durch Zuvorkommenheit zu entfeinden!

2. Den Feind, der dich durch Schläge entwürdigen will, versuche durch Prestige-Verzicht und Demut zu „entwaffnen"!

3. Gegen den Feind aber, der dich umbringen will, helfen nur zwei Schwerter: zur Abschreckung, zur Vorbeugung oder zur Selbstbehauptung – ganz im Sinne Jesu, der den Seinen riet, „Wenn der Starke bewaffnet seinen Hof bewacht, so bleibt sein Besitztum in Frieden." (Lukas 11, 21).

Die dreifache Friedensstrategie des Nazareners, die auch heute kein Jota von ihrer Aktualität eingebüßt hat, besteht aus Enfeindungsliebe, aus maximaler Nachgiebigkeit, aber auch aus Bereitschaft zur Notwehr.

Nun mögen Sie mich fragen: Was hat das alles mit uns anno 1989 zu tun? Sehr viel – nach meiner Meinung. Vor allem: die Einsicht Jesu, daß diese Welt, in der wir leben, weder heil noch heillos ist – wohl aber heilbar, wenn wir dabei mit vollem Einsatz mitzuwirken entschlossen sind. Dazu bedarf es großer Geduld und vieler kleiner Einzelschritte. Ebenso aber gilt es, sich dreier biblischer Tugenden zu befleißigen, die seit eh und je zur Grundlage des menschlichen Miteinanders gehören:

1. die Konfliktfähigkeit, um Kontroversen fair und gewaltlos auszutragen. Konflikte totzuschweigen oder zu verdrängen, verschärft sie nur und erschwert dann jedwede friedliche Lösung. So ist es also ratsam, den Konflikt auszuhalten und, ohne Brücken abzubrechen, durchzustehen. Auf keinen Fall aber dürfen wir den Respekt voreinander verlieren – auch wenn die Sache an sich hart umstritten wird.

2. die Dialogbereitschaft auf allen Ebenen der Gesellschaft – von der Familie über den Betrieb bis in die Politik sowie mit Gegnern und Konkurrenten, die aber niemals verteufelt werden dürfen. Als Motto für solche Toleranz empfiehlt sich die rabbinische Weisheit, dergemäß die Sprachlosigkeit sehr rasch zur Handgreiflichkeit führen kann.

3. die flexible Kompromißwilligkeit – mit uns selbst zuerst –, aber auch mit allen Andersdenkenden, die zwar Opponenten bleiben mögen, aber gerade deshalb emotional entfeindet werden sollten.

Das sind die Spielregeln einer Humanität, die gewährleistet, daß keine „Ent-Gegnung" zur „Ver-Gegnung", oder gar zur „Zer-Gegnung" ausarten möge, sondern zur konstruktiven „Be-Gegnung" gestaltet werden kann.

Zu Jesu Lebzeiten, heutzutage und übermorgen, in der Bundesrepublik Deutschland und überall!

Jekaterina Jegorowa

Überwindung von Stereotypen

Redaktionelle Vorbemerkung: Im MILITÄRBULLETIN der sowjetischen Presseagentur NOWOSTI, einer vorwiegend für das westliche Ausland bestimmten Informationsschrift, erschienen seit September 1988 „Erstveröffentlichungen" der Moskauer Wissenschaftlerin Jekaterina Jegorowa zum Problem der Überwindung von Stereotypen und Feindbildern.

Die drei Beiträge, die als Neues Denken in der Militärpolitik zu werten sind, werden im folgenden mit ausdrücklicher Genehmigung des Herausgebers, SOWJETUNION HEUTE, unwesentlich gekürzt abgedruckt.

„Feindbild", die Angst der Menschen voreinander bedroht ihre psychische Gesundheit

Aus NOWOSTI – Militärbulletin Nr. 16 vom 19. 9. 1988

Den Zustand der „Kriegspsychose" charkaterisierend, heben Psychologen und Psychopathologen die als Massenerscheinung auftretenden Zwangsneurosen hervor, die die Psyche am stärksten gefährden. Phobien oder Zwangsbefürchtungen können zur größten Zerstörungskraft des normalen Seins werden. Die Angst, die oft zu den „irrationellen" Faktoren menschlichen Verhaltens zählt, wurde bei der Betrachtung der verschiedenen militärstrategischen und außenpolitischen Beschlüsse bisher leider nicht genügend berücksichtigt.

Aus zahlreichen verheerenden Kriegserfahrungen entwickelte sich bei den verschiedenen Völkern, vor allem aber bei den Europäern, die Angst davor, ein neues Grauen zu erleben. Diese Angst hat die Menschen sozusagen in zwei Gruppen geteilt und zwar in jene, die sich aktiv für den Frieden einsetzen und jene, die danach streben, einer Bedrohung – einer realen oder einer erdachten – eine noch größere Bedrohung entgegenzustellen. Natürlich haben hier vorsätzliche Handlungen der Regierungen der rivalisierenden Länder, die den psychischen Zustand der Massen stark beeinflussen, große Wirkung ausgeübt. Jedoch auch die Regierungen, die selbst ebenfalls aus Menschen bestehen, sind den Phobien in nicht geringerem Maße als die Bevölkerung selbst ausgesetzt.

So war der Kalte Krieg eine erklärbare Folge des gemeinsamen Sieges über den gemeinsamen Feind. Die Länder mit ihren unterschiedlichen Ideologien, unterschiedlicher Politik und Wirtschaft, die die gemeinsame Aufgabe zeitweilig verbunden hatte und die dabei auf ihre eigenen Interessen bedacht waren, wurden mit ihren Ängsten, dem lange Zeit gehegten Mißtrauen untereinander und der Ungewißheit konfrontiert, was von dem ehemaligen Partner erwartet werden könne. Zu einem psychischen Trauma, das zu den Schrecken der Kriegserfahrungen und -erlebnisse gleichsam hinzukommt, wird nicht nur das, was der Vergangenheit angehört, sondern auch das, was die Zukunft bedroht. Es entsteht eine unsichere Situation, die die Entscheidung darüber, wie weiter gehandelt werden solle, erfordert.

In der Psychiatrie gibt es eine Erscheinung, die für das Verhalten der Kranken, die unter Zwangsbefürchtungen leiden, charakteristisch ist. Analog dazu lassen sich Motive und Handlungen im politischen Bereich während des „Kalten Kriegs" als eine ausgeprägte „Kriegsneurose" erklären: Es geht dabei um eine passive Einstellung zu den Zwangsbefürchtungen, um den Unwillen, diese zu bekämpfen – wie die Ärzte oft beobachten. Statt dessen bildet sich ein Stereotyp heraus. Es werden Riten geschaffen, die peinlich genau ausgeübt werden. Die Rüstungssteigerung – über die Grenzen einer mehrmaligen gegenseitigen Vernichtung hinaus – gewann im nuklearen Zeitalter zum Beispiel die Bedeutung eines solchen Ritus. Die Sinnlosigkeit ist augenscheinlich, der militärische Effekt ist beinahe gleich Null, jedoch ist der Ritus eingehalten und dem Verhaltensstereotyp nachgekommen, einige Zeit eine weniger starke Angst vor dem Gegner zu empfinden.

Zu einem anderen symbolischen Ritus werden gegenseitige kleine „Stiche" und die Vorführung der eigenen Überlegenheit auf Gebieten, die für keine Seite von besonders großer Bedeutung sind. Ein aktuelles Beispiel liefern die meisten regionalen Konflikte mit ihrem Hauptmotiv: dem Gegner und der Welt zu beweisen, daß jede der im Konflikt stehenden Seiten die dominierende Stellung habe. Mehr als einmal erwies sich, daß die gegenseitige Angst dadurch nicht nachläßt und das Ansehen in der Welt nicht größer wird. Ein typisches Beispiel ist der iranisch-irakische Konflikt, dessen Beilegung nicht nur vom politischen und militärischen Standpunkt zu sehen ist, sondern auch als ein Kennzeichen dessen, daß der Zustand der gegenseitigen Angst vom psychologischen Standpunkt aus keinen Selbstzweck darstellt und überwunden werden kann.

Der neurotische Zustand der im Konflikt stehenden Parteien wird darüber hinaus noch durch den ständigen Streß erschwert, der den Beziehungen zu anderen Ländern seinen Stempel aufdrückt – nicht nur zu neutralen Ländern, sondern auch zu Partnern. Gegenüber den Vorschlägen des Gegners fehlt jegliches Vertrauen. So entsteht das Bild vom Feind wie das eines Objekts, das Angst hervorruft. Der Feind personifiziert nicht nur die gegenwärtige Angst, sondern auch die Angst, die aus Kriegserfahrungen der Vergangenheit herrührt.

Die häufigste Form der „Kompensation" des Angstzustands vor dem Feind – einem realen oder einem erdachten – äußert sich in aggressiven, schlecht durchdachten Handlungen. Viele Beispiele dafür lassen sich ebenfalls im iranisch-irakischen Konflikt auffinden. Die Seestreitkräfte der USA, die durch einen politischen Beschluß in den Konflikt einbezogen wurden, spürten selbst alle negativen Folgen einer solchen Angst in vollem Maße. Ein Ergebnis ist beispielsweise neben anderen irrationellen Handlungen die Vernichtung eines iranischen Passagierflugzeugs.

Dieser Fall bestätigt jene Gesetzmäßigkeit, daß neurotische Beschlüsse oft Folgen nach sich ziehen, die zu weiteren psychologischen Traumata werden, welche die alten Kriegsneurosen verstärken und neue hervorbringen.

Der Verzicht auf den Begriff „Feind" könnte die menschliche Psyche in erheblichem Maße von der angehäuften Last, die sich als untragbar erweisen kann, befreien. Das darf kein Anliegen eines einzelnen Staates sein und auch nicht einer Menschengruppe, die diese oder jene Idee verficht, sondern ein Anliegen eines jeden und aller, wenn wir weiter Homo sapiens bleiben wollen.

Jekaterina Jegorowa und Konstantin Pleschakow

Modelle und Stereotypen im militärpolitischen Denken und ihre Funktion

Aus NOWOSTI – Militärbulletin Nr. 3 vom 30. 1. 1989

Die Einstellung (als Element der politischen Psychologie) etwa eines führenden Politikers oder Militärs zu einem anderen Staat, zu seinem Spitzenpolitiker oder einem militärischen Konflikt bedeutet vor allem ein Modell in Form irgendeines (echten oder falschen, a priori oder aus der bisherigen Erfahrung abgeleiteten, gründlichen oder oberflächlichen) Wissens, das sich aber schon im Bewußtsein verankert hat. Die Einstellung setzt auch eine emotionelle Verhaltensweise zum Objekt der Rezeption aufgrund des bestehenden Modells und daher die Bereitschaft zu bestimmten Handlungen voraus.

Die gesamte Information über das Rezeptionsobjekt bildet das Modellwissen. Zugleich formt sich aber auch ein Modellwert, der für den einzelnen den persönlichen Sinn der Ereignisse und die Handlungen dieses konkreten Menschen bestimmt.

Abgesehen von Modellen wird die Psychologie eines führenden Politikers in bedeutendem Maße auch von Stereotypen beeinflußt – vereinfachte Vorstellungen vom Objekt, die nur indirekt aus eigener Erfahrung resultieren und stark emotionell gefärbt sind. Auf ihrer Grundlage ordnet ein führender Politiker oder Militär das neue Objekt seiner Aufmerksamkeit automatisch in eine bereits bekannte Kategorie ein, wodurch sich eine „fertige“ Reaktion ergibt. Das bedeutet, daß sich die Information, die einem Stereotyp zugrunde liegt, weniger auf die konkrete Erscheinung oder das konkrete Ereignis bezieht, sondern auf einen Tatbestand, mit dem man bereits zu tun hatte. Für den neuralgischen Punkt Naher Osten zum Beispiel ist das Klischeebild kennzeichnend, das sich die amerikanische Führung für einige arabische Staaten als „terroristisch“ zurechtgelegt hat. Das durch die Aktionen einzelner extremistischer arabischer Gruppierungen (nicht nur heute, sondern auch in der Vergangenheit) bewirkte Stereotyp wurde also auf andere Staaten übertragen, die zu dieser Erscheinung in keiner Beziehung stehen.

Die schablonenhafte, vereinfachte Rezeption der Realität hat, wie den Psychologen gut bekannt ist, häufig auch eine stabilisierende Wirkung und kann zum Beispiel einen führenden Politiker in einer Krisensituation vor Informationsstreß bewahren. Da aber in den Stereotypen die Einstellung das Wissen (im Unterschied zum Modell) überwiegt, motivieren sie viel stärker als die Modelle das Verhalten eines führenden Politikers und veranlassen zu Handlungen unter den Bedingungen eines weniger exakten Informationsbildes.

Die Falkland-Krise hat in vollem Maße gezeigt, wie unheilvoll es sein kann, wenn die emotionelle Sicht auf den Gegner das echte Wissen über ihn überwiegt. Die damaligen argentinischen Politiker hatten ein verbogenes Modellwissen von der britischen Führung und unterschätzten die Bereitschaft von Margaret Thatcher, „bis zum Ende zu gehen“.

Die Stereotypen wirken mit den Modellen und Einstellungen, beeinflussen diese und schaffen gemeinsam mit ihnen ein einheitliches einstellungsperzeptives Rezeptionsprisma. Das entstandene Stereotyp „Feind“ definiert (verengt) die Fähigkeit des Bewußtseins eines führenden Politikers zur Rezeption der Information von der anderen Seite auch dann, wenn er aufrichtig bemüht ist, sich eine denkbar adäquate Vorstellung von seinem Gegner oder Rivalen zu schaffen. Dieses Stereotyp, das das Modell als eine Komponente der Einstellung (bis zum „Feindbild") verzerrt, kann sich auch auf die Verhandlungsbereitschaft mit der Gegenseite auswirken (wie wir das an der Haltung Israels im Laufe der letzten Jahrzehnte beobachten).

Bekannt ist auch eine zielgerichtete Einwirkung auf die Rezeption der politischen und militärischen Führung in einer Krisensituation. Amerikanischen Psychologen war es gelungen, aufgrund der Methodik der sogenannten Balance-Lists die Haltung von A. Sadat und M. Begin zueinander in gewissem Maße zu korrigieren. Die USA konnten ihr Ziel – Unterzeichnung des Separatvertrags im Nahen Osten – erreichen. Hätte man mehr leisten und die Interessen auch anderer Konfliktseiten berücksichtigen können? Das ist nicht auszuschließen, wenn dabei ein größer dimensioniertes Ziel anvisiert worden wäre. Jedenfalls beweist dieses Beispiel, daß erwünschte Ergebnisse erzielbar sind, wenn bewußt alle, wir unterstreichen, alle psychologischen Phänomene berücksichtigt werden.

Die außenpolitische Verhaltensweise wird in bedeutendem Maße durch das Überzeugungssystem kontrolliert. Der amerikanische Wissenschaftler A. George unterscheidet strategische und taktische Überzeugungen. Letztere erfüllen eine Funktion des „gesunden Menschenverstands" und zwingen einen führenden Politiker, den praktischen Nutzeffekt jeder Maßnahme mit der emotionellen Befriedigung über deren Durchführung ins Verhältnis zu setzen. Das Überzeugungssystem kann daher jeweilige Stereotype ins Wanken bringen. Entscheidend ist dabei das Modell der gewünschten Zukunft, das ein führender Politiker anstrebt, wenn er beispielsweise in einen militärischen Konflikt eintritt (oder nicht eintritt). Die neue Haltung der PLO zeigt zum Beispiel eine positive Wandlung in eben diesem Bereich. Der iranisch-irakische Konflikt veranschaulicht auch die Rationalisierung des Modells der gewünschten Zukunft, in diesem Falle jedoch bereits durch beide kriegführende Seiten (mit dem gewählten Mittel – militärischer Konflikt – können weder außen- noch innenpolitische Ziele erreicht werden, die beide Länder bei der Kampfaufnahme 1980 anstrebten).

Das neue politische Denken der Sowjetunion stellt ein einheitliches Anschauungssystem dar, in dem unter den strategischen Überzeugungen eine grundsätzlich neue Sicht der Welt nicht als eines Konfrontationsfelds zwischen den Kräften des „Guten" und des „Bösen", sondern als eines einheitlichen Hauses mit gemeinsamen Interessen aller seiner Bewohner vorherrscht. In den USA und in anderen Ländern sind in letzter Zeit zunehmend ähnliche Motive erkennbar: Offensichtlich bestehen und erstarken gemeinsame Elemente in den Überzeugungssystemen (vom Standpunkt der politischen Psychologie). Die keimende Evolution kann man kurz als eine Tendenz zur Erweiterung des Wirkungsbereichs der Modelle, die den Realitäten am nächsten kommen, zur Annäherung der noch jüngst als unüberwindbar geltenden Unterschiede in den zwei Überzeugungssystemen und in der gegenseitigen Rezeption definieren. (Offensichtlich wirken in diesem Prozeß zuleich mehrere Modelle: das Modellwissen vom Objekt als Erkennungskomponente der Einstellung; der Modellwert, der den persönlichkeitsbezogenen Sinn des Objekts für einen führenden Politiker bestimmt; das Modell des gewünschten Zustands des Objekts).

Es sei trotzdem darauf verwiesen, daß sich Wandlungen nur langsam im Bewußtsein verankern. Die auf eine neue Art rezipierten Modelle werden neben den Stereotypen, der Einstellung und anderen psychologischen Phänomenen funktionieren, die ein sehr diffiziles und stabiles System darstellen. Es ist schwer wandelbar und wird, wenn einmal in Gang gesetzt, Langzeitfolgen haben. Eben deshalb wird insbesondere das „Feindbild" so mühsam aus dem

Bewußtsein verdrängt, das den Menschen beiderseits der Meere jahrelang eingeimpft wurde.

Es ist ein Axiom, daß es, je mehr die wechselwirkenden Überzeugungssysteme angeglichen werden, desto wahrscheinlicher ist, daß im politischen und militärischen Bereich Beschlüsse gefaßt werden, die zur Normalisierung der Beziehungen und Situationen führen.

Jekaterina Jegorowa und Konstantin Pleschakow

Die Erfahrungen Frankreichs und der Bundesrepublik Deutschland weisen nach, daß die Feindbildstereotypen überwunden werden können

Aus NOWOSTI – Militärbulletin Nr. 6 vom 20. 3. 1989

Als ein recht kennzeichnendes Beispiel der Evolution der Feindbildstereotypen in Westeuropa läßt sich die Entwicklung der gegenseitigen Beziehungen zwischen Frankreich und Deutschland betrachten. Der Deutsch-Französische Krieg und die beiden Weltkriege schienen die feindselige Einstellung der beiden Nationen zueinander fest und unerschütterlich vorausbestimmt zu haben. Und wirklich war im Laufe von mehreren Jahrzehnten nur der Rationalismus in den zwischenstaatlichen Beziehungen zwischen den beiden Nachbarn kennzeichnend. In den achtziger Jahren wurden aber nichtsdestoweniger gerade Frankreich und die Bundesrepublik Deutschland zu Partnern in der militärischen Integration.

Was hat sich also in weniger als einem halben Jahrhundert verändert und wie ist jene Situation entstanden, in der Frankreich und Deutschland die Formulierungen Sieger und Besiegter haben fallenlassen? Um eine Antwort auf diese Frage zu geben, muß man sich den Ausgangspunkt der Evolution nach dem Zweiten Weltkrieg offensichtlich ungefähr so vorstellen: Frankreich konnte für seine führenden Repräsentanten psychologisch absolut weder als Befreier noch als Sieger gegenüber Deutschland gelten. Deutschland aber, das den Krieg verloren hatte, konnte seinerseits nicht eine dominierende Rolle in den bilateralen Beziehungen beanspruchen. Es waren bestimmt diese Umstände, die sie aus der Situation der „permanenten Vergeltung" herausführten. Das alte Schema der Bündnisse und Koalitionen existierte im Nachkriegseuropa nicht mehr, mit ihm brach auch das gewohnte Schema der Auffassung des anderen zusammen. Das führte dazu, daß die auf den früheren emotional-politischen Erfahrungen basierenden Stereotypen die adäquate Auffassung der bestehenden Realien nicht mehr verdeckten oder, mit anderen Worten, daß in den Beziehungen zwischen Frankreich und der Bundesrepublik das Bild „Kenntnis" die Oberhand gewann. Für Frankreich bildete es sich am ehesten ausgehend von der Einsicht darin heraus, daß das politische Gewicht der Bundesrepublik Deutschland zum erstenmal nicht auf Waffengewalt, sondern auf der gesunden Wirtschaft basierte. Es gab auch noch eine andere kennzeichnende Eigenschaft der Bundesrepublik – sie verfügte über das größte nichtnukleare Militärpotential in Europa unter den NATO-Mitgliedsländern. Die Überprüfung der Einstellung zur Bundesrepublik als zum Partner erfolgte auch noch deshalb, weil weder die dynamische Wirtschaft noch die starke Armee den Franzosen Anlaß gaben, den Deutschen den Revanchismus vorzuwerfen. Die technische Ausrüstung der Bundeswehr machte die militärische Zusammenarbeit mit der Bundesrepublik verlockend, die das Militärpotential Frankreichs zweifellos ergänzen könnte. Schließlich wurde die Bundesrepublik als ein Staat aufgefaßt, mit dem ein von Washington relativ unabhängiges politisches Tandem möglich ist.

Die herrschenden Kreise der Bundesrepublik legten sich ihrerseits Rechenschaft darüber ab, daß Frankreich, jedenfalls in der ersten Etappe der neuen gegenseitigen Beziehungen, den Status einer wirtschaftlichen Großmacht nicht beanspruchen konnte. Eine wichtige Komponente des Bildes „Kenntnis" war für die Bundesrepublik die Einsicht darin, daß sich keine einzige einflußreiche politische Kraft in Frankreich nach dem Krieg in Algerien, ungeachtet der Multipolarität des innenpolitischen Lebens des Landes, mit nationalistischen Stimmungen assoziierte. Am Rhein sah man, daß die Politik, die Frankreich in den internationalen Angelegenheiten demonstrierte, das Gegenüber Ost-West zu entschärfen half. Das Bild „Kenntnis" in bezug auf Frankreich setzte voraus, daß es von Bonn auch als ein geeigneter und wichtiger Handelspartner betrachtet werden sollte. Im militärischen Bereich wurde Frankreich als ein überaus wichtiger nuklearer Verbündeter aufgefaßt, der seine eigenen Bedingungen nicht diktieren kann (wie die USA), aber in gewissem Maße in der Lage ist, die Bundesrepublik mit dem nuklearen „Schirm" zu schützen. (Die militärischen Beziehungen mit den USA wurden in einer Frage genau bestimmt: Die Bundesrepublik hatte nach dem Fiasko der Idee der multilateralen Nuklearkräfte keine Chancen auf die Teilnahme an der Verfügung über amerikanische Kernwaffen.) Die Beziehungen mit Frankreich wurden aber als eine Chance aufgefaßt, an der realen Verfügung über Kernwaffen teilzunehmen und dabei eine nichtkernwaffenbesitzende Macht zu bleiben. Dazu noch sah die Bundesrepublik in Frankreich ein Land, das hinsichtlich der Kontrolle über die Rüstungen und der Abrüstung eine recht unnachgiebige Haltung einnahm. Im Tandem mit ihm könnte die Bundesrepublik, indem sie die eine oder andere Position bezog, eine größere Möglichkeit haben, als Schrittmacher der neuen positiven Prozesse in Europa zu erscheinen und eine Art Effekt des nichtantagonistischen Kontrastes zu schaffen.

Natürlich sind die Ursachen sehr zahlreich, der Umfang des Zeitschriftenartikels zwingt uns aber dazu, uns auf die, unserer Meinung nach, grundlegenden Elemente des Bildes „Kenntnis" zu beschränken, die die Annäherung der Positionen beider Länder merklich beeinflußten.

Die Verbesserung der französisch-bundesdeutschen Beziehungen erfolgte, besonders in den siebziger Jahren, natürlich auch unter dem Einfluß des „Bildes der erforderlichen Zukunft" der Beziehungen zueinander, das heißt des erwünschten Zustands der bilateralen Beziehungen. Uns scheint es, daß es für Frankreich ein neues Niveau des Bündnisses (außerhalb des NATO-Rahmens) bedeutete, das von den USA unabhängig war. Die Bündnisbeziehungen mit der Bundesrepublik Deutschland setzten offensichtlich eine bestimmte Hemmung der Entwicklung der Bundesrepublik als dynamisches Kraftzentrum in Europa voraus. Das wirtschaftliche Fragment des Bildes der erforderlichen Zukunft stellte die Unterstützung der Bundesrepublik im Rahmen der französischen Politik in der EG dar. Das politische Fragment – die Abstimmung der Außenpolitik, insbesondere des Visavis USA – Japan, der sozialistischen Länder, wie auch der Prozesse der westeuropäischen Integration.

Der militärische Aspekt hing mit der Hoffnung zusammen, zur dritten Kernwaffenmacht mit einem starken nichtkernwaffenbesitzenden Verbündeten zu werden, und nach der Gesamtheit der „eigenen" Kernwaffen und „seinen" konventionellen Waffen in der Hierarchie der Militärmacht vorzurücken.

Ohne Anspruch auf eine erschöpfende Analyse aller Beweggründe der Seiten zu erheben, wollen wir doch feststellen, daß das Bild der erforderlichen Zukunft der bilateralen Beziehungen bei Frankreich und bei der Bundesrepublik nicht ganz übereinstimmt; darum sind Konflikte in den realen politischen Beziehungen möglich. Hier ein Beispiel: Sowohl Frankreich als auch die Bundesrepublik Deutschland sehen in den bilateralen Beziehungen eine Chance, sich im Europa von morgen einen führenden Platz zu sichern, aber in unterschiedlichen Koordinatensystemen. Frankreich denkt eher an die Führungsrolle im bestehenden Westeuropa als einem unabhängigen Kraftzentrum. Daher will es die Sicherheit Westeuropas durch militärische Blockbildung mit der Bundesrepublik gewährleisten, den Verbündeten aber an seine Kernwaffenkräfte nicht heranlassen und deren Einschränkung nicht zulassen, weil die nukleare Macht Frankreichs Unabhängigkeit verstärkt. (Und im Unterschied zur Bundesrepublik zählt Frankreich die „Wiedervereinigung Deutschlands" bei weitem nicht zu seinen Prioritäten, und das sowohl wegen der Erfahrungen der Vergangenheit als auch wegen des Strebens, die Hauptrolle zu spielen.) Zu den Differenzen ist auch zu zählen, daß in der Bundesrepublik Deutschland das Bild der erforderlichen Zukunft der Beziehungen zu Frankreich das Recht auf gemeinsame Entscheidungen auf dem Gebiet der Kernwaffen und das Vetorecht für den Einsatz der Kernwaffenkräfte Frankreichs auf dem Territorium der Bundesrepublik (gegen Ziele auf dem Territorium der Bundesrepublik) beinhaltet. Außerdem möchte Bonn, daß die französische Militärpolitik von der Prämisse ausgeht: „Die Verteidigung Frankreichs beginnt an der Elbe", das heißt, daß es völlige Klarheit hinsichtlich des französischen Kernwaffen-„Schirms" haben möchte.

Zugleich sind auf dem heikelsten – dem militärischen – Gebiet heute reale Fortschritte zu verzeichnen. Im Januar 1988 wurde in Paris das Protokoll über die Gründung des gemeinsamen Verteidigungs- und Sicherheitsrats unterzeichnet, dem die höchste politische und militärische Führung beider Länder angehört. Es wurde der Beschluß über die Aufstellung einer französisch-bundesdeutschen Brigade gefaßt. Mit anderen Worten führt die reale Politik, die dem Bild der erforderlichen Zukunft der bilateralen Beziehungen untergeordnet wird, zum Erscheinen des Prototyps der desintegrierten NATO.

Die Differenzen in bezug auf die erforderliche Zukunft der bilateralen Beziehungen zeigen, daß die Zukunft des französisch-bundesdeutschen Bündnisses nicht wolkenlos ist. Und in dem Maße, wie ein „einheitliches" Westeuropa zur Realität werden (oder nicht werden) wird, wird es den Verbündeten immer schwerer fallen, über Prioritäten und Kompromisse übereinzukommen.

Aber unabhängig von der Entwicklung des französisch-bundesdeutschen Bündnisses für längere Perspektive und ungeachtet des natürlichen Unterschieds im Herangehen, sehen wir in der Evolution der französisch-deutschen Beziehungen die Vorzüge des Übergangs von dem Denken in Klischees zum Denken in Bildern. Die Erfahrungen Frankreichs und der Bundesrepublik Deutschland weisen das Wichtigste nach: Die Gespenster der Vergangenheit, die Feindschaftsstereotypen, können in der sich verändernden Welt verschwinden, wenn bei den Ländern eine gemeinsame Aufgabe zustande kommt und wenn die Nationen die Vergangenheit in vollem Maße „verkraftet" haben.

Henri Ménudier

Von der Erbfeindschaft zur Europäischen Gemeinschaft

25 Jahre deutsch-französischer Vertrag

Frage: „Am Vorabend des 25. Geburtstages möchte ich Ihnen zu den deutsch-französischen Beziehungen eine Frage stellen: Sind, Ihrer Meinung nach, Marianne, das heißt Frankreich, und Deutschland verlobt oder verheiratet?"

F. Mitterrand: „Verlobt? Nein. Seit drei Jahrzehnten unzweifelhaft verheiratet. Mit zwei Trauzeugen, der Europäischen Gemeinschaft und der Atlantischen Allianz. Sie sind dann wegen des Ehevertrags 1963 zum Notar gegangen. Fünfundzwanzig oder dreißig Jahre sind angesichts der Geschichte wenig, sie sind eher ein junges Paar!"

So beginnt das Interview, das François Mitterrand, Präsident der Französischen Republik, der Tageszeitung „Die Welt" gegeben hat und das am 18. Januar 1988 veröffentlicht worden ist, wenige Tage bevor in Paris die Silberhochzeit des Vertrags über die deutsch-französische Zusammenarbeit gefeiert wurde, der unter dem Namen „Elysée-Vertrag" bekannt ist.

Feinde

Der Krieg von 1870 und die beiden Weltkriege belasten nachhaltig die deutsch-französischen Beziehungen: Franzosen und Deutsche betrachteten sich damals als „Erbfeinde". Besessen von der Sorge um seine Sicherheit, will Frankreich nach 1945 die deutsche Gefahr durch die Aufteilung Deutschlands und dessen Unterstellung unter ein drakonisches Besatzungssystem endgültig beseitigen. Diese auf Feindseligkeit beruhende Politik ist schnell zum Scheitern verurteilt: Das geschwächte Frankreich ist uneins mit den Alliierten. Das deutsche Problem wird ein Grund für die Gegensätze zwischen dem Westen und der Sowjetunion, die der Ost-West-Konflikt trennt.

Der Wendepunkt von 1950

Frankreich ist gezwungen, die Gründung der Bundesrepublik Deutschland – am 23. Mai 1949 – zu akzeptieren und sieht ein, daß es in seinem Interesse liegt, sich mit diesem „Teil" von Deutschland zu verständigen, dies aber ohne auf den Wunsch zu verzichten, es zu kontrollieren, um den Frieden besser zu garantieren: Das ist einer der Gedanken des „Schuman-Plans" vom Mai 1950, der Deutschland und den Ländern Europas, die sich anzuschließen bereit sind, vorschlägt, ihre Kohle- und Stahlvorkommen im Hinblick auf eine europäische Föderation gemeinsam zu verwalten und bald danach zur Gründung der Europäischen Gemeinschaft für Kohle und Stahl (EGKS) mit dem Vertrag vom 18. April 1951 führt. Der Mißerfolg des Projekts der Europäischen Verteidigungsgemeinschaft (EVG), das am 30. August 1954 von den französischen Abgeordneten abgelehnt wird, und der Plan der Europäisierung des Saarlandes, der 1955 von den Saarländern zurückgewiesen wird, beleuchten später die fortbestehenden Widersprüche der französischen Politik gegenüber Deutschland.

Mit dem Schuman-Plan hat sich jedoch eine wesentliche Änderung vollzogen: Nach einem langen Ringen um die Vormachtstellung in Europa entscheiden sich Franzosen und Deutsche, Europa gemeinsam zu gestalten. Der wirkliche Wendepunkt in den deutsch-französischen Beziehungen ist 1950 und nicht 1963. Als General de Gaulle 1958 wieder an die Macht kommt, ist der deutsch-französische Konflikt beigelegt, die Annäherung beginnt Wirkung zu zeigen.

Die Beweggründe des Generals

Nach ihrer Begegnung in Colombey-les-Deux-Eglises am 14. September 1958 wollen General de Gaulle und Bundeskanzler Adenauer der Zusammenarbeit zwischen den beiden Staaten eine persönliche Note geben. Der Besuch des Kanzlers in Frankreich im Juli 1962 und vor allem der triumphale Staatsbesuch General de Gaulles im September desselben Jahres in Deutschland bereiten die Stimmung für verbesserte Formen von Zusammenarbeit vor.

Die Rückschläge, die der General seit 1958 hinnehmen mußte, drängen gerade ihn in diese Richtung: Die Vereinigten Staaten hatten seinen Vorschlag eines Dreierdirektoriums Frankreich-England-USA im Atlantischen Bündnis verworfen; die Affäre des amerikanischen Spionageflugzeugs hatte im Mai 1960 den „Gipfel" der vier „Großen" in Paris scheitern lassen; schließlich hatten die Partner Frankreichs, besonders Belgien und die Niederlande, von Großbritannien heimlich unterstützt, die politische Zusammenarbeit zwischen den Regierungen abgelehnt, die sich auf auswärtige Angelegenheiten erstrecken und in absehbarer Zeit in eine Konföderation unter Bewahrung der Souveränität der Mitgliedsstaaten münden sollte, wie die verschiedenen „Fouchet-Pläne" den sechs Mitgliedern der Europäischen Gemeinschaft vorschlugen. Von der algerischen Bürde befreit, will der General seine Außenpolitik wieder verstärken, indem er ein privilegiertes Bündnis mit der Bundesrepublik knüpft und zu zweit den Erfolg erzielt, den er zu sechst nicht erreichen konnte.

Die Gründe des Bundeskanzlers

Konrad Adenauer nimmt dieses Angebot an, das „gerade zur rechten Zeit" kommt: Seine Politik der deutschen Wiedervereinigung befindet sich nach dem Bau der Berliner Mauer im August 1961 in einer Sackgasse, und seine Beziehungen zum amerikanischen Präsidenten John F. Kennedy sind schlecht. Überdies weiß der Bundeskanzler zu schätzen, daß General de Gaulle die letzten französischen Vorbehalte in bezug auf Deutschland aufgibt und trotz der Erinnerung an die Hitler-Vergangenheit und die Konsequenzen der deutschen Teilung die deutsche Position stärkt. Bevor Adenauer im Oktober 1963 die Macht abgibt, legt er großen Wert darauf, die Errungenschaften seiner deutsch-französischen Politik vertraglich abzusichern. Es ist übrigens der Kanzler, der darauf besteht, daß das ursprünglich vorgesehene einfache Protokoll zur Besiegelung der deutsch-französischen Verständigung in einen richtigen Vertrag verwandelt wird.

So ist der Elysée-Vertrag die Folge von unterschiedlichen Interessen, Motiven und Zielen. Er schließt weder die Widersprüche noch die Zweideutigkeiten der europäischen und atlantischen Politik der beiden Staaten aus. Daher rührt auch die Polemik, die seinen Abschluß, kurz nach dem Veto General de Gaulles gegen den Eintritt von Großbritannien in den Gemeinsamen Markt am 14. Januar 1963, begleitet.

Der Inhalt des Vertrags

Ein Abkommen von historischer Bedeutung

General de Gaulle und Bundeskanzler Adenauer unterstreichen in einer gemeinsamen Erklärung die historische Bedeutung ihres Abkommens. Sie versichern, daß die Stärkung der Zusammenarbeit zwischen beiden Ländern „eine unbedingt notwendige Etappe auf dem Weg zu einem geeinten Europa, dem Ziel beider Völker, ist". Die Kontinuität zur Initiative Robert Schumans ist unübersehbar.

Flexible Strukturen

In dem Teil, der die „Organisation" betrifft, legt der Vertrag die Mechanismen der Zusammenarbeit fest. Wichtigster Punkt: Er bezieht die Regierungen und die Verwaltungen der beiden Staaten mit ein. Regelmäßige Treffen zwischen Staats- und Regierungschefs, zwischen Ministern und hohen Beamten der beiden Länder sind ausdrücklich vorgesehen. Ansonsten keine neuen Institutionen mit Ausnahme des Deutsch-Französischen Jugendwerks (DFJW), das mit dem Abkommen vom 5. Juli 1963 gegründet wird. Mit einem Wort, alles beruht auf flexiblen Strukturen, die geeignet sind, sich neuen Bedürfnissen anzupassen.

Die vier Teile des Programms

An erster Stelle des „Programms": die Außenpolitik. Die beiden Regierungen verpflichten sich vor jeder Entscheidung in Fragen gemeinsamen Interesses – Europäische Gemeinschaft, Ost-West-Beziehungen, NATO . . . – zu Konsultationen, um „so weit wie möglich zu einer gleichen Haltung zu kommen". Information und Entwicklungshilfe für die Dritte Welt sowie bestimmte wirtschaftliche Bereiche zählen ebenso zu den Feldern der Zusammenarbeit, die unter der Überschrift „Auswärtige Angelegenheiten" zusammengefaßt sind.

In der Verteidigung betont das Programm die Notwendigkeit der Zusammenarbeit vor allem in drei Bereichen: gemeinsame Reflexion zur Reduzierung der Meinungsverschiedenheiten in den Doktrinen auf dem Gebiet der Strategie und der Taktik, der Austausch von Personal zwischen beiden Armeen sowie eine verstärkte Zusammenarbeit in der Rüstung (Erarbeitung gemeinsamer Projekte und deren Finanzierung).

Die Bemühungen in Sachen Erziehung und Jugend erstrecken sich ebenfalls auf drei Schwerpunkte: Unterrichtung der Sprache des Partners, Anerkennung der Diplome und Zusammenarbeit in der wissenschaftlichen Forschung. Der Vertrag kündigt schließlich die Gründung einer binationalen Organisation an, was sechs Monate später zur Errichtung des Deutsch-Französischen Jugendwerks führt. Es ist im übrigen sehr bezeichnend, daß de Gaulle und Adenauer, unter Berücksichtigung der sehr positiven Bilanz der deutsch-französischen Jugendbegegnungen seit 1945, die Jugend an ihrem Projekt der Zusammenarbeit aktiv beteiligen wollten.

Die Rosen und die Rosenstöcke

Die Persönlichkeit General de Gaulles, seine außenpolitischen Ideen, die nachlassende Autorität Adenauers und die westdeutsche Vorliebe für atlantische Beziehungen machen bei einem Teil der westdeutschen Politiker und der öffentlichen Meinung aus dem Vertrag einen „ungeliebten" Vertrag. Der Bundestag fügt dem Text sogar eine Präambel hinzu, um zu unterstreichen, daß dieses Abkommen die grundlegenden Ziele Bonns nicht in Frage stellen darf: die Einheit Europas, die deutsche Wiedervereinigung, die Zusammenarbeit mit der NATO und den Vereinigten Staaten. Nach der Überlieferung habe de Gaulle kommentiert: „Verträge sind wie Rosen und junge Mädchen, sie haben ihre Blütezeit". Adenauer habe erwidert, daß – wenn auch die Rosen verblühen – die Rosenstöcke wieder erblühen . . . Man kann festhalten, daß – nach der Vorhersage des Generals – die neue Solidarität zwischen Galliern und Germanen wichtiger sein wird als diese spitzen Bemerkungen.

Die Etappen der Zusammenarbeit

1963–1966: die schwierigen Jahre

Die ersten Jahre (1963–1966) der Verwirklichung des Vertrags sind die schwierigsten. Tiefgehende Meinungsverschiedenheiten über Europa trennen de Gaulle und den Ende 1963 gewählten sehr „atlantischen" CDU-Bundeskanzler Ludwig Erhard. Die beiden Länder „geraten aneinander" wegen der gemeinsamen Landwirtschaftspolitik (am 30. Juni 1965 verweigert Frankreich der Europäischen Gemeinschaft die Zuweisung von eigenen Einnahmen), der Supranationalität (die de Gaulle im September 1965 zurückweist) und des Eintritts von Großbritannien in den Gemeinsamen Markt (dem sich Paris entgegenstellt). Im zweiten Halbjahr 1965 schmollt Frankreich mit den europäischen Institutionen („Politik des leeren Stuhls") und erreicht, daß beim Europäischen Ministerrat das Vetorecht erhalten bleibt, das einem Staat ermöglicht, sich einer Mehrheitsentscheidung der Mitgliedsstaaten zu widersetzen.

Ein anderer Grund für Streit: die Atlantische Allianz. Sie fördert einen weitgehenden deutsch-französischen Zwist durch das amerikanische Projekt der multilateralen Streitkräfte unter einheitlichem Kommando. Im Februar-März 1966 kündigt de Gaulle den Rückzug der französischen Streitkräfte aus der integrierten Militärorganisation der NATO an; Frankreich bleibt indessen Mitglied des Atlantikpaktes. Im selben Jahr reaktiviert der General seine Kontakte mit dem Osten und macht sich bei seinen Gesprächspartnern zum Fürsprecher deutscher Interessen: In Moskau fordert er „Entspannung", „Verständigung" und „Zusammenarbeit", aber er lehnt die Zweiteilung Deutschlands ab und weigert sich, die sowjetische Besatzungszone anzuerkennen. Die Bundesrepublik Deutschland, die zunächst sehr beunruhigt war, atmet auf.

1966–1969: ein begrenzter Fortschritt

Von dieser Zeit bis 1974 bleiben die deutsch-französischen Beziehungen lau. Die Zusammenarbeit mit dem CDU-Bundeskanzler Kurt Georg Kiesinger verzeichnet den Beginn einer Verbesserung, die die rituellen Unstimmigkeiten in bezug auf Europa begrenzen: Am 27. November 1967 erneuert de Gaulle sein Veto gegen den Beitritt Großbritanniens. Der Einmarsch sowjetischer Truppen in die Tschechoslowakei und das Ende des Prager Frühlings im August 1968 blockieren die Öffnung des Westens zum Osten. Die sozialen Ereignisse sowie die Studentenkrise von 1968 und ihre Auswirkungen auf die Wirtschaft und die öffentlichen Finanzen erschweren noch mehr die Verständigung zwischen Paris und Bonn: Frankreich hat damals kostspielige soziale Leistungen konzediert, will aber dafür den „Preis" nicht zahlen; denn im November 1968 weigert es sich, den Franc abzuwerten, wie die Bundesrepublik Deutschland es möchte.

1969–1974: das Ende des europäischen Zwists

Die Meinungsverschiedenheiten zwischen den beiden Hauptstädten über Europa wird schließlich teilweise behoben, als der neue französische Präsident, Georges Pompidou, der Zuweisung von Eigenmitteln für die Gemeinschaft im April 1970 zustimmt und vor allem, als er die Erweiterung der EG auf Großbritannien und die anderen Beitrittskandidaten (Dänemark, Irland und Norwegen) mit den Verträgen vom 22. Februar 1972 ermöglicht.

Im Gegensatz dazu bestehen weiterhin erhebliche Unstimmigkeiten auf wirtschaftlichem Gebiet. Die beiden Länder reagieren unterschiedlich auf die Währungsunordnung zu Beginn des Jahrzehnts: Frankreich möchte schnell auf dem Weg zu einer gemeinsamen europäischen Währung vorankommen; die Bundesrepublik Deutschland möchte zunächst die Wirtschaftspolitiken annähern und die Gemeinschaftsinstitutionen festigen. Der erste Ölschock Ende 1973 entfacht wieder die Meinungsverschiedenheiten, die durch die Schaffung der europäischen „Währungsschlange" im April 1972 vorübergehend besänftigt worden waren: Im Januar 1974 verläßt Frankreich die Währungsschlange.

Im übrigen verhält sich Frankreich nicht eindeutig gegenüber der vom SPD-Bundeskanzler Willy Brandt entschlossen geführten Ostpolitik: Gewiß, Frankreich unterstützt offiziell die deutschen Initiativen, denen es durch das Vier-Mächte-Abkommen über Berlin verbunden ist. Aber diese Unterstützung ist nicht ohne Zurückhaltung. Viele französische Politiker befürchteten damals, daß ein Prozeß hin zur deutschen Wiedervereinigung mit gleichzeitiger Neutralität in Gang kommen könnte.

1974–1981: relative Harmonie

Mai 1974: Valéry Giscard d'Estaing wird französischer Präsident, Helmut Schmidt Kanzler der Bundesrepublik Deutschland. Die beiden Männer sind sich sympathisch. Die deutsch-französischen Beziehungen werden trotz gelegentlicher Anwandlungen von Antigermanismus in der französischen Presse harmonischer. Paris und Bonn ergreifen die Initiative, um den Aufbau Europas wieder in Schwung zu bringen: Im Dezember 1974 wird der Europäische Rat gegründet, der dreimal jährlich die Staats- und Regierungschefs der neun Mitgliedsländer versammelt; im Juni 1979 wird – nach einer Entscheidung vom September 1976 – das erste Mal in Direktwahl das Europäische Parlament gewählt; im März 1979 löst das Europäische Währungssystem (EWS) die zu starre „Währungsschlange" ab; Griechenland tritt der Gemeinschaft im darauffolgenden Mai bei.

Widersprüchliche Ansichten über die Art, die Krise zu bekämpfen (Bonn hält die französischen Bemühungen zur Annäherung der Wirtschaftspolitik für unzureichend und bremst infolgedessen die Pariser Eile in Währungsfragen), übliche Unstimmigkeiten über die gemeinsame Agrarpolitik, Weigerung Valéry Giscard d'Estaings, über die „Vorwärtsverteidigung" zu diskutieren, Mißerfolg des Projekts eines deutsch-französischen Kampfpanzers: Die deutsch-französische Zusammenarbeit erfährt auch ihre Grenzen. Der Einmarsch der sowjetischen Armee in Afghanistan 1979 und dessen Auswirkungen auf die Ost-West-Entspannungspolitik versetzen Paris und Bonn in eine gewisse Ratlosigkeit, die ihre Beziehungen belastet.

1981–1987: die Sicherheit im Zentrum der Debatte

1981: Die Beziehungen zwischen dem neuen sozialistischen Staatspräsident François Mitterrand und Helmut Schmidt sind anfänglich nicht sehr herzlich.

Der Kanzler hatte sich nämlich die Wiederwahl von „VGE“ (Valéry Giscard d'Estaing) gewünscht. Aber er will Verständnis für die gesellschafts- und wirtschaftspolitische Orientierung Frankreichs aufbringen. Seinerseits unterstützt François Mitterrand die Bundesregierung in der Nachrüstungsdiskussion, bei der es unter anderem als einem der wichtigsten Punkte um die Sicherheit der Bundesrepublik geht.

Die Verschlechterung der Lage in Polen und die wachsende deutsche Friedensbewegung lassen die Sicherheitsfrage nach der Bonner Regierungsübernahme Helmut Kohls (CDU) am 1. Oktober 1982 an die erste Stelle treten. Paris erkennt, daß seine Sicherheit nicht allein auf dem Boden Frankreichs gewährleistet werden kann. Die Bundesrepublik Deutschland ist nicht mehr ganz sicher, blind auf die USA zählen zu können. Der Gedanke, daß Europa eine gewisse Autonomie in Sachen der Verteidigung erlangen muß, beginnt sich auf beiden Ufern des Rheins durchzusetzen – ohne daß die Formen dieser Autonomie im Rahmen der Atlantischen Allianz schon völlig klar wären. Belege für die Bedeutung, die von jetzt an der Sicherheit zukommt, sind die 1982 erfolgte Wiederbelebung des institutionellen Rahmens der Zusammenarbeit in Verteidigungsfragen, die vom Deutsch-Französischen Vertrag vorgesehen ist, die Rede François Mitterrands am 20. Januar 1983 vor dem Deutschen Bundestag, die Vorhaben einer deutsch-französischen Brigade und des gemeinsamen Sicherheits- und Verteidigungsrates sowie die Erklärungen der beiden Länder über die „Vorneverteidigung“.

Die beiden Hauptstädte beurteilen aber das amerikanische Projekt des „Kriegs der Sterne“ ganz verschieden: Im März 1986 lehnt Frankreich das amerikanische Angebot ab, an SDI (Strategische Verteidigungsinitiative) teilzunehmen; die Bundesrepublik zeigt sich gegenüber dem Vorschlag aufgeschlossener. Beide Länder stellen es jedoch den Unternehmen frei, sich an SDI zu beteiligen. Bonn spielt außerdem 1987 eine wichtige Rolle beim Abschluß des Vertrags von Washington über die Abschaffung der Mittelstreckenwaffen (8. Dezember 1987), da es seine eigenen Pershing-1A zu opfern bereit ist. Frankreich lehnt es natürlich ab, sich an Vorgängen zu beteiligen, die seine atomare Abschreckung verringern könnten und antwortet mit dem Vorschlag des Aufbaus einer europäischen Verteidigung – von der man, wie auch immer sie sein mag, kaum der Ansicht sein kann, sie brauche sich nicht zuerst auf eine enge deutsch-französische Zusammenarbeit zu stützen – auf das Abkommen der beiden Großen hinsichtlich dieser ersten echten Abrüstungsmaßnahme.

Europäische Fortschritte trotz Uneinigkeit in Währungsfragen

Paris und Bonn handeln gemeinsam, um das erweiterte Europa voranzubringen. Dies mit Erfolg: Das Programm EUREKA zur Zusammenarbeit in der Spitzentechnik wird gestartet, Spanien und Portugal treten am 1. Januar 1986 der Europäischen Gemeinschaft bei, die Zwölf unterzeichnen am 28. Februar 1986 die Europäische Akte, die die Römischen Verträge modifiziert und die Verfahren der Europäischen Politischen Zusammenarbeit verbessert; außerdem bereiten konkrete Maßnahmen den Europäischen Binnenmarkt vor, der offiziell bis Ende 1992 verwirklicht werden soll. Die Währungsauseinandersetzungen zwischen beiden Ländern hindern nicht bei der Abstimmung ihrer Zinspolitik während der Börsen- und Währungskrise im Oktober 1987 . . .

Auf diesem Hintergrund zu behaupten, die Rosen der Zusammenarbeit hätten keine Dornen mehr, wäre eine Vereinfachung. Jedoch beweisen der Schwung für die deutsch-französische Zusammenarbeit, ausgehend vom 50. Gipfel am

12. und 13. November 1987 in Karlsruhe, und die Beschlüsse anläßlich des 25. Jahrestags des Elysée-Vertrags, daß die Fortdauer von Auffassungsunterschieden den ehrlichen Willen der beiden Länder nicht beeinträchtigt, in der Suche nach einvernehmlichen Positionen beharrlich fortzufahren.

Erfolge und Grenzen der Zusammenarbeit

Trotz Verzögerungen und Mißerfolgen ist die Bilanz der deutsch-französischen Zusammenarbeit insgesamt positiv. Sie kann natürlich unterschiedlich beurteilt werden, je nachdem, ob die Arbeitsergebnisse herausgestellt oder die Lücken unterstrichen werden. Tatsächlich sind noch viele Fortschritte zu erzielen. Um sich jedoch eine klare Meinung zu bilden, muß man so objektiv wie möglich betrachten, was in den vom Vertrag abgedeckten Bereichen erreicht worden ist, ohne dabei zu übersehen, daß die deutsch-französische Zusammenarbeit aufgrund ihrer Eigendynamik auch Bereiche umfaßt, die anfangs gar nicht vorgesehen waren.

Zusammenarbeit der Institutionen

Außerhalb der beiden jährlichen „Gipfel", die auch in Zeiten von Meinungsunterschieden regelmäßig stattgefunden haben, treffen sich die Staats- und Regierungschefs wie auch die Minister in einer Häufigkeit, die in den bilateralen Beziehungen zwischen europäischen Staaten einzigartig ist. Die gleiche Intensität gibt es in den Beziehungen zwischen Spitzenbeamten. Einige Ministerien wie auch die Außenministerien tauschen gar Mitarbeiter aus. Viele Kurse, Lehrgänge und Seminare finden im Rahmen der Weiterbildung statt.

Parlamentarische Verbindungen

Die Parlamentarier stehen nicht abseits. Der Erfahrungsaustausch zwischen den beiden Parlamenten hat schon 1960, noch vor der Unterzeichnung des Vertrages, begonnen. Jährlich treffen sich die deutsch-französischen Parlamentariergruppen der Nationalversammlung und des Bundestages. Eine Konferenz soll die Verbindung zwischen den Fraktionen und den Parlamentsausschüssen verbessern und den französischen Senat in den Austausch einbeziehen.

Zusammenarbeit in der Außenpolitik/Motor für die europäische Einigung

Im Bereich der auswärtigen Politik sind die Konsultationen, die Koordinierung und Abstimmung deutsch-französischer Positionen in allen gemeinsam interessierenden Fragen vor allem für die Europapolitik grundlegend. Es trifft zu, daß sich ziemlich oft Auffassungsunterschiede zwischen beiden Ländern zeigen: hinsichtlich der europäischen Agrarpolitik, des ECU und verschiedener anderer Aspekte der Wirtschafts- und Währungspolitik. Jedoch stärkt die beständige Suche nach Annäherung zwischen Paris und Bonn die politische Zusammenarbeit in Europa. Beide Länder haben die Rolle eines Motors im europäischen Einigungsprozeß, auch wenn diese Rolle in einer erweiterten und heterogenen Gemeinschaft schwer zu spielen ist (aus den sechs wurden zwölf Mitgliedsländer). Das gemeinsame Angehen von Problemen ergibt sich mehr als je aus dem Gemeinsamen Binnenmarkt, der für 1992 geplant ist.

Frankreich und die Bundesrepublik haben überdies eine echte, sehr fruchtbare gemeinsame Vorgehensweise im Rahmen der Konferenz über Sicherheit und Zusammenarbeit in Europa (KSZE) entwickelt, bei der ihre Absprache den anderen europäischen Partnern oft die Annahme gemeinsamer Positionen erleichterte. Mit einem Wort, ganz allgemein ist die wachsende Verflechtung der Außenpolitik der beiden Länder nicht zu übersehen.

Entwicklungshilfe

Die bilateralen Konsultationen und die Koordinierung der französischen und deutschen Positionen im Rahmen der multilateralen Entwicklungshilfe haben eine Annäherung der wechselseitigen entwicklungspolitischen Konzepte ermöglicht. Der systematische Vergleich der Entwicklungshilfeprogramme – wie im Vertrag von 1963 vorgesehen – bleibt jedoch unzureichend.

Zusammenarbeit in der Wirtschafts- und Währungspolitik

Frankreich und die Bundesrepublik sind beide für einander jeweils der wichtigste Handelspartner, sowohl wichtigster Lieferant als auch wichtigster Abnehmer. Es ist deshalb nicht erstaunlich, wenn die wirtschaftspolitische Zusammenarbeit, die nur am Rande des Vertrags von 1963 erwähnt wird, inzwischen viele Bereiche berührt. Aber die Unterschiede in Traditionen, Strukturen, Konzeptionen und Potentialen erschweren diese Kooperation. Das Maß der wechselseitigen Abhängigkeit der beiden Volkswirtschaften ist gewachsen. Indessen sind die Verschlechterung der Parität zwischen Franc und DM und die Unfähigkeit Frankreichs, sein großes Handelsdefizit gegenüber der Bundesrepublik abzubauen, besorgniserregend. Ende 1987 erreichten die deutschen Investitionen in Frankreich 12 Milliarden DM, doppelt so viel wie die französischen Investitionen in der Bundesrepublik!

In Währungsfragen war die deutsch-französische Zusammenarbeit immer etwas heikel. Ihr wichtigster Erfolg war 1979 die Einrichtung des Europäischen Währungssystems (EWS). Dieses System aus Wechselkursen, Regeln und Kreditlinien, das eine Zone relativer Währungsstabilität in Europa angesichts der Ausbreitung frei floatender Wechselkurse und der Vormachtstellung des Dollars schaffen sollte, funktioniert seitdem im ganzen zufriedenstellend dank einiger Paritätsanpassungen, deren Häufigkeit und Umfang angemessen blieben.

Europäische Sicherheit: neue Gegebenheiten

Die militärische Zusammenarbeit, die symbolisch bedeutsam wird, wenn sie sich in Form gemeinsamer Manöver wie „Kecker Spatz“ 1987 oder gar des Projekts der deutsch-französischen Brigade äußert, rückt mit der Gründung des gemeinsamen Verteidigungs- und Sicherheitsrates ohne Zweifel aus dem Bereich des „Scheins“ zum echten „Sein“ vor.

Dieser Fortschritt ist nicht zufällig. Das amerikanisch-sowjetische Abkommen über die Mittelstreckenraketen vom 8. Dezember 1987, das die von Paris und Bonn in Verteidigungsfragen als gegeben angesehenen Grundtatsachen verändert, ist hier wahrscheinlich nicht ganz schuldlos: Frankreich wird sich bewußt, daß es seine Sicherheit unmöglich allein auf sein Territorium begrenzen kann; die Bundesrepublik ist bereit, Verantwortung zu übernehmen, die ihr in Verteidigungsfragen bisher verwehrt war; Washington wünscht seit langem, daß die Europäer ihren Teil der Verantwortung in der Atlantischen Allianz deutlicher übernehmen; schließlich, die Stärkung der deutsch-französischen Zusammenarbeit soll, solange sie einer Stärkung und nicht einer Schwächung der Allianz dient und nicht die Form einer „Achse Paris-Bonn“ annimmt, von den anderen Europäern der Westeuropäischen Union (WEU) gebilligt werden. Kurzgesagt sind jetzt die Voraussetzungen für ein neues Nachdenken von Paris und Bonn über die Zukunft ihrer militärischen Zusammenarbeit für die Sicherheit in Europa gegeben. Beide Partner haben den Begriff der „Europäischen Autonomie in Verteidigungsfragen“ genauer zu definieren – und die Schwierigkeiten dies zu tun sind nicht gering – sowie eine abgestimmte Ostpolitik zu konzipieren und durchzuführen, was besonders die Bundesrepublik wünscht.

Kulturelle Zusammenarbeit/Sichkennenlernen ist notwendig

Obwohl weniger spektakulär als die vorangegangenen Kapitel der Zusammenarbeit, in jedem Fall weniger institutionellen und diplomatischen Kreisen vorbehalten, ist die kulturelle Annäherung dennoch nicht weniger grundlegend. Ist sie nicht – im ganzen genommen – oder sollte sie zumindest nicht der Boden sein, in dem die anderen Kooperationsmöglichkeiten Wurzeln schlagen? Die beiden Länder wissen, daß sie sich kennenlernen müssen. Seit dem Abkommen zwischen Pierre Mendès France und Konrad Adenauer von 1954 hören sie nicht auf, es sich zu sagen. Der Deutsch-Französische Vertrag hat es 1963 bestätigt; die „Gemeinsame deutsch-französische Erklärung über die kulturelle Zusammenarbeit“, die am Ende der 48. deutsch-französischen Konsultation in Frankfurt/Main am 27. und 28. Oktober 1986 verabschiedet wurde, wiederholt es: „Den im politischen, wirtschaftlichen und technologischen Austausch erreichten Fortschritten muß eine verstärkte kulturelle Zusammenarbeit folgen.“

Berufliche Bildung: das Abkommen von 1987 anwenden

Über den Sprachunterricht hinaus hat die kulturelle deutsch-französische Zusammenarbeit noch viel zu leisten. Zunächst im Bereich der beruflichen Bildung. In diesem Punkt erkennen die Franzosen den Erfolg des deutschen Systems der „dualen Ausbildung“ an, in der die Unternehmen eine wesentliche Rolle in der Ausbildung einer großen Zahl von Jugendlichen nach dem Verlassen der Hauptschule übernehmen. Die wachsende Orientierung der französischen Schulen auf die Betriebe und das neu erwachte Interesse der französischen Betriebe für das Schulwesen, das französische Gesetz vom 23. Juli 1987 über die Lehrzeit – das vom deutschen System inspiriert sein soll – ebenso wie die Entwicklungsperspektiven der dualen Ausbildung (die heute, um leistungsstark zu bleiben, eine Anhebung ihres Niveaus in Betracht ziehen muß) zeigen, daß jeder der beiden Partner aufmerksam auf die Erfahrungen seines Nachbarn schaut.

Der Studentenaustausch zwischen Frankreich und der Bundesrepubik ist auf der Ebene der Universitäten bescheiden; dies trotz des starken Anstiegs der Aufenthalte französischer Oberschüler in Deutschland: mehr als 42 000 Schüler, begleitet von mehr als 3 000 Lehrern, das sind 66 % aller jungen Franzosen, die 1986 einen Auslandsaufenthalt unternommen haben.

Das Deutsch-Französische Jugendwerk: ein vorbildlicher Erfolg

Das Deutsch-Französische Jugendwerk (DFJW) stellt als mustergültiger Erfolg eine Zierde der deutsch-französischen Zusammenarbeit dar. Mehr als fünf Millionen junge Leute haben an etwa 130 000 Programmen teilgenommen. Seit 1976 nimmt das DFJW auch Jugendliche aus anderen Ländern der Europäischen Gemeinschaft auf. Es hat verstanden, sich anzupassen, sich allen Fragen unserer Zeit zu öffnen und seine Pädagogik des interkulturellen Lernens zu erneuern. Dennoch hat das Jugendwerk, trotz einiger aufeinander folgender Nachholversuche seit Mitte der siebziger Jahre, nahezu die Hälfte seiner Finanzmittel im Vergleich zum Jahr 1963 verloren (Rückgang des französischen Beitrags und Inflation). Die nachdrückliche Würdigung durch François Mitterrand anläßlich des 25. Jahrestags der Unterzeichnung des Deutsch-Französischen Vertrags ist stark beachtet worden: „Der Geist des Vertrags von 1963 war richtig, denn er machte aus dem gegenseitigen Kennenlernen ein Mittel zur Überwindung der Vorurteile und der Vorbehalte und machte die Jugendlichen zu Baumeistern dieses langwierigen Werkes. Das im Kielwasser des Vertrags gegründete Deutsch-Französische Jugendwerk hat sich dieser Aufgabe intensiv gewidmet, indem es fünf Millionen junge Leute der beiden Länder miteinander in Kontakt gebracht, Tausende von Schulen zu Partnern gemacht, die Begegnung von Künstlern, Sportlern und Studenten vervielfacht hat. Ich glaube, es ist dringend, dem Deutsch-Französischen Jugendwerk, das sich bewährt hat, die Mittel für eine neue Vitalität zurückzugeben, damit der Elan der beiden letzten Jahrzehnte nicht nachläßt."

Die Partnerschaften von Städten und Regionen

Tatsächlich haben die Aktivitäten des Jugendwerks positive Auswirkungen auf eine Form des Austausch gehabt, die der Vertrag von 1963 nicht erwähnte: die Partnerschaft von Städten und Regionen. Die erste deutsch-französische Städtepartnerschaft, nämlich die zwischen Ludwigsburg und Montbéliard, geht zurück auf das Jahr 1950; einige Dutzend Partnerschaften bestanden vor 1963. Das Engagement General de Gaulles und die finanziellen wie pädagogischen Mittel, die dem DFJW gegeben wurden, haben die Annäherung zwischen den Kommunen einschließlich der kleinen Gemeinden beschleunigt. 1981 gab es 1000 Städtepartnerschaften, 1987 gibt es 1200. Die Hälfte aller kommunalen Partnerschaften in Europa wurde zwischen Frankreich und der Bundesrepublik Deutschland geschlossen. Im übrigen haben sich besondere Bande der Zusammenarbeit zwischen französischen Regionen und deutschen Ländern entwickelt, so z. B. zwischen Rheinland-Pfalz und Burgund, zwischen Niedersachsen und der Normandie, zwischen Baden-Württemberg und Elsaß-Rhône-Alpes. So beschränkt sich die deutsch-französische Zusammenarbeit nicht auf den Regierungsbereich: sie ist für zahlreiche Bürger tägliche Realität geworden. Ohne Zweifel gibt es nichts Wirkungsvolleres, um die Mentalität im Hinblick auf das Nachbarland und seine Bewohner zu verändern, Vorurteile abzubauen, Mißverständnisse und Voreingenommenheiten zu zerstreuen.

Dem Gemeinsamen Markt im Verkehrswesen entgegen

Die Aussicht auf den großen europäischen Binnenmarkt 1992 beherrscht von nun an die deutsch-französische bi- und multilaterale Zusammenarbeit im Bereich des Straßenverkehrs, der Binnenschiffahrt und der Luftfahrt. Die Abschaffung der Grenzkontrollen für den Personenverkehr auf der Straße ist im übrigen seit Juli 1987 in Kraft. Sobald die Hochgeschwindigkeitszüge (TGV) fertiggestellt sind, wird ihr Betrieb auf den Strecken Paris-Brüssel-Köln-Amsterdam-London und auf der Strecke, die Paris und Ostfrankreich mit dem Südwesten Deutschlands verbindet, die dynamischsten Wirtschaftszonen Nordeuropas fest miteinander verbinden und das Entstehen eines gemeinsamen Verkehrsmarktes, wie beim Gipfel in Karlsruhe gewünscht, fördern.

Umweltschutz und nukleare Sicherheit

Der Bau von Kernkraftwerken in beiden Ländern und die wachsende Sorge um die Umwelt in Deutschland haben zwischen der französischen und der deutschen Regierung eine enge Zusammenarbeit im Umweltschutz und in der Reaktorsicherheit hervorgerufen. Seit 1981 besteht eine Regierungskonvention über den Informationsaustausch bei Zwischenfällen oder Unfällen mit Strahlengefahr. Auf regionaler Ebene will die grenzüberschreitende Zusammenarbeit den Informations- und Erfahrungsaustausch zwischen den Behörden über die Sicherheit der Kernkrafteinrichtungen, den Strahlenschutz und die Sicherheits- und Schutznormen verbessern. Zwischen den zuständigen Behörden in Colmar und Freiburg sowie zwischen Metz, Saarbrücken und Trier wurden besondere Telefonverbindungen eingerichtet. Die radioaktiven Abwässer des Kernkraftwerks Cattenom im Département Moselle, das vor einigen Jahren von einem Teil der öffentlichen Meinung in der Bundesrepublik sehr bekämpft worden war, entsprechen jetzt den deutschen Sicherheitsnormen.

Solide Grundlagen für eine europäische Zukunft

1963 konnte der bedeutende diplomatische Akt, den der von de Gaulle und Adenauer geschlossene Vertrag darstellte, in den Augen der öffentlichen Meinung in Deutschland und Frankreich als bloßer Willensakt erscheinen. 25 Jahre später stellt er – und das fast ohne Institutionen – den Unterbau einer Entente dar, die sich nicht darauf beschränkt, Auffassungen auszutauschen und Positionen in Fragen gemeinsamen Interesses anzunähern, sondern eine wirkliche Gemeinschaft konkreter Arbeitserfolge umfaßt. Eine Entente, die vor allem in dieselbe Richtung blickt: nach Europa, das allein dem alten Kontinent eine Rolle zwischen den beiden Supermächten verschaffen kann. Bleibt noch, dieser deutsch-französischen Freundschaft eine kulturelle Dimension zu geben, die möglicherweise einem zu institutionellen und ökonomischen Europa abgeht.

Erich Loest

Bauchschüsse

Der Zug trat auf dem Kasernenhof an, der staubgrau war wie der Himmel. Gegen das Tor zu wurde gesungen: „Wer nicht jetzt sein Spiel gewinnt, wird es ewig missen. Michel horch, es pfeift der Wind, Segelsegel sind zu hissen" Die zweite Kompanie sang das immer, wenn sie ausrückte, und würde das durchhalten bis in alle Ewigkeit.

Ein Bus fuhr vor. Die Genossen Soldaten, die ihn anrollen sahen, argwöhnten, etwas wäre im Busch: Stiefelputz und Sitz des Koppels waren penibler als sonst kontrolliert worden, der Leutnant sprach in angehobener, fistelnder Tonlage: Er war nervös. Die Zeit der Kraftproben zwischen ihm und den Soldaten war vorbei und in eine Phase gelangweilter Tolerierung übergegangen. Die Genossen Soldaten hatten von ihren achtzehn Monaten bei der Fahne sorgsam registrierte dreiundzwanzig Tage länger als ein Jahr hinter sich und waren somit EK, Entlassungskandidaten mit dem Drang in allen Blutbahnen, abgebrüht zu wirken, stoisch zu sein, alles zu kennen, was die NVA zu bieten hatte, alte Hasen, die so denken und fühlen wollten wie ihre Großväter, falls die Obergefreite gewesen waren, frankreich-, balkan- und vor allem rußlanderfahren. Sie strebten eine Eigenschaft an, rühmten sie an sich selbst und hörten sie lieber als alles sonst auf sich angewendet: Sie waren stur.

Dem Bus entstiegen – die Genossen Soldaten beobachteten unterhalb gesenkten Lidern heraus im Bemühen, sich ihre Neugier nicht anmerken zu lassen – ein Major, zwei Hauptleute und ein Dutzend Unteroffiziere, die letzteren nicht älter als sie. Die hatten sich, so urteilten die EK, von Musterungskommissionen breitschlagen lassen, hatten für drei Jahre unterschrieben, sich dadurch fürs Studium bessere Chancen ausrechnend, sie waren vom aufgestockten Sold angelockt worden oder hatten schlicht vor dem Schwall immer wiederholter Argumente kapituliert. In den Augen der EK waren sie Arschlöcher, sie pflaumten sie bei jeder Gelegenheit an und schmissen ihnen auch mal in der Kneipe mit Vergnügen die Mütze ins Klo. Mächtiges Aufgebot also, und so völlig kalt, wie sie es gern gewollt hätten, blieben die EK nun doch nicht. Eine Maßnahme bahnte sich an, die aus dem Rahmen kippte. Bei der Nationalen Volksarmee hieß alles Maßnahme, ob es sich nun um Gefechtsdienst oder Waffenpflege oder Streichung des Urlaubs handelte, sie kannten kulturelle und sportliche Maßnahmen, und hier entwickelte sich eine Maßnahme, die voller Tücken sein konnte, und die Genossen Soldaten nahmen sich vor, auf der Hut zu sein. Sie beschlossen es jeder für sich so entschieden, daß es sich wie eine elektrische Spannung über sie legte, daß sie meinten, ein Knistern zu spüren, aber vielleicht war es bloß Schweißdunst, der weniger aus Angst über ihnen aufstieg, sondern infolge angestrengter Wachsamkeit.

Der Leutnant meldete; die Soldaten hörten heraus, daß er sich mühte, ohne Versprechen und Stottern durch die Formel zu kommen. Der Major grüßte ihn und die Soldaten, er war massig, sein Gesicht dick, aber nicht aufgeschwemmt, gut im Fleisch, einer, der sich sichtlich Zeit nahm für Volleyball und Sauna, nicht abgehetzt war von zwanzigstündigem Dienst jeden Tag wie der Leutnant, das arme Schwein ganz vorne, wo im Frieden die Front verlief: zwischen den Wehrpflichtigen, die immer nur pflichtig sein wollten und nie freiwillig, und allen über ihnen.

„Lassen Sie einrücken", befahl der Major und blickte die Soldaten beinahe väterlich an. So einer war als Werber am gefährlichsten, wußten die Soldaten, und wollten noch vorsichtiger sein, als sie es immer sein wollten, und ihnen wurde klar, daß ihr Leutnant wußte, welche Art von Maßnahme angesetzt war. Zumindest war ihm bekannt, wohin eingerückt werden sollte, in den Schulungsraum nämlich, und ein Leutnant, der eingesehen hatte, daß gegen den vereinten Willen von dreißig EK schwerlich etwas zu machen war, hätte etwas durchblicken lassen sollen, das verlangten sie, und dieser Leutnant hatte sie selten enttäuscht. Was auch in der Schulungsbaracke geschehen konnte – es war in jedem Fall besser, als wenn sie dem Pulk, der ihnen nachtrottete, ihre Fähigkeiten an der Sturmbahn oder beim Anlegen des Schutzanzugs hätten demonstrieren müssen. Konnte sein, der Dicke hielt einen Vortrag über irgendwas oder sie sahen einen Film. Wer hinten saß, konnte pennen.

So drängelten sie sich auf die letzte Bank, aber der Leutnant befahl sie nach vorn, dabei redete er sie mit dem Namen an: „Genosse Breitenbach, Genosse Schimmel, ja Sie besonders!“ Das alles kostete mehr Zeit, als dem Major lieb zu sein schien, er legte seine Mappe aufs Pult und blickte starr auf die Pflichtigen, die gerahmt wurden von den Unteroffizieren, die unaufgefordert nach vorn aufschlossen, in jeder Bewegung willig waren – die EK nannten es dienstgeil – und sich um Mienen mühten, die als eifrig gewertet werden durften. Das hatte der Major, als er noch Zugführer gewesen war, gern gebrüllt: „Machen Sie gefälligst ein diensteifriges Gesicht!“ Aber das war lange her, und er konnte es kaum mehr witzig finden.

Die Soldaten legten die Hände auf die Oberschenkel und saßen einigermaßen gerade. Über die imperialistischen Gegner begann der Major zu sprechen, die, sich mal in dieser und jener Form tarnend, es nicht aufgegeben hätten, die Länder des Sozialismus schlucken zu wollen, darüber könnten alle Sirenenklänge und Umarmungsversuche nicht hinwegtäuschen. „Wie Sie wissen“, flocht er gelegentlich ein, oder: „Ihnen ist ja bekannt“; damit hoffte er Einvernehmen herzustellen. Geschlossen stünde diesem Treiben das sozialistische Lager gegenüber, die Freundschaft zur Sowjetarmee nannte er unverbrüchlich. Der Mot.Schütze Breitenbach in der ersten Reihe, Abiturient und Heine- und Tucholskyverehrer, sann unterdessen nach, was „unverbrüchlich“ im Wortsinn hieße, wo es seinen Stamm habe und ob es noch anderweit angewendet werden könnte als im Bezug auf die Sowjetunion und die Freundschaft zu ihr – ihm fiel kein Beispiel ein. Er konnte doch nicht seiner Simone schreiben: „Wir treffen uns am Sonnabend 18 Uhr, ich verlasse mich unverbrüchlich darauf.“ Echt Quatsch zu denken: Mutter wusch ihm seine Socken und Hemden unverbrüchlich. Blanker Himmel, ein stabiles meteorologisches Hoch: Das Wetter war unverbrüchlich? Gib mir mal 'ne Zigarette, kriegst sie morgen unverbrüchlich wieder. Eine unverbrüchliche Vase.

Nicht die Soldaten waren dem Major wichtig, sondern die Unteroffiziere, aus denen einmal Politoffiziere der Reserve werden sollten, wie er aktiver Politoffizier war. Dennoch wollte er die Soldaten im Auge behalten und die geringste Neigung zur Schläfrigkeit aufspüren. Es war morgens nach acht: keine sonderlich gute Zeit, gegen elf war ein Soldat munterer. Als einem in der dritten Reihe die Lider schwer wurden, fragte ihn der Major, von welchem Land denn die Südflanke des Warschauer Pakts besonders bedroht würde: er wußte es nicht. Mot.Schütze Schimmel nannte gelangweilt die Türkei und verwies auf zyprische Stützpunkte.

Mot.Schütze Breitenbach richtete sich auf eine Klippstunde ein. „Im Ernstfall, im Verteidigungsfall“, sagte der Major, „kämpft die Nationale Volksarmee also nicht allein, klar. Nun stellt Euch mal folgendes vor.“ Und er schilderte, wie nach einem Angriff, der ins Hinterland des imperialistischen Gegners vorgetragen wurde, zwei Verwundete auf dem Felde lagen, ein Sowjetarmist und ein Soldat der Bundeswehr. „Jetzt kommen Sie, sehen die beiden. Wen verbinden Sie zuerst?" Natürlich wußte der Soldat Breitenbach, welche Antwort der Major hören wollte, jeder wußte es, und wäre Breitenbach nicht vom Schulteufel geritten worden und aufs Pennälerniveau abgerutscht, hätte er wie aus der Kalaschnikow geschossen die Antwort gebellt: „Den sowjetischen Freund, Genosse Major!" Dann wäre alles wie üblich weitergeflossen, einem guten Ende zu, der Major hätte den Unteroffizieren bei der Auswertung hinwerfen können: Ich hoffe, Sie haben heute morgen was gelernt! Aber da nuschelte Mot.Schütze Breitenbach langsam und beinahe schläfrig: „Das kommt darauf an. Da müßte ich nachsehen, wer von den beiden schwerer verwundet ist." „Beide sind gleich schwer verwundet."

„Naja", Mot.Schütze Breitenbach schaute sich hilfesuchend um, „das müßte ich ja erst einmal nachprüfen. Da müßte ich, also . . ."

„Zwei gleiche Verwundungen gibt es gar nicht." Der Soldat Schimmel sprang Breitenbach bei, und zum Mißvergnügen des Majors redeten Schimmel und Breitenbach nun miteinander, daß immer ein Unterschied wäre, also das könnten sie sich nun gar nicht vorstellen, zwei gleiche Verwundungen, nee, und dann fragte Breitenbach: „Genosse Major, leichtverwundet oder schwer?"

„Schuß durchs Knie." Der Major hatte sich über Einzelheiten keine Gedanken gemacht und wollte nun endlich die Antwort. Wenn er einen der Unteroffiziere gefragt hätte, wäre sie prompt gekommen, aber das hätte geheißen, das Brett an der dünnsten Stelle zu bohren, so fragte er einen Soldaten in der zweiten Reihe: „Also, wen verbinden Sie zuerst?"

Der Soldat schrak auf: „Mich."

„Wieso denn Sie!"

Der Soldat Müller, Heinz-Dieter, hatte nachgesonnen, daß er, wenn sein D-Zug am kommenden Wochenende nur drei Minuten Verspätung hätte, und gewöhnlich hatte er mehr, den Bus in seine Heimatstadt nicht erreichte. Dann würde er vielleicht von einem PKW mitgenommen, wenn nicht, verlöre er drei Stunden wie schon einmal. So hatte er nur Bruchstücke gehört. „Ich verbinde zuerst mein Knie, sonst kann ich ja dem anderen nicht helfen. Kann nicht zu ihm hin."

Natürlich wurde gefeixt. Breitenbach meldete sich wieder. „Ich weiß nicht, Genosse Major, wie die Ausrüstung der Bundeswehr mit Verbandspäckchen ist. Wenn jeder ein Verbandspäckchen hat, der sowjetische Genosse und der Westdeutsche, ist es ja kein Problem. Geht schnell. Und bei einem Knieschuß gibt es ja auch keine Lebensgefahr."

„Also, wen verbinden Sie zuerst?"

Als die Soldaten am Tag darauf analysierten, wann diese Maßnahme so vehement eskaliert war, maßen sie der Frage des Genossen Müller, Harry, weitreichende Bedeutung zu. „Mir ist eines nicht klar", fragte Müller, Harry. „Was mache ich denn da, bin ich im Angriff oder wie, sagen wir mal, unser Zug geht in Schützenkette vor. Da kann ich doch nicht einfach zurückbleiben, bloß weil da zwei eins ins Knie gekriegt haben."

„Ins Knie gefickt", zischte der EK Werner, das hörten die in der Reihe vor ihm, einer drehte sich grinsend um, einer prustete. Diese Redewendung war gebräuchlich und stand für Eifer, Engagement. „Fick dich nicht ins Knie", hieß so viel wie: Nun behalt mal die Ruhe! Es hatte keinerlei sexuellen Beiklang.

„Die können sich gegenseitig selber verbinden." Der Soldat Schimmel rief es, ohne gefragt zu sein. „Und wir greifen weiter an!"

„Meinetwegen", räumte der Major ein, „vielleicht war das Beispiel nicht besonders deutlich. Nehmen wir an, es sind zwei Bauchschüsse. Da liegen also ein sowjetischer Genosse und ein Soldat der Bundeswehr, beide mit Bauchschüssen. Und Sie sind nicht im Angriff, Sie gehen da bloß so lang. Wen verbinden Sie zuerst? Nun machen Sie doch die Sache nicht zusätzlich kompliziert!"

Der Leutnant merkte, daß in ihm Wut aufstieg. Dieses Theater hätte er sich nicht bieten lassen. Dagegen gab es Maßnahmen: Die verdammte Bande zehnmal um den Block scheuchen. Das war sein Zug, diese Idioten blamierten nicht nur sich, sondern vor allem ihn, und natürlich waren wieder Breitenbach und Schimmel die Quertreiber, eingebildete Klugscheißer, immer auf dem Sprung, wenn sie jemanden reinlegen konnten, der ein Fremdwort falsch aussprach. Dem Breitenbach würde er den Arsch aufreißen, der schob Wache, bis er nicht mehr wußte, ob er Männchen oder Weibchen war.

„Also an Bauchschüsse", sagte Breitenbach, „würde ich mich überhaupt nicht ranwagen. Liegenlassen, bis ein Sani kommt. Also: 'nen Sani rufen, zurückrennen und schreien! Ich gehe doch bloß so lang, nicht wahr? Kein Gefechtsauftrag."

„Das gibt's doch gar nicht." Müller, Harry, mit Breitenbach über Kreuz, wollte dem nicht den ganzen Triumph gönnen. Denn das war ihm klar: Was sich heute hier abspielte, würde lange Gesprächsstoff bieten und für die Hackordnung Bedeutung haben. Breitenbach, die Großschnauze, lag enorm vorne, der Major sah gar nicht mehr aus, als wäre er ein Energiebündel, ausgeruht und vollgefressen wie die meisten aus den Stäben, dem flatterte inzwischen die Hose. „Da liegen zwei verwundet, also ist gerade erst gekämpft worden, die Freunde sind im Vormarsch. Breiti", jetzt hatte Müller, Harry, die Kurve gekriegt, ließ den Major draußen: „Da latschst du so durch die Botanik, bloß so, na Mensch, das kannst du mir doch nicht erzählen: Das ist doch beinahe wie Entfernung von der Truppe."

„Breiti ist desertiert!" rief EK Werner, der den Kniefick ins Spiel gebracht hatte.

„Ruhe jetzt!" das war der Leutnant. „Quatschen Sie nicht rein, Genosse Werner!"

Der Major blickte den Leutnant mißbilligend an. Das fehlte nun noch, daß es strittig war, wer hier das Sagen hatte. Das war ihm ja nie passiert, daß sich jemand bemüßigt fühlte, ihm das Heft aus der Hand zu nehmen. Natürlich war ihm bekannt, wie ein Zugführer nach ein paar Jahren nervlich verschlissen war. Hinterher würde er mit dem ein paar deutliche Takte reden müssen, über seinen Zug und diesen Zwischenruf jetzt. „Also", ganz klar war dem Major nicht, wie er fortsetzen sollte, „nun mal von vorne, und ich verbitte mir jedes Affentheater. Ich kann auch andere Saiten aufziehen, damit das klar ist! Und Ihnen da", er blickte Breitenbach an, „rate ich gut, die Sache nicht durch den Kakao zu ziehen. Also noch einmal die Lage. Ein sowjetischer Genosse und ein Soldat der Bundeswehr liegen nebeneinander, sie sind verwundet, wie, spielt keine Rolle. Die Verwundung spielt keine Rolle. Und ob Sie nun da lang gehen oder nicht, spielt auch keine Rolle, Wem helfen Sie zuerst?"

„Da muß man ganz einfach fragen." Müller, Harry, war aufgesprungen, ohne sich gemeldet zu haben. „Ich frage: Towarischtsch, Kamerad, schto ne rabotatsch, schto kaput? Und den Bundi frage ich dasselbe, natürlich auf deutsch."

„Und wem helfen Sie dann?"

„Beiden."

„Wem Sie zuerst helfen!"

„Wer am schlimmsten verwundet ist."

„Ich habe gesagt", der Major dämpfte die Stimme, es klang gefährlich, „beide sind gleich verwundet."

„Genosse Major, das haben Sie beim ersten Beispiel gesagt. Beim Knieschuß. Nicht beim Bauchschuß. Ich dachte, das wäre jetzt ein neues Beispiel. Deswegen wollte ich erst fragen, russisch und deutsch. Wozu haben wir denn Russisch gelernt!" Müller, Harry, blickte sich strahlend um, besonders in Richtung von Müller, Heinz-Dieter, dem Abgänger einer achten Klasse, der sich kürzlich gerühmt hatte, nicht ein einziges russisches Wort gelernt zu haben, und dabei hatten sie ihn sechsmal vor den Direktor zitiert, der hatte ihn zur Schnecke machen wollen, aber Müller, Heinz-Dieter, hatte erst gesagt, wahrscheinlich hätte er einen doofen Defekt im Kopp, und dann hatte er gar nichts gesagt, und der Direx wäre vor Wut fast krepiert. „Dieter, jetzt siehste alt aus!" rief Müller, Harry, in unverhohlenem Triumph.

„Ich will jetzt end-lich ei-ne Ant-wort!" Der Major dehnte wütend die Silben. Es blieb still, als hielten alle den Atem an, die Unteroffiziere blickten zu Boden im sicheren Gefühl, daß auch für sie etwas Schlimmes nachkam, wenn sich der Major weiter so blamierte, er würde es alle Zeugen spüren lassen. Breitenbach war verdammt vorgeprellt, das war ihm klar, wenn er jetzt noch eins draufsetzte, kriegte er eins ins Kreuz, dann wäre es am besten, er bräche sich das Bein und verschwände für ein paar Wochen im Lazarett.

„Bauchschuß", sagte da Tannebaum, der eigentlich Fichte hieß und von dem es niemand gedacht hätte, „ich kann mir das schwer vorstellen. Ich meine, der ein ging doch vor, ich meine den sowjetischen Freund, und der andere ging zurück. Deutlicher gesagt: Er türmte. Der Bundi. Da hätte er doch eins in den Rücken kriegen müssen."

„Voll in den fetten Arsch."

Wer das mehr vor sich hin als für die Öffentlichkeit bestimmt gesagt hatte, war im Augenblick nicht wesentlich, es wurde erst am Tag darauf eruiert und trug Schimmel Ruhm ein, dabei hatte der doch bloß Breitenbach beispringen wollen, damit der zum Luftholen käme, auch hatte er, der doch am Anfang die Debatte ziemlich mitbestimmt hatte, gefürchtet, seine Einfälle gerieten ins Hintertreffen. Der Leutnant sprang auf und schrie, er lasse sich das nicht länger bieten, und dabei wurde ja nicht ihm etwas geboten, sondern dem Major. Der brüllte jetzt auch, er verbitte sich diesen flapsigen Ton: „Das können Sie mit sonstjemandem machen, das haben Sie sich vielleicht im Kindergarten erlauben können, aber nicht mit mir, mit mir nicht! Alle raustreten! Antreten!"

In der Aufregung schieden sich EK und Unteroffiziere nicht voneinander; gemeinsam wurden sie dem Horizont entgegengejagt. In des Leutnants Befehlen feuerten Panzer, stürzten Wurfgranaten aus dem Himmel, knatterten Hubschrauber an, und die EK und auch die schuldlosen Unteroffiziere warfen sich hin und sprangen nach vorn. Manchmal trafen sich die Blicke von Breitenbach und Müller, Harry, von Schimmel und Werner, sie sahen in den Gesichtern der anderen, daß auch sie dieses Springen und Werfen als Ausdruck enormen Jubels empfanden; Lust und Kraft machten sich Luft. Die Unteroffiziere zwischen ihnen keuchten voller Wut, und der Leutnant, der den Pulk kehrtmachen ließ und auf sich zurennen sah, erkannte den Unterschied in den Gesichtern und hielt es für möglich, daß beide Gruppen, überließe er sie sich selbst, mit den

Fäusten aufeinander losgegangen wären. Und da er argwöhnte, aus den Augen von Breitenbach und Werner sei das Diebsvergnügen noch immer nicht gewichen, befahl er ihnen, den größten, massigsten Unteroffizier zum Horizont und zurück zu schleppen, denn der hätte einen Bauchschuß, und sofort darauf ereilte Schimmel und Müller, Harry, mit einem kaum leichteren Unteroffizier das gleiche Schicksal. Und wieder wüteten Panzer und Hubschrauber und zuletzt gar Schiffsgeschütze aus allen Richtungen. „Ihnen wird das Feixen vergehen!" schrie der Leutnant; sein Fisteln wurde zum Röcheln. Schließlich befahl der Major: „Lassen Sie antreten, Genosse Leutnant, getrennt."

Die EK standen anfangs keuchend, allmählich ging ihr Atem ruhiger. Sie sahen zu, wie die Unteroffiziere und der Major in den Bus stiegen. Eine Maßnahme war vorbei, über die sie noch lange reden würden. Es war ein Spaß gewesen und weit mehr, das fühlten alle, und Breitenbach dachte es so: Im letzten Krieg hätten sie uns vielleicht alle in die Strafkompanie geschickt. Er würde das Ding seinem Opa erzählen und ihn fragen. Oder stünden sie, wäre das vor fünfzig Jahren passiert, jetzt schon an der Wand? Sein Opa war Obergefreiter gewesen, damals.

Es blieb noch eine gute Stunde Zeit bis zum Mittagessen; bis dahin, dachten die EK, könnte sich der Leutnant noch allerhand einfallen lassen. Sie sahen ihn vor dem Zug, wie ein Zugführer nun einmal vor den Soldaten zu stehen hat, die er befehligt. Dort war er natürlicherweise allein, und je länger er so stand, desto verlassener kam er ihnen vor. Sie hatten ihm verdammt etwas eingebrockt, und er würde sich rächen, sofort und eine Woche lang und an Schimmel und Breitenbach vielleicht bis zu dem Tag, an dem sie ihre Klamotten auf der Kammer abgaben. Diese Blamage ließ der Major nicht auf sich sitzen, die gab er weiter an diesen Leutnant.

Der Leutnant war fahl, die Falten zwischen den Brauen und die Stränge am Hals hatten sich verstärkt. So wirkten, empfand es Tannebaum, der eigentlich Fichte hieß, Fußball-Oberligaspieler, wenn sie dreißig waren, oder eben Zug- und Kompanieführer, gehetzte Hunde beide. Bis zum Essenfassen würde der Leutnant sie scheuchen. Und Breitenbach dachte: War eine gewaltige Kiste, die sie da gebaut hatten. Dafür mußten sie nun etwas einstecken, es bestand kein Grund, sich darüber aufzuregen. Für einen Spaß dieser Klasse mußte gezahlt werden.

Da sagte der Leutnant, er sagte es mehr, als er es befahl: „Bis zur Mittagspause Putz- und Flickstunde. In die Unterkünfte – im Laufschritt – marsch!"

Die EK machten kehrt und deuteten drei Laufschritte an, dann verfielen sie in Trott. Vor der Tür ihres Blocks drehten sich einige um, der Leutnant stand unbeweglich an der alten Stelle. Der Himmel war noch immer von der gleichen Farbe wie der Sand des Hofes. Hinter dem Küchenblock wurde gesungen: „Soweit die braune Heide reicht gehört das Jagen mir." Also rückte die vierte Kompanie zum Essen an, die sang das seit unvorstellbaren Zeiten bei dieser Maßnahme und würde es durchhalten bis zum Jüngsten Tag. Unter diesem Lied und unter diesem Himmel blieb der Leutnant zurück.

Eine Woche später kam die medizinisch-technische Assistentin Simone, Breitenbachs Braut, auf die Idee, in dieser Minute hätte einer der EK, die sie perfide Mistkerle nannte, zurückgehen und sich beim Leutnant entschuldigen sollen. Und Breitenbach seufzte: „Du hast ja keine Ahnung. Hast du denn ganz vergessen: Zwei Bauchschüsse?" Und weil er beim vierten Bier war, setzte er hinzu: „Zwei unverbrüchliche Bauchschüsse."

Autorenverzeichnis

Bingen, Dieter, Dr. phil., Wissenschaftlicher Referent im Bundesinstitut für ostwissenschaftliche und internationale Studien, Lehrbeauftragter am Seminar für Politische Wissenschaft der Universität Bonn.

Buchbender, Ortwin, Dr. phil., Regierungsdirektor im Führungsstab der Streitkräfte der Bundeswehr, zahlreiche Publikationen zu kommunikationswissenschaftlichen Themen, Köln.

Daschitschew, Wjatscheslaw, Prof., Vorsitzender des wissenschaftlichen Beirats im sowjetischen Außenministerium, Abteilungsleiter am Moskauer Institut für die Wirtschaft des Sozialistischen Weltsystems, Moskau.

Ehrenburg, Ilja Gregoriwitsch, geb. 1891 in Kiew, Schriftsteller, Journalist und Übersetzer, von 1917–21 Korrespondent für Zeitungen, die den Weißgardisten nahestanden, 1921–36 Auslandskorrespondent der Iswestija und auch im Spanischen Bürgerkrieg, im Zweiten Weltkrieg bedeutender Propagandist, in den fünfziger Jahren Schöpfer des Begriffs „Tauwetter“, Mitglied des Präsidiums des Schriftstellerverbands, 1967 verstorben.

Frei, Daniel, Prof. Dr. phil., Ordinarius für politische Wissenschaft mit besonderer Berücksichtigung der internationalen Beziehungen, 1968 an der Philosophischen Fakultät I der Universität Zürich habilitiert, 1971 Extraordinarius und ab 1979 Ordinarius, am 1. August 1988 mit 48 Jahren unerwartet gestorben.

Jegorowa, Jekaterina, Prof. Dr. med., Kandidat der Psychologischen Wissenschaften, Moskau.

Kießling, Werner, nach 1945 Mitbegründer und Präsident des Verbands der Heimkehrer, Generaldelegierter der Confédération Internationale des Anciens Prisonniers de Guerrre (CIAPG).

Kroeger, Bernd, Major, Jahrgang 1950, seit 1971 bei der Bundeswehr, zur Zeit Kompaniechef einer Panzerpionierkompanie in Norddeutschland.

Lapide, Pinchas, Prof. Dr. der Religionswissenschaften, Theologe und Religionswissenschaftler, engagiert im christlich-jüdischen Dialog, ehemals Gastprofessuren in Tübingen, Göttingen, Bern u. a.

Leber, Georg, seit 1957 Mitglied des Deutschen Bundestags, 1958–1959 Mitglied des Europäischen Parlaments, ab 1. Dezember 1966 Bundesminister für Verkehr und für das Post- und Fernmeldewesen, 7. Juli 1972 bis 16. Februar 1978 Bundesminister für Verteidigung, vom 12. September 1979 bis 29. 3. 1983 Vizepräsident des Deutschen Bundestags.

Lipski, Jan Józef, mit achtzehn Jahren Teilnahme am Warschauer Aufstand (1944), Verwundung, Mitbegründer des „Komitees zur Verteidigung der Arbeiter" (KOR) 1976, führender Mitarbeiter der Gewerkschaft Solidarnosc, mehrfach inhaftiert, am 4. Juni 1989 zum Senator der Volksrepublik Polen gewählt, Vorsitzender der Polnischen Sozialistischen Partei (Neugründung).

Loest, Erich, Schriftsteller, 1981 von der DDR in die Bundesrepublik übergesiedelt. Romane u. a.: „Pistole mit sechzehn", Erzählungen 1978, Erzählungen 1978, „Swallow, mein wackerer Mustang", Karl-May-Roman, 1980, „Durch die Erde ein Riß", Autobiographie, 1981, „Völkerschlachtdenkmal", Hans-Fallada-Preis 1981.

Ménudier, Henri, Prof. Dr., Professor an der Universität Paris 3, Forschungsdirektor am Centre d'Études et de Recherche Internationale bei der Fondation Nationale des Sciences Politiques, Paris, Seminarleiter an der École Nationale d'Administration.

Nemec, Petr, Dr. phil., 1976–80 Korrespondent in Ost-Berlin für die DDR und West-Berlin, seit 1984 Korrespondent des CSSR-Rundfunks in Bonn.

Neubauer, Franz, Jurist, Staatsminister für Arbeit und Soziales a. D., Bundesvorsitzender der Sudentendeutschen Landsmannschaft, Sprecher der Sudetendeutschen Volksgruppe, München.

Pleschakow, Konstantin, Prof., Kandidat der Geschichtswissenschaften, Moskau.

Roth, Paul, Prof. Dr., Professor für Politikwissenschaft und Publizistik an der Hochschule der Bundeswehr in München.

Smith, Arthur, Prof. Dr., im Zweiten Weltkrieg Soldat im amerikanischen Expeditionskorps, Professor der Geschichte an der California State University, Los Angeles.

Wagenlehner, Günther, Dr. phil., Politologe und Publizist, Generalsekretär der Vereinigung Europäischer Journalisten, Bonn.

Wilz, Bernd, MdB, Rechtsanwalt, Verteidigungspolitischer Sprecher der CDU/CSU-Bundestagsfraktion, Präsident Bund der Mitteldeutschen.

Zirkel, Dieter, ehem. Hauptmann der NVA, Politologe, im April 1987 aus der DDR ausgebürgert.